EL PODER Y EL VALOR

Carlos Frnde
mayo '99

LUIS VILLORO

EL PODER Y EL VALOR

Fundamentos de una ética política

FONDO DE CULTURA ECONÓMICA

EL COLEGIO NACIONAL

MÉXICO

Primera edición, 1997

D. R. © 1997, El Colegio Nacional
Luis González Obregón, 23; 06020 México, D. F.

D. R. © 1997, Fondo de Cultura Económica
Carretera Picacho-Ajusco, 227; 14200 México, D. F.

ISBN 968-16-5397-1

Impreso en México

PRÓLOGO

Ninguna época en la historia de Occidente mostró mayor confianza en el dominio de la razón que los dos últimos siglos. Nuestros tiempos no podrían entenderse sin el proyecto histórico de romper con la dominación y la miseria y de alcanzar, por fin, una sociedad liberada y racional, digna del hombre. Fue un ideal de las revoluciones democráticas, desde el siglo XVIII, que difundieron por el mundo el proyecto del gobierno del pueblo y la liberación del absolutismo. Fue la meta, más radical, del socialismo, que anunciaba la aparición de un "hombre nuevo", con el que daría comienzo la verdadera historia. Ha sido aún el pretexto de un liberalismo renovado, con su proclamación de la vigencia universal de los derechos humanos.

Y ninguna época conoció el mal en una dimensión tan amplia. Guerras mundiales, exterminación de pueblos, campos de esclavitud, opresión totalitaria, hambre y humillación del Tercer Mundo, depredación de la naturaleza, imperio de la irracionalidad y la violencia. Después de Auschwitz, de Hiroshima, del Gulag pocos pueden aun creer en el dominio de la razón sobre la historia. Los intentos por transformar la sociedad desde proyectos racionales parecen haber fracasado.

El socialismo era portador de la última utopía. Sin embargo, sus versiones totalitarias desembocaron en una atroz barbarie, mientras que, en su interpretación socialdemócrata, los partidos socialistas tuvieron que limitarse a administrar el capitalismo contra el cual se levantaron. Con su aparente fracaso, la época de las revoluciones y, con ellas, la de ideologías y utopías, parece haber terminado. Escepticismo en el papel de la razón, aceptación del mundo tal como está, renuncia a todo cambio. Sólo quedaría la conformidad y el desencanto.

Pero frente al desencanto hay una alternativa: una reflexión renovada. ¿Qué falló? ¿Por qué el fracaso de ideologías y utopías? ¿Por qué la derrota de la razón? ¿De cuál razón? No podemos eludir la urgencia de preguntar de nuevo. ¿Es aún posible un comportamiento político que proponga contravenir el mal? Y ése es un comportamiento moral, ¿Cabría renovar, ante el desencanto, una reflexión ética?

Para ello, sería menester plantear de nuevo, desde los inicios, el problema de la relación entre el poder político y los valores morales. ¿Es inevitable la oposición entre la voluntad de poder y la realización del bien? ¿Cómo puede articularse el poder con el valor?

La primera parte de este trabajo esboza una teoría general del valor, como antesala al planteo de esas preguntas. Las tres partes siguientes tratan de las relaciones entre los valores morales y el poder político, desde enfoques diferentes.

El primer enfoque se refiere a las características de la acción política, en la que confluyen dos formas de racionalidad: instrumental y valorativa. El segundo se preocupa por el cambio político; lo aborda a partir de la relación entre la moralidad social existente y las propuestas éticas de la política. El tercero trata del fin que esas propuestas persiguen: las distintas formas de asociación política y los diferentes valores que pretenden realizar. Desde cada enfoque puede verse el todo. Cada uno remite a los otros. Sólo se exponen por separado por necesidades de orden. En cada parte se vuelve sobre temas tratados en las anteriores, al considerarlos desde un punto de vista diferente. Pueden verse así como círculos concéntricos, ampliaciones sucesivas de la inicial teoría del valor.

Los tres enfoques parten del análisis de una expresión del pensamiento moderno, que permite ponerlo en cuestión. Por eso toman como introducciones a la reflexión propia, tres clásicos de la modernidad: Maquiavelo, Rousseau, Marx. La exposición de esos autores tiene un propósito exclusivo; plantear el problema central de cada enfoque y servir de incentivo para la reflexión. No pretende presentar la doctrina completa del autor, sino sólo una interpretación destinada a servir de guía para mi propio camino.

Estas páginas pretenden situarse, así, en un proyecto de reforma del pensamiento político moderno, con la esperanza de contribuir, en esta triste época, a descubrir los "monstruos de la razón" que devastaron nuestro siglo.

Creer, saber, conocer, de 1982, era parte de una reflexión continuada; su sentido global se vería al proseguirla. Este trabajo intenta empezar a responder a las preguntas con que aquél terminaba. Se basa en sus resultados y puede considerarse como su continuación inacabada.

He incorporado en el texto, con añadidos y alteraciones, un artículo publicado con anterioridad (1991) y párrafos de otros (1985, 1988, 1993a, 1996).

Quiero agradecer a Paulette Dieterlen, Griselda Gutiérrez y Enrique Serrano las observaciones que en su tiempo hicieron al contenido del actual capítulo 5 y a Isabel Cabrera sus anotaciones al capítulo 10. Unas y otras me fueron muy útiles para la redacción del texto final. Mi gratitud también a Rocío Figueroa por su eficiente labor en la transcripción del manuscrito.

PRIMERA PARTE
ESBOZO DE UNA TEORÍA DEL VALOR

1. PRIMERA APROXIMACIÓN AL VALOR

Valor y actitud

En una primera aproximación, podemos entender por "valor" las características por las que un objeto o situación es término de una actitud favorable.

"Actitud" es un viejo término utilizado inicialmente por la psicología social y adoptado luego por la filosofía. Se refiere a una disposición adquirida que se distingue de otras disposiciones por su "dirección" favorable o desfavorable hacia un objeto, clase de objetos o situación objetiva. Lo que la caracteriza es pues su carga afectiva hacia algo. Las actitudes se distinguen de los sentimientos y de los rasgos caracteriológicos por su aceptación o rechazo, inclinación o desvío de una situación objetiva. Mientras un sentimiento es un estado de ánimo (tristeza o alegría, aburrimiento o entusiasmo) sin referencia particular a ningún objeto del mundo en torno, una actitud es una disposición emocional que tiene por término uno o varios objetos o situaciones específicas. Cuando es positiva, favorable al objeto, llamamos, en un primer sentido, "valor" a las propiedades del objeto o situación a que se refiere.

Las actitudes pueden analizarse en dos componentes: creencia y afecto. Si tengo una actitud favorable hacia una clase de objetos, los considero valiosos, lo cual comprende dos cosas: creo que tienen ciertas propiedades y ellas me causan agrado. La acción de mi amigo la considero valiosa si la creo revestida de ciertos rasgos que, a la vez, aprecio. Para conceder valor a una sociedad democrática, tengo que creer en ciertas características de esa forma de gobierno y, al mismo tiempo, estimarlas. Creer en algo es tenerlo por un componente del mundo real y estar dispuesto a actuar en consecuencia. La actitud añade a la creencia un elemento afectivo: agrado o desagrado, atracción o repulsa. Siento atracción hacia algo porque lo encuentro deseable, pero lo deseo porque creo que tiene tales o cuales propiedades; si no creyera en ellas tampoco me atrajera. La dirección afectiva se monta sobre la creencia. En toda actitud, podemos distinguir el aspecto cognitivo (creencia) del afectivo y valorativo. El primero puede darse sin el segundo, éste, en cambio, no existe sin el primero. Siento una atracción hacia algo porque es hermoso o placentero, pero, en verdad, sólo me atrae porque creo que posee ciertas propiedades a las que dirijo mi inclinación positiva; la actitud favorable hacia el objeto no se daría sin esa creencia.

Así, un enunciado evaluativo puede expresar a la vez una creencia en las propiedades de un objeto y una tendencia afectiva hacia él. "S es inteligente", por ejemplo, puede analizarse como: "S tiene las propiedades $a, b, c... n$"y"$a, b, c,... n$ son apreciables". La primera proposición es descriptiva, la segunda, una valoración que presupone la anterior.[1]

La tendencia afectiva hacia el objeto considerado valioso puede revestir muchas formas, desde una pulsión a actuar dirigida hacia él, hasta un disfrute pasivo de su presencia. Puede ser un deseo inmotivado, un apetito por la posesión y disfrute de algo, o bien un anhelo acariciado en la imaginación, acompañado de la conciencia de la imposibilidad de realizarlo (como en los deseos dirigidos al pasado o los sueños imposibles). Pero no reduzcamos el componente afectivo de la actitud al deseo. La atracción se viste de formas distintas. Unas incitan a comportarse favorablemente hacia el objeto valioso, como la admiración, la fascinación o la simpatía, otras, invitan al goce sereno de su presencia, como la contemplación de una obra bella o el respeto por una virtud inalcanzable. El contenido emocional de la actitud varía, desde una tímida reserva a una pasión enloquecida. Porque muchos son los rostros de *eros*. Pero cualquiera que sea su aspecto, tiende, con emoción, hacia su objeto. Valor es lo que satisface esa tendencia. Se reviste de tantas apariencias como el impulso que lo revela, pasa de los simples objetos de deseo, el placer de la comida, del abrigo, del sexo, a los más complejos, como las formas bellas, las elevadas virtudes o las arquitecturas de la razón. Porque el *eros* muestra a veces el rostro de la Afrodita terrestre y otras, de la celeste.

Las actitudes de un individuo o de un grupo pueden ser permanentes y estar dirigidas a una clase de objetos o situaciones y

---

[1] Para una caracterización más detenida de "actitud" y sus relaciones con "creencia", puede verse Villoro, 1982, cap. 2 y 3.

no sólo a uno singular. Solemos hablar entonces de "intereses". Recordemos la definición clásica de G. Allport (1935, 808): interés es "un tipo especial de actitudes duraderas que se refieren regularmante a una clase de objetos más que a un objeto". Mi interés por el cine, por ejemplo, rebasa el deseo circunstancial de ver tal o cual película, permanece y se reitera en muchas circunstancias, explica variados comportamientos referentes a ese espectáculo, como leer determinados artículos, discutir y recordar directores, además de frecuentar las salas de proyección. El interés de los campesinos por lograr mejores precios de sus productos, no se reduce a la actual cosecha, mueve a acciones sociales variadas en períodos diferentes. Valor, podemos decir, es, para cada quien, lo que responde a su interés.

La disposición favorable hacia un valor tiene su reverso: la percepción en el sujeto de una carencia... justamente de aquello que se considera valioso. Toda captación de un valor, sea dado en la experiencia o proyectado en la imaginación, implica la vivencia de una falta. Esto es claro en las pulsiones elementales. Una concepción común, compartida por el psicoanálisis, concibe el deseo como el impulso por aliviar una tensión difícil de soportar. La tensión se origina en la sensación de una privación. Ésta es obvia en los deseos biológicos, como el hambre, el frío o la pulsión sexual; en esos casos, el malestar por una carencia es la otra cara del impulso hacia el objeto deseado. En ciertos casos el término del deseo puede estar ausente, su privación es dolorosa. La pulsión se dirige entonces, en alas de la imaginación o el recuerdo, a un valor posible. A la inversa, la presencia del objeto puede ella misma suscitar el deseo y, con él, originar una sensación de carencia que impulsa a la obtención del objeto.

Menos obvia, pero presente, es la percepción de una carencia en otras formas de tendencia afectiva. Porque *eros*, lo sabemos desde antiguo, es hijo de *penia*. El anhelo de una situación soñada, individual o social, comprende la dolorosa comprobación de una privación en la existencia vivida. Es esa conciencia de privación la que está a la base de todo proyecto de reforma personal o colectiva. Los valores proyectados en la imaginación, revisten las características que llenarían esa falta.

Valor es pues lo que aliviaría una privación, aplacaría la tensión del deseo, cumpliría el anhelo, volvería pleno un mundo carente. Valor es lo que nos falta en cada caso. La realización del valor en un bien determinado suspendería, al menos parcial y temporalmente, la sensación de carencia. Pero entonces disminuiría también la actitud tensada hacia lo deseado. A menudo, cuando no hay una sensación de carencia tampoco se percibe el valor correspondiente. Tenemos entonces que realizar un esfuerzo de reflexión para pensar en él. En el estado de salud, la ausencia de una sensación de carencia nos dificulta percibir su valor; sólo en la enfermedad, sentimos la imperiosa necesidad de lograrla. Igual en la amistad cumplida, o en el disfrute cotidiano de la paz social. Al suspenderse la sensación de privación, se vuelve menos apremiante la proyección consciente hacia el valor. Por eso quienes más padecen la injusticia la reclaman con mayor fuerza, y sólo anhelan la paz quienes viven en la violencia. Que "nadie conoce su bien hasta que lo ve perdido", dice un refrán popular.

Todo lo anterior se refiere al valor propiamente dicho, el que apreciamos por él mismo. Podríamos llamarlo "valor intrínseco". Pero también llamamos "valor", en el lenguaje ordinario, a todo aquello que produce, sirve o conduce a un valor intrínseco. A este valor en sentido amplio lo denominaremos "extrínseco". La salud es intrínsecamente valiosa, la buscamos por ella misma; el tratamiento médico que la procura es un valor extrínseco: sólo tenemos hacia él una actitud positiva porque queremos sus efectos. "Bueno" —notaba Tomás de Aquino— se dice en dos sentidos. Quien encuentre bueno un vino puede significar que es agradable al gusto, lleno de cualidades que nos hacen desear beberlo, o bien que tiene efectos benéficos: nos hace bien al estómago, ayuda a la digestión, sirve a darnos energía. El objeto que consideramos valioso por sus efectos, puede no agradarnos por él mismo, como en el caso de algunas medicinas o de una disciplina penosa, entonces su valor se mide exclusivamente por su capacidad para realizar un efecto, él mismo valioso.

La distinción entre valores intrínsecos y extrínsecos corresponde también a su modo de realizarse en un bien concreto. El valor intrínseco se reconoce en la aprehensión directa, en la experiencia vivida, del objeto valioso y se realiza cuando se hace presente. El valor extrínseco, en cambio, se conoce por su propiedad de propiciar la realización de otra situación o la presentación de otro objeto provistos de valor intrínseco y sólo se realiza en la medida en que tenga esa propiedad. La belleza de una obra de arte o el goce de la amistad se cumplen al experimentarlos personalmente: tienen valor intrínseco; la utilidad de un instrumento o de una institución se miden por su capacidad de lograr estados satisfactorios: son valores instrumentales, extrínsecos. Aquéllos se realizan en experiencias personales, éstos en su capacidad de ayudar a alcanzarlas (Cfr. Lewis, 1946, 386).

Concedemos valor extrínseco, no sólo a aquello que produce actualmente algo con valor intrínseco, sino a lo que tiene las propiedades de producirlo o de ayudar a su realización, aunque no lo haya hecho. Un automóvil valioso es el que tiene las propiedades que desearíamos para cualquier auto: velocidad, economía, comodidad, etc. aunque no lo manejemos. Una buena universidad posee las características que propician la formación de profesionales y científicos, aunque en este momento estuviera en vacaciones. Y uno y otra son valiosos si esas propiedades permiten la realización de situaciones vividas que apreciamos por ellas mismas: el disfrute de una comunicación expedita gracias al automóvil, o la obtención de conocimientos nuevos, en la universidad. Así, en general, un objeto tiene valor extrínseco sólo si posee las propiedades que se requieren para obtener un determinado valor intrínseco; no tiene por lo tanto valor sustantivo, sino sólo relativo a la realización de otro valor que apreciemos por él mismo. Aun el auto más acabado carece de valor si nadie desea desplazarse, y ninguna universidad vale nada si la instrucción que procura no es apreciable. Con la misma generalidad, un objeto o situación tiene valor intrínseco si posee las cualidades requeridas para satisfacer nuestra tendencia afectiva hacia él y remediar nuestra carencia.

Se entiende, desde luego, que muchos objetos o situaciones pueden tener a la vez valor intrínseco e instrumental. Lo cual puede confirmarse en las cosas más simples. Un buen vino es a la vez agradable por sí mismo y causa buenos efectos en quien lo bebe. Pero también acontece en los valores más altos: el conocimiento es deseable por sí mismo y también por ser un medio efectivo para lograr el éxito de cualquier conducta guiada por él. De parecida manera, una asociación entre personas podría ser a la vez valiosa por sí misma y por los beneficios que su existencia propicia; una acción política, valiosa como medio eficaz para la consecución de un bien común, podría ella misma, en cuanto tal, tener o carecer de valor intrínseco.

EXPERIENCIA DEL VALOR

Los valores intrínsecos pueden ser proyectados por la imaginación y acariciados por el deseo, como aquello, aún ausente, que aliviaría nuestras carencias. Pero otras veces pueden mostrarse en objetos y situaciones experimentadas. Entonces están dados como cualidades del mundo vivido. Sin embargo, su modo de darse es distinto al de otras cualidades empíricas.

Partamos del mundo en torno tal como está dado directamente ante nosotros. Para ello no encontraremos mejor guía que Husserl (1952, sobre todo). El mundo, tal como es vivido directamente, no se reduce a cosas o a hechos físicos, ni sólo se muestra en datos sensoriales. Está constituido también por objetos y situaciones términos de deseos, de emociones, de afectos positivos o negativos; los objetos se relacionan entre sí según nuestros fines, constituyen totalidades animadas por un sentido; se muestran en cualidades valorativas, no reducibles a datos sensoriales. Ése es el mundo realmente presente. Sobre él, la postura teórica establece un recorte. Hace abstracción de todo lo que en el mundo en torno es término de actitudes, intenciones, valoraciones, prescinde del aura de sentido que cada quien le concede, se queda sólo con los datos de percepción, en el campo de la experiencia sujeta a regularidades, y en el marco de los conceptos que constituyen objetos físicos. Ése es el mundo tal como se presenta a la "actitud" o "postura (*Einstellung*) natural". El mundo físico es producto de un recorte efectuado en la totalidad de lo dado. Pero cabe otra "postura", que Husserl llama "personalista", en la que se recupera el mundo revestido de los valores y sentidos, términos de nuestras actitudes. A las dos posturas corresponden sendas formas de darse los objetos. Se trata, por lo tanto, de dos niveles de hechos. Los valores no son hechos del mundo físico, tal como se presenta ante la "postura" o "actitud" "natural", pero sí del mundo vivido directamente por el sujeto.

Cierto: al igual que el mundo físico, el mundo del valor y el sentido sólo puede darse en un marco conceptual e imaginativo previo; más aún, presupone actitudes subjetivas. Pero las propiedades valiosas no forman parte de esas actitudes sino de sus objetos intencionales. No pueden identificarse con cualidades de los actos de experiencia del sujeto, sino con propiedades de los objetos y situaciones experimentadas. En unos casos, son parte del mundo imaginado, proyectado para aliviar nuestras carencias, en otros, pueden percibirse en los objetos mismos presentes a la experiencia personal. Son cualidades del objeto, no del sujeto que cree percibirlas. La frescura es propiedad del agua, no del sediento; la gracia se muestra en la frase musical; la elegancia, en el ademán erguido; en los gestos complacientes se transluce el valor de la concordia; el esplendor es cosa del fuego, no del asombro que nos causa, y nadie aceptaría que las cualidades de la persona amada no le pertenezcan. Condición para aprehender el valor es una disposición determinada de la persona, una "actitud", dijimos, pero ella no produce las propiedades del objeto, las revela. Son cualidades del mundo en torno que encienden el deseo, despiertan el anhelo, solicitan nuestro aprecio, muestran aquello de que carecemos. La luz no crea ante la mirada el objeto, sólo hace que aparezca; de parecida manera, el mundo vivido se revela ante quien se dispone a encontrarlo; no sólo comprende cualidades sensibles, está también cargado de valores.

Sin embargo, las cualidades en que se muestra el valor no están dadas a cualquiera que use normalmente sus sentidos, requieren de condiciones suplementarias en el sujeto. En primer lugar, previa a la experiencia, es menester en la mayoría de los casos, una atención dirigida al valor y una disposición favorable a su aparición. No basta abandonar la ciudad para captar la belleza del bosque, se requiere también estar abierto a su encuentro; y para gozar de la paz precisa primero anhelarla. Pero también son indispensables otras condiciones en el sujeto. La gracia de la frase musical no conmueve al distraído, pero tampoco al oído tosco e ineducado; el fuego puede no imponer su belleza al rudo fogonero; cierto gesto sólo para algunos observadores sensibles es signo de entereza; las cualidades discretas de una persona pueden pasar inadvertidas para quienes estén vedados a la simpatía.

El modo de darse de las cualidades valorativas es diferente a las sensoriales. Es dudoso que pudieran describirse en términos de datos sensibles.

En primer lugar, cualquier descripción tendría que incluir términos que se refieran a emociones dirigidas al objeto y que asocien datos percibidos en él con otros de la imaginación y el recuerdo. Hemos hablado, en efecto, de una tendencia favorable dirigida a lo valioso (deseo, agrado, anhelo) pero en realidad ese término oculta un complejo de actos intencionales; lo percibido está ligado a componentes de la imaginación y el recuerdo. En segundo lugar, las cualidades valorativas son de distinta especie que los datos sensoriales. Éstos son elementos últimos de lo dado, no pueden atribuirse a otros datos ni analizarse en otros componentes. Las cualidades valoradas, en cambio, no son discernibles por un sentido en particular, en su aprehensión contribuyen varios sentidos; son, por así decirlo, datos de segundo orden, que se superponen a un conjunto de datos sensoriales y se atribuyen a una totalidad limitada. La gracia no es una nota más de las que componen la frase musical, es una cualidad que se atribuye a un conjunto enlazado de notas, en la que cada una está retenida, por la memoria, en la posterior y retiene las precedentes, formando una totalidad en el tiempo; la fuerza deslumbrante del fuego no se localiza en una chispa o en un color, baña a la llama por entero, en su diversidad cambiante de formas y colores; en ese todo limitado reside su belleza; la elegancia no se sitúa en la mano extendida ni en la inclinación de la cabeza, se expresa en un todo gestual armónico, imperceptible sin relación a experiencias anteriores; la concordia social no se capta en una relación aislada entre personas, se atribuye a una red compleja de comportamientos, reiterados en el espacio y en el tiempo, que constituyen una totalidad definida.

Toda experiencia presupone condiciones subjetivas. En la que sirve de fundamento a un saber objetivo se reducen al uso normal de los sentidos y de la razón, al marco conceptual que constituye los objetos y al uso de las teorías que permiten explicar su comportamiento. La experiencia del valor requiere de condiciones subjetivas mucho más amplias. Son menester cualidades personales difíciles de definir, como "sensibilidad", "buen gusto", "apertura de espíritu", "discernimiento". La disposición a captar lo valioso puede ser educada. Se requiere entonces de experiencias anteriores que agudicen la capacidad de percibir el valor en un campo determinado. La educación de la sensibilidad, a su vez, está condicionada por un medio cultural determinado. Las condiciones subjetivas de la experiencia del valor no corresponden solamente al uso adecuado de los sentidos y la razón, comunes a todo sujeto normal, comprenden además actitudes afectivas y éstas varían de persona a persona.

Podemos decir que una experiencia de valor constituye una razón válida de conocimiento sólo para el conjunto de sujetos que compartan esas complejas condiciones subjetivas. Éstos constituirían una comunidad de conocimiento, vaga e imprecisa.

Mientras en el saber objetivo podemos establecer "comunidades epistémicas" precisas, en el conocimiento del valor, las comunidades de conocimiento, integradas por todos los sujetos con capacidades para captar un valor directamente, no pueden establecerse con precisión. Por ello, la experiencia de los valores no puede fungir como razón de un saber objetivo, sino sólo de un conocimiento personal.[2]

REALIDAD DEL VALOR

La experiencia de algo dado se acompaña generalmente de la creencia espontánea en su realidad. Pero, en la reflexión, puede surgir la duda. ¿No se tratará de una ilusión? ¿Estarán las cualidades valiosas efectivamente dadas en el mundo en torno o serán sólo una proyección nuestra? La evidencia de lo dado está limitada a un momento puntual de la experiencia, no garantiza su permanencia en el tiempo. La duda puede ser mayor cuando la atribución de valor se refiere a objetos o situaciones que no están ellos mismos dados, sino que se infieren de lo dado, como

[2] Para las diferencias y relaciones entre "saber objetivo" y "conocimiento personal": Villoro, 1982, cap. 9 y 10.

las disposiciones personales o los hábitos de conducta. En esos casos, la duda afecta tanto a la evidencia puntual de lo dado como a la validez de la inferencia. La creencia en la realidad del valor tiene que ser justificada.

Ante todo, debemos aclarar de qué "realidad" estamos hablando. No se trata de la existencia "en sí" de algo, independiente de todo sujeto que la conozca. Ésta sería una realidad metafísica, por definición inexperimentable. Sería una contradicción hablar de algo que suponemos independiente de todo conocimiento y, por lo tanto, de todo lenguaje. Esta realidad del todo "independiente" de los sujetos, corresponde, en la fenomenología de Husserl, a la "tesis de la postura (actitud) natural"; ésta postula un mundo "real" que abarcaría a los sujetos y sería "exterior" a ellos. No; la realidad que puede atribuirse al valor forma parte del mundo tal como es directamente vivido.

"Realidad" tiene un sentido original, anterior a cualquier supuesto de un mundo "exterior" al sujeto. Mientras este último es producto de un recorte teórico sobre el entorno dado, aquél se limita a comprobar lo presente. Permítaseme recurrir a un texto mío anterior (1990, 84). "En un sentido vivido, 'realidad' no es una x que existiera 'fuera de mí', realidad es aquello que me resiste, se me opone, me hace frente, aquello que no es construido, fraguado, puesto por mí. Puedo pensar que el objeto de percepción no es meramente subjetivo en la medida en que conozca en él un elemento dado, que se hace por sí mismo presente *(Selbstgegeben)*... En la práctica, al manipular los objetos, compruebo un factor de resistencia que se opone a mi acción voluntaria, sólo por ello opongo a mi acción voluntaria una 'realidad' que le hace frente. La primera noción de una realidad vivida se refiere a aquello que hace resistencia a mi deseo, aquello con lo que me encuentro, contradiciendo a menudo mis expectativas, lo que se impone y resiste. El concepto discursivo de 'realidad' tiene que recoger esa vivencia originaria".

La atribución de realidad a un objeto o situación se basa en esa vivencia pero no se reduce a ella. En el caso de objetos o situaciones inferidas a partir de repetidas experiencias, el juicio de valor se justifica en ese proceso de inferencia. Pero ahora nos referimos a la posibilidad de poner en duda la realidad de las experiencias mismas en que se basa. Puesto que lo dado presupone condiciones subjetivas, cabe la posibilidad de distorsión de la experiencia. No puede descartarse *a priori* que la ilusión tome las veces de la realidad. La atribución de realidad al valor es conclusión de un razonamiento; parte de la simple comprobación de lo dado, pero no se reduce a ella. Tiene que justificar que no hay razones suficientes para pensar que la experiencia es una ilusión, es decir, que no es una realidad impuesta al sujeto, sino una ficción fraguada por él. Así, el juicio sobre la realidad del valor, supone una crítica de la experiencia. Pero la justificación de la aseveración de realidad no consiste en dar razones para probar que lo dado existe, pues la razón última de su existencia es justamente que está dado por sí mismo. Sólo la experiencia directa puede suministrarnos una aprehensión de la realidad tal como se hace presente. La justificación sólo puede consistir en mostrar que no hay razones suficientes para negar lo dado tal como se presenta. Puede comprender varios pasos:

1.- No hay razones suficientes para pensar en una alteración de las facultades normales de aprehensión de lo dado. Necesitamos, ante todo, descartar la posibilidad de un funcionamiento anormal de nuestras capacidades de percepción. No podemos asegurar que las cualidades valorativas pertenezcan al objeto si su percepción es resultado de una alucinación o de un estado fisiológico anormal, inducido por enfermedad, ingestión de drogas, sobreexcitación o histeria. Algunas cualidades valorativas, en el campo de la estética o de la religión, se presentan sólo cuando los sujetos alcanzan estados sobre o para-normales, no están dadas a ninguna persona que no padezca esos estados, no podemos saber a ciencia cierta hasta qué punto el estado anormal produce o modifica la experiencia. Ésa es razón suficiente para admitir la posibilidad de que lo presente en la experiencia se origine en las alteraciones del sujeto y carezca de realidad, en el sentido antes indicado. En cambio, en ausencia de cualquier alteración sensorial, fisiológica o psíquica, podemos distinguir, con razonable seguridad, entre los datos que imponen su presencia y aquellos fraguados por nosotros. Carecemos entonces de razones suficientes para negar el contenido de la experiencia.

2.- No hay razones suficientes para pensar en una proyección subjetiva que alterara lo dado. Toda experiencia, y no sólo la de los valores, tiene condiciones subjetivas. La realidad no puede presentarse más que en el marco determinado por esas condiciones. Pero de allí no se infiere que las condiciones subjetivas produzcan la realidad. Para afirmarlo en el caso del valor, sería menester demostrar que las actitudes de los sujetos *causan* las características con que se presentan sus objetos. En algunos casos podemos efectivamente comprobar cierta relación causal. Todos hemos tenido la vivencia de cómo ciertos sentimientos difusos tiñen a veces todas las cosas de una coloración inusual. El mundo se muestra sombrío al melancólico, esplendoroso al entusiasta. Nuestro estado de ánimo puede ensombrecer el valor de la vida o, por el contrario, enaltecerlo. Sin embargo, pocas veces estamos en situación de no poder distinguir entre lo que nuestro sentimiento proyecta en las cosas y lo que éstas nos ofrecen. Nadie, en condiciones normales, confundiría el estado real del mundo con los atuendos con que nuestros humores lo revisten. Mientras subsista esa capacidad de distinción, carecemos de razones suficientes para afirmar que nuestros sentimientos profundos distorsionan lo dado por sí mismo.

Por otra parte, a la idea de que nuestros estados de ánimo causarían nuestras percepciones del valor, podemos oponer otros razonamientos: comprobar una experiencia por otras, propias o ajenas, en situaciones variadas. Aunque sabemos que sólo captará las mismas cualidades valorativas quien tenga actitudes semejantes, podemos comprobar que una experiencia de valor puede repetirse, ya sea por el mismo sujeto o por otros sujetos con condiciones semejantes. Sé que "de gustos y colores no hay que disputar", pero aún así, si me agrada un plato, invitaré a otras personas, de paladar igualmente educado, a compartir mi juicio de gusto; ellos corroborarán que no me equivoco. Mi aprecio por una pieza musical podrá ponerse a prueba en audiciones sucesivas o por el juicio de otros que la escuchen. Podemos apelar también a la experiencia de otras personas educadas y sensibles, para corroborar nuestra percepción de virtudes morales en alguien que admiramos. Muchas experiencias de valor son así comprobables en principio por otros sujetos que posean las condiciones adecuadas o por el mismo sujeto en otras circunstancias. La posibilidad de compartir experiencias de valor aboga por su carácter objetivo. Carecemos, en ese caso, de razones suficientes para asegurar que sean producto de nuestros estados mentales.

3.- No existen razones suficientes para pensar que la aceptación de lo dado esté motivada por creencias previas insuficientemente justificadas. Es frecuente que creencias fuertemente arraigadas influyan en la interpretación de una experiencia, de modo que creamos comprobar en ellas nuestros prejuicios. Cada quien tiende a apreciar en lo que ve, aquello que le da la razón y a desdeñar lo que pone en cuestión sus opiniones. Quien cree en la inferioridad de los indios, tendrá dificultades en aceptar el testimonio de sus valores espirituales. Una convicción firme en el valor del orden social puede cegarnos, al grado de ver en despliegues de autoritarismo militar dignidad y nobleza. Es un hecho común que las nuevas formas de expresión artística tardan en ser reconocidas, por la inercia de creencias establecidas que impiden aceptar su valor. Y todas las revoluciones religiosas o morales suelen enfrentarse por mucho tiempo a la miopía de la mayoría por aceptar nuevas vivencias espirituales transgresoras de inveterados prejuicios.

La crítica de la experiencia del valor, antes de concluir su realidad, debe incluir el examen de los prejuicios ideológicos que podrían interferir en la interpretación de la experiencia misma, poner "entre paréntesis" las creencias previas y atenerse lo más posible a aceptar lo dado en cuanto tal. En la medida en que lo logre, carecerá de razones suficientes para poner en duda la realidad de lo presente.

4.- No hay otras creencias previas, objetivamente justificadas, que contradigan la experiencia. Nuestro sistema de creencias debe tener cierta coherencia. Aunque contradicciones parciales puedan ser aceptadas en un sistema complejo de creencias, no podemos tolerar una contradicción patente con las creencias básicas que sostienen el sistema entero. Si la notáramos, la sensación de "disonancia" interior se volvería insoportable. En nuestro sistema de creencias, hay muchas que consideramos firmes, por estar justificadas en razones incontrovertibles. Si una experiencia nueva parece contradecirlas, se abre una alternativa: o bien poner en cuestión todo nuestro sistema de creencias, aun las básicas, o bien explicar la nueva experiencia de modo que no contradiga las que consideramos justificadas. Lo primero es una empresa demasiado arriesgada; sólo ha acontecido unas cuantas veces, en las grandes revoluciones espirituales. Lo segundo es lo común y lo seguro. Las pretendidas experiencias valorativas que contradigan creencias justificadas en razones objetivamente suficientes, sobre todo las que pongan en cuestión creencias básicas, en las que se levanta nuestra concepción entera del mundo, tienen que considerarse falsas o dudosas. Sería el caso, por ejemplo, de la pretendida aparición de entes sobrenaturales o de la aceptación de acontecimientos que rompen las leyes naturales, en contradicción con los principios del saber científico. En esos casos, los saberes basados en razones objetivamente suficientes bastan para suspender nuestro aserto del carácter real de una pretendida experiencia de valor.

He reseñado cuatro tipos de razones válidas para dudar de la realidad de una experiencia del valor. En todos los casos en que no podamos aducir ninguna de esas clases de razones, lo más razonable consiste en atenernos a lo dado en los límites en que está dado, sin pretender distorsionarlo con nuestros sentimientos personales o nuestras creencias previas injustificadas.

Ésa es la postura razonable. Pero no suministra razones incontrovertibles. No es fuente de certeza, sino sólo de una presunción de realidad. En efecto, siempre quedará abierta la posibilidad de influencias subjetivas, aún desconocidas que, sin nosotros percatarnos, causen nuestras experiencias. Esa posibilidad no puede excluirse lógicamente, aunque pareciera improbable. La comprobación intersubjetiva no cancela tampoco un caso en que un sujeto cualquiera afirmara tener las condiciones adecuadas para captar un valor y negara percibirlo. Bastaría ese caso para que las razones en que se basa la realidad de la experiencia del valor no fueran objetivamente suficientes. Por último, nunca podremos tener la seguridad absoluta de que nuestra interpretación de lo dado no esté determinada por creencias previas injustificadas.

Nuestro conocimiento de la realidad del valor no es, por lo tanto, un saber objetivo, comparable al de la ciencia. Corresponde al género de creencias razonables a las que puede llegar un conocimiento personal.

Si una proposición forma parte de un saber objetivo, podemos inferir de las razones que la justifican que no existen razones suplementarias que la controviertan o, lo que es lo mismo, que cualquier sujeto con acceso a las mismas razones, tendrá que aceptarla. El saber objetivo se deduce así de la intersubjetividad. En cambio ésta no es requisito para el conocimiento personal. La comprobación de una experiencia por otros sujetos refuerza, sin duda, nuestras creencias, pero no nos autoriza a inferir que no existan otros sujetos que pudieran negarla.

El juicio sobre la realidad de un valor se funda en razones sólidas: el darse mismo de las cualidades valorativas y la comprobación de la ausencia de razones que invalidaran esa experiencia; ellas bastan para inferir la existencia real del valor en el objeto. No incluyen necesariamente, en cambio, la aceptabilidad de ese juicio por todos los sujetos. Puedo afirmar que la frase musical es realmente bella, que el esplendor del fuego en verdad le pertenece o que el ademán de concordia de mi amigo no es ilusorio, sin requerir que otros juzguen lo mismo. El juicio de realidad del valor puede, sin duda, ser compartido por otros, lo cual añade a su credibilidad, pero no necesita ser aceptado por todos. Por eso no forma parte de un saber basado en razones objetivamente suficientes, sino de creencias razonables, justificadas en experiencias personales.

La demarcación entre un saber basado en razones objetivamente suficientes y una creencia razonable no es precisa. El saber objetivo no es más que el límite a que tienden las creencias fundadas en razones más o menos suficientes. Las creencias razonables fundadas en experiencias personales y en su crítica, también aducen razones: justamente la experiencia misma, lo que directamente se infiere de ella y la ausencia de razones contrarias que impedirían aceptar su realidad. Abren pues la posibilidad de razonamiento ante los otros sujetos, permiten una argumentación sobre los valores. Lo que no autorizan es llegar a la conclusión de la aceptabilidad universal de los valores; pero sí pretenden compartir con los otros, sin imponérselas, ciertas creencias razonables.

Las creencias sobre el valor y el sentido no suministran certeza, tampoco por lo tanto seguridad plena. Sin embargo, son nuestras convicciones más profundas, porque afectan la totalidad de la existencia. Sin ellas no podríamos orientar nuestra acción en el mundo. Sin ellas, nuestra existencia sería vana y el mundo carecería de sentido. Las creencias razonables sobre el valor y el sentido pertenecen a una razón "incierta" (Pereda, 1994); pero cumplen la más importante de las funciones vitales y son irremplazables por un saber objetivo.

A la aceptación de esta razón incierta, garante de la realidad del valor y del sentido, se oponen dos posiciones contrarias, igualmente injustificadas. Por un lado, el dogmatismo: confundir el conocimiento personal con un saber objetivo, pretender, por lo tanto que nuestras creencias razonables sobre el valor y el sentido tienen validez universal y deben, por lo tanto, ser aceptadas por todos. Es la raíz de la intolerancia. Las creencias basadas en nuestro personal conocimiento del valor pueden aducir, sin duda, razones, pero no son por principio irrefutables, no pueden, por lo tanto, imponerse como si fueran saberes de validez universal.

Pero también es frecuente la posición opuesta: el escepticismo ante la realidad de los valores. Se basa en una errónea inferencia: si los enunciados de valor no se fundan en razones incontrovertibles —se piensa— entonces, todos valen igual; nada es seguro, puesto que todo es incierto; cualquier opinión sobre valores equivale a su contraria; nada, en realidad, vale. Esta postura suele acompañarse en nuestro tiempo, de una inclinación cientificista: sólo se admite la racionalidad del saber objetivo de la ciencia y se rechaza, por irracional, cualquier juicio de valor con pretensión de realidad. Pero, aunque no sea infalsable, el conocimiento personal del valor nos da el grado de seguridad que necesitamos para elegir el curso de nuestra vida. Al negar la razón incierta, al desdeñar los resultados de un conocimiento personal, se clausura también la posibilidad de buscar un camino seguro para orientar nuestra vida personal y colectiva. Detrás del cientificismo acecha el nihilismo.

ACCIÓN INTENCIONAL

No todos los valores se presentan a nuestra experiencia. Muchos son resultado de nuestras propias acciones; somos nosotros quienes los introducimos en el mundo.

La actitud positiva hacia un objeto o situación puede analizarse, vimos, en dos componentes: uno pasional, el deseo, la inclinación o aprecio hacia el objeto; otro racional: la creencia en la existencia del objeto provisto de ciertas propiedades a las que asignamos valor. Hume pensaba que ningún elemento racional era capaz de impulsar nuestras acciones; todas, según él, se originaban en una pasión. Y es cierto que la mayoría de nuestros actos están motivados por algún deseo. El deseo se manifiesta, a menudo, como un impulso, una tendencia hacia un objeto, que intenta aliviar la tensión que causa su ausencia. Pero en otras muchas acciones, tenemos que admitir impulsos más simples, que no se perciben como pasiones. Si al oír el timbre abro la puerta, o al ver una figura en movimiento fijo la mirada, difícilmente podría comprobar la existencia de una tensión particular, aún menos de una pasión, en el origen de mi acto. Por otra parte, el deseo puede referirse no tanto al objeto de la acción sino a sus resultados previstos. Si voy a un consultorio médico, no busco tanto la consulta, como el resultado que de ella espero, y mi disposición a pagar una multa no obedece a mi desprendimiento del dinero sino al deseo de evitar resultados perniciosos. El estímulo que provoca el deseo puede ser sensible, pero también imaginario, aun consistir en una creencia racional sobre los resultados o sobre el carácter de la acción. Así, al deseo en cuanto tal podemos calificarlo de "irracional"; pero puede estar causado por un estímulo sensorial, a su vez irracional, o bien por creencias fundadas en razones. En el primer caso están los apetitos sensibles, en el segundo, nuestras inclinaciones derivadas de creencias previas.

No todas las acciones motivadas por deseos están animadas de una intención consciente. Porque muchas acontecen sin proponérnoslo. Psicólogos, etnólogos y detectives han sospechado siempre que, detrás de nuestros propósitos confesados, se esconden otros motivos que escapan a nuestro control. Rasgos de carácter, sentimientos profundos, pulsiones inconscientes pueden explicar parcialmente muchos de nuestros comportamientos. Pero ahora seguimos la pista de los valores y en ella nos interesan las acciones ejecutadas con intención.

Si queremos algo conscientemente, tenemos la intención de lograr un estado de cosas. Ése es su fin. La proyección de un fin para actuar permite la *descripción*, en la imaginación, de una acción o de un estado de cosas futuro, pero no implica necesariamente su representación en una *imagen* mental. Cierto que muchas veces nos gusta representarnos alguna figura del futuro. La imaginación fragua entonces la imagen de un estado de cosas, al que se dirige nuestro deseo o nuestro anhelo. Este punto cobrará importancia cuando nos interesemos por la representación de estados sociales, en las utopías y en los programas políticos. Sin embargo, muchas acciones pueden emprenderse sin la representación de un estado final. Si, por ejemplo, deseo cruzar la calle, suelo hacerlo sin mayor reflexión y sin que requiera admitir una representación de la otra acera, previa a mi acción (Platts, 1991, 15). Con todo, si me preguntaran por qué cruzo la calle, vendría a mi conciencia alguna descripción del estado de cosas buscado.

El deseo no está pues necesariamente ligado a la representación imaginaria de un estado de cosas buscado, pero sí a la proyección de un fin que puede describirse. Sería muy difícil concebir un deseo como un puro impulso irreflexivo que no pudiera señalar fin alguno (Platts, 1991, 30). El fin proyectado explica tanto la acción como el deseo que la motiva. "Cualquiera que sea la motivación de la persecución de un fin por alguien, resulta apropiado *ipso facto*, en virtud de esa persecución, adscribirle un deseo de ese fin" (Nagel, 1991, 29).

Ahora bien, la actitud positiva (deseo, afecto, inclinación) hacia la acción o estado de cosas proyectado presenta ese fin como algo provisto de valor. Ninguna acción intencional se realiza —ya lo sabía la tradición— más que *sub specie bonis*. Porque consideramos bueno el fin proyectado en la imaginación, tenemos una actitud positiva hacia él y podemos actuar en consecuencia. Pero el valor adscrito al fin es de un género distinto al valor experimentado. No corresponde a un objeto o estado de cosas actual sino a uno futuro. Su existencia es imaginaria, no real. Y ese valor imaginado explica el deseo. Cuando se plantea la pregunta ¿por qué deseas tal fin? la respuesta consiste en indicar las notas del fin por las que lo consideramos valioso.

Hay que distinguir, por consiguiente, entre dos órdenes de valor diferentes. Por un lado, las cualidades valorativas experimentadas en un objeto o situación; éstas pueden dar lugar a la aceptación de la realidad de ciertos valores. Por otro lado, las cualidades atribuidas a los estados finales de nuestras acciones;

ellas se traducen en la proyección de valores posibles. Los primeros se fundan en las propiedades del mundo en torno dado, los segundos pertenecen al mundo imaginario. Pero en ambos órdenes, el juicio de valor (la atribución de un valor a un objeto o situación) debe justificarse en razones. En los valores dados a la experiencia, tiene que concluirse —como ya vimos— de una argumentación crítica que infiera su realidad. En los valores proyectados en la imaginación, debe acudir a razones que funden la bondad de los fines propuestos. Atribuir valor a un fin es pretender, en realidad, que su *realización* será valiosa. Por lo tanto, para justificar un enunciado de valor proyectado, tenemos que dar razón de la posibilidad de realizar la acción que contribuya a una situación valiosa.

La relación de la acción con el valor es diferente en uno y otro orden. Podemos considerar dos situaciones. En un primer género de casos, la acción parte de la experiencia de un valor o de una carencia. Entonces, la percepción de cualidades dadas en un objeto genera una actitud positiva hacia él, la cual, a su vez, unida a ciertas creencias, impulsa a proyectar el fin de una acción que satisfaga esa actitud positiva. La percepción del agua fresca junto a la de una carencia en el cuerpo (la sed) engendran el deseo, el cual impulsa a la acción de beber. La percepción de una melodía despierta una atención favorable hacia ella, la cual incita a mantener silencio para escucharla. Antes de emprender la acción (beber, escuchar) el valor del fin está sólo proyectado, consiste en la satisfacción de la actitud positiva (término del deseo, prolongación del goce estético). La ejecución de la acción llena una carencia de valor (la sed, el ruido) e introduce en el mundo el valor que faltaba. Pero éste no hace más que comprobar el valor, previamente existente en el mundo (la frescura del agua, la belleza de la melodía), que había provocado la actitud positiva.

En otros casos, en cambio, la acción introduce un valor nuevo, antes inexistente. Nada parecido se experimenta antes de la acción en el mundo. Sólo se percibe una carencia. Es esa carencia, junto con la creencia en la bondad de la situación que podría aliviarla, la que impulsa a proyectar un fin valioso. La acción está causada, entonces, por la actitud positiva hacia la realización del fin imaginado, junto con la valoración de éste, sin que haya la percepción previa de un valor dado en el mundo en torno. Por lo contrario, es una ausencia de valor la que incita a proyectar el fin.

La algarabía del ruido cotidiano provoca el deseo de otra realidad, aún inexistente: la armonía del silencio. La sensación de la propia insuficiencia se compensa por la proyección de una imagen ideal con la que podemos identificarnos. La experiencia del sufrimiento en la sociedad real nos impulsa a proyectar en la imaginación el orden ideal que la aliviara. El valor proyectado se presenta entonces como "lo otro" de esta existencia percibida como falta. Su "otredad" se manifiesta en el contraste entre dos órdenes de existencia: la posible, en la que el valor reside, y la real, sede de la carencia. Oposición entre dos órdenes de lo existente: imaginario-percibido, posible-actual, deseado-padecido, querible-rechazable.

En cualquiera de los casos, esté dado el valor o simplemente proyectado, la acción intencional no es posible sin la creencia en la bondad del fin. En la acción, se añade a la actitud positiva hacia un objeto, la creencia en las características valiosas del estado proyectado como fin. Pero no toda intención se traduce en actos. Puede entrar en conflicto con otras intenciones o deseos, toparse con circunstancias internas o externas que impidan actuar o, simplemente, carecer de la fuerza del deseo para realizar el fin buscado. Puedo tener toda la intención de salir de casa para ir al cine, pero mi preocupación por telefonear a un amigo puede sobreponerse a ella, o bien un dolor repentino me lo impide, o simplemente me dejo invadir por la pereza de moverme. Tomamos entonces "intención" en un sentido amplio, que no implica necesariamente la realización de la acción, sino sólo el deseo de actuar. Mis actos reales pueden incluso ser contrarios a mis verdaderos propósitos, pues la vía del infierno, lo sabemos, está "empedrada de buenas intenciones". Para pasar al acto es menester, pues, añadir a la actitud positiva la decisión. La *intención* se convierte entonces en *querer* y el propósito de hacer algo, en voluntad de realizarlo. El acto de querer implica algo más que proyectar un fin en la imaginación, supone un impulso connativo: tratar de ponerse en movimiento, para obtener lo que se desea (Anscombe, 1991, 124).

Pero para explicar la decisión de la voluntad no es menester multiplicar las causas, suponiendo otro deseo distinto al que explica la intención, sino una intensidad suficiente en ese mismo deseo para sobreponerse a otros deseos y poner en marcha la acción. La acción puede explicarse, por lo tanto, por dos componentes: una actitud positiva, en cualesquiera de sus variantes (deseo, aprecio, inclinación afectiva), que tiene la fuerza para impulsar a la decisión voluntaria, y un conjunto de creencias que incluyen creencias en la existencia del objeto de la actitud y valoraciones que le adscriben valores. Estos dos componentes constituyen lo que los filósofos, con un término equívoco, suelen llamar "razones para actuar". Digo "equívoco" porque es claro que aquí "razón" tiene un significado diferente al que se usa en teoría del conocimiento. Razones de una *creencia* son otras creencias, o experiencias de las que se puede inferir su verdad o probabilidad; las razones *justifican* las creencias. Razones de una *acción* son sus causas; las razones *explican* las acciones. Pero causas de las acciones son, acabamos de resumir, actitudes, deseos, por una parte, creencias que incluyen valoraciones, por la otra. Para evitar ambigüedades en el uso de la palabra "razón", llamemos "motivos" a las primeras y "razones" a las segundas. Podemos decir que la acción intencional está "motivada" por ciertas actitudes, manifiestas en deseos, anhelos o afectos, y "justificada" por ciertas creencias. Las creencias en la existencia y en el valor del objeto de la actitud y del fin propuesto, deben fundarse en razones. Lo que los filósofos de la acción suelen llamar "razones para actuar" comprenden los "motivos" irracionales y las "razones" que justifican las creencias. El análisis de la acción nos conduce así al problema de la relación entre actitudes o deseos, por una parte, y razones de las creencias, por la otra.

Un comportamiento se explica por ciertas creencias. Será más o menos razonable en la medida en que esté justificado en razones. Diremos que un sujeto es racional en su conducta si tiene un conocimiento personal, fundado en razones, sobre los fines que guían su conducta y los medios necesarios para lograrlos, y además decide realizarlos.[3]

---

[3] Las cinco condiciones de racionalidad de una conducta que establece Jesús Mosterín (1978) pueden resumirse en las indicadas.

MOTIVOS Y RAZONES

Las razones para actuar abarcan motivos y razones para creer. Si preguntamos "¿Por qué S hace x?" podemos contestar aduciendo los motivos (deseos, inclinaciones, intereses) que impulsan S hacia x o las razones por las que S cree que x es valioso. La explicación por motivos no elimina la explicación por razones (¿Por qué Pedro asistió a la manifestación?-Lo movía una pasión: la exaltación de sentirse en la vía justa; también tenía poderosas razones: las que fundaban la justicia de su causa).

La acción intencional, dirigida a la realización de un fin considerado valioso, puede explicarse por una actitud positiva previa hacia un valor, por el deseo o el aprecio afectivo hacia la realización del fin. En ese caso, la pura pasión explicaría la búsqueda del valor. Pero también puede explicarse por la creencia justificada en la realidad del valor, esa creencia se funda en razones de las que se puede inferir que el fin buscado es efectivamente digno de ser deseado o apreciado. En ese caso, la tendencia activa hacia el valor se explica en una forma de racionalidad.

No escapará la importancia de esta cuestión para explicar el comportamiento moral, ni su relevancia para comprender cualquier comportamiento, individual o colectivo, conforme a fines. (Podríamos preguntar: el comportamiento político de Pedro, al asistir a la manifestación, ¿es obra solamente de su pasión personal o es producto de una deliberación racional? Quizás las dos propuestas no sean excluyentes).

Ya Aristóteles (*Et. Nic.*, III, 3, 19) hizo notar que el querer supone deliberación racional, de modo que muchas veces los deseos suceden a las razones y las suponen; entonces, "apetecemos algo en conformidad con la deliberación". Thomas Nagel (1970, 29-32) ha distinguido, por su parte, entre dos clases de deseos que llama "inmotivados" y "motivados". Los primeros preceden a las razones, son motivos iniciales de acciones, pulsiones originarias que responden a un estímulo o a un estado de tensión, como el hambre, la fatiga o la tensión sexual. Los segundos, en cambio, son posteriores a las razones, están motivados por ellas. Después de argumentar ("deliberar" decía Aristóteles) para justificar el valor de una acción o de un estado de cosas final, surge el deseo de realizarlo. En este segundo caso —piensa Nagel— el deseo está motivado precisamente por las razones que justifican el fin de la acción (1970, 31). Esas razones tienen un origen distinto al deseo que provocan; luego, no están condicionadas por él. Los deseos que producen se explican por las mismas razones que explican la acción misma. "Si el acto está motivado por razones originadas en ciertos factores externos y el deseo de realizar el acto está motivado por esas mismas razones, el deseo no puede obviamente formar parte de las condiciones de la presencia de esas razones" (1970, 30): (Pedro ha leído a Mariátegui. Le convencen sus argumentos sobre los derechos de los pueblos indios. Ellos encienden su deseo por ayudar a esa causa; por eso asiste a la manifestación. Las razones expuestas por Mariátegui explican a la vez la acción de Pedro y su deseo). Esta observación es especialmente pertinente en los comportamientos morales. La creencia en el valor de una acción puede inferirse de ciertas razones éticas. Esa creencia suscita el deseo de actuar conforme a ese valor moral. Para explicar el comportamiento moral basta entonces con destacar las razones que explicarán a la vez la acción y el deseo de emprenderla.[4]

Podemos generalizar la distinción de Nagel y aplicarla a cualquier componente afectivo de una actitud positiva. Hay actitudes que motivan creencias sobre los objetos a que están dirigidas y otras que se generan justamente porque tenemos ciertas creencias sobre valores, fundadas en razones. (El aprecio de Pedro por las culturas indias puede incitarlo a buscar argumentos para fundar sus derechos: la actitud positiva motiva la

---

[4] Podríamos establecer un paralelo, en este punto, entre la razón teórica y la práctica. En efecto, tanto en una como en otra sólo es indispensable preguntar por los motivos cuando faltan razones. Estoy obligado a preguntar por los motivos para creer en algo cuando no puedo aducir razones suficientes que justifiquen esa creencia (Villoro, 1982, 104); de parecida manera, estoy obligado a preguntar por los motivos de una acción cuando no puedo dar razones convincentes. En cambio, si puedo dar esas razones, éstas explican tanto la acción como los deseos "motivados" por ellas. En ambos casos damos por supuesto que las razones bastan para explicar la creencia en un caso, o la acción, en el otro.

búsqueda de razones. A la inversa, las razones aducidas por Mariátegui sobre los derechos de los indios pueden suscitar en Pedro un aprecio por ellos: las razones motivan una actitud).

Sin embargo, del hecho de que las razones expliquen tanto la acción como los deseos que la motivan, Nagel concluye algo que me parece muy discutible: en esos casos —dice— los deseos son "superfluos" para explicar la acción y podemos pasarnos de ellos (1970, 32). Esta conclusión intenta ir en auxilio de la tesis, muy kantiana, de que el comportamiento moral no requiere de un motivo previo a los principios racionales de la ética, sino que los principios de la razón práctica son suficientes para explicar que el sujeto actúe moralmente. Pero esta conclusión me parece apresurada. Dos observaciones bastarán para ponerla en duda.

1. Las razones dan lugar a un deseo "motivado", en la medida en que justifiquen que el fin de la acción tiene un valor. La creencia en el valor puede provocar una actitud positiva hacia él. Porque consideramos que algo es deseable, lo llegamos a desear. El mismo Nagel confiesa que las razones motivan "porque representan valores" (1970, 46) (Pedro cree que es deseable el respeto a los derechos indígenas; sólo por ello desea asistir a una manifestación en su favor).

No se ve cómo un principio ético podría motivar el deseo de cumplirlo, si no es porque de él se infiere el carácter deseable de una acción. No cualquier razón es capaz de motivar un deseo, sino sólo las que conducen a una conciencia de lo deseable, es decir, de un valor objetivo. Si las razones no permiten inferir un valor, no encienden ningún deseo. Y no dan lugar a la acción. Luego, no es prescindible la conciencia de un valor y, por lo tanto, el deseo de realizarlo. (Pablo también ha leído a Mariátegui y sopesado sus razones; pero no llega a convencerse de lo valioso de su posición; otras creencias arraigadas se le oponen. En consecuencia, no tiene ningún deseo de contribuir a esa causa y no asiste a la manifestación).

No por extraña sería inconcebible otra situación: alguien podría creer en las razones que conducen a una valoración positiva de una acción y, sin embargo, no sentir un deseo lo suficientemente fuerte para decidirse a actuar. (Pablo sí llega a convencerse del valor de la posición a que conducen los razonamientos de Mariátegui, pero su deseo de actuar en consecuencia no es lo bastante intenso para vencer su natural pereza; no se mueve de su casa. Pedro, en cambio, considera las mismas razones; su deseo es mucho más fuerte que el de Pablo y sigue a los manifestantes. La diferencia entre ambas acciones no la marcan las razones sino la intensidad de su deseo. El deseo es pues indispensable para explicar la acción de Pedro). En suma, las razones que explican la acción son las mismas que explican el deseo motivado por ellas, como indica Nagel. Pero de allí no se sigue que el deseo sea "superfluo" en la explicación, porque las razones son condiciones necesarias pero no suficientes de la acción; en la explicación, hay que añadirles la presencia de un deseo capaz de motivar la decisión.

2. Porque seguimos el razonamiento que conduce a la admisión del valor objetivo (del carácter deseable) de la acción, se genera un deseo de actuar; pero ¿qué nos mueve a seguir ese razonamiento? ¿Por qué querríamos llegar a la admisión de valores para actuar? Hay motivos para no seguir las razones, para obstaculizar el razonamiento y no llegar a establecer valores objetivos; debe haberlos también para llegar a valores objetivos. Con otras palabras; si el deseo de actuar está motivado por ciertas razones, ¿qué motiva que queramos atenernos a razones? Si bien el comportamiento puede estar motivado en razones, para explicar la búsqueda de esas razones no podemos apelar a ellas mismas, tenemos que suponer una situación inicial que nos incline a tratar de encontrarlas y seguirlas.

La motivación del comportamiento moral ha sido un problema tradicional de la ética. ¿Por qué habríamos de seguir normas y tratar de realizar valores que a menudo contradicen nuestros deseos personales? ¿Por qué actuar conforme a razones si se oponen a nuestros deseos? ¿Habría acaso una inclinación específica para actuar conforme a lo objetivamente deseable y no a lo que de hecho deseamos? La respuesta oscila entre dos posiciones contrarias, que podrían estar representadas por Hume y por Kant respectivamente.

Hume pensaba que ningún estado cognitivo, creencia o razonamiento, podría causar una acción; "la sola razón nunca puede ser motivo para ninguna acción de la voluntad... y nunca puede oponerse a la pasión para dirigir la voluntad" (1911, II, 125). Toda acción estaría motivada por una pasión, un deseo o afecto. Los principios morales sólo podrían influir en la acción indirectamente, excitando las pasiones dirigidas al bien y produciendo o previniendo otras acciones. Tendría, que haber, por lo tanto, pasiones específicas dirigidas al bien. Kant sostuvo la opinión contraria. Si se actúa por un deseo o afecto empírico no se actúa moralmente. La acción moral exige seguir los principios de la razón práctica y no las inclinaciones subjetivas. Implica actuar por puro "respeto a la ley moral". Pero ese "respeto" no debe comprenderse como una pasión empírica entre otras, sino como la voluntad de seguir el deber por el deber mismo, ordenado por la razón.

Concluyamos

La acción moral debe poder explicarse por principios racionales de los cuales pueda inferirse el valor objetivo de la acción. En esto tendría razón Kant. Si la acción moral satisface deseos, éstos deben ser posteriores a las razones prácticas y ser "motivados" por ellas. La distinción de Nagel entre dos géneros de deseos, permite aceptar deseos generados por la creencia en el valor objetivo de la acción.

Pero las razones no son suficientes, ellas solas, para dar cuenta de la acción; el deseo no es prescindible. Tenemos que admitir, por una parte, deseos posteriores a las razones, por la otra, el deseo inicial para encontrar razones que permitan que nuestro comportamiento se deje guiar por lo objetivamente deseable y no sólo por lo que personalmente deseamos. En esto tendría razón Hume.

Entre deseos y razones habría una relación compleja. Podríamos resumirla en los siguientes pasos:

1.- S tiene una inclinación (actitud positiva, deseo) a atenerse en su comportamiento a valores basados en razones.
2.- S procede a un razonamiento que conduce a la creencia en el valor objetivo de la acción x.
3.- El razonamiento y creencia de S motiva en él una actitud positiva (deseo "motivado") hacia x.
4.- Ese deseo es suficientemente fuerte para vencer otros deseos y llegar a una decisión.
5.- S realiza x.

Quedan planteadas dos preguntas: 1) ¿Cuáles son esas razones que pueden conducir a la admisión de valores susceptibles de motivar deseos? 2) ¿Cuál es el género de deseo que conduce a atenerse a valores objetivos, sobre inclinaciones subjetivas? De estas dos cuestiones tratará el capítulo siguiente.

2. SEGUNDA APROXIMACIÓN AL VALOR

JUICIOS DE VALOR

Partimos de una primera aproximación a la noción de valor: el valor como término de una actitud positiva. Pero pronto nos percatamos de que la atribución de valor a un objeto o situación rebasa su simple comprobación subjetiva y se justifica en razones. En la experiencia de cualidades valorativas dadas, se requiere de una crítica racional para concluir su realidad y descartar la posibilidad de una ilusión. En el caso de las acciones intencionales consideradas valiosas, pueden ser el término de deseos motivados por razones.

En ambos casos, pasamos de la descripción de cualidades del objeto intencional de una actitud, al examen de las razones que justifican la existencia de esas cualidades. Tenemos que distinguir, por lo tanto, entre juicios que declaran que un objeto o situación es considerado valioso por un sujeto y juicios que aseveran que ese objeto o situación es efectivamente valioso con independencia de la actitud del sujeto.

No siempre coincide el juicio de valor con la simple comprobación del objeto intencional de una actitud favorable. Podemos afirmar sin contradecirnos: "Sé que *x* es valioso pero yo no siento ningún aprecio por ello", o bien: "Deberíamos apreciar *x*, ¡lástima que yo sea incapaz de hacerlo!" Todos hemos constatado alguna vez una total ausencia de deseo por algo que consideramos altamente deseable. Lo mismo sucede con nuestras preferencias. ¿Quién negaría que el valor del *Quijote* es superior al de cualquier *best seller* de moda? Sin embargo, muchos aceptarían esa verdad y preferirían, no obstante, una lectura divertida al tedio que les causa la novela de Cervantes. Los juicios de valor no coinciden siempre con la descripción de actitudes.

Tenemos que distinguir, por consiguiente, entre dos géneros de atribución de valor a un objeto o situación. Por el primero, afirmamos que el objeto es término de la actitud positiva de un sujeto o conjunto de sujetos: vale para ellos. Llamémoslo pues "valor subjetivo". Por el segundo, juzgamos que el valor pertenece al objeto, con independencia de la actitud que de hecho alguien tenga hacia él: vale para cualquier sujeto que estuviera en las mismas condiciones. Es un "valor objetivo".

El juicio de valor objetivo se refiere a lo *estimable* y no a lo *estimado*, afirma que algo es *deseable* aunque no sea de hecho *deseado*. Llegamos así a una segunda aproximación a la noción de valor.

Atribuir valor objetivo a algo implica pretender que cualquiera habría de tener una actitud favorable hacia ello en ciertas circunstancias, aunque de hecho no la tenga. Tampoco afirma que todos tienen esa actitud hacia el objeto valioso, sino que deberían tenerla. "Estimable" es "digno de ser estimado" por cualquiera. No describe una disposición efectiva sino una propiedad del objeto inherente a él, que se hace presente ante la actitud, pero que subsiste en el objeto aun cuando aquélla desapareciera. "X es bueno" puede querer decir, en una primera aproximación, "x es término de una actitud favorable de S" o bien "x es término de la actitud favorable de todo S". Pero puede también significar, en una segunda aproximación: "x es digno de que todo S tenga una actitud favorable hacia ello". Escribe A. Salazar Bondy (1971, 77): "Cuando se dice que 'x es bueno', se dice algo más que lo que comunica una frase informativa psicológica tal como 'apruebo x' o 'me gusta x'. En 'x es bueno' la intención del hablante y el efecto de la expresión son distintos de lo que ocurre con las frases psicológicas mencionadas o cualesquiera otras. Es el caso recordar aquí, para reforzar este planteo, que podemos enunciar a la vez, sin contradicción, 'x es bueno' y 'no me gusta x'".

Que un valor sea "digno de una actitud favorable" es una tautología si por "digno de..." se entiende justamente "valioso". Deja de serlo, si "digno de ..." significa el planteamiento de una exigencia objetiva. "Se comprende el uso del término 'estimable' para calificar todo objeto al que se atribuye valor, a diferencia de las menciones fácticas del mero estar siendo o haber sido objeto de un afecto. Esto quiere decir que hay un sentido fuerte de 'estimable' que es compatible sólo con la vivencia de una exigencia universal" (A. Salazar B., 1971, 34). Que x sea estimable quiere decir, entonces, que tiene las propiedades a, b, c,...n, tales que cualquier sujeto, con las condiciones adecuadas, tendrá que tener una actitud favorable hacia x. Las condiciones para tener esa disposición ante el objeto valioso son las que corresponden a un conocimiento personal de x. Afirmar lo anterior no es equivalente a decir que un sujeto cualquiera tiene cierta actitud, sino que él o cualquier otro se verá fuertemente inclinado a tenerla en presencia del objeto valioso. La exigencia incluida en un juicio de valor podría analizarse en dos componentes: la *descripción* de ciertas propiedades, *a, b, c,... n*, como pertenecientes al objeto, y la *prescripción* de tener una actitud positiva hacia ellas.

La exigencia planteada por la atribución de valor puede tener distintas modalidades según el grado de valor de que se trate y la clase de objeto o situación a que se atribuye.

1.- En unos casos, estatuye una *condición causal* necesaria para la realización de un valor. Se trata de valores "extrínsecos", es decir de aquellos que valen como medios para lograr un fin que se considera, a su vez, valioso. Pueden ser valores puramente utilitarios ("Un automóvil valioso tiene que ser resistente") o bien valores biológicos ("*Mens sana in corpore sano*"). La exigencia de tener una actitud positiva señala entonces la liga necesaria entre querer un fin y querer un medio; se expresa pues en un juicio hipotético: "Si quieres un automóvil valioso, tienes que querer también que sea resistente", o bien: "Para un buen equilibrio mental, tienes que querer un cuerpo sano".

Los juicios sobre valores utilitarios o vitales no pueden dar lugar a normas de general observancia. Si decimos que un auto barato es conveniente o que la salud es buena para la vida, no estamos estableciendo ninguna norma de comportamiento. No prescribimos ningún deber de fabricar o de comprar automóviles baratos ni pretendemos que todos deban perseguir la salud.

2.- En otros casos, el juicio de valor expresa que el objeto posee cualidades tales que predisponen fuertemente a ser estimadas por cualquiera. La exigencia de tener una actitud positiva puede tomarse entonces como una *recomendación* fuerte. Es el caso de los valores estéticos ("Todos deberían admirar este cuadro"; "¡Qué elegante es esa mujer!"). Si alabamos una obra de arte por su expresividad no prescribimos que todas deban ser expresivas; al comprobar la donosura de un atuendo o un comportamiento no establecemos norma alguna.

Igual con algunos valores religiosos que tienen cierta analogía con valores estéticos. Cierto que hay valoraciones religiosas más cercanas a las morales ("Un hombre justo tiene temor de Dios" puede formularse también como "Para ser justo, un hombre debe tener temor de Dios"), pero existen otras que sólo expresan una recomendación fuerte, semejante a las valoraciones estéticas ("Ante el misterio, sólo cabe el silencio"; "Sobre la ley, la gracia").

3.- Por último, esa exigencia puede adquirir el sentido de un *deber* si se refiere al valor de acciones intencionales que se acompañan de una coacción moral. En esos casos, el juicio de valor puede traducirse en un enunciado de deber. ("Un buen soldado es disciplinado" es equivalente a "Un soldado debe ser disciplinado"). A la inversa, como acertadamente señala Bunge (1996, 27), "todo imperativo moral puede traducirse en una oración declarativa" ("No matarás" o "No debes matar", en "Matar es malo"). Las normas morales pueden así formularse en un lenguaje que comprende enunciados de valor objetivo. Cualquier sistema normativo suministra un criterio para distinguir las acciones conforme al valor de las contrarias a él. Notemos, sin embargo, que la exigencia planteada por los juicios de valor no es traducible por juicios de deber en todos los casos, sino sólo en la subclase de los valores morales, referidos a acciones intencionales.

La actitud positiva hacia un objeto o situación comprende una preferencia por ese objeto o situación frente a otros posibles. El objeto preferido es dotado de valor. Así, lo valioso puede verse como lo preferible para el sujeto. Pero el carácter preferible de lo valioso no implica en todos los casos una regla de comportamiento. Podemos considerar preferible una obra de arte sobre otra por tener mayor calidad estética, o un artefacto sobre otros por concederle mayor eficacia, sin sentirnos obligados a ninguna acción. No obstante, si se nos plantea la necesidad de escoger, la preferibilidad operará como una regla que orientará nuestro comportamiento.

Si el valor es puramente instrumental o utilitario, su preferibilidad estará condicionada por la elección del fin al que sirve.

Las reglas regulan entonces una relación de medios a fines. (Si x conduce a y y S quiere y, entonces S debe elegir x). "Deber" tiene aquí un sentido puramente instrumental.

Por otra parte, si el valor de la acción considerada es subjetivo, la regla será también instrumental. (Si S desea x y quiere cumplir su deseo, entonces S debe hacer lo que conduzca a x). La regla sólo será incondicionada si el valor de la acción intencional es considerado objetivo, es decir, válido para todo sujeto con determinadas condiciones. Entonces, el enunciado "x es deseable objetivamente" implica "x debe realizarse" o, con mayor exactitud, "debe hacerse lo conducente a x". Los sujetos de ese juicio son los miembros de una colectividad para los cuales x es valor objetivo. Para ellos, la regla instrumental, condicionada al fin querido, se convierte en norma incondicionada. El conjunto de esas normas constituye una ética. Las normas éticas pueden considerarse, por lo tanto, preceptos para la realización de valores objetivos.

En suma, "valor" se usa en dos acepciones. En una primera aproximación es el objeto intencional de una actitud positiva; es lo "deseado" o "estimado" por un sujeto, por lo tanto lo que ese sujeto percibe como benéfico para él. En una segunda aproximación, es lo "deseable" o "estimable" para cualquiera que cumpla con ciertas condiciones; es lo realmente benéfico para cualquiera. La atribución de valor subjetivo a un objeto reseña simplemente un hecho; ese objeto es término de la actitud positiva (deseo, afecto, estimación) de alguien. La atribución de valor objetivo, en cambio, es conclusión de un razonamiento del que se infiere que el objeto es deseable, estimable, con independencia de que alguien tenga, de hecho, una disposición positiva hacia él. En ambos significados nos referimos al valor como término de una actitud, pero, en una primera aproximación, nos limitamos a comprobar su presencia ante un sujeto, en la percepción o la imaginación, en el segundo caso, atribuimos a ese mismo valor presente una existencia real; pretendemos, por lo tanto, que cualquiera tendría que tener ante él, de conocerlo, una actitud positiva.

Un juicio de valor subjetivo puede contradecir uno de valor objetivo. Puede suceder que una persona crea benéfico lo que en realidad le perjudica. Su actitud positiva ante lo que supone valioso no corresponde entonces a la realidad. En ese caso, el valor subjetivo resulta ilusorio o falso: lo que estimábamos bueno se muestra, en realidad dañino. Algunos ejemplos: mi actitud favorable hacia el cigarrillo no correspondería a mi verdadero interés; la carencia que resiento por falta de tabaco no forma parte de las necesidades de un organismo sano. En otro campo, deseamos tener poder para estar en condiciones de realizar plenamente nuestros proyectos vitales; pero el deseo de poder, en realidad, corrompe, sería un valor ilusorio. Las reivindicaciones puramente económicas de la clase obrera pueden satisfacer sus deseos de mejora inmediata, pero ser, de hecho, perjudiciales para su emancipación como clase; no expresarían entonces cabalmente sus necesidades reales. En esos casos la percepción subjetiva de un valor no corresponde a un bien real. El valor subjetivo requiere, por lo tanto, fundarse en razones; mientras no lo haga, podrá ser ilusorio.

Es claro que no es válido inferir de un enunciado de valor subjetivo sin más, una atribución de objetividad a ese valor y viceversa. De mi deseo de fumar no es legítimo inferir que fumar sea deseable, ni de las reivindicaciones económicas de los obreros puede concluirse que sean lo mejor para ellos. A la inversa, si logramos establecer lo realmente benéfico para la salud, en un caso, para la liberación de los trabajadores, en otro, de ello no podremos inferir que un sujeto determinado tenga una actitud positiva hacia su verdadero bien.

FINES ÚLTIMOS

Los valores admiten grados. Las carencias que llenarían pueden ser más o menos graves, su satisfacción más o menos completa.

Además, los valores se oponen a menudo entre sí. La realización de unos puede costar la de otros. La obtención de un mejor nivel de vida por un trabajador puede redundar en su enajenación en el consumo, la vivencia de un amor, distraer de la creación personal, la obsesión por esa creación sufrirse en la soledad; la igualdad social puede exigir limitaciones a la libertad individual, la plena libertad, causar perjuicio al orden, etc. Por otra parte, los fines están subordinados unos a otros. El propósito que explica una acción singular es medio para un fin posterior, éste para otro, hasta llegar a un fin último difícil de precisar. Asisto a una clase para graduarme de médico para ganar dinero, tener prestigio, servir a los demás, todo ello para realizar en mi vida ciertos valores que le den sentido. Estos son fines últimos.

En cada acción concreta, tenemos, por lo tanto, que establecer preferencias, renunciar a unos fines en favor de otros, intentar maximizar los bienes y minimizar los daños. Para ello, supeditaremos la realización de ciertos valores a otros superiores, estableceremos una jerarquía entre ellos, hasta llegar a valores que consideramos los más altos. La realización de esos valores constituye los fines últimos que guían nuestra conducta. Cada quien elige esos fines, para sí y para su sociedad. A menudo son vagos, muchas veces permanecen en el umbral de la conciencia, inconfesados, pero siempre dan sentido a nuestro comportamiento. Su realización es un fin último ya no subordinado a cualquier otro.

La elección de los valores últimos varía sin duda, pero sólo puede darse en el marco de una cultura. Una cultura se caracteriza por ciertos supuestos básicos sobre los valores supremos, comunes a todos sus miembros. Esas creencias destacan un valor sobre otros: el orden del todo, por ejemplo, sobre la realización de la persona o, a la inversa, la salvación personal sobre la entrega al todo. La armonía, la justicia, la santidad, la felicidad, la libertad han sido vistos como valores supremos en distintas culturas. En cada una, los valores aceptados como los más altos, subrayan un aspecto del bien supremo, presentan una de sus caras, pero no pretenden negar los otros valores; al contrario, aspiran a cumplirlos cabalmente. Corresponden a distintas manifestaciones de un ideal de perfección.

Aunque los valores últimos presentan el bien supremo bajo un aspecto, siempre podemos, en la fantasía, figurar un estado de cosas en que toda carencia quedara eliminada y todo lo deseable, realizado. La proyección hacia el valor objetivo alcanza un ideal: plenitud, perfección. Al guiarse por él, cualquier curso de vida se transfigura, de un caos de acontecimientos dispares en un camino pleno de sentido. El ideal, en cualesquiera de las caras con que se presenta, sería el límite al que tendería toda proyección de fines, el horizonte de toda preferencia. Es una realidad proyectada, *otra* que la cotidiana. Mientras el mundo vivido es el de la carencia, la plenitud es la marca de los valores y fines últimos. Pero la otredad de la perfección es un ideal regulativo inalcanzable; perpetuo horizonte al que tiende la acción, se aleja conforme avanzamos.

El fin último es expresión del ideal; por ello es objeto del mayor anhelo. Pasión de perfección y de bien sumo, ansiedad por romper la penuria de nuestra condición, por dejar de ser lo que somos, por al fin transfigurarnos. Al ser lo máximamente querible es también lo que, en cada caso, deberíamos preferir y obrar por realizarlo hasta donde fuere posible. Transformar al máximo posible el mundo en torno en esa realidad ideal, convirtiendo la existencia en un todo con sentido, es la exigencia del valor supremo.

El ideal no puede ser objeto de una descripción precisa, porque en él aparece la plenitud de un valor sin oposición a otros valores en apariencia contrarios. La libertad total, por ejemplo, sin obstáculo de la plena unión con los demás; la abundancia, sin mengua del desprendimiento ante los bienes; el orden del todo y a la vez la especificidad de cada parte. El ideal es el espacio en que los opuestos se concilian.

Habrá que distinguir, por lo tanto, en la conducta, tanto individual como colectiva, los propósitos y fines parciales, subordinados unos a otros, y los fines últimos, manifestación parcial, variable, de un ideal regulativo de perfección. En esos fines se expresan los valores superiores que orientan el comportamiento. Es el reino de lo opuesto al mundo carente, realidad otra que lo contradice y, a la vez, le otorga sentido.

¿FALACIA NATURALISTA?

Desde Hume es un lugar común considerar una falacia lógica la inferencia de un enunciado descriptivo de hechos a un juicio de valor o, a la inversa, de un enunciado valorativo a uno descriptivo. De parecida manera, se considera un error pretender concluir de enunciados de hechos una norma o un enunciado cualquiera de deber. Suele referirse a ese error bajo el título de "falacia naturalista".

Pero esa "falacia" recela, en realidad, confusiones de diferente género. Por mi parte, encuentro cuatro.

1.- El error podría consistir en el intento de reducir las cualidades valorativas experimentadas a datos sensoriales o a propiedades físicas (naturales) del mundo. Ya hice notar que el modo de darse de las cualidades valorativas es distinto al de los datos sensoriales. Suponen una postura ante el mundo que lo toma como correlato de actitudes, deseos, emociones. No pueden, por lo tanto, analizarse en datos de puras sensaciones; se presentan como cualidades de totalidades limitadas; suponen el marco general de referencia de una determinada cultura. Tampoco son reducibles a propiedades físicas, que pudiéramos atribuir a objetos de la naturaleza.

Pero de lo anterior no se sigue que las cualidades valorativas no estén dadas a una experiencia. Son hechos, diferentes a los que se ofrecen a una postura "natural" o "teorética", que suponen un ámbito cultural y una disposición afectiva. Pertenecen a un orden fáctico distinto al de los hechos de la naturaleza.

Por consiguiente, la falacia no consiste en la inferencia de enunciados sobre hechos a otros que versaran sobre algo que no sea un hecho, sino en la conclusión de un orden de hechos a otro. La inferencia entre esos dos órdenes no es posible porque, para justificarla, sería menester conocer toda la red de conexiones causales entre los hechos físicos y las circunstancias en que se dan los valores ante los sujetos. Para ello habría que subsumir nuestras relaciones afectivas y culturales hacia el mundo bajo leyes que explicaran, en todos los casos, su origen en procesos físicos. Eso es imposible. De la misma manera que nos es imposible reducir el mundo en torno, animado de significados, teñido por nuestras emociones, a una realidad puramente física.

2.- Aplicada a explicaciones sociales o históricas, la "falacia" se presenta bajo una traza distinta. No hay una inferencia inmediata entre enunciados de situaciones de hecho de un individuo o grupo, y los valores aceptados por él. Es el error que se señala, por ejemplo, cuando se hace notar la falla de inferir de la situación económica y social de una clase, su modo de pensar o sus intereses reales (como intentaba hacerlo una aplicación determinista de la teoría marxista).

Es cierto: de enunciados descriptivos de situaciones históricas no puede concluirse, de manera inmediata, actitudes y creencias correspondientes sobre valores. Pero ello no se debe a alguna misteriosa diferencia ontológica entre hechos sociales y valores. Porque los valores de individuos o grupos, proyectados en la imaginación, son también hechos psíquicos. Y ellos explican otros hechos: el comportamiento de los sujetos y grupos. La pretendida diferencia entre "hechos" y "valores" se reduce, en este caso, a la diferencia entre dos esferas de hechos: hechos sociales, observables en el comportamiento, y objetos intencionales en la mente de los agentes. La confusión consistiría en el intento de inferir de un orden de hechos el otro, sin el intermedio de otras premisas que pudieran conectar ambos.

Sin embargo, es razonable establecer, de manera empírica, cierta relación condicionante entre las actitudes y creencias valorativas y las situaciones sociales de los grupos que las sustentan. Las condiciones económicas y sociales en que se encuentra un grupo condicionan sus percepciones de carencias y, por lo tanto, sus preferencias hacia ciertos valores, las cuales motivan, a su vez, ciertas creencias. Para establecer esa relación se requiere, naturalmente, de una teoría explicativa. A ella me referiré en el capítulo siguiente. En todo caso, no existe una falacia lógica, de principio, en descubrir relaciones de causalidad entre las situaciones sociales de los agentes y los valores subjetivos que sustentan.

3.- El caso anterior se refiere a la dificultad de inferir de las condiciones sociales los valores subjetivos proyectados por los agentes. Pero el sentido más importante de la llamada "falacia" es otro: consistiría en el intento de inferir de enunciados de valor subjetivo, otros que le conceden carácter objetivo. No se justifica deducir, sin otros razonamientos, del enunciado "S considera x valioso", el juicio "x es valioso", o bien, del enunciado "S estima x", "x es estimable". Tampoco es válida la conclusión en sentido inverso. Con otras palabras: de lo que de hecho una persona o un grupo considera benéfico para él no puede concluirse, sin otras premisas, que eso sea efectivamente bueno, con independencia de lo que esa persona o ese grupo crean. La falacia no consiste en pasar de un hecho a un valor, sino de un valor subjetivo a uno objetivo y viceversa. De la actitud positiva de un sujeto hacia un objeto, por creer que posee ciertas cualidades, no se sigue que esas cualidades existan realmente. Por otra parte, del juicio valorativo de un sujeto no se sigue su validez para todos los sujetos con condiciones semejantes.

Lo que no es válido lógicamente es inferir un juicio de valor objetivo de la simple declaración de su valor para un sujeto determinado. De allí no se sigue, sin embargo, que no puedan aducirse otras razones válidas para llegar a la presunción razonable de la objetividad del valor, a partir de una experiencia personal... como veremos en seguida.

4.- Otra manera de presentar la "falacia naturalista" es la imposibilidad de concluir de un juicio de hechos uno de deber. Pero esa formulación podría reducirse a un caso de la anterior. En efecto, ya observamos cómo los juicios de deber pueden formularse en enunciados declarativos de valor objetivo. Las normas morales pueden considerarse, entonces, como exigencias incondicionadas fundadas en el carácter objetivo de ciertos valores realizables en el comportamiento. Si reconocemos, por ejemplo, el valor objetivo, válido para todos, de la vida humana, lo podemos expresar en enunciados como "Preservar la vida humana es bueno" y, por lo tanto, "Matar —salvo cuando se salve una vida— es malo". De donde se sigue la regla incondicionada de conducta: "No matarás, salvo cuando con ello salves una vida".

Este sentido de la falacia corrobora la imposibilidad lógica de concluir, sin otras premisas, de un valor subjetivo a uno objetivo, en el campo del comportamiento intencional. Señala el error de inferir un comportamiento moral del sólo hecho de comprobar las preferencias valorativas de un individuo o grupo. Es útil en la medida en que establece una diferencia radical entre lo deseado de hecho y lo deseable, lo estimado y lo estimable. Y esa diferencia sólo es salvable por el razonamiento. La falacia, en el campo social, aparece en todo procedimiento de falsa universalización, por el cual un sujeto considera de interés universal lo que sólo corresponde a su apreciación particular, tal como acontece en el pensamiento ideológico.

La "falacia" nos conduce a preguntarnos por las razones por las que sí sería legítimo concluir la objetividad de los valores.

NECESIDADES

En el capítulo anterior hablamos de las razones que podemos aducir para atribuir realidad a las cualidades valorativas dadas en la experiencia. Pero la vivencia de los valores en el mundo no es quizás tan frecuente como la comprobación de su falta. Es la vivencia de una privación la que conduce a proyectar en la imaginación los objetos del deseo. Ya no se trata de aprehender valores reales en el mundo sino de introducirlos en él mediante nuestras acciones. Los valores que perseguimos como estados finales deben poder realizarse. Por ello pretendemos que no sean una ilusión subjetiva.

Muchos juicios de valor se fundan en un saber objetivo sobre las cualidades de un objeto o situación para realizar ciertos efectos que se esperan de él. Atribuimos al objeto que posee esas cualidades un valor relativo a su capacidad para obtener un estado final cuyo valor damos por supuesto. Se trata entonces de la atribución de lo que hemos llamado "valor extrínseco", es decir, del medio para realizar un fin intrínsecamente valioso. No juzgamos que el objeto tenga valor por sí mismo, sino sólo en la medida en que lo tengan sus consecuencias o efectos.

Una vía para dar razón de la objetividad de un valor sería, por lo tanto, comprobar en los objetos cualidades necesarias para la realización de ciertos estados finales que damos por valiosos. Podríamos decir que valor objetivo es lo que satisface una necesidad. Una necesidad existe cuando una carencia no es sólo percibida, sino real y, por lo tanto, la actitud positiva hacia el valor correspondiente es en verdad benéfica. En los ejemplos mencionados en páginas anteriores, mi actitud favorable hacia el cigarrillo no correspondería a una verdadera necesidad: la preservación de la salud; el deseo de poder, por su parte, estaría dirigido a un valor ficticio, mientras no satisficiera un fin necesario para la sociedad, y las reivindicaciones de la clase obrera serían objetivamente benéficas sólo si respondieran a sus necesidades reales.

Lo que satisface una necesidad es un valor objetivo en la medida en que la existencia de esa necesidad sea comprobable por un saber fundado en buenas razones. Sería el caso de los ejemplos mencionados. El valor de la abstinencia del tabaco es demostrable por la ciencia médica, la corrupción del poder, por la sociología y la historia, el interés real del proletariado, por una ciencia de la política. Los enunciados valorativos estarían objetivamente justificados si pudiéramos mostrar que satisfacen de hecho una necesidad existente. Habría que distinguir entonces entre las sensaciones de carencia de una persona o grupo, por un lado, y sus verdaderas necesidades, por el otro. Las primeras serían relativas a las actitudes personales de cada sujeto, las necesidades serían comprobables por cualquiera. Pero la situación no es tan simple.

En primer lugar, los enunciados de necesidades se refieren a propiedades que pueden existir sin que ningún sujeto tenga conciencia de ellas. Una necesidad es siempre "para algo o alguien". La fusión nuclear es una necesidad para el sol y el oxígeno para cualquier animal, tanto como cierta contemplación de algo bello puede serlo para un alma educada. En un juicio de necesidad habría que mencionar tres términos: las condiciones iniciales, el efecto o fin que produce, el sujeto para el cual se produce. En el caso de los juicios valorativos, podemos juzgar que un objeto, situación o propiedad x es una necesidad para S si comprobamos que tiene las características por las cuales podemos esperar que realice un efecto y benéfico para S.

Un sujeto puede no ser consciente de sus necesidades. Las contracciones del músculo cardíaco, por ejemplo, son necesarias para un organismo porque tienen la función de hacer circular la sangre, la cual lo mantiene en vida. La magia puede ser necesaria a una tribu porque aumenta la cohesión entre sus miembros. En ambos casos, la función ejercida es un valor objetivo para el sistema en el que se ejerce. Estos dos ejemplos son usuales en las explicaciones funcionales. Una explicación funcional, en efecto, pretende dar razón de la existencia de un x en un S mostrando que tiene un efecto y valioso para S. Si y es necesario para la sobrevivencia de S, entonces tanto y como su causa x son valores objetivos para S. En estos casos, en la determinación del valor objetivo no interviene necesariamente la actitud consciente que S tenga hacia él.

En cambio, en los casos en que S sea un sujeto capaz de elegir y proyectar sus propios fines y tenga conciencia de ellos, podemos decir que x es una necesidad para S si tiene las propiedades para contribuir a realizar sus fines. Son los valores aceptados por *S*, es decir lo que él considera benéfico, los que determinan las necesidades.

La supresión del tabaco es una necesidad porque concedemos valor a la salud, pero un fumador inveterado podría dar preferencia al placer del tabaco sobre la prolongación de su vida; para él fumar sería una necesidad. Dominar el ansia de poder es una necesidad para quien busca la virtud o la sabiduría, servirse de ella es necesario para el conductor de pueblos. Las reivindicaciones económicas de los obreros no responden a sus necesidades históricas, sólo si se sostiene que su verdadero fin es la transformación del sistema de producción y no mejoras graduales en la calidad de sus vidas. La distinción entre valores subjetivos y necesidades objetivas depende entonces de los fines que elijamos. Quien opone una "necesidad real" a una carencia "superficial" o "ilusoria", está juzgando que el valor correspondiente a aquélla es preferible, para un sujeto, al de ésta. Las necesidades son relativas a los fines de cada quien.

Podemos establecer, sin embargo, con razonable seguridad, fines que todo sujeto normal, cualesquiera fueran sus otras preferencias, no podrá menos de perseguir. Las cualidades requeridas para alcanzar esos fines constituirían entonces necesidades propias de todo hombre. Los objetos o situaciones que satisfagan esas necesidades tendrían un valor objetivo. Ningún sujeto podría, en efecto, aducir razones para recusar esos valores, puesto que todo hombre compartiría las necesidades que satisfacen. Llamemos "básicas" a esas necesidades. Una necesidad básica es aquella que es necesaria para realizar un fin propio de todo hombre, cualesquiera que sean sus preferencias personales. Las llamamos así por ser la base de cualquier otra necesidad. Los valores que las satisfacen son, a su vez, condición de la realización de cualquier otro valor.

El campo en el que podemos conocer necesidades básicas es reducido.

En un primer nivel, hay valores que constituyen condiciones necesarias para la realización de un fin inherente a todo miembro de la especie: el mantenimiento de la vida, la sobrevivencia. Los bienes indispensables a la permanencia de la vida, alimentación, protección contra las inclemencias naturales, defensa frente a las amenazas de otros animales u otros hombres, son necesidades de todo individuo. Su ausencia no sólo sería una insufrible carencia, conduciría a la muerte. Nadie podría negar esos valores sin aceptar su propia destrucción. Valores objetivos, los más elementales, que el hombre comparte con los otros animales, son los de la subsistencia.

Pero se dirá que hay individuos que no comparten ese fin, pues prefieren la muerte a una vida indigna o miserable. El sacrificio y el suicidio podrían evocarse para rechazar que la sobrevivencia sea un valor de vigencia universal. Pero la objeción no se sostiene. Renunciar a la vida por otro valor no implica dejar de considerar estimable la vida, por el contrario: el sacrificio personal puede dar testimonio de un valor superior, justamente porque la vida que se le sacrifica es considerada altamente valiosa. Tampoco el acto del suicida afirma la falta de valor de la vida. Lo que rechaza es un estado de carencia que le resulta insoportable. No es el valor de la vida lo que niega el suicida sino la situación que él vive, en la soledad y el abandono radicales, en el dolor o en la ausencia de sentido. Porque la necesidad de vivir no es la de subsistir de cualquier modo, sino la de una vida con sentido. Lo cual nos remite a otros dos niveles de valores, sin los cuales la vida resulta insoportable.

No hay hombre que pueda vivir aislado. El individuo asocial en el estado de naturaleza, inventado por Rousseau, es una ficción imposible. Todo hombre tiene que convivir con otros de su especie. Para ser persona necesita pertenecer a una sociedad, por pequeña y limitada que sea. Nace inerme y desamparado, no podría sobrevivir sin el auxilio ajeno. Crece y tiene que aprender de otros la manera de hacer frente al mundo. Se forja lentamente una identidad personal y requiere para ello de la relación con otras personas. Para comprender el mundo y actuar en él necesita de una cultura. La pertenencia a una sociedad es así otra condición necesaria de sobrevivencia. No es relativa al fin privativo de cada sujeto, pues todos ellos sólo pueden plantearse en el marco de las relaciones sociales que los han constituido. Cualquiera que sea la posición social de una persona, cualquiera su estatus o sus capacidades de decisión, para existir como persona necesita pertenecer a un conjunto de hombres. La soledad absoluta es incompatible con una vida humana.

Pero no basta con vivir, tenemos que dar un sentido a la vida. Necesidad de todo hombre es tener la capacidad de decidir sobre sus actos, dentro de los límites de su situación, de manera de orientarlos por lo que considera un bien. La posibilidad de obrar o no obrar conforme a fines, en cada caso concreto, es una necesidad de toda persona humana. Lo que satisfaría esa necesidad es pues un valor objetivo. Y sólo si el bien que se busca con la acción es real y no ilusorio, esa acción tiene sentido. Una acción, en efecto, cobra sentido para alguien cuando puede verla como un elemento de un conjunto de acciones que persigue un fin considerado realmente valioso.

Así, una vida dotada de sentido es una última necesidad básica de todo ente racional, capaz de elegir y proyectar fines.

VALORES Y FINES PERSONALES

Necesidad de todo sujeto racional es vivir una vida con sentido. Pero los fines y valores que cada quien elija para cubrir esa necesidad varían con cada persona. No podemos establecer fines que valieran por igual para todo sujeto, salvo los mencionados de sobrevivencia, pertenencia y sentido.

Nuestra vida está tejida por una red de relaciones sociales y al mismo tiempo tiene una traza individual, única. Por un lado, cada individuo debe elegir sus propios fines, los que orienten a su única vida; por el otro, coincide en valores comunes con los otros miembros de las sociedades a que pertenece. Veamos primero los valores individuales.

Cada persona tiene que descubrir, más allá de sus deseos pasajeros, sus necesidades permanentes, por las que valdría la pena sacrificar otras accidentales. Cada quien tiene que trazar su propio plan de vida. Pero nadie puede proyectar su camino fuera de los límites de su posición social, de sus inclinaciones y capacidades. Fines y valores elegidos varían con la situación social y económica, la educación recibida, las creencias familiares, las características individuales. Nadie puede trazar los fines de otro. Cada quien ha de andar su propio camino.

Los valores que pueden dar sentido a una vida son múltiples y a menudo contradictorios. En cualquier persona sería difícil encontrar un solo valor decisivo. En realidad, la existencia de cada uno de nosotros se orienta por una constelación de fines, unos conciliables entre sí, otros, opuestos. Los valores morales coexisten con los de distinto género: sensuales, estéticos, de poder, y también de elevación, de redención. Sus relaciones no son precisas. Ante cada individuo se presentan varios fines valiosos y nunca es fácil decidir entre ellos. Al mismo tiempo deseamos innovar y obtener reconocimiento, desafiar y ser amados, servir y dominar.

La construcción de una identidad personal es, por ello, un proceso lleno de aristas, meandros y desviaciones. Exige establecer prioridades en esa constelación de valores, determinar nuestras necesidades profundas, forjar una imagen ideal de nosotros mismos en la que se verían colmadas. Ese proceso está condicionado por la situación social en que cada quien se encuentra. El individuo no puede acceder a la conciencia de su identidad personal separado de su ámbito social. Al desempeñar papeles en la familia, en la escuela, en el trabajo, en las diferentes asociaciones y grupos con los que entra en contacto, se forma una variedad de imágenes sobre sí mismo, espejo de las que los demás le atribuyen. Frente a la multiplicidad de las miradas ajenas y la diversidad de roles por jugar, está obligado a dibujar una imagen unitaria de sí mismo con la que pueda identificarse. En un juego de identificación con los otros (con los padres, maestros, amigos, colegas, figuras modelo) y de autoafirmación frente a ellos, emprende la lenta construcción de un "sí mismo".[1]

Pero la imagen ideal de sí mismo no siempre se logra. La prioridad acordada a unos valores sobre otros es vaga, no corresponde a deseos únicos y no siempre se mantiene. Mientras la renovada tarea de ser fiel a uno mismo exige decidir en permanencia entre valores en conflicto, las variables circunstancias nos recuerdan a cada paso la multiplicidad de nuestros deseos opuestos. La imagen ideal nunca se forma cabalmente. Así, la diversidad de fines y valores reina tanto entre distintas personas, como en el interior de una misma persona.

---

[1] Sobre el papel de la construcción de una imagen ideal en la formación de la identidad personal, puede verse: Erik H. Erikson (1972), Pierre Tap (1986) y L. Villoro (1994b).

Sin embargo: ¿No podríamos señalar, después de todo, un fin que constituiría un valor objetivo común a todo hombre? Un candidato propuesto a menudo sería la felicidad. ¿No busca cada quien, en último término, ser feliz, aunque sea por vías distintas? Pero "felicidad" es un término tan general y vago que resulta vacío. Cada quien entiende por ella algo diferente. El contento de unos es para otros condena. En verdad, si buscamos una característica común, sólo podríamos decir que la felicidad consiste para cada quien en la plena realización de su plan de vida. Pero justamente los planes de vida son tan diversos entre sí como pueden serlo los individuos. El placer (otro candidato a fin común último) está en una situación semejante. Solamente en la obtención de los bienes básicos que ya mencionamos, encontramos un placer común, por corresponder a necesidades para la supervivencia de la vida misma. Pero en los placeres que dependen de un ámbito social complejo y de una cultura —y éstos son los más numerosos— nos topamos con la diversidad más amplia. Lo más placentero depende aquí no sólo de los gustos personales y del carácter, sino de la educación, sensibilidad cultural y posición social de cada quien.

Los valores personales son pues propios de cada quien. No obstante, no consideraríamos que la realización de un valor da sentido a una vida si no pretendiéramos su realidad. Aunque los valores sean diversos, no los elegiríamos sin la convicción de que no son ilusorios, fraguados por nosotros mismos, sino que son "verdaderos". Consideramos que satisfacen necesidades reales para nosotros, es decir, carencias que no hemos inventado o imaginado, sino que están allí y se nos imponen. En cualquier caso, podemos distinguir entre carencias transitorias y necesidades profundas y permanentes de nuestra personalidad. Considerar real una necesidad personal no es otorgarle un estatuto metafísico, independiente de nuestra experiencia, sino algo más llano: comprobar que se impone con fuerza sobre nuestros deseos pasajeros, que permanece debajo de todos ellos, que no es creada por nosotros ni imaginaria, que por ello mismo da un sentido al resto de nuestras carencias. Signo de su realidad es que se acompaña de un sentimiento de obligación; porque nos sentimos en el deber de ser nosotros mismos. Cada quien debe ser fiel a sí mismo, a los fines y valores que le son propios y que expresan su identidad, cada quien debe hacer fructificar los talentos peculiares que ha recibido. Aunque sabemos que los valores elegidos son queridos por cada persona, no dejamos de considerarlos valiosos por sí mismos, queribles, por lo tanto, por cualquiera si tuviera las mismas experiencias. Pretendemos que también beneficiarían a otros, no sólo a nosotros. Somos pues capaces de reconocer y admirar los mismos valores si los encontramos en los demás, desear que otros los compartan, encomiarlos ante ellos. Los valores elegidos son compartibles.

Podemos incluso argumentar para convencer a otra persona de adoptarlos. Reconocemos que determinar un programa de vida es asunto de cada quien, pero ello no se opone el intento de convencer a los otros de la superioridad de ciertos valores. Pretendemos, por lo tanto, qué valdrían para los demás y no sólo para nosotros. Los argumentos sobre valores personales aducen experiencias que suministran fundamentos razonables para creer. Intentan convencer con el ejemplo de vida e incitan a seguirlo. Comunicar un valor consiste en incitar al otro a que acceda a las mismas experiencias vitales.

Estamos así ante dos proposiciones contradictorias sólo en apariencia. Los valores que constituyen una identidad personal son propios de cada sujeto y a la vez compartibles por otros. La contradicción se disuelve si reconocemos que no son el término de un saber objetivo, sino de conocimientos personales. Los enunciados de valor sobre los fines que dan sentido a la vida individual no expresan saberes fundados en razones infalseables sino creencias razonables, basadas en experiencias compartibles.

Valores y fines comunes

Dijimos que una necesidad básica de todo hombre era la pertenencia a una sociedad humana. Se cumple en la integración en distintas formas de comunidad: familia, estamento o grupo, asociaciones de todo tipo, etnia, nación. Todas ellas están constituidas por un tejido de relaciones. Lo benéfico para esas relaciones no lo es sólo para un individuo sino para todos los que comparten ese vínculo. Hay pues valores comunes a todo sujeto en un respecto preciso: en cuanto miembro de una asociación determinada. El valor común es lo deseable para el todo y para cada uno de sus elementos en cuanto vinculados entre sí.

El valor objetivo —dijimos— es válido para una comunidad de sujetos que estén en situación de tener una experiencia semejante. Pero esa comunidad es en exceso vaga e indeterminada. En cambio, en el caso de valores comunes a una asociación específica, puede delimitarse: están en situación de tener conocimiento personal de un valor común a la asociación, todos los que son miembros de ella. Los intereses y fines personales son variados, pero cualesquiera que sean, en cuanto miembros de una asociación, les unen las mismas relaciones sociales, comparten un interés común: el de satisfacer necesidades inherentes a todo elemento de la asociación.

Lo que demuestra que un valor no es objetivo, sino relativo a un sujeto, es que responde solamente a su deseo, a su estimación exclusiva y no puede, por lo tanto, ser compartido. En la medida en que podamos considerar un valor como deseable con independencia de los deseos exclusivos de un sujeto, podemos pretender a su objetividad.

Podemos, por lo tanto, sostener que el término de nuestra actitud es digno de ser estimado por cualquier miembro de la asociación, si descartamos los deseos excluyentes de los deseos de los demás, de manera que cualquier persona que estuviera en nuestra misma situación compartiría las mismas actitudes.

En la crítica de experiencias opera ya, según vimos, ese principio. El principal peligro de que la experiencia del valor sea una ilusión subjetiva y no muestre una realidad, es su distorsión por deseos y creencias individuales. A menudo sólo vemos lo que queremos ver e interpretamos lo que vemos según lo que deseamos creer. "Soñaba el ciego que veía —advierte un dicho popular— y eran las ganas que tenía": Creemos que está allí, presente, el objeto de nuestros temores o nuestros anhelos y sólo se encuentra, en realidad, nuestro insaciable deseo. Las sombras aparentes se revisten, a menudo, de cualidades y formas que responden a nuestro apetito. La búsqueda de la objetividad es pues un proceso de catarsis, depuración de los deseos y creencias individuales que distorsionan la experiencia; tomar las cosas como se dan y en los límites en que se dan, recomendaba el método fenomenológico.

De parecida manera, con los fines que proyectamos. Si queremos descubrir su valor objetivo, la única vía es la depuración de todo interés individual excluyente de los intereses de los otros. Si queremos perseguir fines "dignos de ser deseados por cualquiera", tenemos que descartar los que sepamos incapaces de satisfacer a otros sujetos distintos de nosotros mismos. Habría que intentar detectar los fines exclusivos y excluyentes, los que por principio no beneficiarían más que a nosotros mismos, y distinguirlos de los que pudieran ser compartibles.

Este proceso sólo puede realizarse si accedemos a una postura des-prendida de nuestros intereses excluyentes de los demás. El desprendimiento de nuestros deseos exclusivos y excluyentes permite poner entre paréntesis la visión de los valores enturbiada por los apetitos individuales. Entonces estamos en posición de ver el mundo desde el punto de vista valorativo de cualquier otro miembro de la asociación, que no coincidiera con nuestros deseos. Al intentar ver el mundo desprendido de mis deseos exclusivos, puedo considerar a los demás con imparcialidad y juzgar de los intereses ajenos con la misma ecuanimidad con que podría juzgar de los propios. La postura desprendida abre al diálogo y a la comprensión de las posiciones ajenas. Mediante un proceso de comunicación, en que los interlocutores dejaran de lado sus intereses excluyentes, se puede entonces llegar a determinar lo que sería objeto de una aceptación general.[2]

Acceder a una postura desprendida no es fácil. Nunca se alcanza en plenitud. El peso de los deseos y opiniones excluyentes es muy fuerte y difícilmente eliminable. De allí la necesidad de la comunicación con los demás para ir descubriendo los intereses que pueden coincidir con los ajenos y para cobrar conciencia de nuestros propios deseos excluyentes. Se trata de un ideal al cual podemos acercarnos progresivamente. Tomar un punto de vista desprendido sobre asuntos concernientes al valor es, sin duda, difícil pero no es una operación puramente abstracta, realizable sólo por excepción. Por el contrario, en

---

[2] La postura desprendida tiene analogías con el llamado "punto de vista impersonal" de Ernst Nagel, que discutiremos en el capítulo 10.

nuestra vida cotidiana, todos somos capaces de asumir una posición imparcial en las situaciones conflictivas, cuando podemos depurarnos de nuestros intereses exclusivos. En la imaginación y el ensueño consciente, solemos considerar las situaciones lejanas como observadores y jueces imparciales, cuando no nos conciernen directamente. Desde nuestra cómoda butaca, una guerra lejana, una política opresiva suscita nuestra justa condena, una manifestación liberadora, nuestro apoyo moral. No somos personalmente afectados en esos casos, podemos ver el bien común: nuestro juicio objetivo lo pagamos con nuestro desprendimiento. La misma posición, cuando juzgamos del valor de épocas históricas pasadas o aun futuras, donde no están en juego nuestras vidas. ¿Quién no juzga acertadamente del bien común cuando sus intereses no son afectados y puede cómodamente sentarse en el tribunal del justo?

Pero aun en las situaciones cercanas, que afectan nuestras vidas, somos capaces de identificarnos, en mayor o menor medida, con intereses ajenos y verlos como propios. Todos pertenecemos a comunidades de las que nos consideramos parte: escuelas, instituciones, asociaciones, clases sociales, pueblos, naciones. En muchos momentos estamos obligados a distinguir entre nuestro interés y el interés del todo al que pertenecemos, en cuanto tal todo. En una situación de conflicto, esa distinción se nos hace clara y perentoria. ¿Quién no es capaz de distinguir sus deseos personales de los de la institución, la comunidad, la nación de la cual forma parte? Cuanto más solidario con su comunidad sea un individuo mayor será esa capacidad. Pero sólo podrá hacerlo, al "poner entre paréntesis" sus deseos excluyentes de los demás, y mirar por el interés del todo.

Por otra parte, el proceso de socialización al que estamos sometidos desde nuestra infancia, nos incita a tomar como propios los valores de la comunidad a la que pertenecemos. Cuanto mayor sea nuestro sentido de pertenencia a un grupo, a una sociedad, mayor es nuestra probabilidad de asumir un punto de vista imparcial sobre los valores que benefician a la totalidad.

Asumir una postura desprendida es una vía para dar razón del bien común a una asociación. La encontraremos más tarde (capítulo 10) al tratar de los fundamentos de una ética política. Pero esa vía remite, en último término, a valoraciones personales que se realizan en esa postura. Ella es un medio para poder comprender y comprobar por nosotros mismos lo que sería válido para todos. Remite, por lo tanto, a una forma de valoración originaria, propia de un conocimiento personal.

VALORACIONES ORIGINARIAS

Augusto Salazar Bondy acertó al distinguir entre dos vías para justificar los juicios de valor, que llamó "valoraciones derivadas" y "valoraciones originarias" (1971, 55-58). Las primeras siguen un patrón de valoración ya establecido. Son creencias sobre lo que realmente vale, trasmitidas por la educación y la cultura. Forman parte de las convenciones admitidas socialmente, de las religiones positivas, de la moralidad social, de las costumbres, de las ideas estéticas en curso. Se fundan en razones que no se ponen en cuestión y remiten, en último término, a ciertas creencias básicas, comunes a una cultura en una época, sobre los valores superiores. Esas valoraciones son la base de todas las otras creencias convencionales y son aceptadas sin discusión. Las "valoraciones derivadas" pueden ser "aprendidas" mediante la educación y el ejemplo social y aceptadas consciente y deliberadamente; diremos que el individuo las internaliza sin poner en cuestión su origen. Pueden también ser "transferidas" a los individuos de manera inconsciente, o ser "imitadas"; en este último caso, el individuo las adopta sin convicción personal, por otros motivos (Salazar B., 1971, 58). Este tipo de valoraciones se justifica en creencias que, ellas mismas, no están justificadas. Si se ponen en cuestión tendrán que acudir a experiencias originarias del valor, de las cuales puedan derivarse.

En las "valoraciones originarias", en cambio, se acude a experiencias personales para comprobar o rechazar el patrón social de valoración. Pero, para establecer la realidad de los valores vividos, tienen que aducirse varios tipos de razones; son las que justifican un conocimiento personal.

1.- Ya vimos cómo las cualidades valorativas pueden estar dadas. También puede estar presente la vivencia de una carencia y la proyección del valor que habría de suprimirla. Hicimos notar también que la evidencia de lo dado debía ser sometida a una crítica racional, antes de inferir de ella un juicio sobre su realidad. El proceso de crítica debe comprobar que no hay razones suficientes para negar lo dado. Sólo al término de ese proceso podemos concluir la realidad del valor. La conclusión no se justifica entonces sólo en la comprobación de lo dado, sino también en razones. Es pues una creencia razonable, aunque no alcance el nivel de un saber incontrovertible.

2.- Las experiencias actuales pueden ser corroboradas con experiencias del pasado. Las valoraciones originarias no implican necesariamente la existencia actual de una actitud positiva, pero sí se fundan en una comprobación personal que haya tenido lugar en algún momento. Una vez que se ha tenido un conocimiento personal de un valor, puede formularse un juicio valorativo, aunque la experiencia originaria haya desaparecido. La valoración de la calidad de un cuadro puede fundarse en su contemplación pasada, la de la generosidad de un amigo, en conductas de que fuimos testigo, y el aprecio por la paz social puede seguir siendo válido después de haberla perdido. No es razón para una valoración originaria que un sujeto tenga actualmente una actitud positiva hacia el objeto valioso, pero sí que en algún momento la haya tenido.

3.- Creer en la realidad de un valor es pretender que sería válido para cualquiera que estuviera en condiciones de tener una experiencia semejante. El conocimiento personal del valor es pues comunicable. Comunicarlo es colocar al otro en situación de poder captarlo por sí mismo. La objetividad del valor no implica que sea aceptado por todos los sujetos, sino que sea aceptable por cualquiera que esté en situación de tener la misma experiencia.

Por consiguiente, además de la experiencia propia, sometida a crítica, el conocimiento personal acude también para justificarse a experiencias ajenas. Desempeña una parte importante de nuestro conocimiento de los valores el testimonio de otros. Estamos inclinados a aceptar muchas valoraciones porque derivan del conocimiento de personas que nos merecen confianza. Con todo, para saber que el otro efectivamente tiene o ha tenido una experiencia personal suficiente para captar el valor de un objeto o situación, tenemos que someter a examen racional su testimonio, hasta llegar a la conclusión de que efectivamente es un testigo fidedigno y capaz de valorar lo que vivió.[3]

Para aceptar las valoraciones ajenas es particularmente importante la calidad que podamos reconocer al testigo. Para apreciar la calidad de un vino, a mi propio gusto añadiré el de un catador experto; el juicio de conocedores de arte podrá reforzar o, por el contrario, sacudir mis propias vivencias estéticas; la espiritualidad de ciertas personas puede orientarme a compartir con ellas una apertura a los valores más altos; y todos podemos aprender virtudes morales al través de la conducta de un hombre recto.

El testimonio de las experiencias del valor no se limita, naturalmente, a los contemporáneos, también son fuente de valoraciones los testimonios acumulados del pasado, coincidentes con nuestras experiencias. Igualmente importante es la vivencia ajena de carencias, que muestran la ausencia del valor. El testimonio del sufrimiento ajeno puede proyectarnos hacia el valor tanto como el sufrimiento propio.

La comunicación de las experiencias valorativas de otras personas añaden razones a nuestras propias vivencias, para reforzar o rectificar nuestros juicios de valor. Así como intentamos comunicar a los demás nuestras experiencias, así también las experiencias ajenas nos invitan a repetirlas. El ejemplo de otras vidas puede ser revelador privilegiado de valores éticos o religiosos, la belleza es vista a menudo al través de otros ojos, la utilidad y la eficacia, en las destrezas ajenas. Entre el conocimiento personal y el transmitido por los otros se establece, a lo largo de una vida, una relación recíproca que va formando nuestros juicios de valor.

Por eso es tan importante, en los procesos de valoración, la comunicación interpersonal. Al través del diálogo, la ponderación de las opiniones ajenas y su confirmación con las propias experiencias se van estableciendo valoraciones compartibles. En la medida en que nos desprendamos de nuestros intereses individuales, para considerar los que son comunes, tenemos mayor seguridad de acceder a valores objetivos.

---

[3] En otra parte (1982, 212 y *ss*) he analizado las condiciones de un conocimiento basado en el testimonio ajeno.

4.- Las razones en que se fundan las valoraciones originarias pueden ser convincentes pero no incontrovertibles. Están sujetas, por lo tanto, a una continua revisión. La justificación de un juicio de valor procede por ensayos y errores. Una vez adquirida una convicción, debe ponerse a prueba continuamente, rectificarla o reforzarla en distintas experiencias, tanto propias como ajenas. Aun nuestra apreciación desde una postura que se quiere desprendida no será nunca definitiva; tendremos que confirmarla a menudo para evitar que vuelvan a colarse en ella nuestros deseos egoístas. Las justificaciones de los juicios de valor pueden dar lugar a nuestras más firmes adhesiones; aun así, nunca son definitivas, están sometidas a un proceso continuo de confirmaciones y enmiendas, como los fines que guían nuestras vidas.

5.- Por último, el conocimiento personal acumulado por una comunidad de personas se comunica en las valoraciones transmitidas socialmente. Por supuesto que éstas tienen que fundarse en valoraciones originarias, pero pueden orientar nuestra relación con el mundo en torno, para descubrir los valores por nosotros mismos. Las valoraciones socialmente aceptadas varían de un grupo a otro. Sin embargo, hay algunas creencias básicas sobre los valores superiores comunes a una cultura, que sirven de marco conceptual a toda valoración particular y forman parte de lo que he llamado una "figura del mundo". Poner en cuestión esas creencias básicas, sobre la base de nuevas experiencias personales del valor, ocurre rara vez. Sólo acontece en las revoluciones espirituales.

El influjo de las "valoraciones derivadas", adquiridas por la educación y la tradición, es ambiguo. A menudo obstruyen, con sus prejuicios, nuestra capacidad de percibir lo valioso; otras veces guían nuestra atención para que se fije en lo pertinente y sepa interpretarlo. Las pautas de belleza reconocidas pueden obstruir la apreciación espontánea de una obra de arte, pero suelen también guiar la visión del espectador hacia cualidades que sería incapaz de descubrir por sí mismo; las doctrinas religiosas o morales incitan a ejercer las virtudes, aunque también impongan comportamientos adocenados e inauténticos; la aceptación general de ciertos hábitos políticos crea un ámbito de moralidad socialmente aceptada en que cada quien puede vivir valores ciudadanos y, al mismo tiempo, consagra formas de dominación. Por eso es tan importante, en la percepción personal de los valores, el ejemplo social y la educación. No porque substituyan la experiencia personal, sino porque crean el marco en que puede llevarse al cabo. Lo logran si en lugar de imponer pautas de valor, las comunican para orientar a cada quien en su visión personal de lo valioso.

Razones y motivos

Recapitulemos. ¿Dónde estamos? Tratamos de responder a la pregunta ¿cuáles son las razones que pueden justificar la objetividad de los valores? Destacamos varias vías. La primera es la más frecuentada y la menos probante: creemos objetivos los valores que la tradición y el consenso social aceptan; los introyectamos sin examen crítico. Pero entonces sólo son válidos si se someten a comprobación en valoraciones originarias.

Otra vía es la determinación de necesidades que sean comunes a todo ente racional de la especie humana. "Necesidades básicas" son las que tienen que ser satisfechas para que un individuo de nuestra especie pueda sobrevivir. Los valores referentes al mantenimiento de la vida, a la pertenencia a una sociedad y a la capacidad de dar sentido a nuestras acciones, cumplen necesidades de todo ser humano.

Pero, en los sujetos racionales, los fines que rebasan la satisfacción de esas necesidades básicas varían con los individuos. No podemos establecer metas comunes a todo sujeto sin excepción. Cada persona debe determinar por sí misma la realidad o la ilusión de los valores que elige. Podemos, sin embargo, establecer valores comunes a los miembros de una asociación determinada. Para ello adoptamos un procedimiento: desprendernos de nuestros intereses excluyentes de los demás y asumir un punto de vista imparcial, por el que consideremos los intereses propios a cualquier miembro de la asociación.

Tanto para justificar la realidad de los valores que constituyen nuestra identidad personal, como la objetividad de un bien común tenemos que acudir, en último término, a valoraciones originarias; en ellas se funda un conocimiento personal del valor.

Las vías racionales para distinguir entre valores puramente subjetivos y valores reales son pues distintas a las del saber científico. Desde luego, no pueden fundarse en el examen de los juicios de cualquier sujeto posible de una comunidad epistémica. No sólo nadie puede tener acceso a la totalidad de esos juicios, sino que siempre es posible la existencia de un sujeto que contradiga nuestro juicio. La objetividad de una valoración no se funda, por lo tanto, en el consenso efectivo.

Pero el conocimiento personal, al igual que el saber objetivo, se basa en razones y sus enunciados son verificables en la experiencia. El conocimiento de los valores es pues compartible y argumentable, aunque sus razones no sean incontrovertibles.

Una vez fundadas en razones, nuestras creencias en la objetividad de ciertos valores dan origen a actitudes positivas hacia ellos, que comprenden deseos hacia la realización de lo realmente valioso. Son deseos "motivados", en la terminología usada en el capítulo anterior. Pero queda planteada una pregunta: si las razones motivan esos deseos hacia el valor, ¿qué motiva nuestra búsqueda de razones? El proceso argumentativo para fundar la realidad de los valores no puede ser inmotivado. Porque no basta con suponer la posibilidad de la realidad del valor, también hay que quererla. ¿Hay algún motivo que nos impulse a querer conocer, más allá de nuestros deseos egoístas, lo verdaderamente valioso? Si las razones motivan deseos ¿hay deseos para dar razones?

La búsqueda del valor es una característica de la condición humana. Comprobamos nuestra situación carente, la limitación y el desamparo de nuestra existencia; no podemos menos de anhelar la plenitud de lo "otro" de nuestra condición. A veces la otredad se manifiesta, de cuando en cuando, en nuestro mundo en torno; se presenta, allí, el valor; atrae nuestro cuidado, enciende nuestro deseo. Es un impulso hacia los objetos y situaciones que transformarían la falta en su contrario. Freud le había encontrado un nombre: "eros objetal" (cfr. J. González, 1986).

"Razón" es todo aquello que garantiza que ese impulso se adecue a la realidad. "Razones" son las "ataduras" de nuestras disposiciones (creencias, actitudes, intenciones) a lo que realmente existe, con independencia de esas mismas disposiciones. Una creencia es racional, en la medida en que esté justificada su verdad o probabilidad; una actitud es racional si el objeto o situación a que se dirige efectivamente existe; una acción intencional lo es, si el fin que la mueve es realizable y puede cumplirse el deseo que la anima. Para que nuestras acciones no sean gestos en el vacío, para que nuestros deseos no se frustren y nuestras actitudes no se dirijan a espejismos, requerimos que se funden en razones. Sólo así adquieren un sentido. Al tender a un valor real y no ilusorio, puede aliviarse una carencia; al pretender realizarlo, la acción intencional puede inscribir su traza en el mundo. Sólo entonces nuestra vida deja de ser un cuento que nos contamos a nosotros mismos y nuestras acciones dejan de trazar surcos en el mar.

La garantía que tenemos de alcanzar la realidad es la objetividad. La búsqueda de la objetividad mediante razones obedece así a un interés general en sentar la realidad de los valores, para que nuestros deseos se realicen y nuestras acciones en el mundo tengan sentido. Es un interés propio de todo hombre o, mejor aún, de todo ente racional impulsado por afectos y deseos. Cualesquiera que sean los fines de un sujeto y los variables objetos de sus afectos y deseos, tendrá siempre el interés en su objetividad, para no ser defraudado por ellos. Y el principal factor por el que pudieran engañarlo es que tome por real el figmento de su personal deseo.

Podemos establecer un paralelo entre el interés que mueve, en el razonamiento teórico, a fundar en razones objetivas nuestras creencias sobre los hechos del mundo, y el interés en dar razón de la objetividad de los valores. En ambos casos, los motivos individuales pueden impedir el acceso a la objetividad. En mi estudio anterior (1982, 113) intenté mostrar cómo los motivos personales podían intervenir en la deliberación racional, impidiendo llegar a la verdad; de parecida manera, los deseos del yo, los impulsos egoístas, pueden velar el carácter objetivo de los valores, presentando sólo el aspecto que desea el sujeto. En ambos casos, nos impulsa a buscar la objetividad un interés general, propio de la especie: adecuarnos a la realidad, para que nuestras acciones tengan éxito y adquieran sentido.

Razones y motivos tienen así, en el conocimiento del valor, una relación circular. Primero, el *eros* objetal es un impulso "inmotivado" que motiva el dar razones, sobre las cuales se funde nuestra creencia en la realidad de los objetos del *eros*. Las razones generan nuevos "deseos motivados" por ellas, que refuerzan nuestra actitud positiva hacia el valor. Es el deseo el que conduce a la razón que inflama, a su vez, el deseo.

3. VALORES EN POLÍTICA

Hay distintas especies de valores, tantas como reviste el *eros*. Varios autores se han empeñado en clasificarlas, dando lugar a tablas que acomodan los distintos valores en relaciones jerárquicas. Las apreciaciones varían pero, por lo general, los valores "biológicos" o "vitales" ocupan la parte inferior de la tabla y los "espirituales" la más alta. No añadiré un ejercicio más a esos entretenimientos. Sólo me interesa recordar que en los próximos capítulos, no trataremos de todo género de valores, sino sólo de los morales y, entre ellos, de los concernientes a la vida en sociedad sometida a un sistema de poder, es decir de la política.

Todo juicio normativo sobre lo que sea "digno de ser deseado" puede formularse en un juicio valorativo. Luego, una ética de la política puede expresarse indistintamente en una ética de valores o de normas. Los valores y normas de una ética política:

1) *Tienen validez en un ámbito público, no privado.* Hay que distinguir entre los valores personales, que forman parte del plan de vida de un individuo, y valores integrantes de un bien colectivo, de carácter social. Los primeros son características de la imagen ideal con que una persona se identifica; pertenecen a su mundo privado. Los segundos son notas de una representación del orden social, en el que se relacionan los distintos miembros de una asociación política; pertenecen al ámbito público. Las normas que prescriben la realización de valores objetivos no coinciden necesariamente en uno y otro caso.

El ámbito en que se realizan valores públicos puede ser más o menos amplio, según los tipos de organización social. En sociedades en que la presencia de lo colectivo en la vida de cada quien es intensa y abarca muchas actividades de la vida cotidiana, el campo de demarcación de los valores privados frente a los públicos es estrecho. Eso sucede en comunidades de escasa complejidad social, limitadas al espacio de tribus o etnias, en las que gran parte de las actividades individuales tienen una función comunitaria, pero también, en el otro extremo, en los sistemas totalitarios, en que el Estado absorbe a la sociedad civil y la vida privada está controlada por el poder estatal. En sociedades de un diseño contrario, en donde priva el individualismo y se ha deteriorado el sentido de comunidad, sucede la situación opuesta: el ámbito de realización de valores públicos se estrecha, en beneficio de la ampliación de la esfera de lo privado.

Por otra parte, valores públicos y privados no siempre se concilian. Puede haber oposición entre ellos. Una acción personal puede cumplir normas de una moral privada y faltar a los deberes de la vida pública. Un hombre o mujer intachables en sus relaciones consigo mismos, con su empresa y con un círculo estrecho de parientes y amigos, puede fallar, por omisión o desinterés, en contribuir al ejercicio de valores cívicos. A la inversa, ciertos comportamientos podrían considerarse faltas desde el punto de vista de una moral individual y bienes públicos por sus resultados sociales; ciertos "vicios privados" pueden ser "virtudes públicas".

2) *No son solamente individuales, también son comunes.* El único agente moral es el individuo, puesto que sólo él tiene libertad y conciencia personal. El ente colectivo no es un supersujeto dotado de conciencia y personalidad propias. Sin embargo, la filosofía política habla a menudo de sujetos colectivos, personalizándolos. El Estado es una persona artificial, decía Hobbes, con una voluntad propia, formada por muchos individuos. A menudo se mencionan también las ideologías colectivas, los intereses de clases, grupos o nacionalidades. Pero es dudoso que alguien crea en la existencia real de sujetos supraindividuales, con un "ego" propio diferente al de las personas que los forman. En teoría, deberíamos poder reducir las actitudes, intereses y valores colectivos a las de personas individuales, pasadas y presentes, como nos invita a proceder el llamado "individualismo metodológico"; pero esa operación es imposible de realizar. Carecemos del conocimiento de las voluntades y creencias de cada uno de los individuos de una colectividad, tanto como de las relaciones concretas que median entre ellos, el cual sería necesario para deducir de esa diversidad voluntades y

creencias colectivas. Ningún "paralelogramo de fuerzas" podrá trazar una acción común, a partir de la multiplicidad de acciones singulares. Resulta indispensable, por lo tanto, referirnos a sujetos colectivos, sin perder de vista dos puntos: que su comportamiento es la resultante de acciones individuales (incluyendo las de personas del pasado) y que sus intereses y valores corresponden a una mayoría, significativa pero indeterminable, de individuos.

Los valores de que trata la política corresponden a relaciones sociales; son, por lo tanto, compartidos por las personas inmersas en esas relaciones. No son exclusivos de individuos, sino comunes a muchos. Un comportamiento moral, en política, sería el que intentara realizar en la sociedad valores que son objeto de un interés colectivo. Una ética política trata especialmente de los valores que satisfarían el interés general de la asociación política; tradicionalmente responden al membrete de "bien común". Intenta determinar también su relación con los intereses particulares, de los individuos y grupos componentes de esa asociación.

3) *Están en relación con el poder.* No todas las relaciones sociales son propiamente "políticas". Habría que distinguir entre los valores y las reglas que rigen en los distintos grupos, instituciones, asociaciones que componen la sociedad civil, y los que conciernen a las relaciones de poder dentro de un sistema político. Sin embargo, las relaciones entre ambas esferas son estrechas. La moral efectivamente existente en una sociedad (la *Sittlichkeit* de los filósofos alemanes) está condicionada por el sistema de poder y éste a su vez necesita de ella para legitimarse. Los límites entre la sociedad llamada "civil" y los aparatos del Estado no pueden trazarse con nitidez. Por otra parte, las reglas que se siguen de hecho en la sociedad real no coinciden necesariamente con los preceptos que derivarían de una concepción ética. Una ética política no puede prescindir de estudiar las relaciones que debería tener el poder con las reglas de una moralidad social efectiva. (Es lo que intentaré en la tercera parte de este trabajo).

4) *Son realizables.* Una acción moral, en política, no consiste sólo en la proyección y disposición de realizar el bien común, sino en su realización efectiva en la sociedad. Los valores políti-

cos deben poder cumplirse. Una ética política debe tratar de la relación de los valores colectivos elegidos con los hechos sociales que permitirían realizarlos.

Por consiguiente, una ética política tiene por temas;

1) Determinar cuáles son los valores comunes, dignos de ser estimados por cualquiera.

2) Fundar en razones el carácter objetivo de dichos valores.

3) Indicar los principios regulativos de las acciones políticas para realizarlos.

Los dos lenguajes de la política

De hecho, existe una ética implícita en todo discurso político. En efecto, en cualquier texto político encontramos dos tipos de lenguaje que se entremezclan y confunden a menudo. En los manifiestos, proclamas, discursos, programas partidarios, podemos distinguir dos géneros de enunciados. Por una parte, los que se refieren a un estado social *deseable*. Pueden ser proyectos de gobierno, indicaciones de fines por alcanzar, juicios de valor sobre las relaciones sociales, prescripciones acerca de las conductas debidas, o aun, proposiciones descriptivas de un ordenamiento social considerado justo o legítimo. Cualquiera que sea su forma, suponen una concepción, más o menos clara, de una sociedad posible que no corresponde a la existente. Mientras ésta es el resultado del choque entre intereses divergentes, la sociedad deseable respondería al bien de todos.

Por otra parte, encontramos enunciados que se refieren a características de la sociedad *existente*, con independencia de la valoración que nos merezcan. No hablan de proyectos valiosos, sino de las fuerzas sociales que podrían favorecer u obstaculizar su realización, no formulan los fines deseables sino los medios necesarios para alcanzarlos. Sus prescripciones, si las hay, no son normativas sino hipotéticas, se refieren a la efectividad de las acciones, no al deber de ejecutarlas. Cualquiera que sea la forma de sus enunciados, señalan características y mecanismos de poder, o fuerzas e intereses históricos ligados a su ejercicio.

Si el primer tipo de discurso juzga a la sociedad de acuerdo con lo posible, el segundo la explica por factores reales. Si aquél trata de justificar cuál es el poder legítimo, éste pretende explicar el poder efectivo. El primero es un discurso *justificativo*, el segundo, *explicativo*.

El discurso justificativo no puede ser científico. Tiene que ver con la razón práctica y se expresa en una ética de la acción política. El discurso explicativo, en cambio, pone en obra una razón teórica sobre hechos y una razón instrumental sobre la relación entre medios y fines. En su forma más sistemática y rigurosa, aspira a formular una ciencia o una técnica del poder. La filosofía política no se entiende sin la confluencia y relación recíproca de enunciados que pertenecen a uno y otro discurso.

Entre uno y otro se suscita una antinomia. La tesis estatuye su diferencia, la antítesis, la mediación entre ambos.

La diferencia. El lenguaje explicativo intenta dar razón de las relaciones políticas mediante hechos describibles. Éstos comprenden las acciones intencionales de los agentes; que incluyen fines y valores. Tiene que tratar, por lo tanto, de valores *subjetivos*, los que cada grupo o individuo considera conformes a sus intereses. De ser una ciencia, la política pretendería explicar la dinámica del poder a partir del choque de los intereses particulares de distintos grupos y clases sociales. Pero de los intereses particulares no puede inferirse, sin otras premisas, el bien común. Intentarlo sería caer en la falacia de que hablamos en el capítulo anterior: la inferencia inmediata del valor objetivo a partir del subjetivo, de lo verdaderamente bueno a partir de lo que alguien cree benéfico para sí. La diferencia no puede salvarse por el sólo discurso explicativo. De no admitir la posibilidad de otro lenguaje, estamos condenados a reducir los valores a los intereses particulares de los distintos agentes sociales y a renunciar, en política, al conocimiento de un bien común. Es la renuncia a cualquier discurso ético, inevitable si limitamos la política a una ciencia empírica de hechos.

Por su parte, el discurso justificativo pretende determinar lo bueno para cualquier sujeto. Debe establecer, por principio, lo que corresponde al interés común, más allá de los deseos individuales excluyentes de los demás. Pero del valor objetivo no se pueden inferir, sin un razonamiento suplementario, los fines y valores que, de hecho, mueven a cada grupo social, so pena de caer en la misma falacia: de lo deseable no puede deducirse, sin más, lo efectivamente deseado.

Si no acude a otro lenguaje, el discurso justificativo se prohíbe el conocimiento racional de las fuerzas que mueven realmente a una sociedad. Es el destino de identificar una reflexión política con una disciplina normativa que tratara de la sociedad más justa, sin parar mientes en su realización histórica.

La mediación. Para explicar la política, no se puede prescindir de la pretensión de objetividad de los proyectos colectivos. Cualquier elección del bien propio se presenta como búsqueda de algún bien común. Nadie concede de buena gana guiarse por su interés egoísta, todos alegan contribuir al bien general. De hecho, sólo así pueden legitimar, ante los demás, sus proyectos. La pretensión de objetividad tiene que establecer una relación que medie entre los intereses particulares y los valores objetivos. De lo contrario el poder político sólo podría explicarse como un dominio arbitrario, ajeno a toda justificación moral. Para que una explicación sea completa, en política, tiene que articularse con las pretensiones de justificación de los grupos sociales.

Por su parte, el lenguaje justificativo no puede contentarse con describir las características ideales de una sociedad justa. Porque lo que pretende es la realización en los hechos de ese bien común y para ello necesita conocer la realidad social. El discurso normativo requiere del empírico. Si no acude a él, se condena a la descripción impotente de lo irrealizable.

Entre uno y otro discurso tendría que mantenerse, así, a la vez que una diferencia, una mediación. Veamos cómo podría lograrse.

LA ARTICULACIÓN DE LOS DOS LENGUAJES

La explicación de las acciones y creencias políticas pone en relación, en cada caso, dos órdenes de hechos: las situaciones y relaciones sociales efectivas y los proyectos, deseos, intenciones colectivos. Estos últimos son hechos imaginarios; incluyen la aceptación de valores relativos a los intereses particulares de cada grupo social. Para vincular uno y otro orden de hechos se requiere establecer cierta relación causal entre ellos.

Marx sostuvo que las creencias de un grupo o clase estaban determinadas por su posición en el sistema de producción. Pero no llegó a precisar esa relación entre la "superestructura", que comprende las valoraciones, y la base económica. Engels, al final de su vida, admitió que la teoría de la determinación de las ideas por las relaciones de producción era incompleta, pues faltaban los "eslabones intermedios" que conectarían causalmente ambas esferas. En un trabajo anterior (1986, 110) propuse un esquema teórico que intenta cubrir esa laguna. Permítaseme recordarlo aquí, con alguna variante terminológica:

"1) La situación de cada grupo en el proceso de producción y reproducción de la vida real condiciona su situación social.

2) La situación social de cada grupo condiciona las carencias percibidas por sus miembros.

3) Esas carencias tienden a ser satisfechas. Para ello generan impulsos y actitudes positivas hacia ciertos objetos de carácter social. Esas actitudes constituyen disposiciones a actuar de manera favorable o desfavorable en relación a aquellos objetos.

4) Las actitudes en relación con los objetos sociales condicionan (junto con otras condiciones adicionales) ciertas creencias sobre los valores".

En este esquema, se explica la aceptación de ciertas creencias (entre las que han de contarse las valorativas) (4), por su condicionamiento social (1), mediante dos "eslabones" intermedios: carencias y actitudes (2) y (3).

Si la liga entre los hechos sociales, mencionados en (1), y las valoraciones (4) fuera necesaria, las creencias sobre valores estarían determinadas por esos hechos. El determinismo de los valores eliminaría entonces cualquier razonamiento sobre su validez, más allá de las actitudes e intereses de cada grupo social. Es lo que sucedió en la interpretación determinista del marxismo. Pero la relación causal en este caso sólo indica tendencias, inclinaciones. Nótese que no empleo el término "determinar" sino "condicionar". Porque en cada uno de los eslabones, hay otros condicionamientos a considerar; por otra parte, cada uno de los niveles superiores obra sobre el anterior. Por ejemplo, las actitudes de un grupo no sólo están condicionadas por la percepción de las carencias inherentes a su posición social, sino también por la cultura tradicional, la educación recibida, las influencias de actitudes y creencias de otros grupos sociales, etc. Además, las actitudes son, a su vez, condiciones de comportamientos que reobran sobre la situación inicial y pueden cambiarla, así como las creencias que inducen pueden actuar sobre las actividades que las generan y modificarlas.

El esquema propuesto señala sólo una línea de condicionamiento, el más frecuente, a la escala del grupo, no del individuo. No establece una determinación necesaria, ni es aplicable a cada individuo del grupo por separado. Es razonable suponer que los campesinos pobres serán más sensibles a los valores de subsistencia que quienes tienen asegurado el sustento, o que los profesionistas tendrán mayor inclinación hacia las libertades culturales que los obreros manuales, y éstos, a su vez, apreciarán más la igualdad social que los grandes empresarios. Los intereses de cada clase y grupo están condicionados en gran medida por sus situaciones; los fines colectivos que dirijan sus vidas serán pues diferentes de uno a otro grupo; pero carecemos de razones suficientes para establecer una liga *necesaria* entre situaciones y fines colectivos. La elección de fines incluye la libertad de preferencia dentro de cada situación. Sería excesivo, por lo tanto, en este nivel, hablar de necesidades que no admitieran excepción, aunque sí de preferencias razonablemente fundadas.

Sin embargo, las valoraciones de los distintos grupos sociales, aun si responden a carencias y actitudes particulares, tienen la pretensión de ser objetivas. Nadie piensa que sean ilusorios los bienes que remediarían sus privaciones; todos intentan distinguir frente a sus demandas pasajeras, necesidades reales. Lo que es más importante: los valores que proyectan, aun respondiendo a su interés particular, pretenden ser benéficos para la sociedad en su conjunto; se presentan como un bien general. Los campesinos pobres son tal vez los únicos en dar preferencia, en sus luchas, a sus necesidades de subsistencia, pero éstas son comunes a todos, no sólo a ellos. Los profesionistas son conscientes del valor para todo ciudadano de las libertades culturales que tienen a pecho, y si los obreros levantan el ideal de la igualdad social, no es sólo porque redunda en su propio beneficio, sino porque forma parte del valor objetivo de la justicia. En todos los casos, los proyectos de un grupo no pueden entenderse sin su pretensión de sostener un bien común.

Esta pretensión puede dar lugar a una maniobra: presentar, sin justificación suficiente, los valores que responden al interés exclusivo de un grupo, como si fueran de interés general. Los fines benéficos para un sector se disfrazan de bien general. Es la operación de las ideologías. Volveremos sobre ella en el capítulo 8.

Pero el proceso de justificación puede seguir otra línea. En ella se encuentra con la ética. Para fundar su pretensión de objetividad, puede acudir a otra función de la razón. No ya la que explica los hechos sociales, sino la que fundamenta la validez objetiva de los valores. Esta vía es contraria a la ideológica. No disfraza el interés particular en un pretendido beneficio común; aduce razones para determinar cuál es ese bien común y postula la coincidencia del interés particular con el interés general. Los campesinos, por ejemplo, pueden argumentar que el Estado debe propiciar la satisfacción de las necesidades de subsistencia de todos sus miembros; los intelectuales pueden fundar en razones éticas las libertades de expresión, como condiciones de una sociedad libre; los obreros demostrarán que si la justicia debe valer para todos, incluirá la igualdad. Para ese ejercicio no se presta la razón teórica; es menester otro uso de la razón: el que establece la validez objetiva de los valores, con independencia de las actitudes particulares de cada grupo. Ésta es una razón valorativa.

Pero el lenguaje justificativo no plantea sólo la elección, en abstracto, de valores objetivos, también quiere su realización. Y ésta no es posible sin acudir a los hechos sociales. El interés general debe coincidir con un interés particular para concretarse, el bien común ha de ser objeto de acciones guiadas por el deseo del propio beneficio, si quiere realizarse.

La acción y el orden político no se entienden sin referirse a la distinción entre esos dos lenguajes, pero tarea de una ética política es comprender también su articulación.

EL PODER FRENTE AL VALOR

La relación entre los dos discursos se muestra en otra forma. El primero pone la atención en el poder, el segundo, en el valor.

Poder y valor se oponen y, sin embargo, se requieren mutuamente.

Desde la *República* de Platón, da vueltas, una y otra vez, la misma pregunta, tal vez la más importante para la vida de la ciudad: ¿Qué vía habremos de escoger: seguir nuestro propio interés bajo la apariencia de la justicia o perseguir la justicia aun a costa de nuestro interés? Trasímaco, secundado por Glaucón, sostiene convincentes argumentos en apoyo de la primera tesis: de hecho, el fin que todos buscan en la vida política es lograr el poder y actuar sin cuidar de la justicia, bajo la apariencia de ser justos. Injusticia es seguir el interés del más fuerte y el más fuerte es quien ejerce el poder en beneficio propio. El bien común es, para él, sólo un medio de satisfacer sus deseos. Así son en realidad las cosas; el Estado es resultado de la voluntad de poder, lo demás es ilusión.

Sócrates, en cambio, ve en la justicia el fin de la república. Justicia es la realización del bien de todos, en ella los elementos diversos se armonizan. Quien quiere la justicia no puede actuar en su exclusivo interés, quien quiere la justicia no puede desear el poder para sí mismo. Si una ciudad estuviera gobernada por hombres de bien, "maniobrarían para escapar del poder como ahora se maniobra para alcanzarlo"; pues "el verdadero gobernante no está hecho para buscar su propio interés sino el del sujeto gobernado" (*República*, 347d). Trasímaco y Sócrates presentan dos posiciones extremas. La búsqueda del propio poder y la del valor (la justicia) se oponen desde el principio. Pero el asunto no es tan simple: poder y valor también se requieren. La cuestión más importante, la "que debe dictar la regla de nuestra vida" (352d), no ha sido resuelta. Recorrerá de nuevo toda la filosofía moderna.

El justo "debe escapar al poder"; pero ¿qué entendemos por ese término? "Poder" se utiliza, en el lenguaje ordinario, con significados variables. Puede tener un sentido análogo a "fuerza", "capacidad", "dominio", "violencia", según los contextos. En este significado vago y general, podríamos entender por "poder" simplemente la capacidad de algo o alguien de causar efectos, alterando la realidad. Un hombre posee poder si tiene la capacidad de satisfacer sus deseos y cumplir sus fines, cualesquiera que éstos sean. Tiene poder quien es capaz de dominar las fuerzas naturales, para obtener de ellas lo que quiere, tiene poder quien puede sacar provecho de sus propias facultades e imponerse sobre los demás para realizar sus propósitos; poder es dominio sobre sí mismo y sobre el mundo en torno, natural y social, para alcanzar lo deseado. Es el medio privilegiado para lograr un fin. Deseamos el poder para obtener, gracias a él, otra cosa. Es pues un valor "extrínseco", es decir, vale en la medida en que contribuya a la realización de un fin valioso por sí mismo. Si el fin tiene un valor intrínseco, el poder es igualmente valioso.

Podemos pensar en una sociedad donde el poder tuviera solamente ese sentido positivo. Sería entonces el medio para lograr un bien común y el término de una voluntad general. Los miembros de una sociedad semejante coordinan sus fuerzas en la caza, suman sus esfuerzos en el momento de la cosecha, conciertan sus habilidades en el trabajo colectivo. O aun, la comunidad entra en guerra con su vecina: requiere entonces de un poder común para vencerla. En todos esos casos, puede ser necesaria una autoridad que dirija y coordine el poder colectivo: el mejor cazador, el hombre más sabio, el guerrero más valiente. El poder de ese jefe no está separado del poder del grupo, es uno de sus elementos. Ejerce autoridad sobre los demás en la medida en que sirve para realizar el valor común. La voluntad de la autoridad no se impone a las voluntades ajenas. Su función es hacer eficaz el poder de todos, al unificarlos en una acción colectiva. Ésta sería una sociedad en la que, en sentido estricto, nadie impone su voluntad; en ella no existe, por lo tanto un poder *político*.

Una sociedad semejante no es un puro figmento de la fantasía. Corresponde a las sociedades arcaicas, anteriores al Estado, tal como han sido descritas por algunos etnólogos.[1]

Pero "poder", en política, se emplea en un sentido más preciso, que no podría aplicarse a una sociedad como la anterior. El poder, en este sentido, nace con el conflicto. Supongamos que, en la sociedad anterior, el jefe o el chamán pierde su capacidad de unir a los miembros de la tribu, no puede ya tampoco allanar sus diferencias. Surge entonces la lucha en el interior de la sociedad. Es el peor mal, porque consiste en la ruptura del vínculo social y su remplazo por la violencia generalizada, que

[1] Cfr. J. W. Lapierre (1968) y P. Clastres (1974).

destruye la asociación misma y hace imposible la realización de cualquier bien común. Es entonces cuando puede darse un salto cualitativo: un individuo o un grupo de la sociedad impone su voluntad sobre el resto para acabar con todo conflicto. Contra el mal de la violencia colectiva impone la violencia de una parte sobre el todo. Sólo entonces ha nacido el poder político. Con él ha surgido el Estado.

Llegamos así a un sentido más preciso de "poder": ya no consiste en la mera capacidad de realizar un fin querido; se trata de un poder sobre los hombres, no sólo sobre sus acciones colectivas. Es de *este* poder del que Sócrates invita a escapar al hombre de bien.

Pensemos en una sociedad donde se enfrentan individuos y grupos. Sean *A* y *B* dos sujetos o grupos cualesquiera de esa sociedad. *A* ejerce poder sobre *B* cuando las acciones de *A* limitan u obstruyen las de *B*, o bien cuando la voluntad de *A* dirige o doblega la de *B;* entonces la voluntad de *A* tiende a suplantar la de *B* por la propia. Podemos calificar al poder, en este sentido, de *impositivo*. Cuando es duradero, cuando constituye una relación permanente entre *A* y *B*, el poder impositivo se convierte en *dominación*. La conocida definición de Weber (1944, I, 53) se refiere a este sentido de "poder": es "la probabilidad de imponer la propia voluntad, dentro de una relación social, aun contra toda resistencia y cualquiera que sea el fundamento de esa probabilidad".

El poder político de un individuo o grupo se ejerce sobre los demás miembros de una formación social, por lo tanto, no puede ser común a todos. Sólo puede tener un valor *objetivo* (extrínseco) si es un medio necesario para la obtención de un bien común. En la estricta medida en que sea necesario para abolir la violencia generalizada, destructora de la sociedad, y restaurar la posibilidad de un esfuerzo colectivo, el poder político es un valor común. Y ésa es la justificación que han solido siempre aducir quienes lo ejercen.

Pero el poder impositivo siempre rebasa ese fin que pudiera justificarlo. En una sociedad desgarrada por el conflicto, cada quien busca el poder para sí mismo. Si lo logra, somete a los otros a su dominio. El poder de un sujeto es, por principio, excluyente de los otros. El dominador no puede compartirlo con el dominado. Buscar poder político por sí mismo y no sólo como medio para un bien común no puede ser, por lo tanto, un valor objetivo. Cada quien ha de buscarlo para sí en detrimento del otro. Su búsqueda es lo opuesto a la persecución de un bien común.

El poder por sí mismo está obligado a restringir la libertad de quienes no lo ejercen. Su esencia es la dominación. No podría subsistir sin ella. Al desearse por sí mismo corrompe tanto a quien lo ejerce como a quien lo padece. Aquél tiene que buscar la humillación del otro, probar en él la violencia, con o sin guantes blancos, ensalzarse sobre él, utilizarlo en su provecho; el dominado debe aprender a ser servil, obsequioso, y habituarse a seguir una voluntad ajena. Quien llega a servirse del poder no puede menos de desearlo por sí mismo, con independencia de sus resultados. Porque hay un goce vital de la propia fuerza, un deleite en el despliegue de nuestras capacidades, para bien o para mal, para la creación o la destrucción. El afán de poder por sí mismo, sin mirar sus consecuencias, responde al deseo profundo de todo hombre por prevalecer. Nadie que busque el poder puede sustraerse del todo a esa pasión.

Quien pretenda que la política consiste en la búsqueda del poder por sí mismo, tiene que sostener —como lo hace con denuedo Trasímaco— que el fin de la república no es el bien común, sino la predominancia del fuerte sobre el débil, esto es, la injusticia. Pero la mayoría no tiene la valentía de Trasímaco; por cálculo o por vergüenza, revisten su voluntad de poder con el atuendo del valor. Para ser aceptado por los demás, el poderoso no puede prescindir de alegar una justificación moral. ¿Cómo se vería un poder incapaz de presentarse como medio para lograr algún valor común? Se mostraría como un despotismo arbitrario, imposición descarada, sin justificación expresa, de una fuerza bruta. Pero aun ese despotismo, para regir un Estado, se identifica, de hecho, con el valor último al que tiene que recurrir cualquiera. Porque en un Estado semejante, cualquier fin social que se pretenda, cualquier bien que se elija, sólo puede realizarse por la gracia del poder supremo. El poder absoluto se manifiesta, de hecho, como la única manifestación de un valor colectivo.

En las sociedades antiguas esa operación ideológica era la sacralización del poder monárquico. El soberano es la última instancia de decisión, la puerta decisiva, por lo tanto, para la realización de cualquier bien. No hay otra alternativa. En consecuencia, el poder sumo se reviste del valor supremo. Pero el valor supremo no es sino el objeto de la voluntad del soberano: en realidad, no hay valor supremo.

En las sociedades modernas la sacralización del poder no proviene de la divinidad, es obra de la historia. Pero el resultado es el mismo. El Estado totalitario remite la posibilidad de realización de cualquier valor a la cima del poder; ningún fin puede cumplirse si no es compatible con lo deseado por el poder. En él se resumen los bienes realizables.

La sacralización total del poder sólo es posible en una situación de dominación sobre todas las fuerzas sociales por una instancia: monarca absoluto, sacerdote-rey, partido único, dictador. Pero la realidad suele ser más compleja. Hay múltiples instancias de poder, en relaciones variadas de competencia y de subordinación entre ellas. Cuando varias entidades comparten cierto poder, el que sea hegemónico tiene que presentarse ante las demás instancias como el medio más eficaz para lograr sus fines. Intenta convencer, ofreciéndose garante de la realización de algún bien que conviene a todos: el cumplimiento de alguna promesa divina, el mantenimiento del orden cósmico, la paz y la seguridad colectivas, o la prosperidad, o la gloria, o la supremacía sobre los otros pueblos... o la abolición de toda dominación y de toda supremacía. Detrás de cualquiera de esas máscaras está la voluntad del dominador.

Pero el poderoso intenta a menudo identificarse con su máscara. El disfraz no puede hacerse a un lado, y el engaño no subsistiría si fuera completo y permanente. Para persistir, el poder tiene que cumplir en alguna medida con los valores que proclama.

De allí la ambivalencia de todo poder político: a la vez que se busca por sí mismo, se justifica como medio de realizar un valor. Es un fin: en esa medida, carece de valor objetivo; pero también es un medio para un bien común: en esa medida, se presenta como valor.

EL CONTRAPODER

Así como el poder es opuesto al valor pero lo necesita, así el valor es opuesto al poder y lo requiere. Por principio, la búsqueda del bien común es opuesta a la voluntad de poder. Porque el poder impositivo es contrario al valor objetivo. Casi todas las doctrinas éticas y religiosas han promulgado la abolición o, al menos, la limitación del poder. La vida moral auténtica no conoce más amo que la propia voluntad recta. La sociedad ética sería la que hubiera eliminado toda traza de dominación. Éste es el tema de todas las utopías. En la comunidad ideal no hay poderosos ni desamparados, todos son hermanos, iguales en la libertad.

Diógenes que, ante el emperador Alejandro, le pide: "¡Apártate, que me tapas el sol!", los cristianos primitivos que aceptan morir por no sacralizar al César, Gandhi que prefiere sufrir la violencia a provocarla, Jan Patula que se inmola antes que servir al poder extraño, son símbolos, entre muchos otros, de la oposición irreductible del valor al poder.

Todos los movimientos de raíz ética, en el campo de la política, han querido poner límites al poder estatal. Las revoluciones liberales tuvieron por fin principal proteger al individuo del poder del gobierno. El equilibrio de poderes en el Estado, los derechos humanos individuales, el control del gobierno por la representación popular no tienen otro objeto. Otros proyectos fueron más radicales; plantearon la abolición misma del Estado como medio para realizar una sociedad auténticamente liberada. El anarquismo y la teoría marxista del "desvanecimiento" final del Estado, no por irrealizables, dejan de ser ideales éticos libertarios. Porque la realización plena del valor implica la abolición de cualquier dominio de unos hombres sobre otros.

El poder corrompe a quien lo sustenta, humilla a quien lo padece. Por eso la búsqueda del valor implica una actitud disruptiva frente al poder existente, para afirmar "lo otro" del poder. Pero el intento de terminar con la dominación o, al menos, de limitarla, requiere poder. Y aquí surge una paradoja. Si para oponerse a un poder impositivo se utiliza otro poder del mismo género, el círculo de la dominación y con él el de la violencia, perdura. Los detentadores de valores sociales de justicia y libertad cuando impugnan el poder, se convierten en administradores de la dominación y la injusticia, cuando lo obtienen. ¿No es eso lo que ha sucedido tanto en las revoluciones triunfantes como en las victorias electorales de los partidos socialdemócratas? Tal parecería que un movimiento disidente cumpliría su papel liberador en la oposición y dejaría de cumplirlo al llegar al poder. ¿Habría manera de romper el círculo?

Frente al poder impositivo hay otra forma de poder: el que no se *im-pone* a la voluntad del otro, sino *ex-pone* la propia. Entre dos partes en conflicto, la una no pretende dominar a la otra, sino impedir que ella la domine; no intenta substituirse a la voluntad ajena, sino ejercer sin trabas la propia. Si "poder" llamamos a la imposición de la voluntad de un sujeto "contra toda resistencia", esta otra forma de fuerza social sería la resistencia contra todo poder. Podríamos llamarla, por lo tanto, "contrapoder". Poder y contrapoder a menudo se confunden. Sin embargo, son del todo diferentes.

1.- Mientras el poder impositivo consiste en la capacidad de obstruir las acciones y propósitos de los otros y substituirlos por los propios, el contrapoder es la capacidad de llevar al cabo las acciones por sí mismo y determinarlas por la propia voluntad. Puede ejercer esa capacidad, protegiendo su acción de la intromisión del poder o, a la inversa, controlándolo o participando en él.

2.- El poder implica la dominación de un individuo o grupo sobre los demás; es siempre particular. Si entendemos por "pueblo" el conjunto de personas que componen una asociación política, el poder es siempre *sobre* o *para* el pueblo, pero no *del* pueblo. El contrapoder, en cambio, puesto que no pretende imponer una voluntad sobre ningún grupo de la sociedad, puede ser general. Puede comprender entonces el poder del pueblo; pero "poder" tendría, en esta expresión, un sentido contrario al impositivo: significaría una situación en la que ninguna persona o grupo estuviera sometido a un dominio particular y cada quien tuviera la capacidad de determinar su vida por sí mismo.

3.- El poder impositivo, puesto que tiene que doblegar las voluntades ajenas, no puede menos de ser violento. Puede tratarse de una violencia física, en la represión, la acción militar o la marginación social; pero también puede ser mental, mediante la propaganda, el control de los medios de comunicación y de la educación; o legal, por intermedio de un sistema de normas coactivas. El contrapoder, en cambio, intenta detener la violencia del poder. Puesto que no *im-pone* sino *ex-pone* su voluntad ante los otros, su ámbito es el de la comunicación, no el de la violencia. Si pudiera ser totalmente puro sería no-violento. Contra la imposición del poder opone la resistencia de un valor comúnmente aceptado. Sus procedimientos son, por lo tanto, contrarios a la violencia. Ejercen una no-violencia activa. Sus usos son negativos: la huelga, la disidencia crítica, individual o colectiva, la resistencia organizada de grupos de la sociedad civil frente al Estado, la desobediencia civil, etc. Otras acciones son positivas; intentan remplazar, en todos los espacios sociales, la imposición por la tolerancia, el conflicto por la cooperación, el enfrentamiento por la negociación y el diálogo. Así como el máximo poder lleva consigo la máxima violencia, el máximo contrapoder tiende a establecer la mínima violencia.

4.- El fin del poder es lograr el mayor dominio del todo social por una de sus partes. El fin del contrapoder es alcanzar el dominio del todo social por sí mismo. En su límite plantearía la abolición de todo poder.

El contrapoder nunca se ha realizado plenamente, pero en casos paradigmáticos ha estado muy cerca de sus objetivos, empleando sus propios procedimientos frente a la violencia: ejerciendo la voluntad autónoma sin dominar al otro. Recordemos la hazaña de la no-violencia en el movimiento de Gandhi o en el de Martin Luther King; y aún están presentes las "revoluciones de terciopelo", en países del Este de Europa. En otros casos, la oposición al poder ha obligado a actos violentos de defensa, pero ésta se ha reducido al mínimo en distintas formas de disidencia civil, y cesará plenamente cuando la propia voluntad sea reconocida.

De cualquier modo, el sentido de la violencia en el poder y en el contrapoder es opuesto. El primero tiene por agente al dominador, el segundo, al dominado. El dominador no puede menos de buscar el poder por sí mismo, tiene que aceptar, por lo tanto, entre sus fines, la violencia; el dominado reafirma un valor común que considera hollado, tiene por lo tanto, que controlar y regular la violencia, para alcanzar su fin. En el contrapoder, la violencia sólo puede ser contextual, usada en circunstancias que exijan la defensa propia; siempre será un medio calculado para avanzar en su supresión futura.

El fin último del contrapoder es la abolición del poder impositivo; mientras no pueda lograrse, su propósito es limitar y controlar el poder existente. Si ha de ser fiel a sí mismo, el contrapoder no puede remplazar un poder por otro, ni oponer una a otra violencia. Sin embargo, ante la fuerza del poder, a menudo mima sus actos. De resistencia contra el poder a nombre de un valor, se transforma en un poder impositivo más. Entonces se niega a sí mismo y deja libre el curso al círculo de la violencia.

Nuestro siglo ha sido testigo de esa transformación trágica. Tres podrían ser sus figuras emblemáticas.

La primera es la *masa*. La masa no es el pueblo. El pueblo está constituido por un conjunto de personas ligadas en una red de relaciones sociales, la "masa" es un cuerpo indiferenciado, anónimo, en el que se confunden las personas. En el pueblo, los individuos pertenecen a distintas comunidades organizadas, con cuyos fines comunes pueden identificarse. En la masa, se anegan los individuos, olvidan sus identidades y objetivos personales para seguir ciegamente un fin que los rebasa. El sentido del contrapoder es distinto si lo ejerce el pueblo organizado o la masa indiferenciada. En el primer caso, es la resistencia a toda imposición de una voluntad ajena y la exposición, sin trabas, de una voluntad dirigida a un valor común. La masa, puesto que se cree pueblo, empieza también exponiendo un valor común frente a los poderes existentes; pero necesita personificar un "enemigo del pueblo" a quien imponer su poder. Es el "traidor", el "renegado", el "enemigo de clase", el "Satán". Pronto, el contrapoder de la masa lo reduce con violencia; entonces su acción ya no se diferencia de un poder impositivo más; es ahora una fuerza ciega, incapaz de razonar por sí misma: puede ser utilizada por cualquier individuo o grupo como arma de su propio poder. El *contrapoder* al servicio de un valor común se ha convertido en un *poder* que impone los fines de un grupo a los demás.[2]

---

[2] Ejemplos en nuestro siglo de esta transformación del contrapoder en un nuevo poder impositivo, mediante la conversión del pueblo en masa, podrían ser la "revolución cultural" china y la revolución integrista en Irán.

La segunda figura emblemática es el *guerrillero-terrorista*. También él se pone al servicio de un valor común. Es un guerrero, pero un guerrero del valor supremo. Acepta el sacrificio total de sí mismo, el sufrimiento, la tortura, la muerte en el anonimato. Está dispuesto a darlo todo por un bien que lo rebasa, válido para toda la humanidad: la liberación, la redención del hombre.

Es la versión moderna del cruzado, un caballero dispuesto al combate a muerte por su ideal. Pero su arma es la violencia. Al principio, no la quiere por ella misma. Su fin no es el poder para sí; la violencia es sólo un medio que considera necesario para un fin común. Pero para él es el único medio. Piensa que no se puede combatir el mal de la opresión más que con el mal de la violencia. Más aún, es necesario acompañar la violencia con el odio, sumir la sociedad en el mal para que el bien se haga presente.

Entonces el poder, concebido primero como medio, llega a cobrar la importancia central. Va cubriendo todos los aspectos de su vida; lograr poder, por la violencia, se va convirtiendo en el objetivo real de todas sus acciones. La realización del valor común es un fin demasiado lejano, importa ahora imponer su poder al adversario. ¿Cómo distinguir ya el uso de la violencia como puro medio de su aceptación como fin válido por sí mismo? ¿Qué distingue el robo de un banco o el asesinato de una familia campesina a nombre de La Causa, de los mismos actos realizados por el poder en curso? La distinción crucial entre el uso del poder por anhelo de justicia y la voluntad de poder por el poder mismo, de hecho, se ha borrado.

Una última figura emblemática no es personaje de tragedia sino sólo de melodrama. Es el *político progresista* que pretende utilizar un poder opresivo para limitarlo participando en él. Hemos visto abundar esa figura en los regímenes socialdemócratas y laboristas del primer mundo y en los autoritarios y populistas del tercero. No es el cruzado en lucha a campo abierto contra el mal, es el apóstol disfrazado en tierra de infieles. Reconoce el mal del poder, pero está dispuesto a entrar en el vientre de la ballena para cambiarlo. A veces justifica su participación en el poder porque "sólo es posible modificarlo desde dentro", otras, porque evita que "otros lo hagan peor". Al igual que su análogo opuesto, el guerrillero, está convencido de que sólo el poder cambia al poder, que podemos utilizar la coacción como medio para controlarla. Pero el poder, una vez utilizado, se convierte en el verdadero fin, profesado o inconfeso. El sistema que había que cambiar se encarga de poner a su servicio al cambiador. Llega un momento en que ya no se puede distinguir entre una acción política dirigida al cambio y la misma tendiente al ejercicio del propio poder.

Por diferentes que sean esos tres casos, tienen algo en común: en todos, el contrapoder se pervierte en una forma más de poder impositivo; es un rayo más en la rueda sin descanso del poder y la violencia. Y sólo hay una vía de escapar a esa rueda: acabar con el deseo de poder por sí mismo. Implica desprenderse del interés personal en dominar y excluir a los demás, y convertir la propia acción en una afirmación del bien del todo; obliga, en su límite, a renunciar a la voluntad de poder para sí mismo. Es lo que habían comprendido Gandhi y Luther King; es lo que han comprendido también los indígenas zapatistas de Chiapas, en México, cuando decidieron no buscar el poder para sí mismos. Si se rebelaron en 1994 contra sus condiciones de marginación e injusticia extremas, si tuvieron que emplear las armas para hacerse escuchar, su actitud difirió radicalmente de los antiguos movimientos guerrilleros. Pedían democracia, paz con justicia y dignidad; sólo querían usar las armas para que nadie más tarde tuviera que emplearlas. Por eso eligieron de inmediato la vía de la negociación y del acuerdo. Los zapatistas son conscientes que la responsable de la injusticia es, en último término, la voluntad de poder. Por eso proclamaron que su objetivo no era la toma del poder sino el despertar de la sociedad civil contra el poder. No se trataba de remplazar un poder impositivo por otro, sino de crear las condiciones de un contrapoder organizado que resistiera la coacción del poder existente.[3]

---

[3] Los zapatistas son conscientes de lo radical y en apariencia irracional de su propuesta. Valga una cita: "Lo que nos hace diferentes es nuestra propuesta política. Las organizaciones políticas, sean partidos de derecha, centro, izquierda y revolucionarios, buscan el poder. Unos por la vía electoral, otros por la mentira y el fraude, otros por la vía de las armas. Nosotros no.... Nosotros no luchamos por tomar el poder; luchamos por democracia, libertad y justicia. Nuestra propuesta políti-

El círculo del poder y la violencia no se rompe con la inacción y la pasividad, pero tampoco con otro poder y otra violencia. Sólo puede "escapar al poder", como quería Sócrates, quien opone al poder de la coacción el contrapoder de una voluntad común, consciente del peligro permanente de convertirse ella misma en otra forma de poder coactivo.

El contrapoder es, en pureza: 1) no impositivo; exponente de la propia voluntad; 2) general; de todas las personas que componen el pueblo; 3) no violento.

En consecuencia, reforzará el contrapoder y evitará caer en un nuevo poder impositivo, toda acción política que: 1) refuerce la voluntad libre e impida su restricción por un poder impositivo; 2) se base en el contrapoder *del* pueblo real e impida la imposición de cualquier poder *sobre* el pueblo; 3) remplace la violencia del poder por acciones que la limiten y controlen: negociaciones y acuerdos entre adversarios; consensos y cooperación entre ellos. Porque la lucha social sólo puede tener dos respuestas: la imposición de un poder particular o el acuerdo en torno a valores comunes.

La voluntad de poder y la búsqueda del valor se nos han revelado contrarias; sin embargo, no pueden prescindir la una de la otra: Si el poder tiene que acudir al valor para justificarse, el valor requiere del contrapoder para realizarse.

Nos ha hecho frente el tema que ocupará el resto de este libro: la relación entre poder y valor. Reflexionaremos sobre ella en las tres partes siguientes:

1) Puesto que el poder se presenta como medio para realizar un fin considerado valioso ¿hasta qué punto están justificados los medios en el logro de un valor?

2) Puesto que el valor es requerido para la justificación de un poder ¿cómo se articula el pensamiento sobre el poder efectivo con el pensamiento sobre el valor?

ca es la más radical que hay en México (y tal vez en el mundo, pero es pronto para decirlo). Es tan radical que todo el espectro político tradicional (derecha, centro, izquierda y los otros de uno y otro extremos) nos critican y se deslindan de nuestro 'delirio'" (EZLN, 1996).

3) Puesto que la asociación política valiosa es la que pondría límites al poder para que se diera el valor ¿cuáles serían las características de esa asociación y qué papel tendría en ella el poder?

Segunda Parte
LA ACCIÓN POLÍTICA

4. MAQUIAVELO: LOS DOS LENGUAJES DE LA POLÍTICA

Lecturas de Maquiavelo

En la historia de la filosofía política hay, al menos, un lugar común: Maquiavelo es el primer filósofo político moderno. Pero cuando se trata de explicar este aserto, las interpretaciones se multiplican. Porque Maquiavelo, como Jano, presenta más de un rostro. Para los unos, su innovación fue descubrir la autonomía de la política frente a la moral, revelar una racionalidad específica del campo político, sentando así las bases de una ciencia o, al menos, de una técnica del poder. Para los otros, su mérito es contrario; Maquiavelo habría establecido una nueva ética social, diferente de la medieval, acorde con el individualismo moderno. Ambas lecturas pueden fundarse en sus textos. La primera acude sobre todo a *El príncipe*, la segunda, a los *Discursos sobre la Primera Década de Tito Livio*, pero una y otra pueden referirse a la totalidad de sus escritos. Porque su obra está atravesada por la tensión entre dos discursos. Uno sobre el poder real, otro sobre el bien común. Si muchas interpretaciones de Maquiavelo no logran convencernos es porque se atienen sólo a uno de esos discursos, dejando en el desván el otro. La mayoría fluctúa entre dos extremos.

Si seguimos el discurso del poder, aparecerá el Maquiavelo tradicional, escándalo de moralistas, consejero de príncipes, guía de tiranos, preocupado sólo por señalar los artilugios del mantenimiento del poder. Unos apreciarán en él al fundador de un arte de la eficacia política, desembarazada de juicios de valor, otros lo denostarán como ejemplo de cinismo, pero cualquiera que sea el juicio que merezca, lo característico de su obra se verá en el abandono de una consideración ética en el pensamiento político.

Si seguimos, en cambio, el discurso del bien común, mostraremos al Maquiavelo patriota, republicano, deseoso de inculcar a sus conciudadanos una nueva moral capaz de restaurar el

95

honor de la nación italiana. En sus límites, aparecerá el paladín
de una nueva ética. Siguiendo el uno o el otro discurso podríamos llegar a ver la enseñanza de nuestro filósofo desde dos extremos caricaturescos: como un "gangsterismo político"
(L. Strauss, 1958) o, al contrario, como la "ética de un hombre
nuevo" (F. de Sanctis, 1912).[1]

El hecho de que puedan darse ambas lecturas opuestas ¿no
nos está indicando ya el carácter más distintivo de la obra de
Maquiavelo: surgir de la tensión entre dos discursos en apariencia opuestos? En lugar de olvidar un lenguaje de Maquiavelo
para sólo escuchar el otro ¿no valdría mejor comprender cada
uno en función de su contrario? Pues el lenguaje esperanzado
que anuncia un bien común para la nación italiana tal vez no
sería pertinente sin el que intenta revelar los mecanismos efectivos del poder que permitiría realizarlo. A la inversa, el lenguaje sobre el poder efectivo carecería tal vez de objeto sin la propuesta de un valor superior que le otorgara un sentido. Que
quizás la "modernidad" de Maquiavelo consista justamente en
una intuición: la ciencia de la política provendría de la conjunción y tensión recíproca entre dos discursos diferentes, el del
poder real y el del Estado valioso. Ensayemos esta lectura.

El discurso del poder

Maquiavelo nunca desarrolló una teoría acabada, ni siquiera
propuso una concepción global del cuerpo político. ¿Por qué
entonces puede considerársele uno de los fundadores de la ciencia política moderna? Quizás no porque expone una nueva teoría sino porque formula una nueva pregunta. Para el gobierno
efectivo no importa tanto el Estado que debiera existir sino el
que existe *de hecho*. "Porque hay tanta distancia entre cómo
viven los hombres y cómo deberían vivir, que quien abandona el
estudio de lo que se hace para estudiar lo que debería hacerse,
prepara más bien su ruina que su preservación". (1950, 69). La
pregunta de Maquiavelo es distinta a la de sus predecesores:

[1] Para las diversas interpretaciones de la obra de Maquiavelo, ver
C. Lefort, 1972.

interroga por los mecanismos que mantienen el poder efectivo. En el origen del poder no encuentra naturaleza ni razón, ni pactos entre iguales, en su origen encuentra un hecho descarnado: la fuerza.

Parte de una intuición certera: el Estado se basa en un acto de voluntad; un hombre o un grupo de hombres impone y mantiene un dominio sobre los otros: este acto convierte a un conjunto de individuos en un organismo político. De hecho, es el primero en emplear la palabra "lo Stato" para designar este organismo. Entiende por él "autoridad, preminencia, poder político... que se ejerce sobre un determinado agrupamiento de hombres" (A. Córdova, 1973, 67). El fundamento del Estado no habrá que buscarlo en la economía divina, ni en la naturaleza, ni en algún convenio entre los hombres. Estriba en un acto de poder.

Pero ese acto no es arbitrario, responde a una necesidad. Ante la multiplicidad de los intereses particulares en pugna (que, en el caso de Italia, la habían llevado al deshonor y al caos) es necesaria una fuerza superior que los limite y encauce hacia un fin común. El poder político cumple una función: imponer el interés general sobre los deseos insaciables de los hombres. Las facciones sólo pueden cesar su pugna destructora y encontrar satisfacción parcial en el interés general del Estado. Por ello, en la situación italiana, el príncipe encarna la voluntad general. No porque haya sido designado para representarla, sino porque, por el hecho mismo de su dominio, la realiza. El "príncipe" podría en teoría, ser un hombre o varios, aunque en la Italia renacentista sólo la primera posibilidad sea realista. Lo que lo distingue es que encarna el poder general del Estado: en él la voluntad personal coincide con la colectiva. El príncipe es —dice Gramsci (1949, 3)— "un condotiero que representa plástica y antropomórficamente el símbolo de la voluntad colectiva". La representa no *en idea* sino en la realidad concreta. Impone su voluntad, es cierto, por la fuerza, pero sobre todo por su *virtù*.

Virtù no tiene aquí un significado moral: significa impulso libre, energía, valor, denuedo, capacidad para las grandes hazañas. A ella se opone la *fortuna*. "Fortuna" es un concepto vago, al que puede acudirse cuando no tenemos una explicación racional de un acontecimiento. Se refiere a las fuerzas ciegas, irra-

cionales, que no dependen de la libertad individual. La historia
resulta del juego entre *virtù* y fortuna, es decir, entre las fuerzas
reales que rebasan la voluntad del individuo y el denuedo de éste
por conocerlas y aprovecharlas. Maquiavelo compara la fortuna
a "un río fatal que, cuando se embravece, inunda las llanuras,
echa a tierra los árboles y edificios, quita el terreno de un para-
je para llevarle a otro. Cada uno huye a su vista, todos ceden a
su furia sin poder resistirla. Sin embargo, por más formidable
que sea su naturaleza, no por ello sucede menos que los hombres, cuando están serenos los temporales, pueden tomar pre-
cauciones, haciendo diques y explanadas: de modo que cuando
crezca de nuevo está forzado a ir por un canal o que su ímpetu
no sea tan licencioso ni dañino. Sucede lo mismo con la fortuna: la cual muestra su poder cuando no encuentra una *virtù* que
le resista, y vuelve su ímpetu hacia la parte en que sabe que no
hay diques ni otras defensas capaces de detenerla". (1950, 97).
En este capítulo de *El Príncipe* concede que la fortuna puede ser
"el árbitro de la mitad de nuestras acciones", en los *Discursos*
(1968), en cambio, sostiene que a la verdadera *virtù* nada puede
resistirle. "Se puede establecer que la Fortuna es inválida y
debilísima para arrebatar nuestra más pequeña *virtù*. Y conviene no dudar que nada de lo que buscas y amas te es tan fácil
de obtener como la *virtù*. Sólo carece de *virtù* quien no la quiere". La libre voluntad política, con denuedo, señala su curso a la
historia.

El arte del político consiste justamente en comprender y utilizar para su propio poder las fuerzas ciegas de la fortuna.
Reducidos a este género de discurso, el conocimiento político no
se expresa en términos de valores, como la justicia, el orden o la
paz sociales: se refiere, más bien, a los obstáculos que se levantan ante el poder y los medios para evitarlos. La política es el
estudio de los medios para lograr y mantener el poder. Pertenecen a otro género de discurso la "bondad" o "maldad" moral
de los actos, a éste le importan, en cambio, su utilidad o eficacia. De allí el "inmoralismo" del discurso que lo expresa.

Al arte del buen gobierno no le concierne la bondad o maldad
de las intenciones del príncipe sino sólo la eficacia de sus acciones. La hipocresía, la adulación, el engaño o la violencia pueden
ser manchas en un alma bella, pero serán virtudes políticas en

la medida en que consoliden los fines del Estado. Lo que se considera es el fin, no importan los medios que se usen. Mejor, sin duda, si esos medios son conformes a la moral y a la religión, pero si no lo fueran, no hay razón *política* para dejar de emplearlos. "Un príncipe, sobre todo uno nuevo, no puede observar en todo lo que hace tener por virtuosos a los hombres: para mantener el estado, a menudo está en la precisión de obrar contra la fe, contra la caridad, contra la humanidad, contra la religión. Pero es menester que su ánimo esté dispuesto a volverse según que los vientos y variaciones de la fortuna le ordenen y, como lo he dicho más arriba, a no apartarse del bien mientras lo pueda, pero a saber entrar en el mal cuando le sea necesario" (1950, 76). El fin de la política es el poder: sus condiciones, la utilización de las fuerzas de la fortuna por la *virtù* del gobernante.

Puestos el fin y las condiciones, se establece entre ellos una *necesidad* racional. La política no puede ir contra la necesidad, debe comprenderla y utilizarla. En la cadena necesaria entre medios y fines puede entrar el mal moral. Porque también el mal es, a menudo, un eslabón necesario en la cadena. La astucia del gobernante consistirá justamente en convertir en mérito propio los actos que se realizan por necesidad. "Los hombres prudentes saben siempre convertir en mérito propio sus acciones, aunque sea la necesidad la que los constriña" (1968, 200). Quien sabe apreciar los medios necesarios a la acción política y los pone en práctica, no es por ello bueno o malo moralmente, es racional, porque obra acertadamente para lograr el fin que quiere. *El Príncipe* abunda en ejemplos de actos moralmente condenables que son racionales en ese sentido. Maquiavelo, por ello, los llama a veces "buenos", aunque el adjetivo no puede tener aquí una connotación moral. La violencia, por ejemplo, es inevitable en política, luego, hay que usarla con oportunidad. El castigo debe ejercerse a tiempo para obtener el resultado apetecido, como lo hizo César Borgia en la Romaña. La crueldad puede hacer bien al Estado, porque restablece la paz y la concordia (Cfr. 1950, 72). Los asesinatos de Rómulo parecen malos sólo si no se considera su fin. Porque censurable es la violencia que destruye, no la que construye (1968, 120). La hipocresía, el engaño son perversos moralmente, pero pueden ser "buenos" políticamente. Porque no entra en cuenta la intención sino la dimensión social de los actos y su resultado efectivo en una relación de poder. Importa la imagen que el pueblo tiene del príncipe, cómo se deja ver, no lo que sea en su subjetividad. No interesa que sea justo, sino que lo parezca ante los demás: no es pertinente que sea, en realidad, humanitario o fuerte, sino que así lo crea el pueblo. La buena intención puede llevar a perder el Estado, la correcta apariencia, aún engañosa, puede salvarlo. "Porque todos los hombres se sienten tan satisfechos con lo que parece como con lo que es: así, muchas veces se mueven más por las cosas que aparecen que por las que son" (1968, 154). Por otra parte, importa más, en último término, ser temido por lo que se representa que ser amado por lo que se es (Cfr. 1950, 73).

El conocimiento político tiene por objeto comprender la cadena de actos necesarios para lograr un fin: el poder. Versa sobre las fuerzas reales que se oponen al acto libre y sobre los antecedentes y consecuencias de la acción en una comunidad política. Notemos que este conocimiento no implica la elaboración de una teoría, ni siquiera conduce a principios generales. Por ello no constituye, en sentido estricto, una ciencia. En realidad, los conocimientos que transmite Maquiavelo a sus contemporáneos tienen por fuente la experiencia personal de la vida pública, su propia práctica política y diplomática, los testimonios ajenos trasmitidos por la historia, cierta sabiduría derivada del trato con los hombres. No se trata de un saber teórico, comprobable objetivamente, como el de la ciencia, sino de un conocimiento personal, precientífico, destinado a orientar la acción. Su objeto es la relación de medios a fines en el comportamiento político.

Pero ese conocimiento personal puede expresarse en generalizaciones válidas y eventualmente podría codificarse en reglas de acción. Proposiciones de este género no faltan en la obra de Maquiavelo. El objeto de ese conocimiento sería justamente establecer ligas causales entre medios y fines de las acciones, en condiciones dadas. Luego, es un conocimiento que conduce a una técnica. La política, en Maquiavelo, no es una ciencia, es una *técnica del poder*. "*El Príncipe* no es un libro moral o inmoral —escribe Cassirer (1968)— es simplemente un libro de técnica política". La técnica no es, en sí misma, justa o injusta: puede ser útil para cualquier fin. Su criterio no es el bien o el mal morales sino la eficacia. Obedece a una forma específica de racionalidad: la que no se pregunta por el fin más razonable a seguir sino por los medios conducentes a lograrlo. Es una racionalidad *instrumental*. Dados un fin y las condiciones de la acción, determina los medios más adecuados en esas condiciones.

En Maquiavelo encontramos pues un primer discurso político. No versa sobre la sociedad deseable sino sobre la sociedad real. No comprende juicios de valor sino juicios de hecho. No indaga sobre la validez del fin de la acción política sino sobre los instrumentos para lograrlo. Es un discurso de la necesidad, no de la libertad. Le corresponde una forma de ejercicio de la razón: la razón técnica o instrumental. La razón técnica da por supuesto el fin elegido y revela el sentido de los actos en relación a ese fin. El sentido de esos actos está determinado por su adecuación al fin elegido. Pero si los actos políticos reciben un sentido por el fin elegido ¿no cabe también preguntar por el sentido de ese fin? Esa pregunta ya no corresponde al mismo juego de lenguaje ni obedece a la misma forma de racionalidad. Porque no se refiere a los medios necesarios, sino al valor del fin que les otorga un sentido. Ese segundo lenguaje está mezclado con el anterior, en los escritos de Maquiavelo. Tratemos ahora de identificarlo.

EL DISCURSO DEL BIEN COMÚN

Si en *El Príncipe* predomina el lenguaje del poder, en los *Discursos*, Maquiavelo se preocupa por restaurar en Italia las virtudes que hicieron la grandeza del pueblo romano. Ante la división, la servidumbre y la corrupción que anegan a Italia, es menester restaurar la fe en un destino común, capaz de superar los mezquinos intereses particulares y devolver el honor y la dignidad al pueblo italiano. Pero en Italia no hay un principio tradicional de autoridad que revista, a los ojos del pueblo, la majestad y la gloria de la nación, no existe el equivalente de la monarquía francesa, por ejemplo. A falta de poder acudir a la continuidad de una tradición, Maquiavelo vuelve los ojos al recuerdo de un pasado glorioso: la república romana. No se trata de un regreso sino de la propuesta de un renacimiento. El tema de la grandeza de un pueblo lleva a preguntarnos por la forma del Estado mejor. Será, responde Maquiavelo, el que realice el bien común. "Pues no es el bien particular sino el bien común el que hace grandes a las ciudades". "Y, sin duda, ese bien común —continúa— no se observa más que en las Repúblicas" (1968, 235). Entonces, ya no preguntamos por el Estado existente de hecho, sino por el más valioso.

En todo Estado siempre hay dos partidos: el de los nobles y el del pueblo. De su lucha nace la agitación, el desorden, el conflicto permanentes. El desacuerdo sólo tiene una alternativa: las leyes, que regulan las relaciones entre las clases opuestas.

En una sociedad no corrompida, el poder del pueblo ofrece la mejor vía. Él es garante de la libertad (1968, 107). El pueblo servirá de control a un poder excesivo, frenará las ambiciones de los nobles y pondrá límites a las dictaduras (1968, 123). Maquiavelo compara el gobierno del pueblo con el de un príncipe sin control y se inclina por el primero. El pueblo es más prudente en sus elecciones, más amante de la libertad, menos víctima de las pasiones, porque no desea mandar sino tener libertad y seguridad. Pero el pueblo no puede tener libertad en todo. "Un pueblo que puede hacer lo que quiere no es sabio" (1968, 217). Una multitud sin cabeza es, en efecto, inútil. El pueblo necesita siempre a un guía que le muestre su auténtico bien y lo libre de engaños. De la libertad absoluta del pueblo puede seguirse la tiranía. Causas de la mayoría de las tiranías son "el excesivo deseo de ser libre del pueblo y el excesivo deseo de dominar de los nobles" (1968, 184). Los poderosos buscan el poder absoluto para oprimir al pueblo, pero éste, al buscar su liberación, lleva al poder a un jefe popular o a un grupo que pronto se convierte en tirano del propio pueblo.

¿Cuál sería entonces el mejor gobierno? Maquiavelo no se hace ilusiones sobre la bondad de ninguna de sus formas. Las formas clásicas de gobierno se transforman fácilmente en sus versiones corruptas: la monarquía, en tiranía, la aristocracia en oligarquía, la democracia, en licencia. Se inclina pues por una solución de equilibrio: un régimen mixto, con instituciones representativas de las dos clases, el pueblo y los nobles (1968, 99). Sería un sistema duradero en la medida en que controlara la ambición de los poderosos con el poder del pueblo, y la inclinación al desorden de éste con la autoridad de la nobleza. Superando la discordia, se lograría imponer un "bien común" a las distintas clases. Ejemplos no faltan: los reyes de Esparta lograron un Estado firme y duradero porque pudieron unir en el mismo propósito nobleza y plebe, Roma tuvo un gobierno feliz durante la república, porque acertó a equilibrar el poder del senado con el de los representantes del pueblo. En la época de Maquiavelo, Venecia es la que más se acercaría a esos modelos antiguos.

Ahora bien, sobre la base de ese sistema equilibrado de gobierno, siempre es preferible la república a la dictadura o al principado, porque, en la república, el pueblo tiene más poder para proteger la libertad contra las ambiciones de los poderosos. República buena es la que busca, en la paz y en el orden, sin caer en la discordia, preservar la libertad en el interior, y el poder de la nación ante las demás. Sólo alcanzan la grandeza los pueblos libres; se pierden cuando se vuelven esclavos. Ésta es la lección de la historia de Roma que Maquiavelo propone a los italianos, con la esperanza de incitarlos a la libertad.

Las reflexiones sobre el bien común y el gobierno "mejor" se basan en un supuesto, que no puede ser objeto de ciencia: es preferible una sociedad que cumpla con ciertos valores. Estos valores están implícitos en el discurso de Maquiavelo, no están expresados paladinamente. Tenemos que descubrirlos entre líneas. Ante todo es el orden, la concordia duradera en la sociedad. Hay que acabar con los conflictos que desgarran a la nación. Sería ésta la condición de posibilidad del Estado mismo. Pero la concordia está al servicio de la libertad y de la gloria. Maquiavelo no dice con claridad qué entiende por esos conceptos, pero su significado se desprende del uso que hace de ellos. "Libertad" es, en lo interior, lo contrario de la opresión de los ciudadanos por un tirano o por los nobles; autonomía, frente al exterior. "Gloria" es algo más vago, que despierta la pasión y enciende la esperanza. Comprende, quizás, la realización colectiva de la *virtù*, el dominio sobre los otros pueblos, la civilización, la realización de empresas osadas por una nación, en suma, todo lo que de manera intuitiva atribuimos a la "grandeza" de un pueblo, como Roma o Esparta. Cuando Maquiavelo habla del "bien común" supone que consiste en la realización de esos valores por la nación. Pero esos valores no se dan en la sociedad italiana, corresponden a una sociedad *otra*, objeto de fe, esperanza, proyecto para dirigir nuestra acción y encender nuestro ánimo, sociedad deseable que se contrapone a la sociedad real.

¿Por qué preferir *esa* sociedad y no otra? ¿Por qué *esos* valores (concordia, libertad, gloria) y no otros? En Maquiavelo no encontramos una justificación explícita. La proyección de los valores deseables para la sociedad italiana proviene en él del diagnóstico de los males de la época y de la admiración por las repúblicas gloriosas del pasado. Nada tiene que ver con una "ciencia" de la política, ni aun con una "técnica" del poder. Los valores que proyectamos son objeto de pasión.

El Príncipe termina con una exhortación a la realización de la grandeza italiana. El último capítulo, el XXVI, no parece derivarse de los anteriores, por ello ha sumido en perplejidad a muchos comentadores. Mientras los capítulos anteriores desarrollan una técnica del poder, el último propone un fin a la gente italiana. El ideal a seguir es la constitución de una nación, la unión de Italia frente al dominio extranjero y la restauración de la *virtù* y del valor italianos. Termina con una cita de Petrarca: "La virtú contra el furor tomará las armas: y el combate será corto; que el antiguo valor aún no ha muerto en el corazón italiano" (1950, 102). El lenguaje de la pasión, de la fe y de la esperanza, irrumpe en el último capítulo y deja a un lado los fríos análisis sobre las relaciones reales de poder. Como indica Chabod (1984, 78): "El último capítulo de *El Príncipe* es el desenfreno de la pasión mal contenida que, trazados los contornos lógicos, los traspone, en un nuevo momento creativo, en el ímpetu de su deseo y los convierte en esperanza y fe tras haberlos contemplado como razón y posibilidad".

No es que el último capítulo carezca de relación con los anteriores. Chabod (1984, 32) hace notar, con acierto, que la posibilidad de reconstruir el Estado, por obra del príncipe, tema de los capítulos anteriores, suponía, en las circunstancias italianas, un elemento de fe y esperanza que se añadiera a la necesidad política estricta. Pero, justamente, ese lenguaje de fe y de esperanza no se deduce lógicamente del cálculo sobre los medios para conservar el poder, añade a éste la propuesta de un fin valioso por sí mismo.

Estamos pues ante dos discursos diferentes. En el primero (presente, sobre todo, en *El Príncipe*, hasta el capítulo XXV) Maquiavelo habla de los factores que favorecen u obstaculizan el poder real. Trata sobre todo de las relaciones entre los medios que han de emplearse para lograr los fines del Estado. Está constituido por enunciados de hechos, que describen relaciones necesarias entre ellos, condicionadas a los fines elegidos. Es un lenguaje de la necesidad. El segundo discurso (presente, sobre todo, en los *Discorsi* y en el último capítulo de *El Príncipe*) trata principalmente de la sociedad deseable y de los fines a elegir para la nación. Está constituido por enunciados de valor, descripciones de la sociedad buena y enunciados preceptivos que inducen a perseguir esos valores. Apela a la libre elección de un Estado bueno para Italia. Es un lenguaje de libertad.

Uno y otro discurso responden a formas diferentes de racionalidad. Frente a una racionalidad instrumental propia de una técnica del poder, que se preocupa por determinar los medios más eficaces para lograr un fin, cabe hablar de una racionalidad en la elección de los fines mismos, que intenta proponer la forma de sociedad mejor.

Un lenguaje no se deriva lógicamente del otro. Del conocimiento de los mecanismos para mantener el poder no se puede concluir cuál sería el Estado cuya elección sería más razonable para el bien común. Del conocimiento del mejor Estado no se deduce cuáles son los mecanismos más efectivos para lograrlo.

Maquiavelo no se preocupa de la separación entre uno y otro discurso, el problema de establecer una derivación lógica entre ellos le es ajeno. Lo importante para nosotros es que, en su obra, se pone de manifiesto que ambos lenguajes son imprescindibles en el conocimiento de la política, más aún, que el discurso político supone la unión de ambos. Maquiavelo nos da indicaciones también de la dirección en que podríamos encontrar la relación entre los dos lenguajes. Sin volverlo más coherente de lo que fue, busquemos esa relación a partir de sus escritos.

LA MEDIACIÓN ENTRE LOS DOS DISCURSOS

Maquiavelo es pesimista acerca de la naturaleza humana. "Los hombres, piensa, son más inclinados al mal que al bien" (1968,

121). No basta, por lo tanto, saber cuál es el mejor gobierno y proponerlo, pues "los hombres no obran nunca bien si no es por necesidad, pero donde se puede elegir y hay libertad de acción se llena todo, inmediatamente, de confusión y de desorden" (1968, 104). Para alcanzar el bien hay que comprender cuál es la necesidad que compele a él. Son las circunstancias ajenas a la voluntad humana —la "fortuna"— las que a menudo determinan si se realiza o no el bien querido. Por ejemplo, si Atenas, bajo Pisístrato, no logra la libertad, a diferencia de Roma bajo la república, no se debe a que la primera no la quisiera y la segunda sí. "Quien considere todo lo dicho —escribe Maquiavelo— no criticará a Atenas ni ensalzará a Roma, sino que culpará tan sólo a la necesidad por la diversidad de accidentes que sucedieron en las dos ciudades". (1968, 158). Así, para lograr el mismo fin, lo que se prescribe para una situación debe ser distinto a lo requerido para otra. "Porque se deben instituir diferentes órdenes y modos de vida para un sujeto malo y para uno bueno, pues no puede haber la misma forma en materias en todo contrarias" (1968, 145). En suma, el Estado deseable en abstracto, al considerar las circunstancias concretas, deberá acoplarse a la necesidad si quiere realizarse.

La reflexión anterior nos permite explicar la aparente contradicción en el pensamiento de Maquiavelo. ¿Por qué, si considera la república como la mejor forma de gobierno, propone a su patria el principado? ¿Por qué, al buscar la libertad como valor superior, desarrolla una técnica de la dominación?

La república es excelente para un pueblo que no ha caído en la corrupción. Era el caso, según nuestro autor, de Roma. Pero un pueblo corrompido no es capaz de realizarla. "Porque un pueblo donde por todas partes ha penetrado la corrupción no puede vivir libre, no ya un breve lapso de tiempo sino ni un momento" (1968, 138). Por otra parte, donde existe igualdad no se puede establecer un principado y donde no la hay no se puede establecer una república. Este último es el caso de Italia y, en particular, de Florencia. En Florencia reina la desigualdad y la corrupción. Los reformadores "nunca han buscado la utilidad común, sino sus propios intereses, lo que ha producido, no un nuevo orden, sino un mayor desorden" (1968, 197). De allí la necesidad en una ciudad corrupta, de un príncipe que guíe al pueblo, tome sobre sí el interés general y lo imponga sobre los particulares.

El principado no es el gobierno mejor, pero es la manera efectiva de ordenar de nuevo una república en situación de conflicto entre intereses particulares. Cumple la función que, de hecho, ha tenido la monarquía en Francia, España o Inglaterra. El Estado nace, de hecho, de la fuerza. La violencia del príncipe cumple una función necesaria: establecer el orden y la ley. Ante la necesidad primordial de fundar el Estado, la distinción entre república y principado pasa a segundo término.

El mejor gobierno sería una república libre de tiranía y bajo el control del pueblo. Ese ideal se basa en una elección. Se expresa en un lenguaje valorativo, sobre la sociedad deseable. Pero el hombre es fundamentalmente egoísta y se guía por su interés particular. La elección del valor choca con la realidad. Si la elección de la sociedad deseable quiere realizarse, debe acoplarse a la necesidad señalada por las circunstancias. La libertad, para ser eficaz, debe doblegarse a la necesidad. Una frase podría resumir el arte de la política para Maquiavelo: "Una república o un principado debe aparentar hacer libremente aquello a que le obliga la necesidad" (1968, 200). La acción política consiste en la elección libre de una necesidad.

¿HACIA UNA ÉTICA POLÍTICA?

Al pretender realizar el proyecto elegido, conforme al "bien común", la necesidad impone realizar actos que la moral aceptada consideraría "malos". Es necesario ejercer la violencia para obtener la concordia. Pero entonces acciones "malas" moralmente, como el asesinato de los enemigos, el engaño o la crueldad, pueden considerarse "buenas" al juzgarse medios necesarios para lograr un fin bueno. Si el príncipe expresa la "voluntad general", todos los medios que conduzcan a afianzar su poder serán necesarios para realizar esa voluntad. En la medida en que son necesarios, podrían ser considerados "buenos". Sin que Maquiavelo lo diga, podemos concluir que esos actos se juzgarían "buenos" conforme a un tipo de moral distinta a la individual. Llamémosla provisionalmente "moral política". Maquiavelo no formula esa "moral política", es dudoso incluso que hubiera aceptado el término. Pero está implícita en su manera de juzgar ciertos actos como "malos" moralmente pero "buenos" o "excusables" en consideración a su fin político. Habría muchos ejemplos de esa ambigüedad. Se refiere a los crímenes de Rómulo. Rómulo mata a su hermano Remo y consiente en la muerte de su colega Tito Tacio. Pero lo hace por el "bien común", porque lo juzga necesario. Así lo demuestra el hecho de que no establece un gobierno tiránico sino un senado que rige la ciudad. Maquiavelo no oculta que considera el asesinato malo en sí, pero justifica a Rómulo por haber hecho lo necesario para el bien común. El mismo acto no es malo, conforme a su fin político. "Considerando pues todas estas cosas, concluyo que para organizar una república es necesario estar solo, y Rómulo merece excusa y no reproche por la muerte de Remo y Tito Tacio" (1968, 122).

Otro caso: en política, cuando no es posible interferir en el mal, es preferible no intentar detenerlo. "Se deben considerar bien las fuerzas del mal y, si te parece que tienes bastante poder para sanarlo, ponerte a ello sin demora: en otro caso, dejarlo estar, sin intentar nada en contra" (1968, 168).

En consecuencia, un mismo acto (por ejemplo, un asesinato) puede ser considerado "malo" conforme a la moral individual y "bueno" conforme a una "moral política". Lo cual plantearía el problema de la relación entre ambas morales. ¿Cuáles serían los criterios para hacer prevalecer un juicio sobre el otro? ¿Hasta dónde el juicio de una "moral política" podría privar sobre el juicio de una moral individual? ¿O se trata de niveles de juicio irreductibles entre sí y contradictorios? Maquiavelo no responde a estas preguntas. Ni siquiera se las plantea. Pero en su pensamiento podemos encontrar algunas indicaciones sobre la manera de abordar el problema que hubiera podido ser la suya.

1. En primer lugar, no disiparía la ambigüedad de juicio. Respecto de un mismo acto, pueden subsistir dos juicios contrarios. El caso de Agátocles, pretor de Siracusa, evocado en el capítulo VIII de *El Príncipe*, es paradigmático. La defensa exitosa de su ciudad frente a los cartagineses no puede atribuirse a la fortuna sino a su *virtù*. "Si consideramos el valor de Agátocles en el modo que arrostra los peligros y sale de ellos y la sublimi-

dad de su ánimo en soportar y vencer los sucesos que le son adversos, no vemos por qué le tendríamos por inferior al mayor campeón de cualquier especie." Cumple Agátocles con la imagen del jefe que vence con su virtud a la fortuna y logra la salvación de su patria. Sin embargo, frente a ese juicio laudatorio, subsiste otro que lo condena "La matanza de sus conciudadanos, la traición de sus amigos, su absoluta falta de fe, de humanidad y de religión, son ciertamente medios con los que uno puede adquirir el imperio, pero no adquiere nunca con ellos ninguna gloria": Sus actos "no permiten alabarle como si él mereciera ocupar un lugar entre los hombres insignes más eminentes" (1950, 50). ¿Por qué no es merecedor de gloria ni alabanza? No ciertamente porque haya sido un príncipe débil o ineficaz en lograr el bien común de Siracusa; antes al contrario, utilizó en esa empresa, con arrojo, los mismos medios que Maquiavelo recomienda al príncipe para mantener el poder. Pero no merece gloria porque sus actos son susceptibles de una condenación moral. ¿Debió entonces Agátocles renunciar al poder que conquistó sin gloria? ¿Qué es preferible, en ese caso: salvar a la ciudad a costa de la propia ignominia o suscitar la alabanza por sacrificar a la virtud el poder? Maquiavelo no decide, acepta los dos juicios.

2. De algunos ejemplos de Maquiavelo podríamos deducir ciertos criterios para juzgar la bondad de una acción según lo que hemos llamado "moral política". Admite Maquiavelo que puede haber un "buen" o un "mal" uso de la crueldad. "Podemos llamar buen uso de los actos de crueldad, si empero es lícito hablar bien del mal, que se ejercen de una vez, únicamente por la necesidad de proveer a su propia seguridad, sin continuarlos después, y que al mismo tiempo trata uno de dirigirlos, cuanto es posible, hacia la mayor utilidad de los gobernados" (1950, 52). Podríamos generalizar este caso en la siguiente forma: Una acción "mala" conforme a la moral individual puede considerarse "buena" según la moral política si y sólo si: 1) es dirigida hacia un fin bueno (la "utilidad de los gobernados"): 2) es un medio necesario para la obtención de ese fin y 3) se reduce a producir ese resultado, es decir, no se acompaña de actos superfluos que rebasen los estrictamente necesarios para lograr el fin. El político tiene, por lo tanto, que estar seguro de la necesidad

de esa acción y realizarla en la medida sólo en que sea necesaria. De allí que requiera de una técnica del poder. Pero la utilización de ese criterio no elimina la dualidad del juicio. La acción cruel podrá ser juzgada "buena" conforme a un criterio político, pero sigue ocultando un mal moral. La ambigüedad del juicio de Maquiavelo se expresa en esta frase dubitativa: "...si empero es lícito hablar bien del mal."

3. La acción política es, a la vez, búsqueda del bien común, expresado en la ley, y obra de la fuerza. El político tiene parte de hombre y parte de bestia. "Debeis pues saber que hay dos modos de combatir: el uno con las leyes, el otro con la fuerza. El primero es propio del hombre, el segundo de las bestias: pero como a veces el primero no basta, conviene recurrir al segundo. Le es pues necesario a un príncipe saber hacer buen uso de la bestia y del hombre. Esto es lo que con palabras encubiertas enseñaron los antiguos autores a los príncipes, cuando escribieron que muchos de la antigüedad, como Aquiles, fueron confiados en su niñez al centauro Chiron, para que los criara y educara bajo su disciplina. Lo cual no quiere decir otra cosa sino que tuvieron por preceptor a un maestro mitad bestia y mitad hombre: es decir, que un príncipe tiene necesidad de saber usar de una y otra naturaleza, y que la una sin la otra no sería duradera" (1950, 75).

Para juzgar cuándo es oportuno usar de una u otra naturaleza, el príncipe requiere de una virtud esencial al gobierno: la prudencia. Ésta consiste en saber emplear, en cada contexto concreto, los medios adecuados, dosificándolos según las circunstancias. El conocimiento político sería para Maquiavelo, antes que una ciencia, un conocimiento dirigido a situaciones concretas. Pero Maquiavelo no desarrolla ninguna teoría sobre las formas de sabiduría política ni tampoco sobre los criterios que regirían en una moral política. Ha abierto las puertas a un campo sin recorrerlo.

5. FINES Y MEDIOS

¿EL FIN JUSTIFICA LOS MEDIOS?

El estudio de Maquiavelo nos introduce al de la acción política. El comportamiento se dirige a un fin que considera valioso, a la vez tiene que emplear acciones adecuadas para realizarlo. El fin tiene que ser justificado ¿justifica también a los medios? La pregunta sólo tiene sentido si aceptamos los siguientes supuestos:

1. Ciertas acciones son medios para lograr otras acciones o situaciones objetivas. Pueden considerarse sus causas o condiciones iniciales. Suponemos una relación de causalidad entre acciones y sus consecuencias.

2. Las consecuencias de una acción son el "fin" de ésta. El agente ejecuta la acción con la intención de lograr un efecto. Que el efecto sea el "fin" para el que se ejecuta la acción, implica considerar esa acción como instrumento para el fin.

3. El fin puede "justificar" la acción, es decir: si el fin es bueno moralmente, el medio (la acción) resultará también bueno en virtud de su carácter de medio. La relación de "justificación" es distinta a la de causalidad. No es una relación instrumental sino valorativa. Supuesta la bondad del fin ¿se "trasmite" ésta al medio? ¿Adquiere la acción valor por ser instrumento para un fin valioso?

La pregunta sólo puede formularse si se usan dos lenguajes distintos. Un lenguaje que habla de la relación causal entre hechos, acciones y sus consecuencias; un segundo lenguaje que habla del valor moral de acciones y consecuencias. Si sólo permitiéramos el primer lenguaje, las acciones se juzgarían en cuanto a su eficacia para realizar un efecto, carecería de sentido toda referencia a su "justificación" moral. Si nos redujéramos al segundo lenguaje, juzgaríamos las acciones valiosas o carentes de valor, quedaría excluido hablar de la relación causal que pudiera haber entre ellas. El planteamiento de la pregunta deja de tener sentido si excluimos uno u otro lenguaje.

La filosofía política es un discurso en que se entremezclan los dos lenguajes. Si el Príncipe comete una acción que pudiera calificarse de "crimen", la pregunta por su justificación tiene sentido si la acción del Príncipe puede juzgarse a la vez como instrumento eficaz para una situación deseable y como valiosa. Juzgar de su instrumentalidad supone conocer una relación causal entre hechos, dirimir su carácter moral supone conocer las condiciones para la realización de valores.

CADENA DE ACCIONES

Nuestro comportamiento está constituido por un continuo de acciones en el que difícilmente podemos establecer cortes.

Cada una es condición de la siguiente, en una cadena cuyo hilo conductor común podría ser un proyecto que las anime. Con todo, si nos fijamos en una acción determinada como punto de partida, podríamos intentar distinguir entre estadios de acciones, según la mayor o menor inmediatez de su relación causal con la acción designada. Se trata de establecer una discreción en el continuo, según un criterio racional exterior a la intención del agente: la relación de causalidad entre una acción y sus consecuencias reales. *Grosso modo* podríamos distinguir tres estadios o grupos en el continuo de acciones.

1. *Descripciones múltiples de una acción.* Una misma acción es susceptible de múltiples descripciones desde puntos de vista distintos. Estoy sentado en una habitación. Cae la noche y me levanto a encender la luz. El acto de encender la luz puede describirse de distintas maneras: mover el interruptor, prender el foco, iluminar el cuarto o, incluso, dejar ver mi presencia a un observador que pasa por la calle. Se trata de un solo acontecimiento y de varias maneras de describirlo (D. Davidson, 1980). "Prender el foco" e "iluminar el cuarto" redescriben el acto físico de mover el interruptor, al dar una razón de ese acto; "dejar ver mi presencia" puede ser intencional o no, pero es una manera de describir el mismo acontecimiento para un observador externo. Si preguntamos al agente "¿qué haces?" cualquiera de esas descripciones podría ser una respuesta correcta.

2. *Consecuencias imediatas.* Supongamos ahora que a la pregunta "¿qué haces?" el agente respondiera "voy a leer": Su respuesta ya no describe el acontecimiento del que partimos (prender el foco accionando el interruptor), expresa un propósito de la acción que puede dar lugar a un segundo acontecimiento (leer). Notemos que no es preciso que la respuesta esté dada por el agente. Un observador externo, al ver iluminado el cuarto, podría también explicarlo correctamente diciendo: "se dispone a leer". En el continuo de acciones la acción original de prender la luz (llamémosla *Aa*) es seguida por las acciones de disponerse a leer: sentarse, abrir el libro, etc. Designemos éstas por *Ab*. La relación ante *Aa* y *Ab* presenta las siguientes características:

1) El propósito de leer da razón tanto de *Aa* como de *Ab*. En efecto, una explicación correcta de *Aa* puede ser tanto prender la luz como disponerse a leer. Luego, *Aa* y *Ab* responden al mismo acto de decisión y están animadas por el mismo propósito. Porque quiero leer, decido prender la luz: *Aa* y *Ab* son un continuo que se explica por el mismo acto de voluntad.

2) Sin embargo, *Aa* y *Ab* son acontecimientos distintos, aunque obedezcan al mismo propósito. La acción *Aa*, animada por la intención de prender la luz y por el propósito de leer, produce una situación nueva (llamémosla *Sa*), el cuarto iluminado, que permite que se realice la acción *Ab*. *Ab*, a su vez, produce una situación *Sb* que permite plantear nuevas acciones, y así sucesivamente. *Sa* y *Sb* son situaciones objetivas distintas, *Aa* y *Ab* acontecimientos diferentes, aunque respondan a una decisión única.

3) Si quiero *Ab* (leer) debo querer la situación *Sa* (iluminación), pero ésta no puede darse sin *Aa* (prender la luz), luego debo querer *Aa*. La acción *Aa* es condición *necesaria* de *Ab*.

4) Las acciones *Aa* y *Ab* pertenecen al mismo contexto situacional, *Ab* sólo puede realizarse en la situación (*Sa*) producida por *Aa*. Entre *Aa* y *Ab* no se interponen otras acciones que requieran otra decisión. La acción *Ab* es consecuencia *inmediata* de *Aa*.

5) Una consecuencia inmediata y previsible de *Aa* es la situación que provoca (*Sa*). Esta situación es condición de la nueva acción *Ab*, la cual originará una situación nueva *Sb*. *Ab* modifica *Sa*, pero no la suprime, la situación nueva que provoca (*Sb*) deri-

va tanto de Sa como de la nueva acción Ab. Cada situación histórica permanece parcialmente en las situaciones posteriores. Por lo tanto, si Sa es conforme a un programa de vida que orienta las acciones Aa y Ab, será un elemento favorable a la realización posterior de nuevas acciones y situaciones orientadas por el mismo fin.

3. *Consecuencias mediatas.* Supongamos ahora que, al prender la luz, preguntara al agente "¿qué haces?" y él respondiera: señalando un libro: "quiero comprender las ideas de Maquiavelo sobre fines y medios": La respuesta nos parecería un tanto extravagante, porque no contesta a lo que preguntamos, va más allá: no nos da la razón inmediata de Aa (prender la luz), sino indica un fin para lograr el cual se requieren varias acciones continuadas. Supongamos que efectivamente se realiza la acción deseada: comprender a Maquiavelo. Llamemos a esa acción An. Entre An, por un lado, y Aa y Ab por el otro habrá una conexión distinta a la que señalamos entre Aa y Ab.

1) "Comprender a Maquiavelo" se aduce como razón intencional para realizar Aa y Ab. Pero "razón" tiene aquí un sentido distinto: no es la intención del acto físico (prender la luz), ni el propósito inmediato que habrá de seguirle (leer), sino un proyecto mediato que habrá de guiar no sólo esas acciones sino otras muchas. La realización de una situación (Sn) en la que se cumpliera ese proyecto requiere, por lo tanto, de varios actos de decisión discontinuos. (Para comprender a Maquiavelo, son menester varias lecturas, reflexiones pausadas, quizás discusiones con otras personas, etc.)

2) La conexión entre Aa y An no es necesaria. Comprender a Maquiavelo podría lograrse por medios distintos a la lectura de *El Príncipe:* leer otros libros, seguir un curso universitario, por ejemplo. Para acceder a An pueden darse varias vías de acción. Si quiero An no tengo que querer con necesidad Aa.

3) Tampoco es una conexión inmediata. En efecto, para llegar a la situación Sn se requieren muchos actos diferentes, en situaciones diversas, que obedecen a decisiones distintas.

4) Con todo, puesto que Aa favorece Sb y ésta puede conducir a Sn, Aa es una condición *favorable*, aunque no *necesaria*, para Sn.

4. *Fines.* ¿Podríamos considerar un cuarto estadio en el continuo de acciones? Un candidato sería los fines que sirven de guía

a las acciones de los estadios anteriores. Pero "fin" tiene sentidos distintos. Prender la luz, leer, pasar un examen o comprender las ideas de Maquiavelo son situaciones específicas que pueden realizarse en un tiempo preciso. Mientras no se realizan, son objeto de intenciones y propósitos que permiten explicar ciertas acciones. Una vez realizadas, constituyen estados nuevos a partir de las cuales pueden plantearse otros propósitos.

Habría que distinguir entre esos propósitos concretos, que dan razón de una acción, y el proyecto de realizar ciertos valores. Éste orienta todos los propósitos de las acciones parciales que forman parte de una cadena. La elección de valor intervendría en una explicación completa de cualesquiera de las acciones intencionales de esa cadena. En nuestro ejemplo, sería ciertamente extravagante pero no mendaz, quien a la pregunta "¿qué haces?" contestara: "quiero saber". La proyección de valores por realizar, aunque sean vagos y generales, otorga un sentido a cada acción de un continuo, sin ser un miembro de ese continuo. Saber, ser virtuoso, mejorar la sociedad, son fines que no se realizan nunca cabalmente en una situación concreta. Su función es proponer valores que sirven de guía para orientar el comportamiento. No corresponden pues a la misma categoría que el continuo de acciones. Tienen un estatuto diferente. No son acontecimientos. Mientras las acciones y situaciones consideradas en los tres estadios anteriores son sucesos concretos, conectados por relaciones causales, los valores y las situaciones ideales que constituyen los fines últimos son proyecciones mentales, que pueden o no realizarse en situaciones reales. No forman parte, por lo tanto, de la cadena de sucesos conectados causalmente.

La voluntad de realizar un valor objetivo puede aducirse como razón que explica cualquier acción de un programa; no está sólo en su término. Atribuimos valor intrínseco a cualquier eslabón de una cadena de acciones si comprobamos su realización en la situación concreta que contribuye a producir; podemos atribuirle también valor extrínseco si tenemos razones suficientes para afirmar que esa acción es un medio necesario para la realización de un valor intrínseco en situaciones posteriores. La pretensión de valor objetivo de la acción puede enunciarse como una norma que cada acción singular puede o no cumplir.

Los valores no se realizan sólo en una situación. Están presentes en cada una de ellas, para poder decidir en cada caso concreto por uno u otro propósito de acción. Por eso se expresan en proyectos generales. Son objetos y situaciones deseables que pueden intentar realizarse en todos y cada uno de los eslabones de la cadena. Mientras la relación entre acciones y situaciones efectivas podría representarse en una línea horizontal, las relaciones entre los valores y las acciones que pretenden realizarlos es, por así decirlo, vertical. La primera corresponde a una relación de causa a efecto, la segunda, es análoga a la de una regla o una idea general al caso que la cumple.

ANÁLISIS DE UNA ACCIÓN POLÍTICA

A partir de las distinciones anteriores podemos ahora analizar las características de una acción política. Partamos de un ejemplo.

Engañado por una fracción del partido conservador y apoyado por los ejércitos de Napoleón III de Francia, Maximiliano de Habsburgo es proclamado emperador de México. Benito Juárez es el presidente constitucional de la república. No ceja en sus derechos y, después de una ardua lucha, logra vencer a los ejércitos invasores y hace prisionero a Maximiliano. Se le plantea entonces un dramático dilema: el exilio o la ejecución del "emperador". Al cabo de una interminable noche, a solas, toma una decisión: someter a juicio sumario a Maximiliano. Sabe que será condenado a muerte y ejecutado. La acción de Juárez puede considerarse en los tres estadios que antes expusimos.

1. Es un acto que admite *múltiples descripciones*. Aislado de todo contexto histórico es la muerte de un hombre bien intencionado, víctima de engaños. Es un crimen. Pero el mismo acto, situado en su contexto histórico admite otras descripciones igualmente verdaderas: es sentencia contra un usurpador, afirmación de la soberanía nacional frente a una potencia extranjera, cumplimiento de la legalidad republicana. La misma acción cobra significados distintos ante observadores externos: ejemplo y advertencia contra cualquier infracción del estado de derecho, afirmación de independencia. Todos estos significados

describen *la misma* acción. Considerada en su contexto, ésta no puede entenderse sin ellos. Si prescindimos de algunos de esos significados, tendríamos *otra* acción. La acción política está constituida por todas las significaciones que puede tener ante varios observadores, porque no se da aislada de un contexto intersubjetivo.

2. La ejecución de Maximiliano es la causa inmediata de situaciones nuevas que pueden ser razonablemente previstas. Al cortar con toda pretensión de legitimidad a los intentos de restauración monárquica, es una condición necesaria para el restablecimiento del orden republicano, un golpe decisivo contra el partido conservador, una garantía de no intervención, en el futuro inmediato al menos, de potencias extranjeras. Esas situaciones no se hubieran dado si, en lugar de ejecutar al emperador, Juárez hubiera decidido su exilio. Son *consecuencias inmediatas previsibles* de aquella decisión. El responsable de ésta es responsable de las consecuencias inmediatas que se desprenden de ella.

La ejecución produce una situación política nueva, la cual es más favorable que la anterior, para emprender otras acciones conformes con el programa liberal; por ejemplo, la convocación a elecciones generales que inicien un proceso democrático. Luego, las consecuencias inmediatas y previsibles de aquella acción, incluyen mayores posibilidades reales para tomar decisiones posteriores conformes al fin proyectado. Podríamos llamar "acto total" al acto considerado en su contexto histórico; éste comprende tanto los distintos significados con que se presenta ante el agente y ante los demás, como las consecuencias inmediatas y previsibles que se desprenden de la decisión del agente.

El juicio sobre el valor moral del acto político versa sobre el acto total. Si resultare positivo, no es porque un acto malo o moralmente neutro se convierta en bueno por otros actos posteriores, sino porque el mismo acto que, aislado de su contexto, podría considerarse malo, es juzgado bueno al tomar en cuenta la complejidad del contexto en que se ejecuta y las consecuencias inmediatas que podemos razonablemente prever. El acto de ejecutar a un hombre bien intencionado podría calificarse de "crimen", aislado de su contexto histórico, y de "justo", ligado a él. Juárez puede justificar su acto, al juzgarlo en todos los significados y consecuencias que se desprenden de su contexto histórico.

3. La ejecución de Maximiliano también tiene *consecuencias mediatas*. Forma parte de una cadena de acontecimientos, en la que cada uno puede verse como medio para realizar los posteriores. Pero esos acontecimientos no se derivan sólo de la ejecución, requieren, para su realización, de nuevos actos de decisión. Cada acto intencional produce una situación nueva, la cual abre un conjunto de alternativas posibles por decidir. La primera acción es responsable de esa situación pero no de las nuevas decisiones que se tomen a partir de ella. Cada nueva decisión tiene que plantearse propósitos y fines y, al cumplirse, generar otra situación que, a su vez, abrirá nuevas alternativas de decisión. Las situaciones siguientes en la cadena, no son pues sólo resultado del "acto total" del que partimos, sino también de otras decisiones subsecuentes. Podemos ilustrar la cadena de acciones con un esquema:[1]

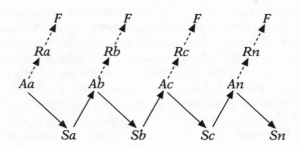

Sa, *Sb*, ... *Sn* son las distintas situaciones históricas resultantes de las acciones *Aa*, *Ab*... *An* sobre la situación anterior. *Ra*, *Rb*... *Rn* son las razones intencionales porque el agente se decide por *Aa*, *Ab*... *An*. Las razones comprenden, en cada caso, propósitos concretos, fines próximos. Si hay una continuidad en las acciones, éstas pueden estar guiadas por fines últimos, comunes a todas ellas que proponen la realización de valores; los

---

[1] Este esquema toma como antecedente lejano el de G. H. von Wright (1950, 165-169).

señalamos con la letra F. Las flechas de un solo trazo indican conexiones causales entre acontecimientos, las flechas punteadas, elementos de actos de decisión. En el momento de decidir la acción Aa, Sa puede considerarse como un resultado inmediato y previsible de la acción, que debe tomarse en cuenta para decidir Aa. En cambio, no se ve claro que el agente deba tomar en cuenta las situaciones $Sc...Sn$, puesto que éstas dependerán de actos de decisión ulteriores a partir de las alternativas abiertas por otras situaciones históricas. Por lo tanto, no son previsibles. Las situaciones $Sc...Sn$ no pueden servir de justificaciones del acto Aa, puesto que éste no es suficiente para producirlas.

Evoquemos dos ejemplos históricos de signo contrario. Lenin, ante una situación revolucionaria decide nacionalizar la industria pesada (Aa), guiado por los fines del programa socialista (F). Logra, con ello, una nueva situación (Sa) que abre otra alternativa: confiar la gestión de las industrias a los comités obreros o al Estado centralizado. El partido elige la segunda alternativa (Ab), la cual conduce al control de la economía por el Estado y, en último término, después de otras muchas decisiones políticas, al totalitarismo burocrático. (Sn). Es claro que ni la revolución de octubre ni la expropiación de la industria pesada (Aa) son los únicos actos responsables del totalitarismo (Sn), puesto que éste no es una consecuencia previsible e inmediata de aquel acto político, sino que requiere para su realización de otras muchas acciones posteriores a partir de nuevas situaciones cambiantes. El golpe de Estado de octubre no conducía, ni necesaria ni inmediatamente, al totalitarismo.

Un segundo ejemplo, en sentido contrario, Hidalgo elige la insurrección (Aa) orientado por el fin de la liberación del dominio de los españoles (F). Produce, por lo pronto, una situación de violencia y destrucción (Sa). Ésta abre varias vías para nuevas acciones. Una de ellas (Ab) es la realización del Congreso de Chilpancingo, que encauza la revolución hacia la realización de la independencia (Sc), la cual conducirá, mediante otras acciones políticas, en variadas situaciones, a la república liberal (Sn). Pero Sn no podría alegarse como justificación de Aa porque no es su consecuencia inmediata ni previsible con necesidad. Por eso Hidalgo se reconoce responsable de

la violencia (*Sa*) "en sí o en sus causas" y llora sobre sus actos
(Cfr., Villoro, 1983, 89).

4. En cada situación se abren alternativas de decisión que
pueden obedecer a fines diferentes. En todo caso, cabe distinguir entre los *fines* en la mente del agente, que dan una razón de
su acción, y las *situaciones* efectivas, consecuencias de ella. Los
fines pueden ser propósitos concretos de originar una situación
histórica nueva (en el ejemplo de Juárez, la restauración de la
república). Son también fines últimos, que dirigen no sólo
la decisión de realizar esa acción, sino orientan una cadena de
acciones, en todos sus pasos. Entonces forman parte de un mundo ideal, objeto del deseo y la voluntad del agente. Se presentan
provistos de valores cuya realización llenaría la carencia que
está a la base del deseo (en nuestro ejemplo, los valores de libertad individual, igualdad ante la ley, Estado de derecho, etc.,
propios del pensamiento liberal). El fin ideal perseguido puede
racionalizarse en la representación de un tipo de sociedad (en
nuestro ejemplo, la democracia liberal moderna). Puede dar lugar a un programa de vida, orientado por valores, que presta un
sentido continuado a un conjunto de acciones dirigidas a realizar el fin.

En ese conjunto de acciones, cada situación plantea alternativas que podrían ser contradictorias, si entrañan un conflicto de
fines y, por ende, de valores. En nuestro ejemplo, la prisión de
Maximiliano plantea un conflicto entre valores contrarios. Por
un lado, el respeto a la vida humana, en este caso la de un hombre culpable más por debilidad e ignorancia que por mala fe; por
el otro, los valores colectivos que dan sentido a la sociedad
republicana: libertad, vigencia de la ley, soberanía nacional. Al
elegir una acción, Juárez elige entre valores contrapuestos.
Ninguna decisión es pura. Al decidir, la acción realiza ciertos
valores, deja de cumplir otros. Es sólo el programa de vida
proyectado el que permite orientar la elección de valores y zanjar el conflicto. La ejecución de Maximiliano se justifica sólo a la
luz del programa de vida liberal, que Juárez y su generación
proyectan no sólo para sí sino para la nación.

JUSTIFICACIÓN POR EL FIN

Supongamos que:

1) Una acción (*Aa* en nuestro esquema) pertenece a un programa orientado por la realización de un fin valioso.

2) Tanto *Aa* como sus consecuencias efectivas coinciden con acciones y situaciones del programa.

3) Esas consecuencias son necesarias e inmediatas; son pues previsibles con razonable seguridad.

En ese caso, podemos decir que *Aa* está justificada por el programa de vida y, por lo tanto, por el fin que éste propone.

La condición (3) restringe el conjunto de acciones y situaciones consideradas a lo que llamé "acto total". Un medio aislado no puede ser justificado por su fin. Sólo al formar parte de un acto total, el cual a su vez es parte de una totalidad determinada por un programa, tiene sentido preguntarse si el fin lo justifica.

Podemos expresar la misma idea con otra trama de conceptos. La atribución de valor a las acciones intencionales se traduce en una regla de conducta: "actúa de manera que tu acción se regule por la realización del valor *x*". Cualquier acto total orientado por *x*, cumple esa regla.

Las condiciones (1) y (2), por su parte, indican que el acto total forma parte de un programa de vida. Los valores elegidos orientan ese programa. ¿Cómo concebir esa "orientación"? En cada situación se abren alternativas a la decisión, las cuales pueden dar lugar a conflictos de valores. ¿Respeto a una vida o realización de un Estado de derecho? por ejemplo. Abstraída la situación de su contexto, la decisión se volvería imposible. Sólo el fin elegido permite dar mayor peso a la realización de un valor sobre otros y facilita así, en la incertidumbre, la elección. El conflicto se puede resolver al considerar una de las alternativas como parte de un acto total integrado en un continuo de acciones. "Orientar" quiere decir algo así como "comprender cada acción en el seno de una totalidad con sentido dirigida a la realización de ciertos valores".

En cambio, un acto que en el seno de un programa puede verse como valioso, podría resultar injustificado separado de ese programa. El castigo y la disciplina, en el proceso educativo, por ejemplo, causan sufrimiento. Aislados de un plan educativo resultan perversos. Sólo se justifican en la medida en que el castigo y la disciplina comprenden también el cobro de conciencia de la falta y la voluntad de actuar rectamente orientados por un valor aceptado. El sufrimiento que rebase, en cualquier medida, esa relación necesaria del acto con su efecto racionalmente previsible, o bien que busque otro fin perverso, es injustificable. Igual en la acción política. Una condena sólo puede justificarse si está basada efectivamente en el orden legal que pretende cumplir y si es necesaria para la realización de un programa orientado por valores superiores. Sin embargo, toda decisión libre estará cargada de incertidumbre; no sólo sobre la primacía de los valores que orientan el programa sino también sobre la pertenencia del acto a ese programa. Pero sólo en esa incertidumbre podemos actuar. Lo razonable no es pretender una justificación incontrovertible de nuestros actos, que sólo conduciría al fanatismo y a la intolerancia, sino decidir en cada caso lo mejor, orientados por un plan de vida. Pero hay aún otra dimensión de incertidumbre.

El acto total comprende también la realización de situaciones posteriores que no *aseguran* pero *favorecen* la realización posterior de decisiones conformes al programa. En el caso de la educación, la formación de un hombre virtuoso, en la lucha contra el imperio impuesto, la instauración de una república democrática. Se trata de consecuencias lejanas que no pueden preverse con necesidad. Luego, tampoco puede preverse si la acción inicial estará efectivamente justificada por ellas. En el momento de ejecutarla, sólo podemos acompañarla de una esperanza tanto más sólida cuanto mayor sea la certeza con que podemos prever sus consecuencias. Mientras, no puede aún justificarse. Es el riesgo de toda elección con vistas a un futuro lejano. Su justificación estará siempre pendiente. Todo plan educativo conoce ese riesgo y alimenta esa esperanza. Pretende justificar medidas actuales —a menudo dolorosas, represivas a veces— con la pretensión de que creen situaciones futuras favorables a la realización de ciertos valores. Es el riesgo también de toda acción política a largo plazo. Tampoco ella es ajena a la esperanza.

ÉTICA CONCRETA

Las definiciones anteriores nos permiten intentar responder a la siguiente cuestión: ¿cuáles son las condiciones generales de una acción política que fuera conforme a la ética?

El fin moral no consiste en el deseo ocioso del bien común, sino en la voluntad de realizarlo en acciones concretas. Una acción se justifica en la medida en que origina una situación en la que los valores morales elegidos se realicen. "Justificar" una acción quiere decir comprobar la realización, en el mundo de las situaciones de hecho, de valores. Esto concierne a toda acción moral. Pero ¿cómo puede saber el agente que su decisión creará situaciones en las que se den valores proyectados? En la moral individual, por la comprensión de la trama de relaciones interpersonales y con el mundo natural, a la que pertenece la acción, en la moral política, por la consideración de la acción en su contexto histórico.

Max Weber (1949) distinguió entre una "moral de la convicción" y una "moral de la responsabilidad"; ésta sería la propia de un comportamiento político. Por desgracia no precisó suficientemente este concepto. Podríamos señalar algunas características que ayudarían a cubrir esa laguna.

La acción moral, en política, supone dos tipos distintos de conocimiento:

1) Un conocimiento de los valores objetivos, que constituyen el bien común de una sociedad, y de la organización política que permitiría la realización de esos valores. Este conocimiento responde a principios de una racionalidad de valores y fines.

2) Un conocimiento de las situaciones y hechos reales, que conducirían a la realización de esos valores en la sociedad actual. Este conocimiento responde a una racionalidad teórica sobre las fuerzas sociales existentes y a una racionalidad instrumental sobre los medios eficaces para lograr el fin propuesto. Comprende, a su vez:

2.1) Un conocimiento de la circunstancia concreta en que se realiza la acción. Para ello, el agente tiene que considerar el contexto social y la multiplicidad de significados que el mismo acto puede presentar. La situación nueva provocada por la acción política comprende las múltiples facetas que presenta ante varios sujetos; éstas pasarán inadvertidas a quien ignore la circunstancia.

2.2) Un conocimiento de las consecuencias inmediatas, razonablemente previsibles, de la acción. Si el agente no las considera, la situación originada por sus actos no podrá realizar los valores elegidos, incluso podrá provocar los contrarios.

2.3) Las consecuencias inmediatas comprenden la situación compleja, resultante de la acción emprendida. Las acciones posteriores alterarán parcialmente esa situación, pero ella seguirá en alguna medida persistiendo. Luego, la situación histórica resultante de la acción puede favorecer u obstaculizar la realización, en el futuro, del fin proyectado. El conocimiento de las consecuencias inmediatas y previsibles de una acción política incluye, por lo tanto, el de los elementos que favorezcan en situaciones posteriores la realización de los fines valiosos.

3) Un conocimiento de la oportunidad. Los juicios sobre la bondad de una acción juzgan sobre la realización, en los hechos sociales, de los valores elegidos. Deben decidir, en cada caso, el grado y el momento en que sería oportuno intentar realizarlos, escoger en concreto entre valores contrarios, compulsar alternativas de acción, ponderar la medida en que una circunstancia específica se presta a la puesta en obra de un proyecto. En cada ocasión concreta, el político debe considerar, a la vez, la oportunidad y consecuencias de sus actos y el grado en que son fieles a los valores elegidos. Las variables que intervienen en una situación histórica son complejas e indeterminadas. El político no puede, por lo tanto, aplicarles reglas universales, pero sí puede tomarlas como guías generales que orienten sus juicios. El conocimiento de la oportunidad intenta determinar si una regla —establecida por la racionalidad valorativa— es aplicable a un caso. Responde a la prudencia. Compete a una racionalidad de juicio.

Una ética política no puede limitarse a promulgar normas generales ni a establecer principios abstractos. Tiene que ser una ética concreta, es decir, una ética que considera las circunstancias, las relaciones de una acción singular con su contexto y las posibilidades reales de aplicación de las normas.

Una ética concreta está sujeta a tres formas de racionalidad: una racionalidad valorativa sobre los fines y valores que cumplen el interés general, una racionalidad teórica e instrumental sobre las circunstancias y consecuencias efectivas de las acciones y una racionalidad de juicio que pondera, en cada caso, las relaciones entre los datos de las dos anteriores.

La moral política requiere, por lo tanto, de la articulación de los dos lenguajes que en Maquiavelo veíamos separados. Ambos se conjugan en un programa.

Podemos llamar "programa" o "plan de vida" al continuo de acciones y situaciones ligadas entre sí por un fin. Al convertirse en un programa, una secuencia de acciones y situaciones adquiere sentido. En lo personal, un "plan de vida" elegido puede otorgar sentido al conjunto de acontecimientos aleatorios que constituyen una existencia individual. Si mi fin es el conocimiento, formularía un plan de actividades cuyo sentido estuviera en realizarlo; si es el placer, o el éxito, mi vida cobraría otro sentido, al seguir otro plan, más o menos expreso; y si carezco de todo proyecto, los acontecimientos de mi vida serían sólo una historia incoherente. De parecida manera, si deseamos una sociedad equitativa, o próspera, u ordenada, podemos establecer un programa político de acciones y situaciones enlazadas, orientado, en cada caso, por el tipo de sociedad elegida.

La separación entre los enunciados sobre la sociedad (o la vida) valiosa y los enunciados sobre la sociedad (o la vida) efectiva cesa al formar parte de un programa de vida; porque éste pone las situaciones *reales* en relación con los valores y situaciones *ideales* elegidos. Un plan de vida en lo individual, un programa político, en lo colectivo, suministran las pautas para lograr esos juicios de relación. Consisten en un conjunto de enunciados que dicen, a la vez, que ciertas acciones son condiciones causales de situaciones deseadas y que tienen un sentido porque cumplen lo deseable. El continuo de acciones y situaciones, actuales y futuras, que propone el programa, se presenta *a la vez* como una cadena causal y una totalidad con sentido. Cada acción particular se convierte en elemento de una totalidad, sin dejar de ser causa y efecto de otras acciones. Sólo entonces es pertinente preguntar por su carácter moral. La acción puede tener la pretensión de estar justificada si el programa al que pertenece (la totalidad de que forma parte) está efectivamente orientado por valores objetivos y esa acción contribuye a realizarlos. Es sólo la pertenencia a un todo de acciones, orientado por valores, la que permite la justificación moral de una acción que, aislada de ese todo, no realizaría un valor. Los programas pueden naturalmente variar entre sí, según sean los valores a los que conceden preeminencia. Queda pendiente, por supuesto, el problema de los criterios para preferir un programa sobre otros. A él se acercarán los capítulos 12 a 16.

6. EL JUICIO DE LA HISTORIA

La falacia de la necesidad

En los casos examinados en el capítulo anterior, la oración "el fin justifica los medios" tiene un uso restringido: es aceptable en la medida en que las consecuencias de los actos pueden ser previstas racionalmente al ejecutarlos; es válida, por lo tanto, con la condición de que exista un enlace necesario entre fines y medios. Éste sólo puede establecerse entre los componentes del "acto total". Pero "el fin justifica los medios" suele emplearse, en ciertas doctrinas éticas y políticas, con un uso irrestricto. Se aplica a cualquier secuencia de acciones y situaciones causalmente determinada. Es víctima entonces de lo que podríamos llamar "falacia de la necesidad".

Una persona realiza un acto que, aislado, podría considerarse malo (un crimen, engaño o deslealtad), con la idea de que "el fin lo justificará". Podría razonar así: "Quiero y (el fin) y y es bueno; x (la acción) conduce necesariamente a y; luego, debo querer x." Este razonamiento supone dos creencias:

1) Creencia en la identidad entre el fin querido en el momento de realizar el acto x y una situación, en la cadena de acciones, consecuencia de dicho acto. Y tiene el primer sentido en la mayor y el segundo en la menor. El primero (el fin querido) es un proyecto en la mente del agente. Puede entenderse como el contenido de una disposición del sujeto o como objeto de una actitud positiva. El segundo es una situación histórica real. El primero existe en el tiempo Ta en que se realiza el acto, el segundo, en el tiempo Tn, en que se logra cambiar la situación real conforme al fin proyectado.

2) Supone también que la consecuencia del acto x se sigue necesariamente de ese acto. El fin querido (y) en el tiempo Ta se realizará en el tiempo Tn; sólo así justifica la acción x. Querer es poder. No porque la voluntad individual fuera omnipotente, sino porque actúa conforme a una necesidad que liga x con y.

Por lo tanto, el razonamiento es válido si y sólo si: 1) la situación, consecuencia del acto inicial, forma parte del programa que sigue ese acto, responde, por ende, al mismo fin; 2) tanto el acto inicial como su consecuencia forman parte de lo que llamé un "acto total", es decir, se trata de una consecuencia inmediata y previsible a partir del acto inicial.

En cambio, el razonamiento es falaz si se aplica a cualquier acto y a cualquier consecuencia en una cadena de acciones. Entonces da lugar a la proposición general "el fin justifica los medios". Traduzcamos esa proposición general, para mayor claridad, en los términos del esquema de la página 118. Sea Sn la situación terminal de una cadena de acciones, uno de cuyos medios es el acto inicial Aa. Podemos decir que Sn justifica Aa si y sólo si:

1. F da razón de Aa. F está incluido en Ra. Es decir, Aa se ejecuta por razón del fin que da lugar a Sn.

2. Sn realiza F. Es decir, la situación terminal está presente en la imaginación como fin, al ejecutarse Aa.

3. Entre Aa y Sn hay una conexión de causalidad previsible, es decir, al realizar la acción inicial, conocemos su consecuencia final.

4. An y Sn se siguen necesariamente de Aa. Es decir, entre la acción inicial y su consecuencia terminal no admitimos que actos de decisión intermedios del mismo agente impidieran la realización del fin propuesto.

Esas cuatro proposiciones pueden resumirse en la creencia de una liga necesaria y previsible en la cadena de acciones, por la que la consecuencia querida puede considerarse dada en la acción inicial. Supone, por lo tanto, interpretar el estadio tercero de nuestro esquema (consecuencias mediatas de una acción) como si fuera igual a los estadios anteriores (distintas descripciones y consecuencias inmediatas y previsibles de la acción).

Esa creencia puede darse en el dogmatismo religioso. Los aztecas sacrificaban vidas humanas al dios. Su fin no era dar la muerte, sin más. Su fin era mantener el ritmo del universo; el sacrificio era el medio necesario para la continuación de la vida y la comunión del hombre con lo Sagrado. El fin (F) que se proponía el sacrificador era eminentemente valioso y se realizaba al subsistir la armonía del universo. Había una relación necesaria entre la muerte del sacrificado (Aa) y la continuación de la vida cósmica (Sn). El mismo acto de matar tenía por razón dar vida, *era* dar vida, si no, no sería sacrificio, sino crimen. La vida cósmica es el mayor valor y, en la mente del azteca, forma parte del "acto total". Sólo así matar está, para él, justificado. El azteca no duda de la relación necesaria entre muerte (del sacrificado) y vida (cósmica). Toda su concepción del mundo está basada en esa creencia. Por eso, en su opinión, el sacrificio no es crimen sino obediencia a lo más alto. El español, en cambio, lo ve como un crimen nefando, porque no acepta la conexión necesaria entre esa muerte y la vida. Sin embargo puede caer en la misma falacia, en otros casos. Porque en todo fanatismo religioso aparece un error semejante. Quien somete a tormento o quema a un hereje, no lo hace por pura maldad, pretende salvar su alma. El inquisidor puede estar convencido de que ese fin lo justifica, sólo porque tiene la firme creencia de una relación necesaria entre tormento, expiación y salvación. Así se cumple la economía divina.

La misma falacia de la necesidad aparece en un modo de pensar que se pretende al extremo contrario del fanatismo religioso: el cientificismo aplicado a la historia. La necesidad se funda ahora en una pretendida ciencia: la que establece las leyes de la historia. Su ejemplo más claro, y más trágico, ha sido la interpretación cientificista del marxismo. La historia está sujeta a leyes necesarias y el marxismo es la ciencia que permite conocer esas leyes. Quien conoce la marcha inexorable de la historia y actúa en conformidad con ella, pone los medios que conducirán al fin. Y ese fin es la sociedad más deseable. La historia toma las veces de la armonía cósmica, de la providencia divina. Señala las acciones necesarias para realizar el valor supremo. Quien la sigue es el justo porque cumple lo debido. El partido comunista o el guerrillero poseen la ciencia de la historia y actúan conforme a ella. Cada una de sus acciones está en la vía que conducirá con necesidad al fin moralmente bueno. De allí puede concluirse con facilidad que el fin justifica los medios empleados por el partido y que todo lo que éste decide es bueno. Esta interpretación no corresponde al mismo Marx, fue una simplificación de su doctrina que llegó a ser predominante en la III y la IV Internacionales.

La mejor formulación teórica de una moral en que el fin justifica los medios es, sin duda, la de León Trotsky en *Su moral y la nuestra*. Trotsky opone a una moral "abstracta", constituida por principios universales, una moral condicionada socialmente por los intereses de clase. En la moral se da una "interdependencia dialéctica entre fines y medios". Un medio sólo puede ser justificado por su fin. Pero él necesita, a su vez, ser justificado. "Desde el punto de vista marxista, que expresa los intereses históricos del proletariado, el fin está justificado si conduce al incremento del poder de la humanidad sobre la naturaleza y a la abolición del poder de una persona sobre otra" (1973, 48). Toda acción cobra valor moral por su fin. Trotsky no se plantea el problema de la bondad misma del fin último, pero los demás actos son buenos si conducen a ese fin, asumido como bueno. No *todos* los medios son buenos, naturalmente, sino sólo aquellos que *realmente* conducen al fin. "Es permisible... lo que *realmente* conduce a la liberación de la humanidad. Puesto que este fin sólo puede lograrse por la revolución, la moralidad liberadora del proletariado tiene necesariamente un carácter revolucionario" (1973, 48). Pero ¿cómo saber lo que conduce realmente a ese fin? Por un conocimiento de las leyes que rigen la historia. La lucha de clases es la ley principal y "la guerra civil es la expresión suprema de la lucha de clases" (1973, 56). La violencia revolucionaria es el medio necesario para llegar a la sociedad liberada. Por lo tanto, todo lo que esté en favor de la lucha revolucionaria está justificado. La conducta moral se deduce entonces de las leyes que formulan el enlace necesario entre medios y fines. El proletariado "deduce una regla de conducta de las leyes del desarrollo de la sociedad, principalmente de la lucha de clases, ley de todas las leyes" (1973, 48). Como hizo notar Dewey, en su crítica a Trotsky, éste no concluye la interrelación entre fines y medios de un examen empírico sobre las medidas apropiadas para lograr un fin proyectado, sino que la deduce de la asunción previa de una ley supuestamente necesaria (1973, 69).

La exposición de Trotsky tiene la virtud de destacar el punto central de la tesis de la justificación de los medios por el fin. Supone una doble creencia: 1) que la conexión entre medios y fin es necesaria y previsible conforme a leyes fijas; 2) que el fin proyectado en la acción revolucionaria coincide con la consecuencia real de esa conexión. Esa creencia se presenta como un saber científico. La ética descansa, así, en una ciencia de hechos.

El dogmatismo religioso y el cientificismo, aplicados a la ética, difieren en muchos puntos, coinciden en uno: la aceptación de una relación necesaria entre los actos humanos y sus consecuencias lejanas. "El fin justifica los medios" forma parte de una creencia general sobre la historia y sobre la capacidad de la libertad individual para influir en ella. Admite la existencia de un orden objetivo que determina los hechos humanos con independencia de las voluntades individuales. Supone que ese orden conduce a un fin bueno. Los actos humanos son morales si se conforman a ese orden. En el fanatismo religioso es la sumisión a un destino, el cumplimiento de una ley trazada por otro. En el cientificismo es la sumisión a la necesidad histórica. Ella es la que realmente origina las situaciones nuevas, la voluntad humana le sirve sólo de "partera".

Una consecuencia de esa creencia puede ser lo que podríamos llamar idea del "mal necesario". Si la acción x conduce necesariamente al fin y y y es lo bueno por excelencia, entonces, x debe ser realizado a cualquier precio, aunque aislada de su conexión necesaria con y, en "abstracto", x sea un mal. Pero ese mal resulta bien al realizarse el fin. Alguien tiene entonces que hacer el sacrificio, cargar con la culpa de hacer el mal que redima, "ensuciarse las manos", como dice el revolucionario de la obra de Jean Paul Sartre (1971).

No pasará inadvertida una analogía con la doctrina religiosa de la "felix culpa". Feliz la culpa original porque permite el sacrificio redentor del Salvador. El mal conducirá, en el plan divino, al mayor bien. No es otra la dialéctica del "gran inquisidor": asumir conscientemente hacer el mal con tal de salvar. El inquisidor peca para lograr que se cumpla la economía divina, el comisario comunista mancha sus manos para ayudar al curso de la economía histórica. Ambos suponen la pérdida de la noción de la ambigüedad de la historia; la historia no es obra exclusiva de la libertad humana, está sometida a una necesidad que nos trasciende.

JUSTIFICAR Y EXPLICAR

La falacia de la necesidad identifica la sociedad que se dará como situación terminal de una cadena causal, con la sociedad ideal, proyectada en la acción inicial de la cadena. Pero cualquier situación terminal (Sn en nuestro esquema) es un elemento singular de la cadena de acciones y situaciones. Si Sn se identificara con la sociedad valiosa, entonces, el valor sólo se realizaría en esa situación particular y estaría ausente de cualquier otra. Al colocar el valor en el término de un proceso, se declara que cualquier eslabón anterior sólo sería bueno en relación con su término. Pero el juicio que atribuye valor a un hecho semeja al de la aplicación de una regla general a un caso particular, no a la relación de una causa a un efecto o de un medio a un fin. El primero puede afectar a cualquier miembro de la cadena de acciones, pues cualquier acción es susceptible de ser juzgada según realice o no un valor proyectado. El segundo tipo de juicio, en cambio, versa sobre la relación entre dos miembros de una misma cadena de hechos. La proposición "el fin justifica los medios" oculta la confusión entre dos sentidos de "justificar", según signifique la relación valor-caso o la relación causa-efecto o medio-fin. La falacia se disuelve, al reservar el término "justificar" a la primera relación y "explicar" a la segunda. Una acción está "justificada" si realiza un valor proyectado, a la vez, se "explica" si es medio para la realización de un fin. Se trata de dos relaciones del todo distintas. Sólo pueden confundirse si la representación del valor se hace coincidir con el término de la cadena de actos.

La confusión entre justificación por valores y explicación por causas implica la reducción de la racionalidad valorativa a una racionalidad instrumental, confusión entre las maneras adecuadas para aplicar una idea o regla general a un acontecimiento particular y los procedimientos eficaces para lograr un resultado mediante la puesta en obra de las causas adecuadas. En política, se traduce en la confusión entre programas de vida colectiva y estrategia. La aplicación de un programa político, que incluye la postulación de valores, se identifica entonces con la estrategia para obtener resultados eficaces. Esta confusión se vuelve posible por la falacia de la necesidad de que antes hablé.

La falacia implica una distorsión de la sucesión temporal en la mente del agente. Éste juzga el acto *Aa*, que se dispone a realizar en el momento *Ta*, como si lo viera desde la situación final *Sn*, que sólo podría realizarse en el tiempo *Tn*. En suma, aplica a su acción en el momento *Ta*, el juicio de un historiador que estuviera situado en el término del proceso, en *Tn*. En efecto, sólo el historiador, una vez cumplida la cadena de acciones que conducirían a *Sn*, puede explicar ese término por aquellas acciones. Su explicación es siempre *post hoc*, es decir, se ejerce después de realizada la situación por explicar. Para ello busca sus antecedentes en el pasado. Pues bien, el agente que pretende, en el momento de su acción, justificarla por la situación final, ve en el momento *Ta* la sociedad final (*Sn*) ya realizada y juzga su acción *Aa* desde ese punto de vista. Su juicio lo pronuncia el "tribunal de la historia", sólo que lo pronuncia *ante hoc*, antes de realizarse su término. El tiempo parece contraerse. En la mente del agente, su acto es visto desde el tiempo final. Nos remite así de nuevo a una concepción peculiar de la historia.

Fidel Castro, en el inicio de su acción revolucionaria proclama: "la historia me absolverá". La frase es susceptible de varios significados. Es, sin duda, una expresión de fe, la afirmación de una vocación y una misión por cumplir, un testimonio del valor de su empresa. En ese sentido, tiene un carácter exhortativo. Pero, si la tomamos en un sentido puramente descriptivo, supone que el curso histórico está decidido de antemano. Oculta la creencia en la necesidad de la historia y en el carácter inevitable de la realización del fin proyectado. El revolucionario se ve a sí mismo como lo verá el historiador mucho más tarde. Porque él posee, en su mente, la cadena del tiempo. Pero, en realidad, la historia es ambigua, tiene una parte impredecible, es azarosa y rectificable. ¿Ha absuelto la historia a Castro? En 1959 la respuesta habría sido seguramente afirmativa, ¿lo es igualmente en 1997?

¿LOS MEDIOS "JUSTIFICAN" EL FIN?

Victoria Camps (1988, 73) sugiere, con acierto, que tendría sentido preguntarse si los medios justifican el fin. Pero "justificar" tendría un sentido diferente al usado en "el fin justifica los medios"; podría querer decir comprobar en un "bien", es decir, en un objeto o situación real, un valor elegido, o favorecer la realización posterior de un valor proyectado.

Decimos que las acciones están justificadas si realizan un valor. A la inversa, los valores son el caso, existen, si se realizan en acciones y situaciones concretas. Sólo entonces dejan de tener una existencia ideal, como objetos de actitudes, para adquirir existencia objetivamente comprobable. Entonces pueden ser objeto de experiencia, como cualidades de "bienes". Si el valor *justifica* las acciones, éstas *comprueban* el valor. En cada situación, frente a varias opciones, la correcta es aquella que da lugar a acciones efectivamente valiosas. Éste es un sentido que podría darse a la máxima "por sus frutos los conoceréis": conocemos el valor de una opción moral por la calidad de las acciones efectivas en que puede reconocerse. Comprobamos entonces el valor en la experiencia, en las acciones y situaciones concretas, a que da lugar el comportamiento siguiendo ese valor.

Conocer el valor moral de una acción o situación "por sus frutos", es susceptible de dos interpretaciones. "Frutos" puede entenderse como "consecuencias" de la acción. Esta interpretación sería una versión más de la creencia en que el fin justifica los medios. Pero "frutos" puede significar también la "concretización", en acciones y situaciones variadas, de los valores elegidos en un programa de vida. Un programa de vida abraza valores ideales que "fructifican" en cada comportamiento y situación particular guiados por ese programa.

En ese sentido, podemos decir que si los medios son buenos, habrá más posibilidades de realizar el fin valioso elegido. Si la acción *Aa* es conforme al valor, éste quedará parcialmente realizado, como cualidad de un bien, en la situación inmediata consecuente (*Sa*). Esta situación permanece parcialmente en las situaciones posteriores y facilita así otras decisiones conformes con los mismos valores. Cada acción que cumpla parcialmente con un programa de vida valioso origina situaciones que ofrecen mayores posibilidades para su realización. Por el contrario, la realización de acciones contrarias a los valores proyectados, crean situaciones nuevas que obstaculizan las posibilidades futuras de realización de esos valores. Esta relación entre el valor de la acción, considerada como medio, y el valor de sus consecuencias no es necesaria. En cada situación se imponen decisiones nuevas, que pueden variar el curso de los acontecimientos. Pero en cada situación también, el medio, según realice o no parcialmente un valor, influye en las posibilidades de realizar ese valor en las situaciones siguientes. Luego, la realización del fin valioso elegido se facilita si los medios son conformes al valor, se dificulta o cancela, en caso contrario. Los medios "buenos" ayudan a la realización del fin "bueno", los "malos" pueden impedirla.

Al restablecer la legalidad republicana, Juárez origina una situación en la que se presentan menos obstáculos para las decisiones posteriores guiadas por el programa liberal. Aquella acción realiza parcialmente un valor (el respeto a la ley) y en esa medida favorece el cumplimiento posterior del conjunto de los valores proyectados.

Otro ejemplo. En 1929 se presenta en la Unión Soviética el dilema entre dos políticas posibles. Una, la industrialización acelerada, dirigida por el Estado, con la colectivización forzada del campo. Parece necesaria para la supervivencia del régimen revolucionario, amenazado de penuria, sitiado por potencias mucho más poderosas. Por otra parte, sería un paso gigantesco hacia la instauración de un nuevo sistema productivo que se quiere socialista. Es la política que abraza, en ese momento, Stalin. La alternativa es evitar la instauración de un régimen centralizado de terror revolucionario, proponer la prolongación de la N.E.P. y el mantenimiento de la alianza con los campesinos. Es la línea de la llamada "oposición de derecha", dirigida por Bujarin. El dilema no responde sólo a un problema de eficacia, también a una oposición de valores. La colectivización forzada entrañaba la muerte de los kulaks y la explotación de los campesinos, la industrialización planificada exigía un régimen fuertemente autoritario bajo la dirección de una burocracia implacable. En la mente de los partidarios de Stalin era un medio eficaz para avanzar hacia el Estado socialista, pero es claro que, por lo pronto, realizaba los contra-valores del proyecto del socialismo: establecía, en la mayoría de la población rusa, la explotación y la opresión sistemáticas; volvía la dictadura del terror inevitable. Por lo contrario, la opción alternativa intentaba preservar valores fundamentales del socialismo: la alianza obrero-campesina, la libertad de intercambio social, el cumplimiento de las promesas revolucionarias a los campesinos; sin embargo, sus críticos la juzgan poco eficaz, pues retrasa el cambio económico hacia la sociedad planeada. ¿Cuál de las dos opciones favorecía mejor la realización del fin querido? La historia ha mostrado que, al elegir la primera, el socialismo quedó definitivamente aplazado. La no realización, en esa acción política, de los valores que inspiraban al socialismo, creó una situación nueva que favorecía la represión y la centralización y obstaculizaba cada vez más el cumplimiento del programa liberario. El totalitarismo estaba en puerta. En cambio, podemos prever que, con la opción de Bujarin, hubiera podido mantenerse una situación de cierta libertad que hubiera levantado un obstáculo serio al Estado totalitario. La elección de los medios, en cada circunstancia, puede favorecer así el cumplimiento del fin querido, en la medida en que sea fiel a los valores proyectados en el programa de vida. En cambio, medios contrarios a los valores elegidos no conducen al fin proyectado. Lo cual supone no confundir el programa, que regula la acción conforme con valores elegidos, con la estrategia, que calcula los medios eficaces para lograr un resultado.

Esta idea corresponde a una concepción de la historia opuesta a la supuesta en la tesis "el fin justifica los medios". La historia no sigue un curso necesario. El término final de un proceso no es previsible al iniciarlo. Cada situación exige una nueva elección libre. En cada situación se plantea la exigencia de realizar los valores proyectados. El valor no se realiza sólo en la situación final, debe estar presente en cada una de las acciones emprendidas en situación. Pero cada situación es también "medio", es decir condición para las siguientes. La presencia parcial de los valores en una situación es una condición que favorece la realización del valor en la siguiente; a la inversa, la ausencia de valor obstaculiza el cumplimiento futuro del fin deseado. Las elecciones morales, en cada situación, repercuten en los estados subsecuentes por realizar, al favorecer las opciones ulteriores conformes al valor.

Por otra parte, el fin proyectado no coincide necesariamente con el término de una cadena de acciones siguiendo una estrategia determinada. Para que la situación terminal se adecue al fin, es menester que ese fin guíe efectivamente la acción en cada eslabón del continuo de acciones. El fin es un criterio que debe guiar cada decisión, so pena de que la situación terminal realice un fin contrario. No hay situación alguna que realice plenamente el ideal. Cada decisión particular, en situación, debe intentar ser fiel a sus valores. Sólo así el programa de vida puede orientar un progreso constante hacia la realización del fin elegido.

Culpabilidad "objetiva"

Toda decisión, dijimos, tiene que elegir realizar ciertos valores en detrimento de otros. Juárez opta por la realización de los valores liberales; ellos justifican que postergue otros valores posibles. Pero Miramón habría elegido prioridades distintas, y las habría justificado por un programa de vida contrario. Stalin opta por llevar adelante el "socialismo en un solo país" y, con tal de sobrevivir, renuncia a los valores superiores del socialismo democrático. Kautsky, siguiendo un programa socialdemócrata, opta por ser fiel a esos valores; tiene que sacrificar entonces la sobrevivencia del socialismo en el poder. Si los valores por los que podemos optar dependen de programas de vida variables ¿serán equivalentes? Si no lo son ¿cómo se justifica la preferencia por un programa de vida?

Una primera respuesta corresponde a un lenguaje metafísico. Habría un orden de valores absoluto, válido universalmente, y un punto de vista privilegiado para conocerlo. Quien participara de ese punto de vista podría juzgar cuál es el programa de vida mejor y, por lo tanto, cuáles son los valores que deberíamos preferir en nuestras opciones morales. Conocer ese orden de valor sería apreciar lo que es "realmente" bueno. Pero "realidad" tiene aquí un sentido metafísico. No es lo que nos resiste en el mundo tal como lo experimentamos, sino lo que existiría con independencia de nuestra experiencia. Conocer esa "realidad" absoluta sería la única manera de no equivocarnos; por desconocerla, aun queriendo el bien solemos hacer el mal.

San Agustín hablaba de una especie de pecado: frente a la falta intencional, que ve el bien pero hace el mal, habría el pecado por no poder ver el bien, el "pecado por ceguera". Éste no es intencional, pero no deja de ser una falta, porque engendra males sin proponérselo. "No sólo llamamos pecado —escribe— al pecado propiamente dicho que se comete con voluntad libre y con conocimiento, sino también a aquello que necesariamente se haya de seguir de él como castigo del mismo" (1997). El hombre, por estar ciego ante las consecuencias de sus actos, peca sin saberlo. Si pecamos por ceguera, no tenemos conocimiento del valor real de nuestro comportamiento. La acción tiene dos caras: es buena o indiferente a nuestros ojos, mala, "en realidad". Pero esa realidad sólo la pueden ver ojos ajenos.

Algunos misioneros cristianos siguieron un criterio semejante para juzgar los actos de los indios americanos. Horrorizado por los aspectos sangrientos de la religión de los aztecas, Bernardino de Sahagún los declara pecadores. Pero su culpa no es intencional. Creyendo adorar a Dios, servían a Satanás sin saberlo. Según una ética de la convicción no serían culpables. Pero su culpa, sin ser individual ni subjetiva, se refiere a un mal "real"; por lo tanto, deben expiarla. (Cf. Villoro, 1987).

En el mundo moderno, podemos encontrar analogías con esta postura, en la noción de "culpabilidad objetiva". Quien actúa por consideraciones ideológicas también puede estar "ciego". Porque la ideología es, las más de las veces, un conjunto de creencias que se aceptan sin tener conciencia de su función de dominio. Al actuar por engaño ideológico, la maldad del acto (su función de dominio) está generalmente oculta al agente bajo el velo de una intención buena. Una acción juzgada buena por el agente, puede "en realidad" ser lo contrario; la ideología sirve justamente para ocultar esa contradicción.

Un problema análogo fue planteado por algunos críticos del estalinismo. Los procesos de Moscú, en los que fue condenada la mayoría de la vieja guardia bolchevique, utilizaron en realidad "pruebas" falsificadas por la acusación y confesiones inducidas por el tormento o las amenazas. Pero para quienes no podían perder del todo la fe en la revolución soviética, era difícil reducirlos a esa cruda y brutal realidad. Había que encontrar una explicación más sutil. Surge así la hipótesis de la llamada "culpabilidad objetiva". Los acusados eran moralmente inocentes, pues nunca tuvieron intención de actuar contra el régimen soviético. Sin embargo, sus actos, sin ellos proponérselo, habrían ayudado de hecho a minar ese régimen. Por lo tanto, debían asumir responsabilidad por las consecuencias efectivas, no queridas, de sus acciones. Aunque subjetivamente inocentes, serían culpables "objetivamente". Fue la interpretación de Arthur Koestler (1979).

Cualquier concepción de una culpa "objetiva", independiente de la voluntad del agente, supone una diferencia entre el orden de valor juzgado por el agente y una "realidad" ignorada por él. Pero entonces debe haber un punto de vista que rebase al agente, desde el cual ver esa "realidad". En el "pecado por ceguera" es un punto de vista absoluto, que conocemos por revelación, en la "culpabilidad objetiva", es el tribunal de la historia. Maurice Merleau-Ponty (1972), siguiendo la línea de interpretación de Koestler, rechazó la existencia de cualquier sujeto metafísico capaz de juzgar en definitiva sobre el valor de los actos políticos. El punto de vista "objetivo" sería cambiante, el juicio de la historia, nunca definitivo. Un acto "objetivamente" culpable en un momento, podrá revelarse inocente en otros. Bujarin, en 1939, salva su honor subjetivo pero reconoce su falta "objetiva" ante la historia; hoy en cambio, esa misma historia lo encuentra inocente. Así, el valor "real" del acto depende del juicio ajeno y éste nunca es definitivo. Pero aun en esta versión, subsiste la idea de un orden de valores "real", en contradicción con el que orienta las acciones del agente. Si antes lo estatuía el juicio divino, ahora lo pronuncia un tribunal histórico. La apelación de ese tribunal puede variar de un momento a otro, pero es "objetiva" en la medida en que está de acuerdo con el sentido racional de la historia universal. Y Merleau Ponty tiene que darle una representación concreta a ese tribunal. Alguien tiene que ser el sujeto de un punto de vista "objetivo". Siguiendo a Marx, ese "alguien" puede ser, en el término del proceso histórico, la colectividad ya emancipada, en el presente, el autor de la emancipación, el proletariado.

CULPABILIDAD TRÁGICA

Hasta aquí, las interpretaciones ajenas. Ahora preguntamos nosotros: ¿En qué sentido podríamos admitir una "culpabilidad
objetiva"? Quien está ciego ¿puede pecar sin saberlo? Seamos
claros: no puede tratarse de una culpa *moral*. En efecto, la moral
tiene que ver con acciones intencionales que pueden ser justificadas por las razones prácticas asequibles al agente en el
momento de actuar. En primer lugar, nadie puede acceder a un
punto de vista absoluto, capaz de revelarle un orden de valor
válido "en sí". El punto de vista objetivo, que sí puede adoptar,
está limitado al que tendría cualquier miembro de una asociación, y ésta está siempre limitada por la historia. Nadie puede
hacer suyo el punto de vista de Dios. Nadie puede colocarse tampoco en el lugar de los juicios históricos por venir. Es una limitación de nuestra condición temporal. Para actuar moralmente cualquier persona está obligada a atenerse a criterios
comprensibles para ella, que le permitan optar por la realización
de ciertos valores frente a otros. El criterio lo otorgan los fines
últimos elegidos. Por supuesto que debe contraponer y justificar
sus propios fines con otros alternativos. Lo que no puede es
adoptar un criterio de valoración y un programa de vida que
rebasen sus posibilidades históricas.

Por otra parte, el acto moral debe tomar en cuenta las múltiples descripciones con que se presenta, en ese momento, ante
otros sujetos y sus consecuencias razonablemente previsibles.
La responsabilidad moral —dijimos— no atañe sólo a las intenciones subjetivas. Por eso tiene que tomar en cuenta las razones
prácticas asequibles al sujeto y no sólo las que, de hecho, tiene
en mente. Pero esas razones están limitadas por una situación
histórica. Son una parte reducida de las que serían lógicamente
posibles. El juicio moral del agente no puede tomar en cuenta
razones que, por principio, le son inaccesibles; luego, no puede
asumir la responsabilidad de actos cuyo sentido y valor no está
en situación de conocer. La "culpabilidad objetiva" no debe, por
lo tanto, confundirse con niguna culpa moral. ¿Podría ser una
"culpa" de otro género?

Una vez realizadas, las acciones forman parte de una
situación objetiva; han alterado el mundo real y son un elemen-

to de su trama. Por una parte, son un eslabón en cadenas causales que se prolongan más allá del conocimiento limitado del agente. Una vez que han entrado en el torrente de la historia causan efectos, producen nuevas situaciones que el agente no podía prever. Por otra parte, las acciones del agente son vistas y juzgadas por una multiplicidad de sujetos, presentes o futuros, cuya existencia ignora. Ante los otros, pueden adquirir significados inesperados, incluso inconcebibles para el agente. Lo que para él tenía valor puede representar disvalor para la mirada ajena.

Edipo peca sin saberlo. Moralmente es inocente. Sólo más tarde sabe que el hombre que mató era su padre, y su esposa, su madre. Sólo entonces puede comprender su culpa pasada e intentar expiarla. La culpabilidad trágica supone la ignorancia de una realidad que no puede ser conocida en el momento de realizar el acto culpable. Al igual que en el "pecado por ceguera" o en la "culpabilidad objetiva", el valor que el acto puede tener para los otros se oculta al agente. La tragedia expresa un conflicto entre el conocimiento limitado del valor de la acción asequible al sujeto y el de un orden de valor posible, asequible a otras miradas. El acto moralmente inocente puede volverse "culpable" según ese segundo orden.

Entre el valor moral del acto y el valor que pudiera tener ante otros sujetos, se plantea un conflicto trágico si se aceptan las tres proposiciones siguientes:

1) El valor del acto asequible al sujeto en el momento de realizarlo no coincide con el que ven otros sujetos o él mismo en otro momento posterior. La muerte de Laio es disculpable para Edipo al realizarla; es un acto nefasto para el dios o para el propio Edipo al conocer la verdad. El sacrificio humano es santo para el azteca cuando adora a sus dioses, horrible crimen, para el cristiano. Un programa político es una solución racional en el momento de ser propuesta, una desviación culpable cuando el partido adopta la solución contraria.

2) El agente, con las razones de que dispone, no puede conocer el valor de su acto ante otros sujetos posibles. Para ello tendría que cambiar sus creencias básicas (en el caso del azteca), tener una información aún inaccesible (en el caso de Edipo) o conocer la estrategia correcta (en el revolucionario). Quien

puede conocer y juzgar la "realidad" de su acto es el otro: el cristiano, el oráculo, el partido. Para conocer esa "realidad" el agente tendría que asumir el punto de vista del otro.

3) El punto de vista del otro revela una "realidad" que el agente no alcanza. Podemos juzgar que el agente estaba equivocado sólo si admitimos que el juicio del otro estaba más cerca de la "realidad" que el suyo. El relativismo moral no concede lugar a la tragedia, porque cualquier punto de vista del agente, en el momento de actuar, sería de igual valía que el del dios o el del juez que lo condena. El conflicto trágico sólo puede surgir cuando se acepta que un juicio de valor versa sobre la "realidad" y el otro no.

La culpabilidad trágica no tiene sentido moral, pero podría tener otro alcance. Llama la atención sobre la posibilidad de una realidad del valor que rebasara los límites de nuestro conocimiento personal. Ante ella nuestros actos más valiosos podrían parecer culpables. La tragedia griega supone la idea de un destino que nos revela culpables o inocentes porque no sabemos lo que hacemos. Culpabilidad e inocencia tienen aquí un sentido ontológico. Señalan un mal fundamental de la condición humana, condenada a hacer el mal cuando quiere el bien, por no tener acceso al sentido último de sus actos. La vida política no puede evitar ese mal fundamental. El político tiene que elegir siempre en la incertidumbre. Obligado a atenerse a un conocimiento limitado, las decisiones que cree buenas podrán resultar en males. Pero igual sucede con las decisiones de todo individuo. La tragedia y el pecado por ceguera apuntan a una "culpa" inherente a la finitud de la condición humana. No tiene que ver con la ética, concierne a la religión y al arte. "Que el pecado mayor del hombre es haber nacido".

Pero la culpabilidad trágica no debe confundirse con una culpabilidad moral. Los conceptos erróneos de "pecado por ceguera" y de "culpabilidad objetiva" nacen de esa confusión. Otorgan un alcance moral a la descripción de una característica de la finitud humana. Son víctimas de un error lingüístico, al darle a "culpa" un significado nuevo, so capa del usual. Bajo la acción libre, única que considera la ética, hacen pasar una propiedad independiente de la voluntad del agente.

La confusión entre una culpabilidad trágica y una falta moral no es inocente; está al servicio de alguna forma de dominación, oculta un pensamiento ideológico. El punto de vista "objetivo" sobre los actos de cualquier agente es atribuido siempre, de hecho, a un sujeto o grupo particular; al oráculo, a la Iglesia, al partido. El juicio intersubjetivo al que podrían estar sometidos nuestros actos se sitúa en un sujeto particular. Él es el juez objetivo. Luego, puede exigir del otro su sumisión, porque sólo él conoce el verdadero valor de sus actos. Detrás de la idea de una culpabilidad objetiva aparece un pensamiento de dominio.

Sahagún, desde su punto de vista (que él considera el verdadero), estaba en su derecho de calificar de "erróneas" las creencias de los aztecas, pero no de culparlos. Al presentar su error como si fuera un "pecado" y exigir su expiación, le otorga un carácter moral. Pero la expiación de los indios implica el abandono de su propio punto de vista sobre sus actos, la aceptación de la valoración ajena y la sumisión al nuevo orden que el dominador les ha impuesto. El procurador comunista acusa de faltas morales las desviaciones de la estrategia oficial del partido, así puede condenar a sus enemigos políticos. Y Edipo tiene que perder la vista para someterse a los dioses.

La noción de "culpabilidad objetiva" pertenece a la misma concepción de la historia que la idea de justificar los medios por el fin. Ambas se basan en la postulación de un orden en los hechos por cuyo patrón debe medirse el valor de toda acción. Quien conozca ese orden podrá dominarlo. Hay un punto de vista privilegiado para descubrir el valor real de las decisiones y proyectos humanos. Quien lo comparta podrá juzgar de manera inapelable de la bondad o maldad de cualquier acto. Será el dominador y el juez universal.

TERCERA PARTE
PENSAMIENTO Y CAMBIO POLÍTICOS

7. MARX: ENTRE LA CIENCIA Y LA ÉTICA

DE NUEVO LOS DOS LENGUAJES

El problema de la diferencia y articulación de los dos lenguajes de la política desempeña también un papel central en la transformación de los sistemas políticos. ¿Se explica el cambio político solamente por las circunstancias y las fuerzas sociales que de hecho entran en conflicto o por la elección de un orden social superior considerado valioso? El examen crítico del pensamiento de Marx nos servirá de introducción a ese tema.

En la obra de Marx volvemos a encontrar dos géneros de discurso. Conforme al primero, el advenimiento del socialismo es un acontecimiento necesario, deducible de las leyes de la historia; conforme al segundo, es un estado histórico valioso que merece ser elegido. Un lenguaje explicativo intenta poner a la luz la estructura del capitalismo, las fuerzas que causan la dinámica social y las leyes que la rigen. Tiene la pretensión de expresar un saber científico. Un lenguaje justificativo sirve para denunciar los crímenes y miserias de una formación social y oponerle otra más valiosa.

Uno y otro discurso expresan sendas concepciones cuyas relaciones no son claras. En una concepción del proceso social como relación causal entre hechos no sería un factor importante los juicios de valor. Sin embargo, la aceptación de la necesidad de ese proceso y la actuación en él, provienen de una concepción del cambio social que implica la existencia de sujetos que han cobrado conciencia de la posibilidad de una sociedad superior. El marxismo es, a la vez, una teoría explicativa de la sociedad, que se presenta como ciencia, y una filosofía moral y política libertaria.

Trataré de mostrar que la principal falla de la teoría marxista consiste en su dificultad en integrar los dos discursos en una concepción consistente. Subsiste una tensión no resuelta entre la concepción económica e histórica, objeto del discurso explica-

tivo de Marx, y su concepción ética, expresada en su discurso
libertario. Esa falla fue responsable de muchas de las limitaciones teóricas de los marxismos posteriores y, lo que es más
grave, de algunas de las trágicas consecuencias de su práctica
política desde el poder.

EL DISCURSO EXPLICATIVO

Marx discrepa de toda fundamentación de la ciencia política en
un principio absoluto. Ni la pretendida ley natural ni la idea
hegeliana de la razón prestan fundamentación al orden político.
La sociedad real no puede derivarse de una abstracción conceptual. Pero tampoco se funda en un acto de voluntad. No es resultado de un cálculo racional, como en Hobbes, ni de una voluntad general, de carácter moral, como en Rousseau. La ciencia
política, como cualquier ciencia, ha de basarse en el estudio de
hechos concretos, tiene que descubrir las leyes que explican esos
hechos. El origen del Estado se encontrará en las fuerzas históricas y no en un orden absoluto o en un postulado ético. Marx pretende así liberar la ciencia política de su dependencia de conceptos generales de la metafísica o de la ética. Por cuanto aspira a ser científica, su teoría no podría contener, por lo tanto, ni
conceptos metafísicos ni éticos.

Según esa concepción, el movimiento hacia una formación
social más alta no está impulsado sólo por un anhelo de justicia
o por la convicción de la superioridad moral de un modelo social
sobre otro, sino por fuerzas que ya existen en la formación
social anterior y constituyen en ella los gérmenes de la sociedad
futura. El advenimiento del socialismo obedece al curso de los
hechos históricos, no a la postulación de valores, se puede leer
en las tendencias sociales existentes, no en la consideración de
lo que fuera más justo. Aun si, desde el punto de vista de una
sociedad superior, el capitalismo aparecería injusto e irracional,
ésa no es la razón para remplazarlo por otra formación social.
Es el conocimiento de las leyes que presiden su evolución el que
nos permite anticipar su ruina. El pronóstico de su muerte es
obra de ciencia, no exigencia de sabiduría moral.

"En tanto doctrina científica —escribió Lucio Coletti (1972,
293)— el marxismo consiste esencialmente en el descubrimien-

to de relaciones objetivas de causalidad. Dilucida las leyes que rigen el sistema, describe las contradicciones que lo minan desde el interior y que marcan su destino. En tanto obra científica y no ideológica, *El Capital* no permite que este análisis sea contaminado por juicios de valor o por preferencias subjetivas, sólo expresa juicios de hecho, juicios objetivos, afirmaciones que, en su límite, pueden tener validez para todos". En la *Ideología Alemana*, dicen Marx y Engels: "El comunismo no es para nosotros una situación que haya que realizar, un *ideal* al que debe ajustarse de algún modo la realidad. Llamamos comunismo al movimiento real que levanta (*aufhebt*) la situación actual. Las condiciones de este movimiento resultan de supuestos que ya existen" (1961, t. 1, 25).

La teoría puede, sin duda, mostrar las inequidades del modo de producción capitalista, pero la propuesta del comunismo no se basa en la consideración de esa inequidad sino en un proceso de hecho. Engels nos advierte: "De acuerdo con las leyes de la economía política, la mayor parte del producto no pertenece a los trabajadores que lo produjeron. Si decimos 'eso es injusto', 'eso no debe ser', tal afirmación no tiene nada que ver con la economía. Sólo decimos que tal hecho contradice nuestros sentimientos morales. Pero Marx nunca basó su demanda del comunismo en ese punto" (1961, t. 21, 178). De allí que Marx rechazara el discurso moralista de los socialistas utópicos y de los anarquistas. Según él, ese discurso parte de una postura idealista, en el sentido preciso que Marx da a ese adjetivo: una posición filosófica que pretende explicar el orden de los hechos por el de las ideas. El "moralista" confundiría el verdadero problema. No comprendería las causas reales del mal social, al detenerse en una de sus consecuencias en la conciencia. Tomaría así el efecto por la causa, incapaz de incidir en esta última y transformar la realidad. El "moralismo socialista" es una postura ineficaz, piensa Marx. Las prédicas morales nada resuelven, porque dejan intacto el sistema de producción que está al origen del mal social. Una lucha contra las violaciones a los "derechos humanos", por ejemplo, puede sin duda adornar un "alma bella", pero no transforma la sociedad que origina esas violaciones. Quien protesta por razones éticas contra un sistema injusto da a entender que la injusticia es remediable por cambios en el comportamiento moral. El suyo es un llamado a las conciencias, presupone la esperanza de ser escuchado y, al serlo, de reparar el daño. Desvía así la atención del verdadero problema, porque ninguna prédica moral podrá cambiar la estructura social en la que radica el verdadero mal.

Se dirá entonces que la oposición de Marx a la introducción de consideraciones morales se basa en razones de eficacia política, asunto de táctica. Pero no, las razones son más profundas. La moral misma está condicionada por la estructura social, forma parte de la "superestructura". Cualquier planteamiento moral está pues limitado en sus términos por la sociedad en que se formula. Por ejemplo, en una sociedad capitalista el problema de la justicia se planteará en términos de una equidad distributiva. Esto es, considerará que la injusticia consiste en la desigual repartición de los bienes y los ingresos y propondrá remediar esa desigualdad, sin trastocar la estructura económica y social que la permite. Es lo que hace, siguiendo a Hegel, Lasalle. Pero esta posición corresponde a lo más, según Marx, a un "socialismo vulgar", que trataría el problema de la injusticia social como si fuera independiente del modo de producción (1961, t. 19, 22). De lo que se trata, en cambio, es de transformar ese modo de producción. Podemos así cuestionar si, desde el punto de vista de una moral condicionada por ese modo de producción, podría plantearse efectivamente su injusticia.

La idea de justicia varía con cada formación social. Cada una maneja la noción que corresponde a su funcionamiento. Pedir justicia dentro del sistema capitalista es ya apelar a su idea de justicia y, por ende, acatar las reglas que rigen ese sistema. Cabe preguntarse pues, si para Marx tiene sentido calificar de "injusto" al capitalismo. Es lo que cuestiona de manera convincente, Allen Wood (1980). Si bien la indignación moral de Marx, de la que hablaré más adelante, le lleva a exhibir las lacras del capitalismo, su concepción de la moral como superestructura le impediría, en sentido estricto, tildar al capitalismo de "injusto". De hecho Marx evita darle ese calificativo y descarta, en la *Crítica al Programa de Gota*, como "patrañas corrientes" *(geläufige Flausen)* la apelación a conceptos tales como "justa distribución", "derechos", etc. (1961, t. 19, 22).

Para Marx no tiene sentido un concepto universal de justicia, válido para cualquier sociedad o incluso para cualquier clase social en el interior de una sociedad dada. Cualquier juicio debe formularse a partir del concepto de justicia propio de una formación social determinada. "Hablar de justicia natural... no tiene sentido. La justicia de las transacciones entre los agentes de producción se basa en el hecho de que éstas surgen como consecuencia natural de las relaciones de producción. ... [Algo] es justo cuando corresponde, cuando es apropiado al modo de producción. Es injusto cuando contradice ese modo. La esclavitud, sobre la base del sistema de producción capitalista es injusta, de la misma manera que el fraude en la calidad de las mercancías" (1961, t. 25, 351). No tendría sentido, en efecto, juzgar injusta la esclavitud en el modo de producción antiguo. ¿Injusta según cuáles criterios? Según los de ése modo de producción era indispensable para su funcionamiento. Injusta sólo podría considerarse según criterios que trasciendan ese modo de producción, pero éstos, a su vez, no estarían más allá de cualquier formación social. Desde el capitalismo juzgamos injusta la esclavitud. Igual sucede con la explotación capitalista. En éste, como en cualquier otro caso, debemos juzgar de la justicia o injusticia de una relación social de acuerdo con su función en el proceso productivo. Como indica A. Wood: "El juicio acerca de si una institución social es justa o injusta depende entonces de la comprensión concreta del modo de producción como un todo, y de una apreciación de la conexión entre ese todo y la institución en cuestión. Quizás por eso dice Engels que 'la justicia o injusticia sociales es decidida por la ciencia que trata de los hechos materiales de la producción e intercambio, la ciencia de la economía política'" (1980, 15).

El mismo Marx habla de la "justificación histórica" del capitalismo por el enorme impulso que dio a las fuerzas productivas (1961, t. 19, 22). El sistema capitalista se basa en la exacción de la plusvalía, pero esa transacción es indispensable para su funcionamiento. La apropiación de la plusvalía por el capitalista no entraña, en efecto, un intercambio injusto. La esencia de la explotación consiste en que el capitalista no compra el producto del trabajo del obrero sino su "fuerza de trabajo", es decir su capacidad de producir. Y ésta es una mercancía en venta. El capitalista la compra a su precio justo en el mercado y hace uso de ella conforme a su derecho. Ha adquirido una mercancía y ha pagado su precio en el mercado; al usarla crea un valor suplementario, pero ese valor le pertenece. "Esta circunstancia es una suerte para el comprador, pero no es ninguna injusticia para el vendedor" (1961, t. 23, 208). Justamente el mérito de Marx, frente a otras doctrinas socialistas, fue descubrir cómo la dominación del proletariado no dependía de un acto remediable por voluntad moral, sino de una situación inherente al sistema de producción, que se oculta detrás de relaciones justas. De allí la inutilidad, para Marx, de cualquier argumento jurídico o moral para impugnarla. Después de ese descubrimiento, cualquier prédica de justicia parecería carente de sentido.

Se dirá que, en los textos anteriores, "justicia" es un término jurídico y no moral. Podría entonces pensarse que la explotación capitalista, aun siendo "justa" según las normas jurídicas de esa formación social, es, sin embargo, inmoral. Pero este razonamiento no entra fácilmente en el discurso explicativo de Marx. En efecto, el orden moral no pertenece menos que el jurídico a la superestructura de una formación social. Ese orden condicionado socialmente contiene las ideas aceptadas comúnmente, que se conforman a los principios y reglas de comportamiento convencionales, es decir a la "moralidad social efectiva" (*Sittlichkeit*) de que hablaba Hegel. Para ponerla en cuestión, tendríamos que abandonar el orden social que la condiciona. Podríamos calificar como "injusto" al sistema capitalista como un todo, si pudiéramos juzgarlo desde fuera de él, conforme a los criterios de otra formación social. De la misma manera que la esclavitud en la sociedad antigua o la servidumbre feudal pueden parecer injustas según los criterios de la democracia burguesa, la explotación capitalista se mostraría injusta desde el punto de vista de una sociedad en que la propiedad privada se hubiere abolido. Pero entonces nos colocamos en el futuro, trascendemos nuestra propia formación social para aplicarle normas que le son ajenas. El problema es que esa formación social aún no existe. Por lo tanto, en el seno de la sociedad capitalista, los principios que la condenarían por "injusta" o bien son imaginarios, o bien forman parte de una ética diferente a la que constituye la superestructura de una formación social y está adaptada a ella. En este segundo caso, trascendemos la moralidad social existente de hecho en la sociedad y tendríamos que admitir una moral no funcional, sino disruptiva del sistema social, que no formaría parte de su superestructura. Y esta propuesta parece rebasar el discurso explicativo de Marx... aunque tal vez animara otro tipo de discurso.

EL DISCURSO JUSTIFICATIVO

El estilo literario de Marx está lejos de la ecuanimidad emotiva que suele atribuirse al lenguaje científico. Al lado de las descripciones de hecho y de las proposiciones teóricas, encontramos enunciados de otro género. La indignación moral, la piedad ante el sufrimiento ajeno, la cólera por la crueldad gratuita y la estupidez humana imbuyen la mayoría de sus páginas. Los enunciados descriptivos o explicativos de la realidad económica y social se mezclan, a menudo, con juicios de valor, las conclusiones de los argumentos, con frases de exhortación o de condena. El *Manifiesto Comunista* es a la vez un esbozo de las fuerzas objetivas que mueven la historia y un panfleto libertario, *El Capital* pretende ser un tratado científico, pero es también el relato de un drama moral y una exhortación a tomar parte en él. El estudio de la acumulación originaria del capital, por ejemplo, es tanto una exposición de hechos históricos como una apasionada denuncia de la miseria humana. Incluso los términos centrales de su teoría se adjetivan, a veces, con predicados de valor. Unos cuantos ejemplos como muestra: Al hablar de la concentración del capital, no deja de mencionar la "miseria del proletariado" y "las patentes desigualdades en la distribución de la riqueza", el trabajo asalariado se califica de "forzado", "esclavizado", el proletariado es "creador de abundancia para otros y de miseria para sí mismo", el capitalista "fuerza", "esclaviza" al obrero, la apropiación de la plusvalía es "robo", "botín", el sistema capitalista en su conjunto es creador de "sufrimiento, enajenación e injusticia crecientes". ¿Cómo no ver en todas esas expresiones una actitud valorativa y una condena moral? Se trataría, por supuesto, de una moral que no tendría por función reiterar la estructura de clases existente, sino de oponerle otra que la rompa. Tendría que expresarse en un pensamiento de la disrupción, no del orden. Ante esa postura, el mal no se encontraría en tal o cual aspecto de las relaciones o instituciones sociales (en la distribución de los bienes, por ejemplo) sino en el sistema tomado como un todo. La falla no se hallaría en una situación injusta de la sociedad sino en la formación social misma. "Que el mal social no consiste en los salarios bajos sino en el sistema salarial mismo" (1961, t. 19, 1960). Junto con el lenguaje que se pretende científico, se abre paso un lenguaje *libertario*.[1]

El discurso libertario tiene dos facetas. Por un lado presenta el valor superior de una sociedad distinta a la capitalista, por el otro la ausencia de valor de ésta. Frente a la sociedad de hecho, plantea la posibilidad de otra sociedad no existente, ideal por lo tanto. Esa sociedad no es obra de simples deseos subjetivos. Es el fin de la lucha de clases. Corresponde al interés real del proletariado abolir el sistema de explotación y, por lo tanto, suprimir la distinción de clases. Su lucha no se comprendería sin ese fin que le otorga sentido.

Marx se cuida mucho de dar detalles sobre la sociedad futura. Evita caer en lo que él considera "utopismo". Sin embargo, no podemos menos de deducir sus rasgos específicos, de su contraste con la sociedad existente. Quizás todos ellos podrían derivarse de uno fundamental: el advenimiento de la sociedad futura supondría el paso de una sociedad constituida por individuos y grupos regidos por intereses antagónicos, a una comunidad. La sociedad civil existente es, como ya había visto Hegel, la arena de la lucha competitiva entre todos. El Estado capitalista liberal puede presentar como razón justificativa de su dominio, la defensa de los derechos individuales. Pero se trata de los individuos egoístas, que rigen su vida por intereses privados, separados de los de la comunidad (1961, t. 1., 364). No se concibe el hombre como parte de la especie regida por un bien común. Si el Estado es un medio para mantener los derechos individuales, preside sobre la separación entre los individuos y regula su lucha constante. La emancipación sólo se dará cuan-

---

[1] En José Porfirio Miranda (1978) encontramos una convincente exposición de ese discurso libertario.

do el individuo real se vea a sí mismo también como "hombre específico" y asuma como propios los intereses generales de la especie. Entonces no habrá separación entre el hombre privado y el público, ni entre el interés particular y el interés general. "La contradicción entre el interés del individuo separado o de la familia individual y el interés común de todos los individuos que se relacionan entre sí ha sido abolida", comenta Steven Lukes (1985, 29). La verdadera comunidad remplazará a la sociedad de competencia cuando cada voluntad individual, lejos de contraponerse a las otras, haga suya la voluntad común. Aunque la línea de pensamiento difiera, no podemos menos de recordar a Rousseau: el advenimiento de la comunidad es también el del verdadero orden ético. Sólo en una sociedad donde desaparezca el antagonismo de los intereses en pugna, podrá instaurarse un orden moral superior. Resuenan también ideas de cepa kantiana: mientras en el sistema capitalista los trabajadores son meros instrumentos en el proceso de producción, en el comunismo el trabajador será un fin en sí mismo y el proceso de producción, un medio para su realización. El capitalismo —escribe Marx— es "un modo de producción en que el obrero existe para las necesidades de valores ya creados, en vez que la riqueza objetiva exista para las necesidades del obrero" (1961, t. 23, 649)... como sucedería en un modo de producción superior. La abolición de la propiedad privada y de la explotación permitirán la realización de una comunidad de hombres libres.

Leemos en el *Manifiesto Comunista:* "En lugar de la vieja sociedad burguesa, con sus clases y antagonismos de clase, surge una asociación en la que el libre desarrollo de cada quien es la condición del libre desarrollo de todos". (1961, t. 4, 482). Roto el corsé de la propiedad capitalista y su correspondiente división del trabajo, la sociedad futura permitirá la autorrealización de cada hombre en todas sus potencialidades. Así, la comunidad, lejos de subordinar el individuo al todo, permite la realización de todas sus posibilidades.

Todo ello lleva implícita la postulación de una moral superior. No podría tratarse de una ética del orden, que postulara la sujeción y el cumplimiento de normas establecidas en el sistema social existente, sino de una ética de la plena realización de cada quien en una comunidad de hombres libres, aún por realizar.

Ésta sería la moral que remplazaría a la capitalista. "Una moral verdaderamente humana, colocada por encima de los contrastes de clase y de su recuerdo, sólo será posible en una sociedad que no sólo haya superado el contraste de clases, sino que lo haya olvidado también en la vida práctica". (1961, t. 20, 88). Recogiendo estas ideas, Georges Lukacs pudo escribir: "El objetivo último del comunismo es la construcción de una sociedad en la que la libertad de la moral tomará el lugar de las constricciones del derecho en la regulación de la conducta".

La afirmación de esa moral implica el rechazo de la concepción ética y jurídica ligada a la formación social capitalista. Y, por consiguiente, de la moralidad social imperante de hecho. Vimos cómo las relaciones sociales del capitalismo no podrían tildarse de "injustas" con los criterios vigentes en su propio sistema, sino sólo a partir de otro, aún inexistente. Mientras la propiedad privada está justificada, tanto legal como moralmente, por las creencias vigentes, "desde el punto de vista de una formación económica y social más alta... aparecerá exactamente tan absurda como la propiedad privada de un hombre sobre otro" (1961, t. 25, 784).

Aduje antes textos según los cuales la relación de explotación no podía calificarse, en sentido estricto, de "injusta". Se puede aducir otros que, desde el punto de vista de una moral libertaria, ajena al capitalismo, la presenta como "injustificada". "Si se dice pues que la ganancia se justifica *porque* con ella el capitalista ahorra su capital y porque él cumple la función de acumular, sólo se dice que el modo capitalista de producción se justifica porque existe, y esto vale igualmente para los modos de producción anterior y posterior" (1961, t. 26.3, 413).

Marx niega explícitamente que la apropiación de la plusvalía pueda calificarse de injusta, sin embargo, en ocasiones la tilda de "robo". Este calificativo corresponde a un lenguaje valorativo y sólo puede formularse a partir de un sistema de valores distinto del capitalista.

Así, el capitalismo se califica de "justo" o "injusto" según el discurso que emplee Marx. Se trata, en realidad, de dos sentidos de "justicia". La apropiación de la plusvalía por el capitalista no es injusta, de acuerdo con el sentido de justicia existente en su sociedad, que corresponde a una moral condicionada por el proceso de producción, es injusta, de acuerdo con el sentido de justicia de una moral más alta. Pero entonces tenemos que admitir dos tipos de ética. Una que corresponde a la superestructura de la formación social existente; es en realidad expresión de la clase dominante: es la moral positiva. Forma parte de una ideología cuya función es reiterar el orden social. Está basada en un engaño. Pretende ser universal pero consagra y hace posible una situación de dominación. Expresa, por lo tanto, un interés particular. Frente a ella, muchos textos de Marx presuponen, sin enunciarla de modo explícito, otra concepción ética que tendría una función disruptiva del modo de producción existente. Correspondería a la clase explotada, pero sólo en la medida en que cobrara conciencia de su explotación y de su carácter revolucionario. También tendría un alcance universal, puesto que expresaría el interés general en una sociedad en la que ya no habría antagonismos entre las clases.

Esta segunda ética no podría adscribirse, por lo tanto, a la superestructura de la formación social existente considerada como un todo.

Así, frente a la moralidad social nos veríamos obligados a admitir una ética crítica. Esta última no refleja el sistema de dominación existente sino, por el contrario, intenta romperlo, le opone otro en un mundo proyectado. Es una moral disruptiva. Steven Lukes desarrolla este punto al oponer, en Marx, una "moral de la emancipación" a la que él llama "moral del derecho" y que corresponde a la moralidad convencional determinada por el sistema social (1985, 27). La primera opone a las morales efectivamente existentes otra moral juzgada superior; la segunda prescinde de ese juicio de valor, se limita a señalar la función que cumple la moral en el sistema. Los enunciados de la "moral de la emancipación" difícilmente podrían encontrar acomodo en una concepción "científica", destinada a dar razón de los hechos históricos, porque no describen la moral que, de hecho, tiene el proletariado sino sólo la que se supone que tendría, de acceder a una plena conciencia de clase. Además, no corresponden a la sociedad actual sino a una sociedad ideal, predicha por la teoría, que se juzga superior. A la moralidad efectiva, socialmente condicionada, se opone, así, una ética crítica que menciona, no ya lo que se supone advendrá, sino lo que *deberá* advenir. Y no queda claro si la sociedad ideal se deduce simplemente del hecho de la lucha de clases o es una proyección de la sociedad deseable, en que podría realizarse el "hombre total" de los *Manuscritos*.

El discurso que trata de ser científico sólo permite augurar la ruptura del modo de producción capitalista y su remplazo por el socialista. Debería describir ese paso con la misma neutralidad valorativa con que podría referirse al tránsito del modo de producción feudal al capitalista. La atribución de valores morales superiores a la sociedad futura rebasa una ciencia explicativa, corresponde a una elección moral. Su justificación es de otro orden. El advenimiento de la sociedad futura es a la vez un acontecimiento histórico, explicado por una teoría científica, y una exigencia ética, que justifica la lucha por alcanzarla. Los enunciados del discurso científico se alternan con justificaciones de un discurso normativo. La obra de Marx es el resultado de la tensión irresuelta entre ambos discursos.

Ésa es quizás una razón de la enorme influencia que tuvo su obra. A la vez que pretendía dar una explicación global de la historia, en términos racionales, impulsaba a participar en ella para lograr una sociedad más valiosa. La aparente frialdad del discurso económico y político ocultaba una pasión moral; el discurso moral, por su parte, tomaba el disfraz del lenguaje científico. Pero el marxismo no pudo integrar en una sola teoría ambos discursos.

La mediación entre uno y otro discurso

Adolfo Sánchez Vázquez (1975, 29) vio con claridad el problema: "El socialismo parece conjugar lo que siempre se ha presentado disociado. Pero ¿cómo tiene lugar esa conjunción de lo que es o será y de lo que debe ser? ¿Su ser se deducirá de su deber ser? Pero ¿no se caería entonces de lleno en el utopismo? ...¿Su deber ser, por el contrario, se deduciría lógicamente de lo que es, de la necesidad histórica? Pero, con ello, pondríamos ingenuamente el cuello bajo la temida 'guillotina de Hume' o cometeríamos lo que los filósofos llaman, desde Moore, la 'falacia naturalista'". En Marx no encontramos, en realidad, una respuesta explícita a esas preguntas. Para contestarlas tenemos que aducir interpretaciones que establezcan una mediación entre una y otra concepción. Las más frecuentes, por lo fáciles, son las que intentan reducir uno de los lenguajes a términos del otro.

Una interpretación "cientificista" fue la más socorrida. Comprendió el discurso libertario de Marx en función de su teoría científica. Frente a cualquier posición "utópica" o "moralista", considerada "pequeño burguesa", el marxismo sería una ciencia que desterraría del conocimiento objetivo de la dinámica social todo discurso normativo. Esta postura fue ya la del propio Engels y prevaleció en la II Internacional. Karl Kautsky sostuvo con firmeza la idea del socialismo como una ciencia rigurosa, que debe ser introducida en la clase obrera desde fuera de ella. En ¿Qué hacer? Lenin mantuvo que la doctrina socialista nace en la cabeza del intelectual para luego caer en el terreno fértil del proletariado. El carácter de ciencia rigurosa del marxismo no es contradicho por ninguno de los bolcheviques y es recogido por la mayoría de los textos oficiales del "marxismo-leninismo". La dimensión ética es asignada a la "superestructura" de una formación social y a las ideologías de clase. En la medida en que puedan éstas derivarse de la situación social que las determina, el discurso ético queda reducido a términos del que se pretende "científico". Con mayor aparato crítico, la interpretación de Althusser (1967) corresponde a un reduccionismo semejante. Su versión "anti-humanista" del marxismo trata de eliminar de la doctrina del Marx "maduro" lo que he llamado su discurso "libertario" y de reducir su contenido a términos de una teoría científica.

Como reacción frente a esta línea de interpretación, otros autores trataron de reivindicar el carácter ético del marxismo. En la II Internacional, frente a Kautsky, Rudolf Hilferding (1973) sostuvo la separación entre ciencia marxista y teoría revolucionaria, la cual tendría un carácter normativo. El socialismo no podría prescindir de una ética revolucionaria. Otros "austromarxistas" (Otto Bauer, Max Adler, Karl Renner) trataron de completar la teoría de Marx con una ética kantiana, para remediar así lo que consideraban una carencia de la doctrina.[2] Ernst

---

[2] Para el "austromarxismo" véase L. Kolakowsky (1978, t. II, cap. XII).

Bloch (1959) generó a su vez una visión nueva del marxismo, en la que se reivindicaba su carácter de "utopía concreta", dirigida a la realización de una sociedad que proyectamos por valiosa. Otros intérpretes opusieron también al Marx "científico", el "humanista" o incluso el "mesiánico", que se revela en lo que llamé su discurso "libertario". Con variantes, participan de este tipo de lectura, Jean-Yves Calvez (1956), Eric Fromm (1961) y José Porfirio Miranda (1978).

Esas dos líneas de interpretación intentan reducir la tensión entre los dos lenguajes. Para hacerla coherente sin caer en la contradicción, tratan de comprender un discurso a partir del otro, o bien adjuntar a la teoría marxista otra doctrina filosófica.

Pero hay una última interpretación que ve la originalidad de Marx justamente en la tensión entre uno y otro discurso y en el intento de mediar entre ellos sin perder la especificidad de cada uno. Se trataría de entender el discurso justificativo como un elemento del explicativo, sin que perdiera su carácter distintivo. Por una parte, la actitud disruptiva frente a la situación existente, que se expresa en el discurso libertario, sería un *factor causal* en la cadena de hechos de que trata el discurso explicativo. Por otra parte, la sociedad ideal postulada por la actitud disruptiva coincidiría con una *sociedad futura* prevista en el discurso explicativo. Así, la elección del valor quedaría integrada en la teoría científica como un elemento que ésta comprende en sus juicios de causalidad. Se podría alegar entonces que la distinción entre juicios de valor y juicios de hecho ha sido superada. Ésta es la vía interpretativa, aducida primero por Plejanov y desarrollada por Lukacs. En la literatura en lengua española, Adolfo Sánchez Vázquez presenta una versión de esa estrategia interpretativa.

La conciencia como factor causal

Para que la conciencia libertaria pueda ser tratada como un factor determinante de un proceso sujeto a leyes, tiene que ser vista como un acontecimiento dentro de una cadena causal. ¿Cuál es el lugar que ocupa en un proceso que conducirá a la transformación del sistema social? Aunque el valor objetivo mismo no fuera reducible a hechos, la conciencia de ese valor y la disposición a actuar para realizarlo son hechos históricos. Pueden verse como medios adecuados a un fin. Entre las condiciones necesarias de la revolución estarían esos hechos. El cobro de una nueva conciencia moral, la denuncia de la injusticia existente, la exhortación a la rebeldía, la elección deliberada de una formación social superior, serían un factor necesario en el proceso real que conduce a la abolición de la formación económica y social existente. Esta idea se encuentra formulada con claridad por Sánchez Vázquez: "Condición necesaria para que los hombres —no hay otros sujetos— hagan o produzcan el socialismo, es también la conciencia de que el socialismo es algo (no tengamos miedo en llamarlo un ideal) por cuya realización hay que (se debe) luchar" (1975, 32).

Según la concepción de Marx, el interés del proletariado coincide con el interés general de la especie. Pero el proletariado debe cobrar conciencia de cuál es su interés real. Su paso de "clase en sí" a "clase para sí" implica ese cobro de conciencia. La elección de valores sociales objetivos, válidos para todo hombre, la conciencia de una carencia (la injusticia existente) y la disposición para cambiarla es pues una condición histórica necesaria para la realización de esos valores. En esa medida, el cobro de conciencia de una ética disruptiva puede considerarse como un elemento de la lucha de clases, que forma parte de las condiciones necesarias de la transformación social. Porque el proletariado no es sólo el sujeto histórico que construirá la sociedad en que serán accesibles para todo hombre esos valores superiores, sino que también es la clase que cree ya en esos valores. Seguir el interés de la clase explotada es obrar en beneficio de la especie. El proletariado es la clase universal porque su interés consiste en abolir los antagonismos entre intereses particulares. La realización de sus objetivos corresponde pues al interés general. Es por ello que el programa del proletariado puede ser abrazado por miembros de otras clases. Ese acto constituye a la vez una decisión moral —puesto que conforme al interés general— y una acción eficaz —puesto que contribuye al cambio histórico. La elección moral libre sería así elemento de una cadena necesaria de acontecimientos. En apariencia, se ha abolido la oposición entre libertad y necesidad, entre valor y hechos.

El advenimiento de la nueva sociedad es a la vez un fin valioso elegido y un efecto necesario de condiciones históricas.

Sin embargo, esta tesis presenta dificultades insolubles. Mencionaré las tres principales.

1.- ¿Cómo conocer el interés del proletariado en cuanto clase universal? Es claro que no coincide con el interés manifestado en cada caso en sus luchas concretas. Ese interés efectivo es siempre particular y cambia en las distintas situaciones. Sólo cuando adquiere conciencia de clase, el proletariado descubriría su *verdadero* interés. Lukacs tuvo entonces que distinguir entre las ideas e intereses empíricos, "explicables psicológicamente", que tiene el proletariado, y la verdadera conciencia de clase. Ésta "no es ni la suma ni la media de lo que los individuos singulares que componen la clase, piensan, sienten, etc.", sino "la reaccion racionalmente adecuada que se *atribuye* a una determinada situación típica en el proceso de la producción". Habría que distinguir, pues, entre un interés "empírico" del proletariado, que atiende a sus necesidades particulares, y un interés "atribuido", constituido por lo que en realidad le conviene. (1969, 54). El primero generalmente no va más allá de reivindicaciones económicas y suele seguir la ideología de las clases dominantes. El segundo, en cambio, consiste en la abolición de la dominación misma. En nuestra terminología, esa distinción corresponde a la diferencia entre lo efectivamente deseado por los trabajadores y lo realmente deseable, es decir, entre valor subjetivo y objetivo. Y es claro que el segundo no puede inferirse directamente del primero; sólo puede salvarse su distancia —como vimos— por un razonamiento. Pero Lukacs piensa que el paso es obra de ciencia. Para que el proletariado se percate de su interés real, el "atribuido", tiene que conocer su situación "y los intereses resultantes de ella", con relación a la sociedad como un todo. Pero esto sólo es posible —según Lukacs— por la "ciencia" marxista.

Lukacs sigue la postura de Lenin, contraria a basar su estrategia en la "conciencia espontánea" del proletariado, y su tesis principal: los obreros deben ser ilustrados por su "vanguardia" revolucionaria. Entonces, el cobro de conciencia por el cual el interés del proletariado coincidiría con el interés "atribuido", es efecto de la recepción de la teoría política fraguada por el marxismo. El proletariado tiene que ser educado. En realidad, la conciencia libertaria le sería inducida, junto con la "ciencia revolucionaria", desde fuera, como admitieron tanto Kautsky como Lenin.[3] La coincidencia entre el interés histórico del proletariado y el interés general sería resultado de la aceptación de una teoría considerada científica.

Ahora bien, una teoría científica aspira a ser incontrovertible, es decir, pretende estar a cubierto de cualquier contraejemplo o alternativa explicativa que pudieran invalidarla. Por lo tanto, sujeto de esa ciencia no puede ser cualquiera sino quien razone cumpliendo con esos requisitos. No todo miembro de un pueblo o de una clase puede dominar un saber científico, sólo quienes están al corriente de los datos pertinentes y tienen la posibilidad y la capacidad de examinar las alternativas teóricas. Toda ciencia es producto de un grupo limitado de trabajadores intelectuales. Sólo un conjunto de conocedores competentes puede juzgar de la verdad y operatividad de un saber científico; sólo quienes detentan ese saber podrán aplicarlo a la realidad o utilizarlo como técnica política. Los intelectuales del partido tendrán así, que decidir, a nombre del proletariado, lo que conviene en cada caso. De la idea del socialismo como ciencia se sigue, en la práctica, que el grupo que se presenta como detentador de esa ciencia decidirá lo que objetivamente conviene a los explotados. La interpretación del socialismo como saber objetivo tiene que substituir, como fuente de las decisiones políticas, la acción democrática por los razonamientos de profesionales de la estrategia revolucionaria.

2.- Segunda dificultad: La introducción de la conciencia libertaria en la cadena causal no parece compatible con su necesidad. La teoría de Marx requiere que las relaciones causales históricas sean determinables. Sólo así podrían estar sujetas a leyes o, al menos, a tendencias. Pero la aparición de una conciencia libertaria no es un hecho que se pueda determinar con precisión. En primer lugar, no son determinables sus condiciones antecedentes. No podemos enunciar situaciones generales que, en cada caso, originarían el cobro de conciencia de

3 Sobre el papel de esta tesis como factor motivante del proceso revolucionario, véase M. Lowy (1983).

las clases explotadas. El proletariado de un país desarrollado puede no cobrar nunca conciencia de su situación enajenada ni llegar, por ende, a actitudes revolucionarias. Es lo que de hecho ha acontecido en los países industriales más avanzados. Pero tampoco las condiciones de desempleo y miseria han sido suficientes, en países atrasados, para acceder a una conciencia libertaria; a menudo, han desembocado en movimientos fascistas y reaccionarios, antes que en actitudes revolucionarias. ¿Cuáles son los antecedentes sociales que nos permitirían prever que, en tal o cual situación, surgirá una conciencia libertaria? Es claro que no podemos exigir a ninguna teoría, ni siquiera a la marxista, esa precisión. Pero entonces no podemos tomar la conciencia revolucionaria como un hecho determinable dentro del conjunto de condiciones necesarias que darían lugar a un cambio social. Lo más que podríamos afirmar es que *si* se dan ciertas condiciones objetivas y *si*, además, se da una nueva conciencia libertaria, *entonces* podrá realizarse el cambio revolucionario. Pero el segundo de esos dos antecedentes no es, a su vez, una condición objetiva, su aparición depende de una elección libre.

3. Pero la dificultad mayor se muestra al examinar el problema de la motivación revolucionaria, esto es, el interés real que movería a los obreros a una acción transformadora de la sociedad.

¿Por qué motivo un individuo determinado elegiría la acción revolucionaria? Si el fin del capitalismo es —como dice el discurso "científico"— resultado de fuerzas objetivas, internas, que laboran en su destrucción, si, por otra parte, la revolución advendrá en su momento, cuando se agraven las contradicciones del capitalismo y sus enterradores se percaten de su misión, parece que el motivo de abrazar la revolución sería contribuir, con una acción personal, a un proceso inexorable. En ese caso, no sería el anhelo de justicia, ni la indignación moral, ni la voluntad de perfeccionamiento del hombre, lo que nos conduciría a optar por el cambio social, sino el interés de colocarnos en el "lado victorioso" de la historia, para nuestro personal beneficio. Para que la motivación revolucionaria pueda ser tratada como un factor causal, dentro del proceso que conduce necesariamente a la abolición del capitalismo, tiene que verse como un elemento del interés de los obreros. Sólo así la elección moral puede ser integrada en el discurso explicativo. Si Marx está en contra de las prédicas moralistas es porque piensa que el proletariado no abrazará la causa revolucionaria por puro desinterés moral sino porque ella redunda en su personal beneficio.

LA PARADOJA DEL POLIZÓN

¿Cómo interpretar el interés personal de la clase obrera? No puede ser la suma de los intereses individuales de sus miembros. Si así fuera, daría lugar a la paradoja presentada por Allen Buchanan bajo el nombre de "paradoja del *free rider*", que podríamos traducir como "paradoja del pasajero gratis" o, con mayor simplicidad, del "polizón". La paradoja del polizón muestra que, aun si la revolución es en el interés del proletariado y aun cuando cada miembro de la clase tenga conciencia de ello, si cada individuo actúa conforme a un cálculo racional, maximizando su propio beneficio y minimizando sus costos, no perseguirá una acción revolucionaria. El mismo problema se presenta para explicar la acción de cualquier individuo en favor de otros bienes públicos o colectivos, si tomamos en cuenta exclusivamente una racionalidad utilitaria.

Buchanan (1980, 268) se refiere a la acción de un grupo social para lograr un bien común. En esos casos la paradoja surge cuando se dan las siguientes notas que —notémoslo desde ahora— son aplicables a la acción revolucionaria:

"1. La acción de algunos pero no de todos los miembros del grupo es suficiente para suministrar a cada miembro el bien en cuestión.

2. Si el bien se realiza, será accesible a todos, incluso a quienes no contribuyeron a realizarlo.

3. No hay ninguna manera práctica, o ninguna manera que no entrañe costos excesivos, de prevenir que quienes no contribuyeron a la realización del bien gocen de él.

4. La contribución individual implica un costo para ese individuo.

5. El valor de lo que cada individuo ganará con la realización del bien sobrepasa su parte de costos en realizarlo".

Dadas esas condiciones, cada miembro del grupo, si se comporta racionalmente, hará el siguiente cálculo: "Independientemente de que yo contribuya o no a la realización del bien, otros contribuirán a realizarlo o no contribuirán. Si lo primero, el bien realizado será accesible para mí libre de costo y mi contribución se desperdiciaría. Si lo segundo, mi contribución también se perdería (a mi costo): Así; el interés propio, si es racional, requiere que yo no contribuya y viaje gratis atenido a los esfuerzos de los demás".

La misma paradoja aparece respecto de la realización de cualquier bien común, que implique costos para el individuo, como la conservación de la energía en una ciudad, la prevención de la inflación, el cuidado del medio ambiente. En realidad, se trata de una nueva formulación de un problema tradicional: cómo explicar una acción dirigida a satisfacer el bien común, cuando se opone al interés individual. De la solución a este problema depende que podamos siquiera aceptar la existencia de una voluntad general.

¿Es posible evitar la paradoja de Buchanan? La paradoja se suscita sobre un supuesto: acción racional es aquella en que el individuo se dirige por un cálculo utilitario: lograr el mayor beneficio al menor costo. Ha habido intentos de solucionar la paradoja sin tener que poner en cuestión esa noción de racionalidad. Pueden seguir varias estrategias. Paulette Dieterlen (1988) las analiza. Siguiendo su trabajo, mencionaré las más comunes.

1. Para evitar la paradoja, dentro del cálculo costo-beneficio, un gobierno o partido revolucionarios pueden aumentar los beneficios de la cooperación (ofreciendo incentivos), o los costos de la no-cooperación (mediante la coacción física o social, por ejemplo).

2. Otra estrategia sería incluir en el cálculo interesado, las ventajas que el individuo puede obtener de la cooperación. En efecto, aun en un cálculo utilitario, podemos introducir necesidades del individuo dirigidas al bien de los demás. La cooperación podría explicarse porque el agente ve compensado sus costos por la satisfacción personal de sentimientos altruistas.

3. Por último, podemos rechazar la situación inicial que da lugar a la paradoja: que el individuo decide en forma individual, aislado de los demás. La cooperación requiere de ciertas condi-

ciones de hecho. El cálculo racional del individuo, en esas condiciones, estaría influido por ellas y podría llegar a otras conclusiones.

Las dos últimas estrategias no ponen expresamente en cuestión el supuesto de que toda elección racional se basa en un cálculo utilitario, de costo-beneficio. Sin embargo, al admitir, en un caso, que podemos estar motivados por sentimientos altruistas y, en el otro, que la elección puede formar parte de un acto de cooperación con otros sujetos, sugieren que la paradoja no se presentaría en elecciones que no se basaran en aquel supuesto utilitario.

En la primera premisa del razonamiento de Buchanan se indica que la acción del individuo no forma parte de los miembros del grupo ("algunos pero no todos") que realizan el bien. El razonamiento sólo es válido en el supuesto de que "otros" ejecutarán la acción, "independientemente de que yo contribuya a la realización del bien". La paradoja cesa, en consecuencia, si la acción del individuo es un elemento necesario en la acción del grupo que elige el bien común. En ese momento el individuo se encuentra dentro de aquellos miembros ("algunos") de cuya acción depende el éxito de la empresa y no considera su acción "independiente" de la del grupo. En consecuencia, no puede incluir en sus cálculos la posibilidad de que el bien común se lograra sin su contribución. Pues bien, en términos de Marx, sería en ese momento cuando accedería a la conciencia de clase. Entonces, el individuo con conciencia de clase ya no vería el interés colectivo como ajeno, excluiría la posibilidad de que su acción se guiara por un interés solamente suyo, diferente del de aquellos miembros de su clase de cuya decisión depende la realización del bien colectivo. Él, en efecto, es uno de esos miembros. La paradoja del polizón deja así de aplicarse a aquellos sujetos en que no haya oposición entre su interés individual y el interés general, es decir, a aquellos que asuman como propio un interés general.

La actitud revolucionaria supone entonces la superación del cálculo egoísta ("maximización del beneficio personal") que conduce a la paradoja del polizón. Si el interés del proletariado coincide con el interés universal la motivación revolucionaria que evita la paradoja implica la aceptación del interés universal como propio. La actitud revolucionaria no puede entonces explicarse por el interés individual de cada proletario, sino por su capacidad de asumir la persecución de un bien general, aun a costa de sacrificios personales. Por lo tanto, la motivación revolucionaria implica la identificación del interés personal con un interés general. Esta postura recuerda la idea de la "voluntad general" de Rousseau como base de la ética social. Aunque Marx no se percate de ello, la paradoja del polizón le obligaría a colocarse más cerca de Rousseau que de Hobbes.

¿Pero por qué alguien asumiría como propio el interés general? ¿Por qué normaría un individuo su acción por el bien colectivo, pagando los costos personales de esa elección? La respuesta sólo puede ser: el bien general es *preferible* al bien individual, el interés general *debe* convertirse en interés de cada quien. Este razonamiento ya no corresponde a un cálculo meramente utilitario. No maximiza el beneficio individual. Por lo tanto, no está regido por una racionalidad de tipo instrumental, sino por otra forma de razonar, que llamamos "valorativa": el individuo debe perseguir el bien general porque éste es objetivamente valioso. La motivación revolucionaria tiene un elemento irreductible a la búsqueda del interés particular de cada quien: la elección de un valor objetivo.

En resumen, la paradoja del polizón demuestra dos cosas:

1. El interés general no puede derivarse del interés particular. El cálculo utilitario, que parte del interés particular, no conduce a una acción dirigida al bien general. Por lo tanto, el interés de una clase no se deriva del interés individual de sus miembros, ni el interés de la especie, del interés de una clase. La acción motivada por un interés general supone en el agente, el abandono del cálculo utilitario y la asunción de una voluntad dirigida a la realización de un bien común.

2. Sin embargo, no puede haber acción sin motivos que la expliquen. El interés general no puede, por lo tanto, contradecir el interés personal que motiva al agente. Luego, la acción dirigida al bien común sólo se explica si el interés general coincide con el interés personal del agente. Tenemos que admitir, por lo tanto, la posibilidad de un tipo de motivación personal por razones objetivas, en la que la búsqueda del beneficio personal incluye la del bien común.

En consecuencia, el discurso libertario de Marx no puede derivarse causalmente de los intereses empíricos de la clase trabajadora. Corresponde a una opción ética.

LA SOCIEDAD IDEAL Y LA SOCIEDAD FUTURA

El intento de comprender el discurso justificativo de la teoría de Marx a partir de su teoría explicativa implica una segunda tesis: interpretar la sociedad más valiosa, objeto de la elección moral, como la sociedad futura, a la que conduce la lucha de clases. Según esa interpretación, la sociedad comunista, prevista por la teoría del desarrollo de la historia realizará los postulados de la ética humanista que atraviesa el discurso libertario de Marx. Valor y futuro coincidirían. Al propiciar el advenimiento de la sociedad comunista, la acción revolucionaria sería, a la vez, un elemento de las fuerzas históricas que de hecho acusan el cambio social y una acción dirigida por un valor moral. La acción libertaria, que elige una sociedad ideal, puede verse así como un elemento en la cadena de hechos que conducen a realizar esa misma sociedad en el futuro.

Marx atribuye a la sociedad que advendría después de la abolición del capitalismo rasgos que la acercarían progresivamente a la comunidad de hombres libres e iguales, emancipados de la enajenación. El capitalismo perecerá como resultado de fuerzas objetivas, pero su muerte creará las condiciones de la sociedad superior.

Cierto que se requerirá de una fase de transición, que, en algunos escritos, se denomina "dictadura del proletariado". Pero por esa "dictadura" no se entiende tiranía sino, por el contrario, el dominio de la mayoría en una democracia real, no simulada como la burguesa. Su organización política está inspirada en la Comuna de París de 1871. Implica elecciones directas de todos los funcionarios, que carecerían de cualquier privilegio y serían removibles en todo momento, asociación política en pequeñas comunidades que se unirían en otras más amplias, abolición del "aparato represivo del Estado" por el pueblo en armas. La función de la "dictadura del proletariado" es justamente preparar las condiciones para el advenimiento de la sociedad ideal proyectada. Tiene por fines la abolición de la propiedad privada sobre los medios de producción y su remplazo por una propiedad social, la eliminación de la explotación, el aumento de las fuerzas productivas hasta superar la escasez, la defensa contra la reacción de las clases minoritarias expropiadas, la reforma del Estado. Probablemente, en la mente de Marx, se trataría de una fase transitoria, de breve duración, entre el sistema anterior y la abolición del Estado. La etapa final, el comunismo, realizaría, por fin, la comunidad de individuos libres e iguales. Toda represión de clase terminaría. Asociaciones libres de productores, en el seno de un Estado mínimo, reducido a funciones administrativas, remplazaría el Estado basado en la dominación de una clase. Así, la sociedad elegida como la más valiosa sería el resultado de procesos históricos causalmente determinados.

Por desgracia, la historia real no siguió ese curso. La dictadura del proletariado se transformó pronto en la de un grupo y luego en la de un hombre, la abolición de la propiedad privada no condujo a la propiedad social sino a la de un Estado dominado por una clase burocrática; lejos de desaparecer, el Estado represivo creció hasta absorber toda la sociedad civil; en lugar de la comunidad de hombres libres e iguales, se produjo el monstruo totalitario. La primera revolución proletaria no condujo, de hecho, a la sociedad superior. La sociedad ideal elegida no corresponde pues necesariamente con la sociedad futura predicha por la teoría.

La identificación de la sociedad *ideal* con una sociedad *futura* se basa en un supuesto no demostrado: que el curso de los hechos históricos conduce a una sociedad más valiosa. Debajo de la confusión entre sociedad ideal elegida y sociedad prevista por la teoría está la idea, muy hegeliana, de que la historia progresa de manera racional. Pero esa idea no forma parte de la teoría "científica" que adelanta Marx para explicar la dinámica histórica. Antes bien, es una creencia básica motivada por la elección del fin de la acción y no por el conocimiento de las cadenas causales que mueven la historia. Es la necesidad de dotar a la historia de un sentido lo que conduce a esa creencia y no su capacidad explicativa.

En efecto, la sociedad ideal seguiría siendo objeto de elección, aun si la previsión de su realización futura fallara. Si la abolición del capitalismo no logra realizar las condiciones para una comunidad libre de explotación, si la "dictadura del proletariado" no realiza, de hecho, las tareas proyectadas, si, en suma, la previsión de la teoría explicativa falla y, aun después de la revolución continúan los males del sistema salarial (hipótesis que ya no pertenece a la ficción política), ¿deberíamos aceptar esa sociedad real como la sociedad superior que responde al interés general o, antes bien, deberíamos seguirle oponiendo, pese a las previsiones de la teoría, una comunidad libre de explotación? El discurso científico de Marx obligaría a lo primero, su discurso libertario a lo segundo. De hecho, la primera interpretación fue la seguida por la ideología estalinista, pero parece probable que Marx hubiera optado por la segunda alternativa. No hubiera podido aceptar como fin de la historia una sociedad en que prevaleciera la enajenación, aun cuando ésta ya no fuera resultado del sistema de producción capitalista. Lo cual indica que no había elegido la sociedad ideal por ser la que con necesidad traería la acción revolucionaria, sino, a la inversa, había anticipado la necesidad de la revolución hacia una sociedad futura por ser ésta última la sociedad más valiosa. Sin embargo, Marx no podía admitir expresamente esta proposición, sin reconocer la independencia de la elección de la sociedad comunista respecto de su teoría científica causal. Para no contradecir esta última, se inclinó por otro recurso: reducir la elección del fin valioso a un elemento de la actividad previsible del "partero de la historia". Así podía considerar la elección de un valor como previsión de un hecho histórico.

CIENCIA Y ÉTICA CONCRETA

La crítica de Marx a las actitudes "moralistas" ponía al descubierto la inoperancia de una ética abstracta, incapaz de señalar las motivaciones reales que pueden conducir a ciertas elecciones morales e ignorante de las circunstancias históricas que permiten su realización. Hubiera podido conducir a una ética concreta de la política, en que la voluntad general se pusiera en relación con los intereses socialmente condicionados de los agentes, y los actos morales se juzgaran según sus consecuencias inmediatas racionalmente previsibles. Una ética concreta hubiera podido articular el discurso de una ética disruptiva con el conocimiento de los hechos históricos. Pero ésa no fue la vía de Marx ni de sus principales seguidores. Prefirieron apostar a un saber de pretensión científica, que incluyera una moral revolucionaria. La tensión entre el discurso ético y el "científico" no se resolvió. En la teoría, los juicios de valor trataron de explicarse en un lenguaje de hechos históricos. La racionalidad valorativa intentó reducirse —sin éxito— a una manifestación de la razón explicativa e instrumental. Con esta reducción se eliminó la posibilidad de fundar la ética concreta que late en el discurso libertario de Marx.

Creo que no le faltó razón a Hans Kelsen en un punto preciso de su crítica a Marx, aunque no le hiciera justicia en otros muchos. Kelsen vio en el marxismo una propuesta a la vez política y ética, bajo la égida de un saber científico causal, pretendidamente objetivo. Esto fue posible, escribe Kelsen, por la confusión entre ciencia y ciencia causal. "De este modo se explica el hecho —que en nuestros días produce una extraña impresión— de que un sistema político, en cuyo centro se alza un valor contrapuesto a la realidad y que ha nacido de la revolución moral contra la infame injusticia del ordenamiento capitalista de la sociedad, de que un movimiento espiritual, cuya enorme corriente, siempre creciente, es nutrida por fuentes profundamente éticas, y cuyos fundadores —Marx y Engels— estaban animados por un raro pathos ético, se presente con el ropaje de una teoría 'científica' o científico-natural y, en consecuencia, llegue a ser valorativa". (1982, 185).

Lo que Kelsen no acertó a ver es el otro lado de la moneda. La reducción de los juicios de valor a proposiciones de una ciencia causal fue una solución (equivocada) a un problema real, al que no escapa la propia teoría de Kelsen: la imposibilidad de separar la esfera normativa, de las motivaciones reales y de las acciones concretas de los agentes.

Las revoluciones socialistas respondían a una pasión colectiva. El impulso vital del socialismo, lo que hizo que tantos le consagraran sus vidas, no fue una fría teoría racional, sino la indignación por la injusticia y el anhelo de una sociedad comunitaria. La racionalización de esa pasión colectiva podía seguir varios caminos. Exigía una ética nueva que justificara los valores socialistas. El discurso libertario de Marx la anunciaba. Sin embargo la corriente ideológica que prevaleció en sus sucesores y sirvió de base a las revoluciones socialistas no pretendió justificarse en una exigencia moral sino en una pretendida necesidad científica. La interpretación cientificista del pensamiento de Marx intentó reducir el cobro de conciencia de una ética nueva a un hecho empírico dentro de una cadena causal.

En consecuencia, el socialismo no se interpretó como una praxis social orientada por la adhesión a ciertos valores superiores e impulsada por el anhelo de justicia, sino como una construcción técnica, un artefacto social que construir siguiendo las indicaciones de un saber teórico. En Marx mismo se conservaban ambas interpretaciones, que dieron lugar a discursos distintos. Pero en la mayoría de sus continuadores, la concepción cientificista y tecnológica del socialismo adquirió la primacía. La sociedad ideal se convirtió en un acontecimiento previsible, alcanzable por el empleo de la estrategia adecuada. Paladinamente se expresaba esta concepción en lemas tales como "la construcción del socialismo" o la "edificación del hombre nuevo".

Para la construcción de una sociedad según una estrategia política lo que importa no es la bondad moral de la acción sino su eficacia. Si la sociedad valiosa es el efecto de una cadena de acciones dirigidas a producir una situación histórica, el criterio de validez de esas acciones será justamente su capacidad para engendrar el fin señalado. Todo medio considerado eficaz para la realización del fin valioso será bueno, toda acción ineficaz, mala. Bien y mal se miden por su eficacia en satisfacer el interés "atribuido" al proletariado.

La construcción del socialismo no creó el orden social más valioso sino su caricatura tecnocrática. La aplicación del socialismo "científico" a una sociedad particular condujo, de hecho, a la destrucción de la dimensión ética del socialismo, presente en Marx, e impidió la realización de la sociedad proyectada.

Pero aún queda abierto el camino alternativo, el que fue cegado por los principales seguidores del marxismo: la acción política conscientemente dirigida por una ética concreta.

El marxismo fracasó en su intento de lograr la emancipación por la aplicación de una teoría que se pretendía científica, pero dejó un legado para el siglo XXI: la liberación humana no obedece a principios de una ética abstracta, aplicable a los individuos aislados; obedece a una ética que dé satisfacción a necesidades colectivas reales, que responda a sus intereses efectivos y se pliegue a las condiciones que permitan realizarla, es decir, a una ética política *concreta*. Ese camino intentarán desbrozar los capítulos siguientes.

8. EL PENSAMIENTO REITERATIVO. LA IDEOLOGÍA

LA MORALIDAD SOCIAL

El marxismo cientificista vivió un sueño: determinar, en cada estrato social, la moral por las situaciones sociales. Pero en el propio Marx se encuentran los elementos de una ética crítica, disruptiva de las situaciones sociales existentes, sin la cual sería imposible explicar la transformación política. Queda pues planteado un problema: ¿Qué relación guarda la moralidad de hecho, condicionada socialmente, con una ética disruptiva?

La esfera moral precede al individuo. Nadie construye sus creencias morales en el vacío. Desde que nace se encuentra en un espacio social que comprende comportamientos, actitudes y creencias compartidas. Le son inculcadas costumbres, reglas de conducta, adhesión a valores. Primero los sigue por imitación, luego los internaliza, hasta hacerlos suyos. El individuo se desarrolla en un ámbito de moralidad en uso, consensual, aceptada por la sociedad a que pertenece como uno de los rasgos que constituyen la vida en común. Es lo que Hegel (1975) llamó *Sittlichkeit*, que podemos traducir por "moralidad social".[1]

---

[1] La traducción de *Sittlichkeit* puede dar lugar a confusiones. Las versiones francesa (1986) y castellana (1975) de la *Filosofía del derecho* emplean las palabras "vida ética" y "eticidad". Esa misma terminología se utiliza en traducciones de otros autores modernos, como Habermas (Cfr. por ejemplo, 1991). Yo prefiero traducir *Sittlichkeit* por "moralidad social", por las siguientes razones: 1) La raíz *Sitte* equivale, en alemán, al *mos* latino, que significa "costumbre", "comportamientos aceptados socialmente", y que da lugar a "moralidad". En cambio, el *ethos* griego no tiene un sentido tan preciso. 2) En el lenguaje corriente, suele emplearse "moralidad" justamente en un sentido semejante al que le da Hegel, en cambio "eticidad" es una palabra técnica, proveniente de la filosofía, que se refiere generalmente a concepciones teóricas sobre la moral efectiva. 3) El término "ética" y sus derivados sugieren, en su uso común, sistemas normativos fundados en razones prácticas;

La moralidad social está constituida por un conjunto de reglas de comportamiento, la mayoría tácitas, aceptadas sin discusión. Las acciones de cada individuo en el espacio social no podrían llevarse al cabo sin reglas variadas que le señalen cómo debe comportarse en cada situación, desde las de simple cortesía hasta las que indican las obligaciones y prerrogativas correspondientes a cada posición social, enuncian lo que se espera de cada rol y prohíben comportamientos nocivos. A cada función en la sociedad corresponde cierto patrón, laxo, de conducta. Del artesano pueden esperarse comportamientos distintos a los del clérigo o el militar. Cada posición está sujeta a reglas. Una misma persona no debe actuar de la misma manera como profesional, como padre de familia o como ciudadano. Según el papel que ejerza deberá guiarse por uno u otro conjunto de disposiciones aceptadas. En ese sentido, hay morales adecuadas a cada clase. Al pertenecer a una clase, el individuo ya se encuentra inmerso en esa moral. Son esas variantes de la moralidad social, correspondientes a las distintas clases, condicionadas por la situación económica y social, las que corresponderían a las morales como parte de la "superestructura" de que habla el discurso marxista.

La moralidad social incluye también reglas generales, aplicables a todo miembro de la sociedad considerado ciudadano. Adquiere entonces una dimensión política. Ellas señalan el comportamiento debido por todos ante la cosa pública, indican lo que la sociedad espera de cada quien para la realización de un bien común. Siguiendo sus indicaciones, cada quien sabe cuál es su lugar en el espacio real de poder, cómo debe actuar para guardarlo y no interferir indebidamente en el poder de los otros. La moralidad existente confirma a cada quien en su posición dentro de un sistema.

Sus formas de expresión son varias: los usos, las costumbres sociales, las máximas de las distintas modalidades de morales privadas, la moralidad pública, la legislación positiva son otros tantos de sus aspectos. Todo ello constituye un complejo sistema normativo, confirmado continuamente en la práctica. La mora-

si los empleamos para designar la moralidad que de hecho se sigue en la sociedad, chocan con su significado usual.

lidad social no consiste, así, en una lista de preceptos generales, sino en una regulación variada y compleja, en parte tácita, en parte expresa, que se muestra de hecho en la práctica social, en diferentes formas. Ese sistema normativo es reafirmado una y otra vez en los intercambios sociales y en las relaciones de dominación y de servicio. Es trasmitido por la tradición, mantenido por la costumbre y la educación, protegido por las instituciones, reforzado en todo momento por el orden jurídico.

El sistema admite, sin duda, variantes que abren un margen a las decisiones personales y de grupo, permite también cambios circunstanciales, en tal o cual lugar del conjunto. La moralidad social señala, sin embargo, las modalidades en que puedan darse esas variantes y los cambios permisibles en distintos lugares del sistema. Constituye un marco general dentro del cual debe darse cualquier variante y cualquier cambio.

El individuo no accede a la conciencia de su identidad personal separado de ese ámbito social. La moral comúnmente aceptada en la sociedad, con las variantes correspondientes a cada grupo social, permite una primera identificación de la persona. Primero, en el seno de la familia; desde su infancia, el niño empieza a internalizar las reglas y comportamientos que le son inculcados. Luego, al desempeñar papeles en la sociedad, ante la mirada y el reconocimiento de los otros, va forjando una imagen unitaria de sí mismo con la que puede identificarse. Un "sí mismo" se va construyendo en un juego de separaciones e identificaciones con los otros, en el espacio abierto por la moralidad efectiva. Éste es un primer estadio en la construcción de una identidad personal. En él el individuo busca identificarse con los grupos sociales a que pertenece, desde el nivel familiar hasta el nacional: se asume como miembro de una familia, de una clase o estamento social, de una región, de una nacionalidad, religión, cultura. Pretende enraizar su "sí mismo" en su propio pasado y prever, a partir de éste, su rol futuro en la sociedad. No es aún la identidad propia, como elección libre de sí mismo, sino como conciencia de su sitio en la comunidad y de lo que ésta espera de él. Por eso, al aceptar su posición y seguir las reglas del sistema no se pregunta aún por qué debe hacerlo. En el momento en que se hiciera esa pregunta, empezaría a establecer una distancia con el orden existente y, por lo tanto, a interrogarse sobre su identidad social.

Las reglas de la moralidad afectiva son las que se muestran en el ordenamiento del comportamiento social. Se realizan en la práctica de la vida colectiva. Como todo sistema de reglas admite excepciones; los comportamientos desviados no las cumplen, pero esos comportamientos son considerados "anormales". El comportamiento normal es el que nos muestra cómo se debe actuar. El deber ser coincide con el cumplimiento social, normal, de las reglas aceptadas. El *deber ser* está realizado en lo que normalmente *es;* a la inversa, lo que socialmente *es* indica lo que *debe ser.* La distinción entre deber ser y ser es la separación entre las reglas que constituyen el ordenamiento social y su cumplimiento. Pero ambos niveles conforman el orden social efectivo.

La moralidad social cumple una necesidad básica, de carácter social: la de pertenecer a un grupo, a una asociación, a una comunidad. La realización personal está ligada a esa pertenencia. La vida individual adquiere sentido en la medida en que puede verse integrada a un todo más amplio; en ese todo es reconocida por los demás y se reconoce a sí misma en su identidad.

Pero el todo al que se siente pertenecer el individuo debe permanecer más allá de las vidas individuales. El ejercicio de la moralidad social permite la permanencia y continuidad en el tiempo de una forma de vida en la sociedad. Para ello tiene que evitar cisuras y comportamientos marginales, establecer una uniformidad permanente de actitudes y conductas. Cierto, en el seno de la sociedad subsisten tipos de moral parcialmente divergentes de la moralidad hegemónica: la de grupos dominados o marginales, contrarios a muchos aspectos de la moralidad preponderante, porque ésta coincide con los grupos dominantes. Esas morales divergentes pueden tener una actitud disruptiva frente a la moralidad convencional predominante en la sociedad. Sin embargo, en el interior de su grupo o clase social cumplen la misma función de mantener una uniformidad y una continuidad en actitudes y comportamientos. Sólo así afianzan la pertenencia de los individuos al grupo y la permanencia y cohesión de éste.

La moralidad social responde así a una forma de pensamiento *reiterativo;* compartida por los grupos hegemónicos y por la sociedad en su conjunto, pone en obra un comportamiento orientado por esa forma de pensamiento. Su fin es mantener, una y otra vez, el orden existente frente a la anomía. A todas las amenazas de disolución social, el pensamiento reiterativo opone una estructura que tiene que reafirmar y reproducir continuamente. Su objeto es lo que puede repetirse, lo permanente, lo consabido, el orden y concierto sin fisuras, el uso, la costumbre, lo que se mantiene y resiste frente a la confusión y al desorden. Por eso, no ama las innovaciones; a lo desconocido e inclasificable prefiere la lealtad a las formas establecidas. Su objeto es "lo mismo".

"Lo mismo" es, en religión, las prácticas y creencias institucionalizadas, que guardan una relación controlada y probada con lo profano, resguardadas por las iglesias o las sectas. Protegen a la vez del vértigo de la duda y de la conmoción radical de cualquier manifestación insólita de lo Sagrado. "Lo mismo" es, en arte, las formas aceptadas por las academias, el dictado social del "buen gusto", el lugar común que no ofenda; pero también las modas y su demanda de "novedades" y distracciones continuas. En moral, "lo mismo" es el conjunto de opiniones, valoraciones y comportamientos convencionales, aceptados sin discusión. En el orden normativo, en general, "lo mismo" es el conjunto de preceptos éticos o jurídicos que mantienen una regulación permanente en el cuerpo social. En la ciencia, "lo mismo" es la llamada "ciencia normal", aceptada por las comunidades científicas. En la política, por último, "lo mismo" es el orden de poder estatuido.

En todos los campos de la cultura, el pensamiento reiterativo tiene por función mantener "lo mismo". Es el garante de la continuidad y del orden. Permite que el individuo acceda a la razón, por la forma y la estructura, en la seguridad y la confianza. Se justifica en la percepción de estructuras permanentes, en el cálculo de operaciones repetibles y en las valoraciones trasmitidas.

Las creencias sobre valores del pensamiento reiterativo se fundan en las que, en el capítulo 2, siguiendo a Salazar Bondy, llamamos "valoraciones derivadas". Éstas son trasmitidas por la tradición, la educación y la cultura general y afianzadas por el consenso. Pero las valoraciones "derivadas" tuvieron que fundarse, en último término, en experiencias personales. La tradición incorpora, trasmite e interpreta esas experiencias, cambiando a menudo su significado; el consenso de las comunidades pertinentes las avala. Entonces esas experiencias originarias se codifican, dan lugar a doctrinas establecidas y a comportamientos que siguen códigos aceptados. Al través de doctrinas y códigos subsiste la posibilidad de recuperar las experiencias personales originarias. Pero esa recuperación de lo auténtico ya no es asunto del pensamiento reiterativo.

MORALIDAD SOCIAL Y CULTURA

La moralidad social es compartida por un conjunto de personas y grupos en relaciones permanentes entre ellos. Se ejerce dentro de una asociación determinada. Es propia, por lo tanto, de una comunidad limitada, ya sea ésta una ciudad, una etnia, un pueblo, una nación. Una comunidad se comprende en relación a una cultura. La moralidad social forma parte de una cultura. Ahora bien, la identidad de una cultura se funda, en último término, en la adhesión colectiva a ciertos valores que otorgan sentido a la vida. El pensamiento reiterativo tiene por función mantener esos valores.

Una cultura puede distinguirse de otras por ciertas creencias básicas, compartidas por todos sus miembros, que son el supuesto tácito de todas las demás. Una comunidad cultural está constituida por todos los sujetos que comparten una forma de vida fundada, en último término, en la admisión de la superioridad de ciertos valores. Son éstos los que, en el seno de una comunidad cultural, dan la pauta para juzgar de la validez objetiva de cualquier valoración particular. Las creencias remiten, para justificar su verdad o probabilidad, a otras creencias, hasta llegar a ciertos supuestos básicos de toda creencia, que ya no son susceptibles de justificación. Son supuestos ontológicos acerca de lo que puede admitirse como realmente existente, supuestos epistémicos que establecen un criterio sobre lo que debe considerarse como una razón válida y supuestos valorativos sobre cuáles son los valores supremos. Estas creencias básicas colectivas indican las líneas generales en que el mundo se configura ante una cultura. Podemos denominarlas, por lo tanto, la "figura del mundo" de una cultura.

La figura del mundo varía de una cultura a otra. Los criterios admitidos para conceder la existencia de algo, la idea de lo que es "razonable" o "irracional", los valores supremos que dan sentido a la vida y por lo que vale la pena morir, varían en las distintas culturas. El choque entre ellas hace patente su incompatibilidad. Pensemos en la dificultad extrema de comunicación entre la cultura occidental y la de los pueblos que intentó someter, o en las diferencias insalvables entre la cultura greco-romana y la germana o la egipcia. Pero la figura del mundo también puede transformarse dentro de la misma cultura en los grandes cambios de época. En la cultura occidental, la figura del mundo de la antigüedad clásica se transforma en el Medioevo y éste a su vez da lugar a la figura moderna del mundo, a partir del Renacimiento. Y podemos preguntarnos si no estaremos ahora en los albores de una nueva transformación de la figura del mundo de la modernidad.

Pues bien, en cada caso, la moralidad social opera reiterando los valores básicos de la figura del mundo, que prestan unidad y sentido a una comunidad cultural. No pone en cuestión esos valores; hacerlo sería dar lugar a la disolución de la comunidad y abrir la puerta al caos. Pero los valores incontrovertidos, que conforman la figura del mundo, son generales y vagos. Deben ser interpretados. De hecho, cada clase, cada grupo social, cada escuela de pensamiento los comprende de manera distinta. Los valores últimos son aceptados por todos los sujetos de una cultura; corresponden, por lo tanto, a un interés general. Sin embargo, al ser interpretados por los diferentes grupos sociales, pueden presentarse en versiones que disfrazan los intereses particulares de esos grupos. Por otra parte, la interpretación de los grupos dominantes en la sociedad es la que priva en las creencias generales de esa sociedad. En la esfera política, la moralidad efectiva transmite una interpretación, entre otras posibles, de los valores superiores; la que es compatible con el sistema de dominación existente. Los valores que pretende inculcar son los que constituyen la figura del mundo de esa cultura, bajo una traza que los hace realizables en un sistema de poder determinado. La visión de la sociedad que trasmite es la que ya ha sido interpretada en un sentido, tejida y elaborada por las élites intelectuales del sistema, repetida por reglas y comportamientos convencionales que mantienen un poder. Entonces, se vuelve *ideología*.

En la cristiandad medieval, por ejemplo, el amor al prójimo en Dios (que hubiera podido conducir, en la corriente franciscana, a una sociedad igualitaria) es un valor supremo. La ideología imperante ofrece una interpretación: la acción caritativa, dentro de las organizaciones eclesiásticas. Esta interpretación no niega la figura cristiana del mundo, sólo da una versión de sus valores compatible con el sistema de dominación, al mantener la paciencia del pobre y la buena conciencia del poderoso. Otro ejemplo: Valor supremo de la modernidad es la libertad e igualdad de la persona (que anunciaría una sociedad emancipada de toda dominación). La ideología imperante la interpreta como el derecho de cada quien a su vida privada sin intervención del Estado. No niega el valor supremo de la dignidad de la persona, sólo lo presenta de manera de mantener la estructura individualista y competitiva de la sociedad, que justifica la desigualdad. Aun en culturas muy distintas a la occidental, podemos observar esta interpretación de sus valores básicos, que sirve para mantener un sistema de dominación. En la antigua sociedad azteca, un valor colectivo supremo era la unión del hombre con lo Sagrado cósmico, mediante la ofrenda. Pero la ofrenda puede comprenderse de una manera burda, como el sacrificio humano sangriento. Esta versión no niega los valores que rigen su figura del mundo, antes los refuerza, pero sirve al poder de la casta sacerdotal sobre su pueblo, y de la tribu azteca sobre sus vecinos.

La moralidad social cumple una doble función. Los valores básicos de una cultura son aceptados, en su vaguedad y generalidad, por todos los miembros de la comunidad, aunque bajo diferentes interpretaciones. En esa medida son valores de interés general. Su realización es un bien común. Pueden dar lugar, por lo tanto, a una *ética* fundada en razones aceptables por todos. Su orden normativo obligaría a todo miembro de la comunidad cultural a compartir esos valores. La moralidad efectiva, en la medida en que reitera la validez de los valores básicos, permite su realización, en el comportamiento social, su continuidad en el tiempo y su permanencia en un orden normativo válido para todos.

Pero al aceptar los valores básicos bajo una interpretación que beneficia el interés particular de los grupos dominantes, la realización de ese orden es también consolidación de una estructura de dominación. Los valores de interés general, al ser interpretados, sirven a un interés particular. Las reglas de la moralidad social son aceptadas espontáneamente, por imitación, sumisión o desidia, pero pueden también tratar de justificarse. Entonces pueden desembocar tanto en una ética del orden como en su interpretación ideológica. Tocamos así un concepto vago que ya hemos empleado sin precisarlo: ideología.

EL CONCEPTO DE IDEOLOGÍA

Pocos términos han sido utilizados con tanta amplitud y, a la vez, con tanta imprecisión como "ideología". Es moneda corriente en el lenguaje cotidiano, puebla las columnas de los periódicos tanto como sesudos ensayos de teoría política. Generalmente se emplea para referirse a cualquier conjunto de creencias colectivas destinadas a dirigir el comportamiento práctico. Por ello, las ideologías proponen valores a realizar y ofrecen una interpretación de la vida social que pretende traducirse en una acción política. A veces el término se refiere a las creencias mismas, otras a una manera o estilo general de pensar, a una mentalidad, otras más, en fin, al conjunto de enunciados que expresan esas creencias o a los comportamientos que inducen. Se entiende por "ideología" generalmente un marco de creencias y actitudes comunes a un grupo social que ordena las creencias de cada individuo perteneciente a ese grupo y le prescribe reglas de comportamiento. Son más resistentes a las innovaciones que los "credos" religiosos o morales y exigen un alto grado de adhesión afectiva. Esas creencias forman un sistema organizado que es aceptado por autoridad y cumple una función de dominio. Así, se habla de la ideología de un partido o movimiento político (la ideología anarquista, o nazi, o bolchevique), de una tendencia o mentalidad política (conservadora, liberal, monárquica), o de un grupo social (de los terratenientes, de la pequeña burguesía, del proletariado). Es esta noción ordinaria, de sentido común, la que se encuentra en algunos sociólogos anglosajones (Cfr., por ejemplo, E. Shils, 1968, D. Bell, 1962).

"Ideología" tiene aquí un sentido amplio. No dice nada acerca de la verdad o falsedad de los enunciados ideológicos. Lo que caracteriza a la ideología no es su relación con la razón, teórica o práctica, sino su función directiva del comportamiento. "Ideología", según esta acepción podría en principio aplicarse a cualquier conjunto de enunciados, justificados o no, con tal de formar un conjunto sistematizado, prescriptivo de una conducta y susceptible de una fuerte adhesión emotiva. No permite, por lo tanto, distinguir entre creencias justificadas en razones y otras irracionales, ni tampoco entre comportamientos conforme a normas éticas objetivamente válidas y acciones motivadas por intereses puramente subjetivos.

Un sentido distinto pero igualmente amplio, tiene el término en una interpretación marxista, cuyo principal antecedente no se encuentra en Marx, pero sí en el último Engels y en Lenin. Se entiende por "ideología" un conjunto de creencias condicionadas socialmente por las relaciones de producción. Las ideologías expresan una manera de ver el mundo y las relaciones sociales propia de cada clase, y responden a sus intereses particulares. Podría hablarse, por lo tanto, de una ideología "proletaria" frente a otra "burguesa" y de una ideología "verdadera" y otra "falsa". Más aún, como escribe A. Schaff, (1969) podría hablarse incluso de una "ideología científica". En esta interpretación, la noción de ideología está ligada a la de "superestructura". La ideología de cada clase representaría, en la "superestructura", su posición en las relaciones de producción.

Este segundo concepto de ideología la caracteriza por su condicionamiento o por su función social. Es tan amplio que, de hecho, puede aplicarse a cualquier conjunto de creencias, pues todas están condicionadas socialmente. Es un concepto sociológico que no incluye en la definición de "ideología" el carácter de creencia injustificada (de "falsa conciencia", en la terminología de Marx). No puede servir, por lo tanto, para demarcar creencias injustificadas, de otras fundadas en razones suficientes, ni para distinguir comportamientos orientados por intereses particulares de clase, de otros dirigidos por normas éticas, de la razón práctica. En realidad, si hemos de ser coherentes con esta noción de "ideología", toda moral resulta "ideológica", todo comportamiento social está dirigido por una "ideología". No es que este concepto sea falso, por supuesto, pero es de escasa utilidad como concepto teórico. Por otra parte puede dar lugar a ciertas confusiones.

En autores de tendencia estalinista, en efecto, el concepto amplio de "ideología" formó parte de una vulgata marxista-leninista, según la cual toda creencia está determinada por una situación de clase; las clases están en permanente antagonismo político, luego, se concluía, toda creencia pertenece a una "ideología" que refleja, en la "superestructura" ese antagonismo político. Así, se politizaba, de una forma simplista, toda creencia. Al considerar que toda creencia "refleja" la situación de clase de quien la sustenta, se transpuso la lucha de clases a la esfera de las creencias y los conocimientos. Los autores estalinistas no se cansaban de hablar de una "ideología burguesa" y otra "proletaria" y pusieron especial cuidado en situar cualquier expresión cultural, incluso la ciencia, en una u otra de esas categorías. No todos los autores marxistas que sostuvieron el concepto amplio de ideología cayeron en esas aberraciones, pero su concepción no contiene ninguna nota que permita evitarlas.

A esa acepción amplia de "ideología" cabe oponer un concepto estricto, que nos permita establecer una demarcación precisa entre las creencias y enunciados ideológicos, por una parte, y los científicos y éticos, por otra. Ese concepto es el que se encuentra en Marx y en los escritos que Engels firmó con él, aunque adolezca en esos autores de cierta imprecisión. En otros trabajos he intentado precisar ese concepto "estricto", en oposición a las acepciones anteriores. Ahora sólo habré de recordarlo.[2]

El concepto estricto de ideología no se aplica a todas las creencias y enunciados condicionados socialmente, sino sólo a aquellos que cumplen con ciertas características.

Las creencias compartidas por un grupo social son ideológicas si y sólo si:

1) No están suficientemente justificadas; es decir, el conjunto de enunciados que las expresan no se funda en razones válidas.

---

[2] La oposición entre el concepto "amplio" de ideología y este concepto "estricto", dio lugar a una polémica entre A. Sánchez Vázquez y yo. Sobre esa discusión y sobre ambos conceptos de ideología, puede verse: A. Sánchez Vázquez (1983a, 1983b, 1993), Mariflor Aguilar (1993, 1994) y L. Villoro (1985, 1986, 1993, 1994).

2) Cumplen la función social de promover el poder político de ese grupo; es decir, la aceptación de los enunciados en que se expresan esas creencias favorece el logro o la conservación del poder de ese grupo.

Este concepto de ideología es una síntesis de un concepto sociológico (creencias que cumplen una función social) y un concepto gnoseológico (creencias insuficientemente justificadas). Gracias a esa síntesis, tiene un valor teórico irremplazable por otros conceptos: permite explicar una forma de creencias erróneas, por la función política que de hecho cumplen. Hay creencias falsas porque su justificación racional es errónea, pero hay otras —las ideológicas— que se aceptan por motivos sociales, aunque sean injustificadas. El concepto estricto de ideología permite así cernir una forma especial de falsedad, ligada a la estructura de dominación. Y es eso lo que, en mi opinión, quería lograr Marx con su noción de "conciencia falsa".

La ideología responde al interés particular de poder de un grupo social. Pero no puede imponerse a los demás sin hacerse pasar por el término de un interés general. Así logra ser aceptada. La ideología consiste en una operación mental por la que los valores subjetivos, propios de un grupo, se presentan como si fueran valores objetivos.

Las creencias ideológicas no pueden aducir una justificación suficiente para aceptar, con razonable seguridad, su verdad. Lo cual no quiere decir que no intenten justificarse. En efecto, toda creencia aduce razones. Igual las ideológicas. Sólo que, en ellas, el proceso de justificación no se funda en razones incontrovertibles, como en la ciencia, ni tampoco en un conocimiento personal, basado en valoraciones originarias sometidas a crítica, como en la ética. En la ideología el proceso de justificación se detiene o desvirtúa por efecto de los intereses particulares. Éstos obran en la argumentación o deliberación racionales, para detener el proceso de justificación, dar por fundadas creencias que no lo están o conceder mayor peso a unas razones sobre otras mejores.[3] Así, los intereses particulares pueden distorsio-

---

[3] En 1982, cap. 5 intenté mostrar cómo los motivos (que incluyen intereses) intervienen en la aceptación o en el rechazo de razones que justifican creencias. A ese texto remito al lector.

nar los procesos racionales y dar por fundadas creencias irracionales. Las ideologías consisten en un engaño: presentar creencias que responden a motivos interesados, como si se fundaran en razones válidas para todos.

No se trata, sin embargo, de un engaño consciente. Si así fuera, no sería tan difícil librarse de su yugo. Quien está sometido a una ideología cree sinceramente que sus creencias están fundadas en razones suficientes; no se percata de que, en realidad, las acepta por motivos particulares. En el momento en que se percatase de ellos, empezaría a dudar de su ideología. Por eso la crítica de una ideología sólo es eficaz si logra desenmascarar los intereses específicos que encubre.

Las ideologías satisfacen deseos de quienes las comparten: necesidad de sentirse partícipes de una colectividad, de encontrar en ella protección y reconocimiento, de compartir su poder. Son indispensables también para mantener la cohesión interna de un grupo. Las creencias compartidas disponen a cada uno de sus miembros a actuar en favor de la integración, la defensa y la preeminencia del conjunto. Mantienen la identidad colectiva, la unidad y permanencia del grupo, defienden sus objetivos comunes frente a los ataques exteriores o refuerzan su poder sobre otros grupos. Pero para que esos deseos y necesidades particulares se satisfagan es menester que tanto los miembros del grupo como los que no pertenecen a él, se convenzan de que las creencias del grupo responden al interés de todos. El ideólogo presenta las creencias que lo benefician, como si respondieran al bien general. La ideología dominante en una formación social sostiene que lo bueno para el mantenimiento del sistema es objetivamente valioso. La situación social existente aparece como la que realiza o realizará las notas que caracterizan a una sociedad deseable para todos. Así puede justificar y reproducir la situación existente. Las ideologías de los grupos disidentes, en cambio, aducen doctrinas que pretenden elevar a rango de validez general su necesidad de cambios. Así justifican su intento de acceder al poder político. En uno y otro caso, la ideología cumple una función precisa: reforzar la cohesión en lo interior y el poder en lo exterior de un grupo o una clase, ya sea para sostenerlo en el dominio político o para obtenerlo.

TIPOS DE IDEOLOGÍA

Según la función que cumplan, en uno u otro sentido, podríamos dividir las ideologías en aquellas cuyo efecto es el mantenimiento del sistema de poder existente y aquellas que lo subvierten. Las primeras corresponden a un pensamiento reiterativo. Puede tratarse de ideologías propias de un partido o grupo determinado, que comparte una posición de poder; o bien, se trata de la ideología del Estado o del partido que lo controla, que se convierte en hegemónica. De cualquier modo, la ideología sirve para reproducir una estructura de dominio.

En el caso de grupos, clases o partidos que luchan por acceder al poder político o, al menos, por ganar espacios en él, sus ideologías tienen una función contraria. Tienden a romper, a subvertir el orden de dominación existente, ya sea en su totalidad o en parte. Podríamos llamarlas "ideologías disruptivas". Éstas coinciden con un género de utopías, las "utopías concretas". Por ello nos detendremos en ellas en el capítulo siguiente.

Lo que hace que una ideología refuerce el sistema imperante o lo subvierta no es el contenido de sus doctrinas, sino la función que de hecho ejerce en una situación determinada. Es en los efectos de una práctica política donde se puede establecer la distinción. Una ideología nacionalista, por ejemplo, tiene una función disruptiva en una situación de dominio colonial; pero la misma doctrina puede adquirir un sentido conservador del régimen, una vez obtenida la independencia. El liberalismo fue disruptivo frente al Antiguo Régimen, reiterativo, en el capitalismo moderno, disruptivo de nuevo en los fines del "socialismo real". A su vez, las doctrinas socialistas fueron la mayor fuerza subversiva del capitalismo, para convertirse, en los países en que alcanzaron el poder, en ideologías reproductoras de un nuevo sistema de dominación.

Por lo general, la mayoría de las ideologías disruptivas, cuando logran el poder político, se enfrentan a un trágico dilema. Una posibilidad es continuar las transformaciones políticas programadas, desde el poder, prolongando así su función disruptiva; el Estado se convierte entonces en factor del cambio. Pero esto es sumamente difícil en la práctica. De hecho las revoluciones triunfantes sólo lo logran por una breve etapa; después, tienen que sucumbir a la razón de Estado: mantener el poder y, por lo tanto, el sistema de dominación existente. La segunda posibilidad es reinterpretar la ideología, de manera que justifique una función contraria a la que cumplía antes. El nuevo poder se presenta *como si* realizara una función subversiva, cuando en realidad refuerza su dominio. Todas las revoluciones de la época moderna, una vez lograda la victoria, se enfrentan a ese dilema. Las revoluciones liberales de los siglos XVII y XVIII, después de echar abajo el Antiguo Régimen, oscilaron un tiempo entre la ruptura y la continuidad, hasta desembocar en ideologías del mantenimiento del nuevo poder republicano. Las doctrinas liberales y democráticas sirvieron para ambos propósitos: por un tiempo, para transformar el régimen antiguo, luego, para justificar el nuevo. Las revoluciones socialistas del siglo XX estaban dirigidas por una doctrina, la más subversiva del régimen capitalista; al llegar al poder, intentaron realizar la transformación de la sociedad, desde una dictadura estatal; lo lograron durante un tiempo limitado, para convertirse después en el dogma reiterativo del nuevo orden político; bastaron retoques en la doctrina para justificar ese cambio en su función política. Las ideologías socialdemócratas, en fin: cuando los partidos socialistas se convierten en gobierno, después de un breve lapso en que introducen reformas limitadas, toman regularmente el cariz de defensores de la situación existente. En la mayoría de los casos la doctrina ideológica es reinterpretada o retocada, pero no abandonada. Porque no es la teoría sino la función que cumple en la práctica, la que determina si una ideología sirve al mantenimiento de un sistema de poder o a su ruptura.

Otra distinción útil clasificaría las ideologías por el mayor o menor peso que tengan en ella las teorías. Todas las ideologías pretenden justificarse en razones, por lo tanto todas presuponen ciertas creencias básicas que se quieren racionales. Pero éstas pueden reducirse a un mínimo y dejar un amplio espacio a la función probatoria de los resultados en la práctica; estaríamos entonces frente a ideologías más "pragmáticas" que teóricas. En otros casos, las ideologías aducen para su justificación teorías complejas, que pretenden explicar todos los procesos sociales; la práctica política debe ser dirigida, en cada caso, por esas teorías. Se trataría entonces de ideologías predominantemente "doctrinarias". Entre unas y otras caben, desde luego, muchos casos intermedios.

¿Qué ideología tiene un funcionario de una gran empresa capitalista? Se reduce probablemente a unas cuantas creencias muy simples sobre los valores atribuidos al mercado y a las libertades individuales, a las que se añade la convicción de que los beneficios de la empresa ayudan a la riqueza general. Esas creencias pueden remitir a la doctrina del liberalismo económico, pero no es necesario que el funcionario en cuestión aduzca esa teoría; le basta, para justificar su acción, con aquellas pocas creencias elementales. Porque lo que le importa es tener éxito en cada situación concreta, con el convencimiento de estar justificado. Su ideología se manifiesta más en la práctica que en la formulación de doctrinas. Por lo demás, los ideólogos conservadores de los países desarrollados no suelen acudir a complicadas teorías. Bastan unas cuantas convicciones básicas. Los programas políticos de los partidos conservadores se refieren más a problemas circunstanciales por resolver, que a grandes proyectos intelectuales. Por otro lado, la tesis del "fin de las ideologías" expresa esa actitud, más pragmática que teórica. La tesis anuncia el término de las ideológicas doctrinarias, pero no atañe a esas otras ideologías que se manifiestan en el comportamiento práctico, sin acudir a grandes disquisiciones teóricas. De hecho, la propuesta del "fin de las ideologías" funge como una ideología pragmática ella misma, puesto que sirve para desprestigiar las ideologías "disruptivas" y para reiterar la validez de un orden político y social, inmune a la acción subversiva de las doctrinas que proponen un cambio.

En el otro extremo, podemos colocar a las ideologías "doctrinarias", características de la época moderna. Fascismo, nacional-socialismo, anarcosindicalismo, marxismo en sus múltiples variantes, son doctrinas muy distintas; lo único que tienen en común es justamente eso: ser doctrinas omnicomprensivas de la sociedad y de la historia. Constituyen un cuerpo teórico sin fisuras, que justifica las metas de la acción política, establece las maneras de alcanzarlas y explica la dinámica real de los procesos históricos. Toda práctica transformadora de la sociedad, toda acción para lograr o mantener el poder, sólo se comprende a partir de la doctrina. Por eso una acción política eficaz presupone una comprensión correcta de la teoría.

Entre uno y otro polo, están ideologías en las que las ideas teóricas son simples y generales y se deja su interpretación al comportamiento en cada situación. Antes de la época moderna, no existía aún el culto por una razón omniabarcante y totalizadora. En consecuencia, las ideologías se reducían a unos cuantos principios teológicos y filosóficos, interpretables de variadas maneras y con escaso poder explicativo. El "derecho divino" de los reyes, la teoría de la dualidad de poderes, eclesiástico y secular, la idea del doble contrato social, de asociación y de sujeción, fueron en la Edad Media doctrinas bastante simples, alejadas de la complejidad teórica de las ideologías modernas. Pero bastaban para justificar, en cada caso específico, un poder político; era en cada circunstancia concreta donde cobraban su significado preciso. También en nuestro tiempo, podemos notar ideologías menos doctrinarias que las mencionadas antes. Son menos totalizadoras; no tienen pretensión de ofrecer explicaciones globales; dejan, por lo tanto, un mayor lugar a diferentes maneras de aplicarlas en la práctica. Ejemplos: la ideología demócrata cristiana, el laborismo británico, los populismos latinoamericanos, la social democracia europea actual. El caudal teórico se reduce, en esos casos, a principios generales, a menudo expresables en enunciados de valor, lo suficientemente laxos para admitir variadas interpretaciones y comportamientos prácticos en situaciones diferentes. Importa más la manera como esos principios se concretan en programas específicos que su consistencia teórica.

Según la función que ejerzan, las ideológicas "pragmáticas" pueden ser reiterativas de un sistema de dominio (el neoliberalismo, por ejemplo), o disruptivas (como el reformismo laborista). Igual sucede con las ideologías "doctrinarias": las hay reiterativas, por la función que ejercen (la versión estalinista del marxismo es un caso) y disruptivas (el marxismo, antes de su coagulación en sistema).

Ideología y ética

El concepto amplio de ideología no permite distinguir entre ideología y ética. Toda ética sería ideológica. No habría moral

que no respondiera a la universalización de un interés particular, de clase o de grupo. Por consiguiente, todo valor moral sería
relativo a los sujetos que lo proyectan y estaría determinado por
su situación social. No tendríamos una garantía racional de la
objetividad del valor, más allá del punto de vista del grupo que
lo sustenta. Ya vimos en el capítulo anterior, a dónde condujo
esa tesis en la interpretación cientificista del marxismo. Impidió
la elaboración de una ética fundada en razones válidas con independencia de la clase; lo que es más grave: justificó una transformación política que respondía al interés de un grupo reducido, sin parar mientes en la realización de valores éticos. La
ausencia de distinción entre ética e ideología propició supeditar
la moral a la voluntad de poder.

El concepto estricto de ideología, en cambio, permite distinguir entre ideología y ética. No toda moral es reducible a simple
ideología. Las ideologías presentan como valores objetivos los
que responden a las necesidades de un grupo; la ética, en cambio, está constituida por enunciados que se fundan en razones
válidas con independencia del punto de vista de cualquier grupo
específico; se refieren, por ende, a valores objetivos. Las ideologías acuden principalmente, para justificarse, a prejuicios, convenciones, tradiciones, argumentos de autoridad, sus razones no
resisten una argumentación crítica; la ética, en cambio, se funda
en las razones que validan un conocimiento personal y pueden
confirmarse en "valoraciones originarias". Las ideologías son
motivadas por el afán de poder, la ética, por la tensión hacia el
valor. Pero, antes que por sus motivaciones psicológicas, pueden
distinguirse por la función social que cumplen: la una sirve a la
dominación de un grupo, la otra, a la realización del bien común.

Sin embargo, la distinción entre ideología y ética no es ta-
jante. En efecto, para aumentar su fuerza de convencimiento,
las ideologías incorporan elementos de la ciencia y de la tecnología de la época. Éstos ayudan a hacer pasar sus creencias por
verdades objetivas. En la "ciencia normal" escogen las teorías
y los datos empíricos que pueden adaptarse a sus ideas.
Aparecen así las ideologías con un ropaje aceptable de suyo. Con
el mismo objetivo, incluyen también doctrinas morales. Todo
poder pretende legitimarse con un discurso que contiene

algunos principios éticos. A nombre de la realización de ciertos valores aceptables por todos, se justifica su dominación. A la vez que cumplen la función de reforzar un poder, las ideologías promueven la realización de comportamientos morales. No son conjuntos de creencias que remplacen los valores morales por la cínica manifestación de un poder, porque, para convencer, deben ofrecer también un contenido ético. En eso consiste justamente la astucia de las ideologías. Su mayor hazaña es reforzar el poder de un grupo al transmitir a la sociedad global una moral que aparezca conforme al valor. Lo logra al presentar el poder de un grupo como si cumpliera valores objetivos. Su operación no consiste en remplazar una doctrina ética, sino en distorsionarla. En la esfera social, promueve una moralidad efectiva, en la que se realizan virtudes que, a la vez, mantienen el sistema de dominación; en la esfera propiamente política, orienta hacia la realización de valores que, a la vez, adecuadamente interpretados, propician la adhesión a una situación de poder.

Todas las ideologías, aun las más atroces, hablan a nombre de valores. Al interpretarlos de modo que parezcan realizados en una práctica de poder, los distorsionan; pero, en la distorsión, los comunican. La práctica de la Inquisición no se entiende sin la voluntad de realizar, a su manera, una moral religiosa de la salvación del alma. El individualismo salvaje del capitalismo competitivo se lleva al cabo en nombre de una ética de la libertad de la persona. La manipulación autoritaria de los gobiernos derivados de la Revolución Mexicana invoca los ideales sociales de ese movimiento. Y aun los peores totalitarismos pretenden respaldarse en una ética superior. ¿No alentaba el estalinismo la moral comunitaria del "hombre nuevo"? ¿Detrás del siniestro nazismo no se asomaba la ética del "superhombre" liberado de toda servidumbre?

Las ideologías tratan de conciliar dos discursos: un discurso ético y otro del logro del poder. Pero el discurso ético puede mostrarse, de hecho, en contradicción con la situación de poder que intenta justificar. El peso de las fuerzas históricas puede ser tal que el mantenimiento del poder realice un estado de cosas contrario al proclamado por los principios que reclama. Entonces, el ideólogo tiene que reinterpretar los dos discursos opuestos de manera que se oculte la contradicción. Todo mantenimiento de la dominación se basa en ese engaño. Los jacobinos justifican su poder en un pensamiento libertario y, para sostenerlo, ejercen el terror. El liberalismo clásico proclama una sociedad de hombres libres e iguales ante la ley, y los regímenes burgueses en el poder establecen un orden económico que, de hecho, coarta la libertad real de un gran número. El marxismo-leninismo proyecta una sociedad liberada de la enajenación y desemboca en un Estado burocrático totalitario. Muchos partidos socialdemócratas o populistas acceden al poder con el objeto de reformar un estado social injusto y se ven obligados a administrarlo. El actual "neoliberalismo" proclama las virtudes de un "mini-Estado" en favor de la autonomía individual, y tiene que frenar los programas sociales que protegen la autonomía real de la mayoría. En todos los casos, el grupo dominante tiene que manejar dos discursos: el que postula un proyecto conforme al interés general y el que responde a las necesidades del poder.

El pensamiento ideológico pretende conciliar esos dos lenguajes. Responde a la necesidad de ocultar la contradicción entre la práctica del poder y los principios éticos que podrían legitimarlo. Supone una hazaña lingüística: borrar con las palabras la contradicción lógica entre un discurso que, por principio, niega la situación de dominación y otro cuyo objetivo es exponer los procedimientos necesarios para mantenerla. Tiene que efectuar así una labor de enmascaramiento: oculta el lenguaje descarnado del poder bajo el lenguaje del valor.

El engaño ideológico acude a varios procedimientos. El más obvio es la interpretación interesada de los principios que proclama. A los principios éticos más generales se añaden argumentos y doctrinas subsidiarias que permiten darles una interpretación consistente con el mantenimiento del poder por el grupo. Por ejemplo, en el catolicismo, al deber de trasmitir a todos los pueblos la Buena Nueva, se añade la doctrina de la responsabilidad exclusiva de la Iglesia y el Rey católico en esa misión; con ello se justifica en la Revelación, la conquista. Otros casos: la ética de la libertad individual se complementa con la tesis de que ésta no es posible sin la libertad económica: el neoliberalismo queda vindicado. El dominio de las clases trabajadoras se interpreta como dictadura del partido que pretende representarlas: el Estado totalitario está justificado.

Este procedimiento que es patente en las ideologías "reiterativas" es menos claro en las "disruptivas", puesto que ellas no tienen que justificar un poder que aún no sustentan. Sin embargo, también se da a menudo en ellas. Entonces se añaden a los principios éticos, interpretaciones que justifican las prácticas concretas de un grupo en nombre de esos principios. Basta recordar el populismo demagógico, en que un caudillo o un partido se presenta como defensor exclusivo de intereses populares, o las prácticas manipuladoras de los grupúsculos de "izquierda" que manejan a su favor las asambleas bajo la excusa de la democracia directa. En estos casos, la ideología añade a los valores que proclama una interpretación que permite que un grupo o persona se los apropie.

La doctrina ética que invoca una ideología no es, ella misma, necesariamente ideológica. Puede responder a un interés general y fundarse en razones válidas. La ideología consiste en la interpretación interesada de esa doctrina y en la argumentación que permite derivar de ella la justificación de un poder político. El enunciado "x es objetivamente valioso", que formaría parte de una ética, puede no ser falso; el razonamiento: "x es objetivamente valioso; la situación de poder p realiza x; luego, p es objetivamente valiosa" puede, en cambio, formar parte de una ideología. La menor se basa en una interpretación de x que no deriva de la mayor ni puede aducir razones válidas. Aunque la mayor podría estar justificada, la conclusión no lo está. Así, una ideología, aun siendo falsa, puede incluir proposiciones éticas justificadas.

Procedimiento del pensamiento ideológico es presentar como si fuera válido para todos aquello que sólo lo es para un grupo particular. Lo que un grupo considera su bien, se enuncia sin discusión, como el bien común. "Lo que es bueno para la General Motors, lo es para Estados Unidos" fue, durante un tiempo, lema simbólico de una ideología capitalista. Pero, en el otro extremo del espectro político, funcionó una sentencia semejante: "Lo que es bueno para la U.R.S.S., es bueno para el proletariado mundial".

De todos modos, no hace falta fijarse en los grandes sistemas ideológicos para observar este fenómeno; también lo advertimos en campos específicos del pensamiento. Por ejemplo, los miembros de las asociaciones "Pro vida", favorables a la represión jurídica del aborto, sostienen que el aborto es el asesinato de una persona humana. Ésta es una valoración particular, que puede o no ser cierta, pero que no está fundada en datos científicos (la mayoría de los biólogos se inclinarían más bien a pensar que la persona humana implica el desarrollo del sistema nervioso central, lo que sólo se realiza varias semanas después de la concepción) ni tampoco es compartida por todos, pues muchos disienten de que el feto tenga las características de una persona. Al respeto a la vida humana, valor ético objetivo, que todos admitirían, se añade así una interpretación particular que pretende tener la misma justificación, pero que, en verdad, no está fundada en razones admisibles por todos. Se hace pasar por valor objetivo lo que es válido ante una opinión particular. Podríamos multiplicar los ejemplos. Las opiniones subjetivas pueden fácilmente presentarse, sin discusión, como universalmente válidas: en esto consiste la falsía de toda posición ideológica. La posición libre de distorsión ideológica no consiste en negar simplemente lo que dice la ideología, sino en restablecer la distinción entre principios éticos y valores subjetivos. Distinguir, en nuestros ejemplos, entre el valor objetivo de la riqueza como bien común y el beneficio particular de la General Motors; entre lo conveniente para las clases explotadas y los intereses de un país; entre el resguardo de una vida humana y su aplicación discutible al feto, y así sucesivamente.

La distorsión de los valores éticos objetivos por los subjetivos suele expresarse en el lenguaje. Hay enunciados descriptivos, cuyo sentido cambia según sean usados en un discurso de contenido moral o en el lenguaje del poder. "Democracia" o "socialismo" no quieren decir lo mismo al ser utilizados en una teoría filosófica o en un discurso de apoyo al régimen capitalista, en un caso, totalitario, en el otro. Igual sucede con enunciados valorativos que incluyen términos como "libertad", "paz", "solidaridad", cuyo sentido varía de la doctrina ética invocada, a su empleo en los discursos ideológicos. No me detendré en este punto por haberlo tratado, con mayor extensión, en un trabajo anterior (1985, 36).

La ideología es pues un pensamiento ambiguo. Entraña una reflexión sobre la sociedad deseable; maneja una concepción ética por lo tanto, y, al mismo tiempo, una aceptación consciente de los medios necesarios al logro efectivo del poder o a su mantenimiento. Intenta hacer consistentes esos dos componentes de su discurso. Por una parte, el discurso que propone una sociedad posible conforme al interés general, debe distorsionarse para hacer creer que se cumple en la sociedad real. Por otra parte, el discurso que se refiere a factores del poder real, tiene que presentarse como si fuera conducente al valor.

Descubrir la función de dominación bajo el pensamiento reiterativo, denunciar el engaño de las ideologías políticas no se logra sin una ruptura. Frente a las normas de la moralidad reiterativa, cabe una moralidad disruptiva, frente a las ideologías políticas, la utopía. Éste es el tema del capítulo siguiente.

9. EL PENSAMIENTO DISRUPTIVO. LA UTOPÍA

MORALIDAD DISRUPTIVA

El acceso a una forma superior de moral supone poner en cuestión las prácticas convencionales de la moralidad social. Puede darse el caso de que, en algún punto, ya no se siga espontáneamente sus reglas. El individuo empieza entonces a tomar distancia frente a sus prácticas, primero, frente a las normas que las orientan, después; se interroga por qué debe seguirlas. En ese momento, al tomarlas por objeto, empieza a situarse fuera de ellas. Pretende entonces juzgarlas.

Al comportamiento confiado en los valores comúnmente aceptados, en su interpretación convencional, puede suceder la conciencia de que la moralidad reiterativa no realiza, en realidad, los valores que pretende. Se advierte una distancia entre lo que proclama y lo que practica. La moralidad social predica, por ejemplo, la caridad y practica la indiferencia, cuando no el desdén hacia el otro; proclama la libertad y ejerce la represión; disfraza la codicia, de servicio a la sociedad, la envidia, de sana competitividad. La moralidad existente puede revelarse el reino de la hipocresía. Sus reglas y costumbres permiten mantener la buena conciencia, sin condenar el engaño. Las virtudes propias de cada capa social ocultan, a menudo, defectos contrarios. La virtud militar no es sólo valentía y honor, es también prepotencia y crueldad; las virtudes del señor ocultan, tras la magnanimidad, el contento de sí y la arrogancia; la eficacia del funcionario es un velo de su afán de dominio; las virtudes del sometido, en cambio, so capa de humildad esconden resentimiento. Las instituciones ocultan, con proclamas de fines elevados, las luchas de intereses; los ordenamientos legales, la voluntad de los poderosos.

El descubrimiento de la hipocresía a que da lugar la moral reiterativa puede tener un efecto destructor; conducir al desencanto de toda moralidad social, por falsa. La persona elige entonces mantenerse al margen de sus reglas y costumbres, perdida la fe en la moralidad vigente. Elige la marginalidad como reto al "hombre normal". La ironía, el sarcasmo del cínico, el desorden buscado del esteta, la provocación del "pelado", la elección del desamparo del vagabundo son otras tantas vías de rechazo a la moralidad reiterativa. Todas se quedan en la negación.

Pero existe otra alternativa: la búsqueda de una moralidad superior. Frente a la moral del orden, la autenticidad. Denunciar la falsía y recuperar los verdaderos valores, proclamados pero incumplidos. Ser auténticos: hacer coincidir las creencias que efectivamente rigen el comportamiento con las creencias profesadas; acabar con el fariseísmo y la hipocresía, ser lo que se proclama.

La moralidad social —dijimos— sigue una práctica tradicional, en la cual las experiencias personales del valor se encuentran codificadas, convertidas en comportamientos convencionales que a menudo han olvidado su sentido original. Al cobrar distancia de esas prácticas, podemos intentar revivir la experiencia personal perdida bajo las máscaras que la cubren. Volver a lo auténtico puede consistir, entonces, en revivir en su pureza los valores originarios que la misma moralidad efectiva proclama pero no cumple. Se trata de un movimiento espiritual de retorno al origen, ansioso por hacer de lado las escorias con que lo han ahogado barberos y sacristanes. Muchas de las grandes reformas morales han tenido esa traza.

Pero la ruptura de la moralidad reiterativa puede seguir su búsqueda de la autenticidad por otra vía: oponiendo a la moralidad social existente otra superior. Se deja de prestar obediencia, entonces, a los dictados de la moral consensual y se intenta seguir los que señala la propia razón. En ambas vías, ante la moral reiterativa se abre otra posibilidad, la de una moral disruptiva.

Establecer una distancia con la moralidad convencional implica poner en entredicho, total o parcialmente, el consenso social. En lugar de seguir lo acostumbrado, el individuo atiende ahora a su experiencia personal; en vez de oír a los maestros exteriores, escucha al "maestro interior", en lugar de las voces ajenas, discurre la voz propia. Es un paso decisivo, de seguir la convención aceptada, a seguir la propia razón.

Una moral disruptiva perseguiría la autenticidad frente a la falsía, la autonomía frente a la ciega obediencia.

En la esfera individual, este movimiento puede acompañarse de una nueva búsqueda de la identidad personal, pero ahora en un nivel distinto. Ya no me identifico con las diferentes imágenes que la sociedad me atribuye, según los roles que desempeño. Dejo de verme reflejado en lo que ella espera de mí, según la posición que ocupo. Establezco una distancia; juzgo. Entre la multiplicidad de rostros que la sociedad me atribuye, forjo una unidad en la que pueda reconocerme. Ya no seré lo que los demás, mi propio pasado, mi posición social me dicen que soy. Proyectaré libremente lo que quiero ser. Me identificaré con esa imagen que he forjado. Abrazaré mi vocación elegida. Intentaré ser fiel a ella y no a las reglas impuestas; trataré de llegar a ser "yo mismo". Ahora el "sí mismo" es elegido y no sólo reconocido por el orden social. Con todo, no podré evadirme de mi situación; tendré que elegir a partir de mi circunstancia concreta, rechazando algunos de sus elementos, aceptando otros. Igual con el propio pasado. La tarea de este segundo nivel de identidad será integrar el pasado, individual y social, en el proyecto elegido, conjugar vocación y contingencia.

Un paso análogo hacia un segundo nivel de identidad puede darse, de manera colectiva, en un pueblo. Entonces la conciencia colectiva ya no se identifica, sin ponerla en cuestión, con la tradición. Ahora puede separarse de las ideas y formas de vida heredadas que repite la moralidad efectiva, y elegir para sí un proyecto colectivo nuevo, que realice fines y valores superiores. Su reto es entonces integrar el pasado en ese proyecto colectivo. Para ello necesita reinterpretar la historia en función del futuro elegido. (Cfr. Villoro, 1994b).

Hasta aquí, en el campo de la moralidad social. Pero podemos señalar un movimiento análogo en la esfera de la política, respecto de las ideologías. Miembros de un grupo social empiezan a cobrar conciencia de su separación de las creencias hegemónicas en la sociedad; llegan a comprender que los valores pretendidamente generales que proclaman esas creencias no coinciden con los del grupo, ni los comportamientos políticos que impulsan les son favorables. Al distanciamiento respecto de la ideología dominante sucede la conciencia del engaño. Se descubre la discrepancia entre los valores manifestados y la realidad. Se revela el encubrimiento de los intereses particulares bajo la pretensión de fines universales. No reconocerse ya en la ideología imperante, implica dejar de seguirla. A la reiteración sucede la ruptura.

También aquí cabe una alternativa. O bien el desencanto de toda ideología, el desinterés por cualquier programa político, el retraimiento de la vida pública, la marginalización. O bien la apertura a otro conjunto de creencias que expresen, de manera auténtica, los deseos reales del grupo y que correspondan, en verdad, al interés general. Si la ideología consiste en encubrir intereses particulares de dominación, habrá que oponerle creencias libres de esa mistificación, justificadas en razones válidas.

Ciertas condiciones favorecen ese movimiento de ruptura, tanto en la esfera individual como en la política. El distanciamiento ante la moralidad efectiva puede ser propiciado por formas de vida que inducen a actitudes de disenso: espirituales, en sectas o comunidades religiosas, críticas, en actividades científicas, o simplemente marginales. En lo que atañe a las ideologías políticas son las clases o grupos sociales que no comparten los beneficios del sistema de dominación, los que se encuentran en situación más favorable para poner en cuestión la ideología dominante.

Otro elemento condicionante de la aparición de una moralidad disruptiva es la preexistencia de un pensamiento disidente anterior, cuyos ecos subsisten en el pensamiento vigente, en forma encubierta o reinterpretada. La nueva moralidad disruptiva puede entonces recuperar ese pensamiento y renovarlo. La mayoría de los movimientos espirituales innovadores no nacen de cero, invocan corrientes de pensamiento anteriores, disidentes de las concepciones hegemónicas. Pero ninguna condición es determinante con necesidad; el despertar de la conciencia crítica es asunto de cada persona. La pertenencia a un grupo marginado o a una clase explotada señalan tendencias al inconformismo, pero no lo determinan. El disenso, en la acción y en el pensamiento, es fruto de la libertad.

La distancia crítica frente a la moralidad efectiva, en el campo individual y social, frente a la ideología, en la esfera política, forman parte de un pensamiento disruptivo. Al cobrar conciencia de la falsía del pensamiento reiterativo, nos percatamos de su separación de la realidad. Sus fórmulas repetidas, esclerosadas, expresan una mera apariencia. Lo que verdaderamente es, permanece cubierto por el discurso reiterativo. Porque la verdad está en lo reprimido, ignorado, marginado, está en "lo que no debe decirse", en "lo otro" del discurso habitual. La realidad auténtica tiene que ser descubierta. Para ello es menester una reforma del entendimiento y una transformación del discurso. El pensamiento disruptivo intenta llegar a la realidad, rompiendo las creencias convencionales que la encubren y su repetido discurso. Esa realidad es distinta a la proclamada por las convenciones habituales. Si el objeto del pensamiento reiterativo era "lo mismo", lo usual y consabido, el del pensamiento disruptivo es "lo otro". La realidad rebasa siempre nuestros sistemas de creencias y discursos aceptados, hay que saltar sobre ellos para acercárnosla.

El pensamiento disruptivo en la ciencia, se ejerce cuando enfrenta los problemas de la "ciencia normal", formulando nuevas hipótesis o teorías que sacuden las doctrinas aceptadas y transforman nuestra manera de ver el mundo. La formulación de nuevas teorías suele ser producto de una intuición intelectual que rompe los esquemas conceptuales arraigados y, sólo por ello, puede aproximarse más a la verdad. Su confirmación en la experiencia nos acerca a esa realidad siempre otra, por principio inalcanzable.

El pensamiento disruptivo se manifiesta también en otros campos del conocimiento, que no pueden alcanzar un saber objetivo, semejante al de la ciencia, y se basan en un conocimiento personal. En religión, es el paso de la obediencia ciega a los dictados de las iglesias y las sectas a la aprehensión —así sea instantánea— de lo absolutamente otro: lo Sagrado. Apertura a una experiencia personal de aquello, indecible, encubierto por los dogmas; tránsito a formas de vida que realicen valores religiosos auténticos, más allá del seguimiento mecánico de preceptos eclesiásticos. En arte, el desdén de las academias y los gustos establecidos y el vuelo de la imaginación hacia formas nuevas, hacia maneras inéditas de ver el mundo; invención de estructuras, exploración de ritmos, de disonancias, de tonalidades desconocidas, de las infinitas posibilidades de belleza que constituyen la realidad. El arte disruptivo, al liberar impulsos inconscientes reprimidos y dejar en libertad la fantasía, enseña a la vez a mirar la inagotable multiplicidad de lo real.

En la esfera moral, la crítica de la moralidad social abre la posibilidad de una ética justificada en razones compartibles y no en el consenso de la sociedad; una ética que remite a valoraciones originarias sometidas a crítica, y no se guía ya por valoraciones derivadas. La posibilidad de una ética crítica irrumpe en el orden normativo aceptado y lo desarticula. En la vida individual orienta hacia un comportamiento autónomo, vigilante de no plegarse a códigos de conducta impuestos. En la vida pública, propone un orden de valores que responde al interés general, en contraposición a las morales que disfrazan intereses particulares. Traza así una separación entre el mundo de lo *deseable* y el de lo efectivamente *deseado*. El deber ser no coincide ya con las reglas que, de hecho, se siguen en la vida social. Es lo otro de la moralidad social existente.

La separación entre un lenguaje del ser y otro del deber ser se reducía, en la moralidad efectiva, a la distinción entre reglas y casos que las cumplen. Ahora el pensamiento crítico pone en cuestión las reglas mismas. A nombre de valores de un nivel superior, se juzga de la validez del sistema entero de reglas y casos. Se establece una diferencia entre dos realidades: la realidad de las conductas reguladas por la moralidad social y la de un deber ser proyectado, objetivamente valioso. Éste constituye, por así decirlo, una realidad segunda, que no puede concluirse de lo que existe socialmente.

En la esfera política, el pensamiento disruptivo opone a la sociedad existente otro ordenamiento, como fin de la voluntad y de la acción políticas. Comprueba la no realización de los valores proclamados por las ideologías en curso y proyecta una sociedad superior en el orden de lo ideal. Si la ideología intenta justificar un orden político que responde al interés de un grupo dominante, el pensamiento en ruptura con la ideología, mostrará cuál sería el orden que realizaría el interés general.

La realidad proyectada por la ética crítica y la política disruptiva constituye un mundo segundo, distinto al mundo natural. Es un ordenamiento ideal de valores, en el que se cumpliría lo deseable para todos. No nos encontramos con esa realidad, debemos construirla, en colaboración con los otros hombres. No nacemos en ese ámbito moral, tenemos que descubrirlo. Un enunciado de la ciencia es verdadero en la medida en que se adecue a la realidad existente y garantice así el éxito de nuestra acción en el mundo; de parecida manera, un enunciado de la ética disruptiva es verdadero en la medida en que se conforme a esa realidad segunda del valor y asegure así el sentido de nuestras acciones. La realidad segunda es el reino de lo ideal. Pero al proyectar lo ideal en la sociedad, choca con un escollo contrario a la ideología: la utopía.

TIPOS DE UTOPÍA

Hay muchos géneros de utopías. Se han propuesto varias clasificaciones. Su importancia está en razón del problema que nos ocupe. Para nuestro tema, podríamos retener las siguientes.

Una primera distinción separaría las utopías que intentan justificarse en una fe religiosa de las que se quieren puramente racionales, éticas o científicas. A las primeras corresponden los milenarismos o quiliasmos, los movimientos mesiánicos o proféticos, las escatologías. Podemos llamarlos, con Vittorio Lanternari (1961) movimientos "socio-religiosos". En Occidente están basados en la Revelación (las escatologías judías, el *Apocalipsis* de San Juan) o en los anuncios y profecías mesiánicas. Ciertos signos externos parecen anunciar la inminencia del fin; algún santo iluminado lo invoca e invita a ir a su encuentro; o bien es un pueblo entero quien, guiado por la palabra divina, se adelanta a realizarlo. A este género pertenecen movimientos, tan diversos en otros aspectos, como las corrientes escatológicas del judaísmo tardío y del cristianismo primitivo, los milenarismos de la Edad Media, las rebeliones campesinas del siglo XVI (Müntzer, los anabaptistas). En la época moderna, encontramos una actitud semejante en ciertos movimientos rebeldes campesinos, estudiados por Hobsbawn (1968) o aun en algunas sectas protestantes.

Antes se tendía a circunscribir esos movimientos a la creencia en el carácter lineal del tiempo, propia de la cultura judeocristiana; pero esta idea es errónea. En otras culturas, que tienen una concepción cíclica del tiempo, encontramos utopías con rasgos semejantes. Es el caso de muchos movimientos rebeldes de los indios americanos, como lo ha mostrado el esclarecedor estudio de Alicia B. Barabas (1987) (Cfr. también G. Bonfil, 1981). En esos movimientos, las comunidades indias siguen sus propias creencias religiosas, generalmente sincréticas. Las mueve una profunda fe en la restauración de una época de oro, perdida por la humillación de la colonia, y en la revitalización de su cultura autóctona.

Estamos ante movimientos colectivos, que agitan a las capas bajas de la población, campesinas o urbanas marginales. Son ellas las que resienten una privación extrema, sea por la miseria o por la opresión colonial. La conciencia de la carencia radical lleva a una idealización también extrema de una sociedad perfecta: la sociedad utópica es lo contrario de la situación de privación existente. Según las distintas culturas, se reviste de los valores supremos que proclama su figura del mundo. Pero todas tienen un rasgo común: la sociedad proyectada y esperada es lo absolutamente otro respecto de la mísera y carente condición existente. Lo absolutamente otro es lo Sagrado; la espera de la sociedad proyectada es anhelo de unión colectiva con lo Sagrado. Salvación. Encuentro con el verdadero ser. Su representación varía conforme a la idea que cada cultura se forja de lo Sagrado, pero en todas es bien sumo, beatitud, santidad.

En el otro extremo podríamos colocar las utopías resultantes de una planeación intelectual de la sociedad ideal. Responden a una concepción de la sociedad y de la historia que se quiere dirigida por la razón práctica, aunque se acompañe, en muchos casos, de sentimientos religiosos. No son producto de las capas bajas de la sociedad, sino de intelectuales educados. No responden por lo tanto, a una privación padecida, sino a la reflexión sobre las carencias existentes y al deseo de modificarlas. Sus primeras manifestaciones, en Occidente, son obra de la inteligencia griega; Platón, Iamboulos son los casos más notables. Sus sociedades imaginarias realizan un orden ético. En el Renacimiento, las utopías son una forma de expresión de una razón totalizadora, arquitecturas sociales dibujadas para borrar en ellas las imperfecciones del naciente capitalismo. Moro, Campanella, Bacon proyectan el nuevo "reino del hombre". En el siglo XIX, son los daños causados en la clase trabajadora por el desarrollo industrial, los que provocan la proyección de otro tipo de sociedad que los remediaría. También son obra de intelectuales; pero tienen la pretensión de convertirse en programas concretos de acción, guiados por la razón, que logren transformar el mundo. Algunos lo intentan en pequeñas comunidades (Owen, Cabet, Fourier, Saint Simon), otros en una gran revolución social (Proudhom, Bakunin, Marx). El siglo XX ve surgir un género especial: la anti-utopía. Ficciones que pintan una sociedad adversa. Por contraste, pueden leerse los rasgos de lo que sería una sociedad deseable. Las obras de Huxley, de Orwell, pueden verse así como figuraciones utópicas en negativo.

En todos estos casos, se configura una sociedad posible, racional. Los valores superiores de las utopías socio-religiosas se convierten, en las intelectuales, en valores de una convivencia ética: justicia, libertad, igualdad, comunidad.

Entre estos dos polos se sitúan otras utopías, donde se mezcla una actitud profundamente religiosa con una proyección moral racional. Pensemos en San Agustín: la *Ciudad de Dios* se justifica a la vez en la Revelación y en una reflexión ética. Caso semejante en Joaquín de Fiore o en las utopías que aparecen en la transición de la Edad Media a la modernidad, como en los husitas taboritas o en los "levellers" ingleses.

Desde un segundo punto de vista, pertinente también para nuestro tema, las utopías podrían clasificarse de "pasivas" o "activas", según el papel que concedan a la acción colectiva en la realización del ideal. En las primeras predomina la simple representación de la sociedad valiosa; no se proponen como meta de un esfuerzo consciente o de una elección deliberada, sino como espera de una promesa anunciada. Es el caso de muchas utopías socio-religiosas medievales, para las cuales el advenimiento del milenio es obra de Dios y no del esfuerzo humano; al hombre no le queda más que esperar con confianza y prepararse para el día definitivo (Cfr. N. Cohn, 1972). En cambio, en las utopías activas, la acción violenta de los hombres es indispensable. De allí que puedan ser terriblemente destructoras. Su exaltado furor contra la sociedad existente está a la medida de la conciencia de la extrema miseria que lo provoca.

En las utopías intelectuales, en cambio, la pasividad se manifiesta en otras formas. No apelan a la acción divina; algunas, se contentan con la simple fantasía, el juego o el ensueño. No pertenecen entonces propiamente al pensamiento político sino a la expresión artística; pueden ser tema de la fábula, de la poesía o de la pintura. También a las utopías éticas podemos calificarlas de pasivas, cuando se limitan a postular un deber ser ideal, con la conciencia de la imposibilidad de realizarlo. Entrarían en esta categoría las "utopías abstractas", en la terminología de Bloch. Son productos intelectuales que trazan una representación teórica de la sociedad justa, presentada como un sistema cerrado donde la realidad se encuentra pensada y resuelta de antemano (E. Krotz, 1980). Ejemplos clásicos de "utopías abstractas" serían la *República* de Platón y las figuraciones renacentistas.

Las "utopías activas", por el contrario, piensan en la construcción de la sociedad ideal como resultado de la acción concertada de los hombres mismos. Es el caso de la "utopías concretas", como las denominaba Ernst Bloch (1959). En algunos casos, puede tratarse de interpretaciones realistas de utopías "abstractas", que intentan construirse activamente en situaciones específicas. La *República* inspira parcialmente la utopía concreta de los jesuitas en las misiones del Paraguay; Moro está detrás de los pueblos fundados por Vasco de Quiroga en Michoacán y Joaquín de Fiore en la evangelización franciscana de la Nueva España (Cfr. J. Phelan, 1972). En otros casos, los más radicales, la utopía se vuelve "concreta" porque intenta realizarse en un programa político revolucionario. El anarquismo, el populismo ruso, las revoluciones socialistas no se entienden si prescindimos de sus rasgos utópicos.

Una última clasificación dividiría las utopías según el ámbito social en el que pretenden tener validez. Pueden ser "universales", de manera de abarcar a toda la especie humana, o "particulares", destinadas a una tribu, a un pueblo, a una nación. Durante muchos siglos, la sociedad ideal se consideró en relación a una tribu, una ciudad-Estado o un pueblo, el que está formado por los "verdaderos hombres", el "pueblo elegido", el de los "civilizados" frente a los "bárbaros". Es el caso de las utopías griegas y el de las mayas. Las utopías presentan entonces los rasgos característicos de las culturas e ideas predominantes en esos pueblos. Con las grandes religiones universales (budismo, cristianismo, Islam), las utopías se universalizan. Ahora se refieren a toda la humanidad. El pensamiento moderno hereda ese espíritu universal. Desde el Renacimiento, las utopías racionales pretenden ser aplicables a toda sociedad humana.

Podríamos presentar así un cuadro de los tipos de utopías:

Religiosas
{
  Particulares (Israel, utopías indias)

  Universales (cristianismo primitivo, milenarismos, Müntzer, husitas).
}

Intelectuales
{
  Particulares (Platón)

  Universales (socialismos utópicos, anarquismo, comunismo).
}

Hay pues muchos géneros de utopías. Entre las esperanzas del fin del mundo suscitadas por un mensaje religioso y las ficciones literarias de un espacio imaginario, entre el Reino de Dios anunciado por una revelación divina y la fábrica social proyectada por la razón, hay enormes diferencias. ¿Podríamos encontrar rasgos comunes entre ellas? Tal vez si nos fijamos en una actitud colectiva supuesta en todas. Tratemos de caracterizarla.

CARACTERES DE LA UTOPÍA

1. *Valores supremos.* La proyección de un mundo deseable es motivada por la conciencia de una carencia en el mundo vivido. Las utopías socio-religiosas parten del sufrimiento causado por una privación radical; miseria, humillación, opresión; de ahí la desesperada urgencia de un cambio. Las utopías racionales no conocen quizás el padecimiento de la opresión, pero sí tienen la conciencia lúcida de una carencia social grave. La sociedad valiosa, proyectada en la imaginación, es el término de una acti-

tud positiva, cuya faceta negativa es el rechazo de la situación carente. La utopía expresa una actitud de ruptura del mundo real y de afirmación de un mundo ideal. La oposición mundo proyectado-mundo efectivo corresponde a la distinción entre valores ideales y hechos privados de valor. La sociedad ideal es término del deseo y la esperanza. No es el cálculo racional el que lleva a figurar una utopía, sino el anhelo, la pasión por lograr un estado superior y salvarse de la situación presente. En las utopías intelectuales, el deseo se acompaña de argumentación racional. Se intenta entonces trazar los caracteres de una sociedad deseable para todos y no sólo deseada, pero la justificación racional no elimina el anhelo ni apaga el fuego del deseo, al contrario, los justifica, al establecer las condiciones en que podría cumplirse.

Pero la actitud utópica no está dirigida a cualquier valor sino a los valores supremos que satisfarían todo lo deseable para una comunidad. Encarna así los más profundos anhelos del hombre, su voluntad de transfiguración. La oposición mundo proyectado-mundo efectivo alcanza en ella su punto máximo. Al igual que la ruptura.

2. *Finalidad.* La sociedad ideal encarna los valores superiores, se propone como fin último de la vida en común, a la que todos los fines intermedios deben quedar subordinados. Pero la existencia de un fin deseable no implica necesariamente el paso a la acción para satisfacer ese deseo. Del deseo a la intención de actuar en consecuencia hay un gran paso. De allí que la relación entre el orden de valores proyectado y el comportamiento no sea siempre la misma. La sociedad ideal puede acariciarse en la imaginación, para consuelo y gozo sustituto; puede también esperarse, como se espera una gracia o el cumplimiento de una promesa. Pero a menudo, cuando el anhelo es intenso y la desesperación por la realidad, profunda, la sociedad valiosa puede convertirse en objeto de un propósito concreto de realizarla aquí y ahora, en una acción definitiva. Preséntese como meta imaginaria, como advenimiento esperado o como propósito de acción inmediata, la utopía puede verse como la representación de una finalidad colectiva última, no sujeta a fines posteriores.

3. *Normatividad.* La sociedad representada se justifica porque ejemplifica valores superiores. Pero ¿el orden de valores no debe

a su vez ser justificado? La utopía no pretende satisfacer única-mente deseos individuales, propone una realidad imaginaria donde se cumpliría un orden objetivo, válido para toda una comunidad y, en su límite, para todo hombre. Ese orden puede justificarse de diferentes maneras: en un mandato divino, en una revelación o en la profecía de un enviado del dios; también puede fundarse en argumentos racionales; entonces responde a principios de la razón práctica. En uno u otro caso, el orden de valores proyectado se convierte en normativo. Ahora bien, la sociedad descrita en la utopía encarna ese orden de valores, lue-go *debe* realizarse. La utopía es el dibujo, en la imaginación, del mundo del deber ser.

Hasta aquí hemos caracterizado la utopía como una forma de pensamiento disruptivo que establece una tensión máxima entre mundo proyectado ideal y mundo efectivo, fines últimos y cer-canos, deber ser y hechos. Pero éstos son rasgos que la utopía puede compartir con actitudes éticas. Lo característico de la uto-pía, lo que la separa tanto de la ideología como de la ética políti-ca, es el siguiente rasgo.

4. *Representación.* Característico de la utopía es que, a la pro-yección de la sociedad ideal, se añade una forma de repre-sentación: un modelo de sociedad que puede describirse. Los valores últimos no son sólo elegidos y proyectados, se encarnan en una sociedad singular, que podría existir en el tiempo y en el espacio. Y esa sociedad es representable. Puede ser imaginada, o bien narrada por un viajero ficticio, o aun definida por ciertas notas precisas, pero siempre se encarna en un ejemplar. A veces la descripción de la sociedad utópica se detiene en los detalles, la recorre en varias de sus partes, como en las ciudades ideales de Platón o de Campanella; otras veces, se contenta con men-cionar ciertos rasgos generales que podrían ejemplificarse en imágenes (abundancia, gozo de vivir, fraternidad), o negativos (carencia de sufrimiento, de opresión, etc.), como en la mayoría de las utopías socio-religiosas. En ciertos casos la sociedad ideal se identifica con una situación en el tiempo histórico; ésta se coloca en el pasado remoto (la "edad de oro") o en el futuro (la comunidad mesiánica, la sociedad sin Estado). Cualquiera que sea su forma de descripción, se trata siempre de la repre-sentación de una sociedad ejemplar, en la que se encarnan los valores supremos.

Tal como acabamos de caracterizarla, la utopía cumple una función indispensable en el pensamiento político. Todo movimiento de transformación de la sociedad supone la proyección de una situación querida y la ruptura, parcial o total, del estado social existente. La utopía, al representar en un ejemplar de sociedad lo deseable, añade a la proyección de lo valioso, el atractivo de la imagen.

La utopía ejerce una función contraria al pensamiento ideológico. Mientras éste tiene por efecto reiterar las creencias vigentes que aseguran un estado de dominación, el pensamiento utópico —como vio Karl Mannheim (1973)— rompe las creencias hegemónicas para proponer un orden que las trastrueque. En todo movimiento rebelde o revolucionario hay un elemento de utopía.

Pero, al tratar de realizarse, el pensamiento utópico puede conducir a lo contrario de lo que anhela. Buscar la sociedad ideal puede conjurar una sociedad monstruosa. Porque, al igual que la ideología, arrastra la utopía una confusión que la ciega.

LA TRIPLE CONFUSIÓN DE LA UTOPÍA

Las utopías nacen de un anhelo de perfección y a menudo han conducido a la destrucción y a la barbarie. ¿Por qué el entusiasmo por la comunidad transfigurada se despeña en la violencia y la maldad? ¿Por qué mecanismo extraño el sueño se vuelve pesadilla? ¿Por qué hacemos el mal que no queremos?

Ninguna utopía yerra al proyectar una sociedad ideal; ninguna, al marcar una diferencia de ésta con la realidad. En eso coincide con la ética. Pero, puesto que confronta la sociedad valiosa a la existente privada de valor, su reto es la realización del valor. Los valores proyectados tienen que convertirse en bienes sociales. Y ese empeño puede zozobrar en un doble escollo: la imposibilidad de cambiar los hechos a partir de la elección de los valores o la impotencia para realizar los valores una vez cambiados los hechos. Esa dificultad no existe mientras los valores sean inherentes a las prácticas sociales, como sucede en la moralidad social. Surge en el momento en que se establece la diferencia entre el orden del valor y las prácticas reales. La cruz de la utopía no es el establecimiento de la diferencia, sino su participación en la realidad.

No concierne, por ello, a las utopías que llamamos "pasivas". La figuración artística no crea un mundo real, no afecta a la acción política tampoco. La espera del profeta, que deja al dios el advenimiento de la sociedad perfecta, la planeación del filósofo, que propone arquitecturas intelectuales, pueden estar erradas, pero no arrastran una alteración de la realidad. Pueden ser objeto de discusión, de aversión o de aprobación intelectual, pero, mientras no se traduzcan en prácticas que incidan en la historia, nada arriesgan. Antes bien, generan esperanza y la esperanza se alimenta del bien.

El peligro está en la acción. La crítica más común a la utopía es la de su ineficacia: quiere el fin sin poner en práctica los medios para realizarlo. Es, en suma, la crítica que dirige Marx al "idealismo" utópico del moralista. El "moralista" cree que el cambio de conciencia y la prédica moral son suficientes para transformar la realidad. Adhiere a una moral abstracta que no toma en cuenta los sujetos concretos, determinados por situaciones sociales y motivados por intereses. Importa tanto como elegir la sociedad valiosa, avanzar hacia su realización en el tiempo. Pero para que se dé en el tiempo, es menester la existencia de ciertas condiciones iniciales. Si se quiere una situación social determinada, deben quererse también los medios adecuados que conduzcan a ella. Al pretender actualizar la situación querida sin proponerse la realización de sus condiciones iniciales, se da una situación inesperada, no deseada.

El moralista utópico desdeña conocer la dinámica de las fuerzas sociales que le permitirían cambiar la situación. Ignora los medios adecuados para su fin. Puede estar lleno de buenas intenciones pero es impotente para realizar los bienes sociales queridos. Lo que es peor: puede colaborar, sin proponérselo, a mantener la misma situación o incluso realizar una sociedad contraria a la que proyectaba. El idealismo utópico es irracional, puesto que postula un fin sin plantear los medios para lograrlo. Lo que le faltaría sería la teoría que dictara los medios eficaces para lograr un fin querido.

Esa crítica es correcta pero insuficiente. ¿Por qué el utopista ignora los medios? ¿No parece una locura? Su ignorancia debe obedecer a una causa más profunda.

Cuando elegimos un fin para nuestra acción política, es razonable prever que el futuro estará constituido por una cadena de acciones y situaciones, en relaciones causales, que precederán a la realización de la meta propuesta. Pero si una desesperada impaciencia nos ciega, creemos ver la inminencia del fin, pues tanto lo anhelamos. Entonces, la cadena de acontecimientos que debía precederlo se estrecha; ya no hay eslabones intermedios; el fin está presente, a la mano. Basta con quererlo. En la mente del utopista el tiempo se estrecha. Lo que en la cadena causal de hechos históricos sucedería en un tiempo Tn, como consecuencia de acontecimientos anteriores, en su espíritu se presenta como el propósito inmediato de la acción actual. Distorsión del tiempo que permite eliminar la cadena causal. Si el momento Tn coincide con el próximo paso, no es menester transitar por los eslabones intermedios; lo que se requiere es dar el paso. La voluntad rompe la cadena de causas y efectos. En toda utopía activa, la voluntad manda; la voluntad guiada por la seguridad que da la fe en lo que advendrá.

Esta operación mental sólo es posible por una confusión que se manifiesta en tres aspectos complementarios.

1) Confusión entre el fin intencional y el término de la acción. En un comportamiento ético, la sociedad ideal puede actuar como idea regulativa de la acción política; también puede incluirse en un programa colectivo, como meta por alcanzar. Pero en la utopía el fin proyectado se identifica con la situación terminal de la cadena de acciones; es entonces un acontecimiento particular entre otros. Dos sentidos de "fin" se confunden: "fin" significa a la vez meta proyectada, aún no realizada, y situación terminal resultado de la acción. En el primer sentido, está presente en todas las acciones que constituyen un programa, como oriente que las guía; en el segundo, es un acontecimiento singular, producto de una acción concreta.

La Jerusalem celeste es una guía de virtudes mientras se mantiene, a lo lejos, como un fin querido y anunciado; cuando la identificamos con *este* acontecimiento terrestre, producido por *esta* conducta nuestra, nos obliga a violentarlo todo para realizarlo. La idea de una sociedad emancipada regula nuestras acciones políticas, de manera de propiciar libertad y justicia; pero si esa sociedad es una situación particular que está allí, en la historia, para que con nuestra acción la conjuremos, no podremos dejar de actuar para darla a luz, cueste lo que cueste.

2) Confusión entre la representación del orden del valor y un acontecimiento efectivo. Una de las características de la utopía, dijimos, es que representa en la imaginación un ejemplar de sociedad donde se cumplirían los valores proyectados. Ahora bien, esa representación imaginaria puede confundirse con una situación social particular, capaz de situarse en el curso de la historia. Puesto que la sociedad utópica se opone a la presente, tiene que colocarse en otro momento de la dimensión temporal; pero le corresponde justamente un momento. En la escatología, es un acontecimiento singular que ha de llegar, pues ha sido anunciado; o bien se le coloca en un pasado originario, perdido, que debe restaurarse en un momento nuevo del tiempo. El "no lugar" se concibe entonces como un lugar, es por lo tanto un acontecimiento espacio-temporal en la historia real.

En el anarquismo y en la interpretación cientificista del marxismo, la sociedad valiosa es el término de una cadena causal de acontecimientos históricos. Pero una sociedad particular, sin Estado y sin clases, realizará la sociedad más valiosa, proyectada en la utopía. También aquí el "no lugar" se concibe como una situación particular. Es un acontecimiento concreto, situado en un espacio y en un momento del tiempo; pertenece a la historia.

La sociedad representada en la utopía es un ejemplar en el que se figura realizado un orden superior de valores. Si se la concibe como un acontecimiento histórico, presente o futuro, ese acontecimiento encarna plenamente el valor. Por lo tanto, esa situación social será objetivamente digna de ser querida, ninguna otra lo será. La lucha por imponer esa sociedad es un conflicto entre el bien absoluto y el mal, entre el valor y su carencia. No hay compromiso posible entre ambos, no hay términos medios. A nombre de la situación política que estamos construyendo, la más perfecta, tenemos que destruir la sociedad que se le opone.

3) Confusión entre regla de comportamiento y mandato. La sociedad ideal tiene un carácter normativo. Su función racional es actuar como una regla de conducta; orienta la acción política, la dirige, pero nunca se realiza plenamente; si lo hiciera, dejaría de ser regla. La sociedad ideal es una idea regulativa.

Porque es propio de los valores proyectados su diferencia con cualquier situación concreta. Se manifiestan en los hechos, se muestran, pero no se agotan en ningún bien concreto.

Si el fin propuesto se identifica con un acontecimiento terminal y la representación de la sociedad ideal, con una situación histórica, el orden de valores coincidirá con *esa* situación histórica. Entonces esa situación concreta *deberá* realizarse. La proyección de la sociedad más valiosa ya no obra como una idea que regula cualquier acción política, ahora genera un mandato: hay que construir la sociedad perfecta. No se trata de actuar de manera que en cada acción se realicen ciertos valores, ahora se trata de producir un efecto real: la construcción de una situación histórica particular. Su imposición sobre la realidad anterior la desgarra. No puede menos que provocar la violencia. Entre la sociedad existente y el orden nuevo que trata de imponérsele no hay compromiso posible. Cada quien debe decidir entre contribuir a realizar la situación histórica valiosa o aferrarse a la existente. Cada quien debe tomar partido. Los justicieros, consagrados a un orden nuevo, puro de toda contaminación, son los encargados de acabar con la privación y realizar el bien. Y la voluntad de realización del bien obra de un tajo: destruye la infamia existente; su violencia es sólo la otra cara de la pureza de su entrega a lo otro. Los más puros no pueden soportar la corrupción existente; los *fratriceli*, discípulos del más santo, el divino Francisco, se encargarán de aniquilar, con su santa violencia a los corruptos. Los revolucionarios jacobinos son los justos; sólo los guía la virtud ciudadana; han renunciado a todo interés personal; pero al querer construir, de hecho, una sociedad a su imagen, tendrán que establecer el terror. Los bolcheviques son los nuevos jacobinos; como ellos, han consagrado su vida a la liberación final de la explotación humana; para lograrla deben borrar la sociedad odiada. Pero sólo ellos, nadie más, son capaces de edificar una sociedad que la remplace; por eso deben someter a la peor tiranía a todos los que no concuerden con su esfuerzo, aun a los trabajadores que han jurado liberar. El sueño, al intentar realizarse aquí y ahora, a toda costa, en un momento privilegiado del tiempo y el espacio, se transforma en pesadilla. Los monstruos de la pureza religiosa nos asaltan, en un caso, los monstruos de la razón, en otro. *Qui fait l'ange fait la bête.*

La voluntad que decide crear, con su acción, la sociedad perfecta puede lograrla si está imbuida de fe. Para que surja la nueva sociedad es necesario creer en su advenimiento. En las utopías que quieren realizarse mediante la decisión voluntaria, la creencia en ciertos hechos tiende a revestirse de valor moral. Virtuoso es quien está preparado para el advenimiento del Reino y lo invoca; él pertenece al grupo de los elegidos. Virtuoso es el que cree en la patria republicana, la defiende con su sangre y destruye a los "enemigos de la nación"; su adhesión a la nueva república, al lado de los jacobinos, los coloca entre los incorruptos. Virtuoso es también quien cree en la eliminación de la explotación anunciada por la teoría y lucha contra los opresores, sin miedo a ensuciarse las manos. En todos los casos hay la tendencia —declarada o inexpresa— a considerar moral la fe en el advenimiento de un acontecimiento: la *parousia*, la patria republicana, el comunismo. Quien no cree, actuará contra la sociedad valiosa, será cómplice del mal, deberá ser eliminado.

La falla de la utopía no está en oponer a los hechos sociales valores que los trascienden; no está en establecer, entre la sociedad real y la proyectada, la diferencia. Por el contrario ése es un requisito de toda regeneración moral. Su falla está en confundir el orden proyectado del valor con un acontecimiento histórico; en hacerlo encarnar en un hecho singular. Su falla es la idolatría.

La ideología utópica

La proyección del valor debe actuar como un ideal que orienta la acción colectiva, sin jamás realizarse cabalmente. No se identifica, entonces, con ninguna situación concreta, necesariamente sometida a un orden de dominación. Cuando lo hace, se convierte en utopía, y entonces se puede acercar peligrosamente a su opuesto: la ideología.

¿Qué pasa si la sociedad anunciada en la utopía no adviene cuando la Revelación o la teoría preveían? Entonces se abre una alternativa. Una posibilidad es aplazar indefinidamente el advenimiento de la sociedad ideal. "No llegó porque no supimos calcular bien su momento, el proceso ha sido interrumpido temporalmente, o aplazado, pero advendrá aún, más tarde, más tarde...". Se conserva la misma actitud de antes ante el carácter inevitable del fin, se guarda la misma fe, pero se aplaza su realización. Se requiere entonces revisar las creencias anteriores que habían previsto el advenimiento de la sociedad elegida sin que ésta llegara. No es indispensable cambiar las principales convicciones, pero sí retocarlas, añadir nuevos datos, interpretar la doctrina, para justificar el aplazamiento del fin.

La otra posibilidad es seguir sosteniendo, contra toda evidencia, que de hecho sí se realizó la situación ideal prevista aunque sólo sea en sus comienzos. Es necesario sólo saber interpretar la realidad, para ver en ella la sociedad anunciada.

Un ejemplo paradigmático es el paso del cristianismo primitivo, lleno de esperanza escatológica, a la Iglesia sacramental, considerada como la realización de la "comunión de los santos" en la tierra o como la "ciudad de Dios". La utopía no se ha cumplido; no adviene la *parousia*. Se abre entonces una alternativa. El aplazamiento es una salida; con él, la reducción de la espera del acontecimiento final a una secta de elegidos. Fue la solución de diversas comunidades escatológicas en el cristianismo (joaquimitas, evangélicos, anabaptistas, etc.). La otra salida era la más segura: considerar la utopía en cierta forma realizada. Cristo ha vuelto: mora en su Iglesia; ella es su cuerpo; la comunidad cristiana existente es ya la "ciudad de Dios" ideal; el hombre transfigurado es el cristiano purificado por los sacramentos que la Iglesia confiere; el "reino de Dios" prometido está aquí, entre nosotros. El "mundo nuevo" anunciado se identifica con esta sociedad, en la comunidad de los fieles, pero a la vez se confirmará plenamente en el fin de los tiempos. La historia sigue tendida hacia el fin último que le da un sentido, pero en esta sociedad cristiana está ya la primicia y la garantía de ese futuro. La utopía ha sido incorporada a la doctrina que justifica el poder de la Iglesia. Ya no es un grito de repudio contra la situación existente y una invocación de una sociedad "otra"; ahora es la aceptación de esta misma sociedad, porque ella prefigura y garantiza la comunidad ideal elegida. La utopía se ha convertido en ideología.

Las revoluciones ofrecen ejemplos modernos de un proceso semejante. La revolución se ve a sí misma como una ruptura y un nuevo comienzo desde cero. Pero la sociedad anunciada no se cumple. Ante la frustración por el fracaso se dan, de hecho, dos posturas divergentes. La primera es el aplazamiento. La revolución ha sido interrumpida, o desviada; pero más tarde se pondrá de nuevo en marcha; entonces se realizará la promesa. Es Babeuf en la revolución francesa, Trotsky, en la soviética, Gilly, en la mexicana.

La segunda reacción ante la frustración es el empecinamiento. Declaremos que la sociedad ideal elegida ya es ésta. Lo es porque realiza los ideales de la revolución, la protege contra sus enemigos y, a la vez, garantiza su perfeccionamiento en el futuro. La sociedad actual *es* la elegida en la utopía, y al mismo tiempo la única que asegura su cabal cumplimiento futuro. Este paso, inconscientemente, lo dan los jacobinos, al considerar su dictadura como realización de la patria revolucionaria y única defensa de su supervivencia. Pero el paso más claro es la proclamación del "socialismo en un solo país". El totalitarismo estaliniano se presenta como el auténtico socialismo y, a la vez, como la garantía del paso a su perfeccionamiento, en el comunismo. El pensamiento de cambio se coagula en un sistema permanente. La utopía se ha incorporado a una ideología de dominación.

Se crea así un híbrido. ¿Podríamos llamarlo "ideología utópica"? Por definición es un monstruo contradictorio. La utopía es pensamiento de ruptura con el poder existente, la ideología, de su afianzamiento. La ideología sólo puede ser "utópica" por un engaño: presenta la situación existente de poder *como si* fuera la sociedad querida en la utopía o al menos, *como si* fuera la única que garantizara su realización plena. La iglesia romana realiza ya la "comunión de los santos", la dictadura jacobina es el único resguardo y guía de la república libre y fraterna, el Estado totalitario soviético es la realización del socialismo.

Las ideologías que pretenden justificarse en utopías adquirieron una fuerza terrible en este siglo. Son los monstruos del poder sin límites. En ellas la triple confusión de que hablaba antes llega a su extremo. La sociedad ideal es reconocible en el sistema político instituido, ya sea porque en esta sociedad particular se da ya la utopía o porque es su inicio inconturnable. El tiempo final se ha hecho presente. No hay fin fuera de la sociedad actual. No hay salida. Por lo tanto, si hay un deber en realizar la sociedad más valiosa, éste coincide con la obligación de consolidar el orden social actual en que esa sociedad se manifiesta. Toda desobediencia es inexcusable; todo disenso es regreso; no hay disidencia legítima en nombre de valores superiores, puesto que sólo en el sistema actual se garantiza su realización. Se opera así la más radical de las inversiones; el pensamiento de ruptura se convierte en pensamiento de reiteración del sistema social que se apropió la utopía. A la vez, se cancela toda ruptura posterior. Es la ideología del dominio absoluto, porque excluye toda disidencia, mejor dicho, porque entiende toda disidencia como reacción, como forma de regreso a la sociedad negada por la utopía. Poner en cuestión los preceptos de la Iglesia es ir en contra de la sociedad querida por Cristo, contradecir a los comités de salud pública es conspirar contra la patria, diferir de la línea señalada por el Comité Central del partido no puede ser más que traición o alianza con la burguesía en derrota.

Ningún régimen ha ideado una forma de dominación más perfecta que la transformación de una utopía en ideología. Al incorporar la utopía, la ideología impide cualquier salida del sistema de dominación. Incorpora los valores últimos y, a la vez, se constituye en la única garantía de realizarlos. Sólo puede haber, por lo tanto, un camino moral, el que señala la ideología. No es admisible la pluralidad en la elección de valores, sólo hay un plan de vida conducente al fin más alto, el que señala el pensamiento reiterativo del estado social por fin alcanzado. Esta forma absoluta de la ideología es propia de los integrismos religiosos. En ellos, la sociedad más pura, la que Dios mismo anunció y quiso para sus creaturas, está ya aquí en sus premisas, se manifiesta en la ley única, querida por los representantes de Dios, por sus profetas; se expresa en la verdad única, revelada, que legitima el nuevo orden obediente del Corán o de la Biblia.

Una forma moderna de las ideologías absolutas son los totalitarismos. Ellos pretenden realizar la utopía final: la comunidad perfecta, la sociedad emancipada o el imperio de la raza superior. La humanidad ha llegado a su fin; la historia ha concluido. La utopía ya no necesita buscarse, el Estado totalitario la cumple. Al confundirse con una situación histórica, la utopía ha engendrado una terrible manera de pensar: la justificación del poder absoluto por el bien supremo.

La ideología y la utopía son los dos escollos en que puede sucumbir una racionalidad valorativa. Entre uno y otro debe levantarse la ética.

10. EL PENSAMIENTO ÉTICO

UNA DISYUNTIVA EN ÉTICA

Lleguemos a algunas conclusiones. Las relaciones entre moralidad social y ética nos ofrecen una vía.

Dos tesis se oponen; podríamos hacerlas remontar a Kant y a Hegel respectivamente (Marx hereda la última). En un bárbaro resumen: para la primera tesis, la ética supone una actitud crítica y una posición autónoma del individuo frente a la moralidad existente; para la segunda, toda ética está condicionada por la moralidad de las comunidades a que pertenece el individuo y sólo puede desarrollarse en su ámbito.

La posición "kantiana" tiene a su favor argumentos irrebatibles. Se fundan en un auténtico descubrimiento de la razón práctica. 1) La moralidad social justifica su validez en tradiciones y convenciones, la ética debe fundarse en razones; para ello tiene que someter a crítica las creencias morales existentes. 2) Sólo el individuo autónomo es agente moral. No debe seguir los dictados ajenos, del grupo social al que pertenece, sino los de su propia razón. 3) Los principios de la razón práctica trascienden cualquier regla consensuada, son universales, mientras los preceptos de la moralidad social responden a intereses de un grupo.

Pero esa posición se enfrenta a tres dificultades, ya destacadas por Hegel:

1) La motivación: ¿Por qué sacrificaría alguien su interés particular por seguir principios universales? ¿Por qué dirigiría su conducta por normas racionales a menudo contrarias a sus deseos?

2) El carácter abstracto del agente moral. El sujeto de la ética kantiana es un individuo que se supone está en condiciones de elegir con autonomía cualquier alternativa de acción, siguiendo su propia razón, pero ese individuo no existe; el verdadero agente moral está condicionado por su situación social.

3) La aplicación de los principios de la ética. Las normas universales no son suficientes para deducir, en cada caso, la conducta a seguir. Si son universales tienen que ser puramente formales y no suministran ningún criterio para preferir una conducta sobre otra en una situación particular.

Estas dificultades pueden salvarse si consideramos el comportamiento ético inserto en formas de vida comunitaria normadas por una moralidad social.

Esta disyuntiva ética se prolonga hasta nuestros días. La teoría de John Rawls (1971) puede considerarse como el intento más logrado por revivir una posición en la línea kantiana. Procede, en efecto, a determinar los principios de la justicia, válidos universalmente, a partir de la elección autónoma de individuos considerados racionales. Los principios de la justicia son las normas que eligirían individuos que hicieran abstracción de su situación social particular. Otra postura diferente pero en la misma línea, sería la de Habermas (1991). A las reglas de una moralidad efectiva opone una ética "postconvencional", basada en las normas que pudieran encontrar el asentimiento de todos los participantes en un discurso práctico constituido por argumentos puramente racionales.

En oposición a esa línea, podemos hablar de cierto "neo-hegelianismo" en las tesis comunitaristas contemporáneas. Me refiero a las críticas de M. Sandel (1982) a Rawls y a observaciones de Ch. Taylor (1989) que irían en un sentido paralelo. Ambos denuncian la irrealidad del concepto de un individuo moral desprendido de las comunidades a las que efectivamente pertenece y regresan al proyecto de fundar la ética en las formas de vida que se expresan en la moralidad social efectiva.

Las dos posiciones opuestas exponen, en mi opinión, condiciones necesarias de una ética política. Si prescindiéramos del descubrimiento de la autonomía del individuo, la moral se vería reducida al cumplimiento de reglas aceptadas de hecho por la sociedad. Se cerraría la posibilidad de una ética disruptiva. Si no admitimos, en cambio, el condicionamiento de la ética por las formas de vida sociales, carecería de motivación y de aplicación a la sociedad. No sería posible una ética concreta.

Las dos posiciones pueden verse como algo más que tesis recíprocamente excluyentes. Pueden integrarse en exigencias que requieren una síntesis. Un comportamiento político conforme a la ética incluye la aceptación autónoma de valores objetivos y normas generales, pero también su implementación en una moralidad social. Una ética política debe comprender dos momentos: la determinación de valores objetivos fundados en razones y el establecimiento de las condiciones que hagan posible su realización en bienes sociales concretos.

Vimos (cap. 7) cómo una transformación política requiere, en el reformista o el revolucionario, la proyección de una ética crítica capaz de oponer a la sociedad existente un orden social justo. El cambio social no puede ser obra de ningún "polizón". La ética forma parte de un pensamiento disruptivo.

Pero la sociedad proyectada no puede mantenerse en la abstracción de la sociedad real. Por una parte, tiene que motivarse en intereses que se expresan en el ámbito de la moralidad existente, condicionada socialmente. Por la otra, tiene que conocer la realidad para transformarla. No puede hacerlo más que si responde a las situaciones de los grupos sociales y satisface sus intereses. En este punto Marx tenía razón. El cambio social exige un pensamiento de lo concreto. Una ética política debe ser a la vez disruptiva y concreta.

Intentaré avanzar hacia la síntesis, persiguiendo tres temas:

Las motivaciones, en la moralidad social existente, para seguir razones éticas.

Las razones éticas para determinar valores objetivos.

La realización de los valores objetivos en bienes sociales.

La motivación moral

Uno de los problemas centrales de cualquier ética es el de la motivación. ¿Qué puede impulsarnos a perseguir valores comunes en lugar de nuestro bien exclusivo? ¿Por qué seguir normas generales cuando a menudo obligan a renunciar a nuestro interés? ¿Qué podemos desear al adoptar una conducta que contraviene nuestros deseos personales? ¿O tendríamos que admitir la paradoja de un deseo de suprimir nuestros deseos? Parece que la conducta moral plantea un acertijo: encontrar el interés que nos mueva a doblegar nuestros intereses particulares en favor de la realización de un bien común.

La primera tentación para resolver el acertijo sería suponer en la "naturaleza humana" (sea ésta lo que fuera), frente a los deseos "egoístas", una inclinación opuesta que podríamos calificar de "altruista". "Altruista" llamaríamos a una disposición dirigida a satisfacer los deseos de los demás, aunque pudieran eventualmente oponerse a los nuestros. La alternativa entre una conducta moral y otra amoral dependería de la predominancia de uno u otro de esos deseos.

Pero la solución del problema no es tan simple. En primer lugar, una conducta moral es obra de una voluntad libre. Un deseo "altruista" —aun si pudiera existir aislado— es una inclinación tan empírica como uno "egoísta"; actuar determinados por él, es obrar por pasión, y a Kant no le faltaba razón al afirmar que una "buena voluntad" no podía estar determinada causalmente por ningún apetito empírico. Lo cual implica, en segundo lugar, que la voluntad moral está determinada por la razón práctica o —en palabras de Kant— por el "respeto a la ley moral". El motivo de la voluntad recta debe ser la razón moral ella misma y no un impulso empírico.

La distinción de Nagel entre motivos anteriores y posteriores a las razones, que comenté en el capítulo 2, responde a esa exigencia. Los motivos de una voluntad moral seguirían la comprobación de valores fundados en razones. Podemos seguir el bien común porque estamos convencidos de que es válido para todos. No sería necesario añadir otro motivo. Pero ya hice notar que, a mi juicio, esa respuesta es correcta pero insuficiente. En efecto, sólo aplaza la pregunta. La conducta moral está motivada en razones, pero ¿qué motiva la intención de dirigir nuestra conducta por razones y no por deseos subjetivos? ¿Por qué elegiríamos realizar valores objetivos y no los que individualmente nos satisfacen? En suma: ¿cuál es el motivo de dar razones?

Esa pregunta no tiene respuesta si consideramos el sujeto moral aislado del ámbito de la comunidad a la que pertenece. Podemos intentar una respuesta, en cambio, si lo vemos inmerso en un orden moral previo.

Ninguna asociación sería posible sin inclinaciones de sus miembros a identificar su propio bien con el de la asociación. Pero intentar aislar un sentimiento "altruista" puro, ajeno a todo impulso "egoísta", es un estéril empeño. Para explicar el comportamiento social no es necesario detectar deseos que sacrifiquen el propio beneficio. Bastaría comprobar que, entre los deseos que buscan el propio bien se encuentran inclinaciones que contribuyen al bien de los demás, sean o no reducibles a impulsos "egoístas". Motivos suficientes para buscar fundar nuestro comportamiento en razones objetivas —que motiven a su vez un comportamiento conforme al bien común— son las actitudes positivas hacia los otros, las cuales son una condición de posibilidad de toda asociación, sin dejar de redundar en beneficio personal.

Desde el nivel orgánico, el impulso a cooperar con los otros miembros de un grupo animal es un factor que permite la supervivencia y la evolución del grupo. La probabilidad de sobrevivencia de los individuos aumenta en la medida en que puedan adaptarse armoniosamente a los otros individuos y al ambiente. Muchos biólogos han insistido en que el principio de la lucha competitiva por la existencia da una explicación incompleta de la evolución si no se considera un principio de cooperación.

La tendencia a la cooperación, de base biológica, se convierte en una condición necesaria en la vida social. "Si buscáramos una palabra que describa la sociedad o lo social mejor que cualquiera otra sería la palabra 'cooperación'. El punto importante aquí es que, contrariamente a las creencias de la escuela de pensamiento de la 'lucha por la sobrevivencia', el hombre no debe crear para sí un talante cooperativo, en modo alguno. Los impulsos hacia un comportamiento cooperativo ya están presentes en él desde el nacimiento y todo lo que requieren es ser cultivados" (Ashley Montegu, 1950, 84).

Cooperar comprende elegir para sí fines comunes con los demás. Y esto no puede lograrse si no nos colocamos —de algún modo— en el lugar del otro, para poder ver las cosas desde su punto de vista y entender sus fines. Colocarse en el lugar del otro sin abandonar el propio, es así una condición necesaria de la asociación. Lo más importante es que la tendencia del individuo a considerar el punto de vista del otro no contradice sus propios deseos, sino está incluida en la formación de su "ego". Responde, por lo tanto, a su interés. Las etapas en la constitución de una persona incluyen la tendencia a verse a sí mismo desde el punto de vista de los otros.

Una primera etapa en esta vía sería la necesidad de reconocimiento (la *Anerkennung* en la que vio Hegel la base de la sociabilidad). Desde la infancia tenemos una inclinación natural a ser vistos por los otros. "¡Mira! ¡Fíjate lo que hago!" llama el niño a sus padres. Ser visto es empezar a ser reconocido. Más tarde, se trata de ser alguien ante la opinión ajena, de familiares, condiscípulos, maestros. Afán de realizarse ante los ojos de los demás. Porque parece que sólo entonces cobramos substancia. Sentimos que aún no somos plenamente si no podemos vernos de manera objetiva, como una realidad que otros (u otro) juzgan y aprecian. Aun en la soledad total, buscamos ser alguien ante una mirada ajena; imaginamos entonces ser objeto de la atención de algún espíritu o de Dios. Sólo en esa conciencia de nuestra propia realidad, nuestra vida adquiere un sentido, sólo entonces "tiene un peso" en el mundo. Ser reconocidos y apreciados por los otros implica la capacidad de imaginar cómo ellos pueden vernos y juzgarnos, luego, la posibilidad de hacer nuestra la situación desde la cual nos miran.

Otra etapa en el mismo sentido, en la formación de la personalidad: encontrar la propia identidad es forjar una imagen de nosotros mismos en la que podamos reconocernos y presentar ante los demás. En la configuración de esa imagen, desempeñan un papel indispensable las identificaciones sucesivas con modelos ajenos: padres, hermanos, maestros, amigos. Al identificarme con el otro puedo ver y sentir, aunque sea parcialmente, como el otro ve y siente. "Yo soy el otro". ¿No es ésa la base de todo "*eros* objetal"?

El reconocimiento busca reciprocidad. Desde la adolescencia anhelamos ser aceptados como una persona que forma parte de un grupo de personas; deseo de compartir con otros la pertenencia a una realidad común. Al afán de reconocimiento y a la identificación con los otros se añade el anhelo de integración en una comunidad que nos abarque. Si lo logramos, sentimos la seguridad de ser alguien, poseedor de un valor objetivo: No somos si no somos alguien visible en el mundo. Nuestra existencia entonces cobra sentido.

La integración en un grupo puede ser más o menos fuerte, pero siempre implica la capacidad de vernos no sólo "desde nuestro ego" sino "desde cualquier otro punto" de un todo:

Verme a mí mismo como partícipe de un todo, igual en ese respecto preciso a todos los demás; poder considerarme desde una postura desprendida de mis deseos exclusivos. Y desde esa postura son visibles los valores que benefician al todo y a todos. Es entonces cuando puede mostrarse lo verdaderamente deseable y no sólo lo deseado.

En todo este proceso no puede establecerse una demarcación entre deseos dirigidos a la propia satisfacción y deseos del bien de los demás. En cualquier actitud benevolente puede encontrarse un satisfactor de deseos subjetivos. ¿Hasta qué punto una conducta amorosa no encubre en realidad el deseo de ser apreciado? ¿En qué medida una acción en beneficio de la comunidad no está motivada también por la necesidad de afirmarse y figurar? El hecho de que una acción —individual o colectiva— esté motivada por el deseo de beneficiar a los otros no elimina que responda a un interés propio; más aún, sería imposible explicarla si no satisficiera un deseo del agente. En lugar de distinguir entre actitudes "altruistas" y "egoístas" sería más útil hablar de actitudes y comportamientos *incluyentes* del bien ajeno frente a otros que lo *excluyen.*

El motivo para seguir valores comunes no es ningún recóndito sentimiento opuesto al logro de nuestro bien, sino las inclinaciones en obra en la pertenencia a una asociación humana.

Bien común

El acceso a la propia identidad, ligado al proceso de socialización, no puede darse, en un primer nivel, sino en el ámbito de la moralidad social. Sus reglas e instituciones permiten el desarrollo de actitudes incluyentes. Ser "uno mismo" es una paradoja: descubrirse es integrarse en una totalidad más amplia.

El pensamiento moderno quiso explicar la asociación política mediante una ficción: el pacto entre individuos. Pero no hay ni ha habido nunca individuos aislados. Sólo existen en un plexo de relaciones sociales sumamente variado. Cada persona pertenece a muchas asociaciones. Y cada una de éstas puede verse como una totalidad limitada que trata de satisfacer necesidades específicas. Cumplir esas necesidades es un valor común para todos los miembros de la asociación.

Pero el bien común de una asociación, de un grupo o de una clase, puede tomarse en dos sentidos: como bien *del todo* o como bien *de todos*. Podemos considerar el bien de la colectividad tomada como una unidad, constituida por una forma de relación entre sus elementos, dirigida a la realización de un bien común. Cada institución, cada comunidad, cada clase persigue sus propios fines y a menudo los opone a los de otras colectividades. Hay pues valores propios de la colectividad como un todo unitario. Y cualquiera es capaz de distinguir entre lo que satisface a sus intereses particulares y lo que redundaría en beneficio del todo en cuanto tal. ¿A quién no se le ha presentado la disyuntiva de escoger entre un comportamiento favorable a sus deseos exclusivos y otro que busque el bien de la familia, de la institución, la empresa, el grupo al que pertenezca? Quien actúe en beneficio de su colectividad y no persiga intereses excluyentes, se verá a sí mismo como un elemento de un todo y considerará ese todo, a su vez, como una unidad, con fines y funciones propios, dentro de una sociedad más amplia. Podrá entonces normar su conducta por un interés común.

Así, en la pertenencia a una entidad colectiva se abre ya la disposición a tomar una postura desprendida de los deseos excluyentes y orientada por valores comunes. Y las reglas que norman una conducta semejante forman parte de la moralidad social; las aprendemos al pertenecer a una asociación. Igual sucede en la pertenencia a un grupo o clase social. Cuando ese grupo ya no es visto como un simple conjunto de individuos sino como una colectividad con intereses y fines comunes y el individuo tiene plena conciencia de pertenecer a ella, puede acceder a una postura en que identifique su interés particular con los intereses del grupo y busque su bien común. (Esto es lo que sucede, según Marx, cuando se adquiere conciencia de clase).

El bien de la totalidad no es reducible a la suma aritmética de los bienes de los individuos que la componen. En efecto, la asociación está constituida por un plexo de relaciones; a la existencia de cada individuo añade una estructura relacional que la define justamente como una asociación determinada. En esa estructura cada elemento ocupa un lugar específico, diferente al de otros. La estructura relacional vincula las diferentes posiciones en una unidad. La familia establece una unidad entre situaciones distintas que corresponden al padre, la madre, los hijos o los parientes cercanos; las relaciones complejas entre los miembros de una institución permiten que todos conspiren al mismo fin desde puestos diferentes; y el ordenamiento político entraña necesariamente una relación peculiar entre gobernantes y gobernados. Si se suprimieran las diferencias, se eliminaría también la estructura en que están relacionados los elementos, desaparecería entonces la asociación.

Por otra parte, el bien común no se reduce al de los individuos que actualmente componen una sociedad, abarca también a los miembros que pertenecieron a ella en el pasado o le pertenecerán en el futuro. Corresponde al bien de cada individuo, como miembro posible de la asociación, pero en un aspecto limitado: en la medida en que tiene las condiciones para satisfacer una necesidad específica. Por eso, el bien común puede verse también como lo benéfico, *en cierto respecto* a todos y cada uno de los miembros de la asociación. Porque la asociación no es un sujeto "supra-personal", capaz de tener sus propias actitudes frente a valores. Sólo las personas individuales son susceptibles de disposiciones hacia el bien o el mal. Por lo tanto, teóricamente debería poder reducirse el bien del todo al de cada uno de sus componentes. Pero en realidad esto no es posible. ¿Cómo conocer los infinitos rasgos de las actitudes y comportamientos de todos los individuos posibles, pasados, actuales y futuros, que compondrían una sociedad, para derivar de ellos los fines y propiedades de la sociedad en cuanto tal? No es extraño que, desde Platón hasta Hobbes, considerar al todo como una "persona artificial", con una "voluntad" propia, haya sido un expediente conceptual para determinar el bien común. Pero no es más que eso: un expediente teórico. En realidad no puede haber un bien de una persona "artificial" porque esa "persona" no existe; existe una estructura de relaciones entre las únicas personas reales, los individuos.

¿Cuál sería entonces la relación entre el bien del todo y el bien de todos? Podemos considerar el bien de la asociación en cuanto tal como una condición necesaria para la realización del bien de cada uno de sus componentes, en un respecto determinado (*secundum quid*, dirían los escolásticos.) Es pues un valor que sólo es real en cuanto medio para la realización del bien de sus componentes. Pero es un medio imprescindible, pues ningún miembro de la asociación obtendría el beneficio que espera de ella, si no se realiza el bien colectivo. Sólo la salud y armonía de la familia permite que sus distintos componentes obtengan de ella protección y reconocimiento para sus vidas individuales; sólo si una universidad funciona adecuadamente como institución, podrá satisfacer las necesidades particulares de estudiantes, profesores y empleados; el respeto a los valores colectivos de una etnia, de una nación son una condición para que en ella puedan desarrollarse las capacidades y virtudes de los individuos que la componen. En todos los casos, la realización de los valores colectivos es una condición para la realización de los valores de los individuos.[1]

Los valores políticos se realizan en la red de relaciones que componen una sociedad sometida a un sistema de poder. Corresponden, por lo tanto, a la totalidad de la asociación en cuanto tal y son condición del bien de los grupos e individuos que la componen, en un respecto: en cuanto sujetos políticos (súbditos o ciudadanos).

Una asociación presenta un fin colectivo, pero las estructuras relacionales para realizarlo pueden variar considerablemente. La familia satisface ciertas necesidades elementales, pero su estructura varía de una civilización y de una época a otra; la familia monogámica burguesa es sólo una de ellas. Las universidades han pasado por muchas formas sucesivas de organización académica y de autogobierno; y no debemos confundir los fines propios de toda asociación política con las diferentes formas en que puede organizarse para realizarlos.

Pues bien, la moralidad social trasmite los valores comunes de las instituciones y asociaciones, ligados a una estructura relacional particular: la familia burguesa, la universidad laica ilustrada, la democracia representativa, por ejemplo. Su función

---

[1] Se notará la pertinencia de estas observaciones en la solución del problema de las relaciones entre "derechos individuales" y "derechos colectivos". Si por "derecho" se entiende el reconocimiento jurídico de un valor, los derechos colectivos pueden verse como condiciones necesarias de los derechos individuales, pero sólo éstos últimos son fines por sí mismos.

es reiterar sus formas de ordenamiento; establece para ello reglas y orienta comportamientos aprendidos, sin ponerlos en cuestión.

La ética empieza cuando se busca otro fundamento de validez en la argumentación racional. En oposición a las pautas de valoración heredadas, acude a "valoraciones originarias"; somete a crítica el pensamiento reiterativo; pone en cuestión las interpretaciones de una moral condicionada socialmente, que disfraza los valores comunes. En el campo de los valores políticos, intenta precisar cuáles responden a intereses particulares, excluyentes de los demás, y procura adoptar un punto de vista imparcial que, al hacerlos de lado, descubra valores objetivos. Entonces, ya no acepta sin discusión las estructuras de relación transmitidas por convención, se pregunta si son las más adecuadas para realizar un bien común.

Los valores colectivos que descubra pueden reiterar las estructuras relacionales existentes; pero, en ese caso, ya no se fundarán en el consenso irracional, estarán basadas en razones que garantizan su objetividad. Darán lugar a una ética del orden.

A la inversa, la reflexión racional, basada en un conocimiento personal, podrá poner en entredicho, parcial o totalmente, las estructuras relacionales existentes y oponerles otras que realicen valores objetivos. Entonces dará lugar a distintas formas de ética disruptiva.

El paso de la convención a la crítica racional realiza otra operación: la universalización de las actitudes incluyentes. Los sentimientos de benevolencia, simpatía, amor, no pueden menos de estar dirigidos a personas individuales. Podemos comprobar con facilidad sentimientos amorosos dirigidos a un hombre o a una mujer, mucho más difícil es descubrir un sentimiento auténtico de amor a la "humanidad". Querer a las personas con quienes guardamos un contacto real es un acto comprobable. ¿Es igualmente posible querer a todos los hombres y mujeres de una supuesta comunidad universal? La universalización de las inclinaciones incluyentes, hasta abarcar todo, no puede ser obra del propio deseo, lo es de la razón. Pero la razón no hace más que elevar a carácter universal el objeto del *eros*. Entonces nace la ética.

En las religiones superiores, los sentimientos dirigidos al bien ajeno se universalizan mediante razones que se justifican en conocimientos personales. La compasión por el doliente, el horror de la muerte que acaba de presenciar, se convierten, en el joven Buda, en compasión universal por todos los seres vivos. Para ello fue necesaria la iluminación de su conciencia: la comprensión personal de la unidad del cosmos y de la ilusión del ego. El deseo de liberación del dolor motiva el conocimiento de sus causas y éste permite trazar la vía de su extinción. En el cristianismo, el amor se eleva a norma universal al comprender que el principio de todo es, él mismo, amor y que toda persona está hecha a su semejanza. El concepto de la igualdad de todo hombre como hijo de Dios, permite trascender el *eros* individualizado en un amor a toda creatura. Al secularizar estas ideas, la idea de la dignidad suprema de la persona funda la exigencia del respeto a todos los hombres como fines en sí mismos. En todos los casos, las actitudes incluyentes, existentes ya en una moralidad social, impulsan a dar razones que las justifiquen. Las doctrinas éticas (comprendidas en una concepción religiosa o en una filosofía secularizada) elevan a validez universal los sentimientos previos de benevolencia hacia los demás y de integración en un todo. El *eros*, al través de la razón personal, quiere abarcar la totalidad. Adquiere entonces una nueva dimensión, motivada por esa razón.

Proceso análogo en la ética política. La indignación por la injusticia y la solidaridad con el explotado conduce a dar razones de una sociedad en la que todos sean libres e iguales. Entonces, porque creemos, fundados en razones, que una sociedad en que todos los hombres son considerados como fines es justa, podemos actuar de modo que la solidaridad y la compasión se sobrepongan a nuestro natural egoísmo. Hay así deseos inmotivados que conducen a razones que conducen a deseos motivados. Quien, por acudir a un ejemplo, se siente desvalorizado en un orden de poder e impulsado por su afán de reconocimiento, puede verse impelido a buscar las razones que justificarían una sociedad en que nadie se sintiera desvalorizado y en que todos se reconocieran recíprocamente. Esa creencia razonada puede motivar, a su vez, una pasión por la justicia. La actitud ética hacia la realización de valores objetivos no ha eliminado sino elevado a nivel superior el inicial deseo de reconocimiento.

El punto de partida tiene que ser la experiencia personal de una carencia, en uno mismo o en los otros; porque la compasión por el sufrimiento ajeno puede ser un primer móvil, tanto como la privación propia. El conocimiento personal del sufrimiento provoca la empatía con el que sufre, enciende la rebeldía, impide decir "sí" a la situación existente. Obliga entonces a examinar las causas de la carencia, sus alcances, los caminos racionales para suprimirlas. El proyecto de una realidad otra, donde el sufrimiento quedara eliminado, nace de ese examen racional impulsado por el deseo. Entonces el deseo cobra una dimensión nueva: anhelo de lo otro, solidaridad con el que sufre, indignación moral, lucha. En un nivel aún superior, puede conducir a un sentimiento de hermandad universal con todo lo que sufra, a una pasión por una realidad que eliminara por fin las carencias. Un deseo particular ha impulsado a compartir los deseos de cualquier otra persona; descubrimos así valores objetivos; ellos encienden un nuevo deseo. ¿No ha sido todo ello, a la postre, obra del *eros*?

El proceso de universalización del objeto de las actitudes incluyentes se ejerce en otro respecto. Las comunidades a las que pertenece el individuo son limitadas, comprenden un número finito de miembros en relación. En cada una el sujeto tiene la opción de seguir sus intereses exclusivos o lo deseable para la comunidad. Pero un bien general de los miembros de una asociación puede ser singular en una asociación más amplia que abarque a la primera. El comportamiento orientado por un bien común tendrá, por lo tanto, distintos niveles según sea la amplitud de la comunidad a que se refiera.

El bien de una asociación puede ser contrario al de otras. El reconocimiento de una iglesia puede redundar en la persecución de otras, el poder de una empresa, en la penuria de las demás, el prestigio de una escuela, en menosprecio de sus competidoras; obrar en el interés común a los miembros de una clase, de una ciudad, puede oponerse a los intereses de la sociedad como un todo. Perseguir el bien de las asociaciones particulares a las que se pertenece orienta un comportamiento ético en su seno, relativo a esa asociación, pero sólo es garantía de obrar conforme a un interés universal si no es excluyente del bien de otras asociaciones.

Una sociedad política engloba otras asociaciones parciales. Su bien debe ser el bien de todas. Podríamos pensar entonces que el bien común de toda asociación política es el de la nación que las incluye a todas. No sólo políticos, también moralistas y filósofos han solido recomendar el patriotismo como virtud colectiva. Y el patriotismo puede expresar, sin duda, un comportamiento moral, en la medida en que permite conciliar el interés particular con el general. Pero este interés está a su vez limitado a los linderos de una sociedad; puede ser excluyente de las otras. La gloria, el prestigio y la prosperidad de una nación sólo será compatible con el de todas si no es excluyente. Pero ésa no es la regla. Por lo general la elevación de una nación se obtiene en detrimento de otras. A nombre del entusiasmo patriótico se han oprimido libertades y esclavizado pueblos enteros. El patriotismo ha sido bandera de genocidios, máscara de destrucciones, pretexto de guerras de exterminio, excusa de desigualdades e injusticias. El bien de una nación no es compartible por todos, mientras haya otro pueblo para el cual sea un mal. Sólo en el caso de que no perjudique a la comunidad mundial, el patrotismo, es decir, la búsqueda del bien común de la nación, es un valor objetivo.

El bien objetivo, válido para cualquier miembro de una asociación política, no es pues el que beneficia a una asociación particular sobre otras, sino el que sería bueno para toda asociación política en cuanto tal y, por consiguiente, para todo sujeto de una asociación política, cualquiera que ésta sea.

En suma, la propuesta de una ética política parte de una moralidad existente, condicionada por relaciones sociales reales; la supone, pero no se reduce a ella; tiene que someterla a crítica, en base a razones. Está motivada por intereses de los sujetos pertenecientes a una colectividad, pero tiene que establecer los valores que correspondan al interés de todos.

EL PUNTO DE VISTA IMPARCIAL

En el capítulo 2 propuse un criterio para fundar la objetividad de los valores en una asociación: que no respondan a los intereses excluyentes de un individuo o grupo, sino a los de cualquier miembro de la asociación. Nos acercaremos a conocer el interés común, si consideramos el bien de la asociación desde una postura desprendida de nuestros deseos exclusivos. Entonces podemos juzgar lo benéfico para cualquier miembro del todo y para la totalidad en cuanto tal, de una manera imparcial. Ésta es una propuesta análoga a la aducida antes por Ernst Nagel, aunque difiera de ella en algunos puntos que expondré más adelante.

En una sociedad —sostiene Nagel (1970, 3, 14)— un sujeto puede verse a sí mismo "como un mero individuo entre muchos", de tal manera que su enfoque personal no predomine sobre el de cualquiera. Cada quien se coloca en una posición intercambiable con la de cualquier otro, tiene entonces "la capacidad de verse a sí mismo simultáneamente como 'yo' y como 'alguien', como un individuo especificable de manera impersonal" (p. 19). Al tomar el punto de vista de cualquier miembro de la asociación, nos identificamos con él, hacemos de lado los intereses particulares y podemos asumir un interés común. Nagel ve en este cambio de punto de mira la posibilidad de comprender la validez general de las razones de los demás, de manera de interpretarlas "como expresando valores objetivos, antes que subjetivos" (p. 88). Colocarnos en un "lugar" que podríamos compartir cualquier otro nos suministra un criterio para fundar nuestra pretensión a la objetividad de los valores. Nagel ve entonces, en el "punto de vista impersonal", un criterio de universalización de los enunciados valorativos.

Esta idea tiene su antecedente en la llamada "posición original" de John Rawls. Ésta es una situación imaginaria en la que todos los miembros de una asociación serían iguales, en tanto personas morales y racionales, susceptibles de tener una concepción sobre el bien y un sentido de la justicia (1971, 19). Pero su información estaría limitada por un "velo de la ignorancia": todos ignoran cuál es su posición en la sociedad, su fortuna y sus capacidades, el nivel de su educación y cultura; ni siquiera tienen información acerca del género de sociedad a la que pertenecen. La suposición del "velo" tiene por fin poner entre paréntesis todas las circunstancias particulares que determinarían una desigualdad entre los miembros de la asociación y, por consiguiente, condicionarían los intereses de cada persona ligados a su situación. Podrían así considerar lo justo para todos sin estar influidos por las circunstancias específicas que los separan. Detrás del "velo", en la "posición original", "todas las partes están igualmente representadas como personas morales y el resultado no está condicionado por contingencias arbitrarias o por el peso relativo de las fuerzas sociales" (p. 120).

Es claro que en esa posición, ningún sujeto ha formulado un plan de vida personal, puesto que desconoce su situación social y sus capacidades; nadie tiene pues una concepción formada de lo que redundaría en su bien, aunque todos tengan un sentido de la justicia como equidad entre sujetos iguales. Por lo tanto, todos elegirán lo que sería más ventajoso para quien ocupara una posición cualquiera en la sociedad, puesto que cualquier posición podría ser la suya. Notemos que, según Rawls, lo que cada persona elegiría en esa posición original no está motivado por ningún sentimiento de simpatía hacia los demás; es, por lo contrario, resultado de un cálculo racional que busca el beneficio personal pero, puesto que nadie conoce su situación particular, todos tendrán que elegir lo que sería mejor para ellos en cualquier situación (pp. 186-187). El resultado de esa elección son los principios de justicia. Éstos son "los que personas racionales preocupadas por satisfacer sus intereses aceptarían en esa posición de igualdad, para establecer los términos básicos de su asociación" (p. 118).

Podemos traducir esos conceptos a la terminología que he estado utilizando en este trabajo. La "posición original" sería una situación imaginaria en la que cada sujeto haría de lado sus inclinaciones particulares, condicionadas por su situación social, y consideraría sólo el interés que tendría cualquier sujeto de la asociación. En esa posición, no está dirigido por ningún bien exclusivo de él y excluyente de los demás, no considera, por lo tanto, los que llamé *valores subjetivos;* sólo está en posición de considerar lo justo para cualquiera en cualquier situación social, esto es, los *valores objetivos.* Puede, por lo tanto, acceder a un punto de vista imparcial sobre el bien común.

Por su parte, Rawls insiste en la distinción entre "justo" *(right)* y "bueno" o "valioso" *(good).* Según él, lo que se conoce en la "posición original" no es un "bien común", sino los principios de lo justo. Porque entiende por "bueno" lo que "satisface un deseo racional de un sujeto" (p. 30) o "el sistema de fines que es racional perseguir para un sujeto" (p. 11). Y considera "racional" un deseo o un fin, no si es deseable para todos, sino si el sujeto emplea los medios adecuados para lograrlo. Lo "bueno" difiere pues de un sujeto a otro. "Bien" y "valor" son utilizados, por lo tanto, con el mismo sentido que tienen en nuestro texto "bien" o "valor" *subjetivos*, es decir relativos a la preferencia de un sujeto. Los principios de justicia, en cambio, son los mismos para todos, son compatibles, por lo tanto, con la elección de cualquier valor subjetivo; pero expresan lo que sería valioso para cualquier miembro de la asociación; luego, en nuestra terminología, tienen un valor objetivo. De allí no se sigue, creo yo, que la justicia tenga validez puramente instrumental y no sea, ella misma, un fin deseable por sí mismo. Lo que sucede es que Rawls restringe "valor" a lo deseado de hecho por un sujeto y no puede, en consecuencia, contar a la justicia entre los valores. Pero, en una teoría del valor como la que aquí sustento, la justicia conviene a todos por igual, es objeto de una actitud positiva de cualquier hombre en sociedad, cualquiera que sea su situación y sus deseos particulares; sus principios son, por lo tanto, expresión de un valor objetivo.

Podemos interpretar así el recurso a la "posición original" de Rawls como un procedimiento teórico para determinar los valores comunes a cualquier miembro de una asociación, deseables para todos más allá de las preferencias exclusivas de cada quien. Rawls expresa esta idea como la "prioridad del concepto de justicia sobre el de bien" (p. 31).

Ahora bien, podemos definir lo justo (*right*) "diciendo que algo es justo si satisface los principios que se elegirían en la posición original para aplicarlos a cosas de ese género". Entonces, "un espectador ideal racional e imparcial aprobaría un sistema social si y sólo si satisface los principios de justicia" (pp. 184-185). Los valores de la justicia —en nuestra terminología— son pues los que corresponden al punto de vista imparcial, de un sujeto racional desprendido de sus intereses exclusivos y excluyentes.

Pese a sus diferencias, la "posición original" de Rawls cumple una función teórica semejante al "punto de vista impersonal" de Nagel: determinar racionalmente los valores comunes a todos los miembros de una asociación. Pero ¿cómo llegar, en la realidad, a ese punto de vista?

Vías para acceder a un punto de vista imparcial

Podemos ver las propuestas de Rawls y de Nagel como un recurso teórico para determinar cuáles son los valores aceptables para todos. Se trata de un "experimento mental": trazamos una situación imaginaria donde los sujetos prescindirían de sus intereses excluyentes y considerarían solamente lo que correspondería al interés de todos. La manera más radical de representarse esa situación es considerar un conjunto de sujetos ignorantes de su posición social (Rawls) o incluso de su propia personalidad (Nagel). Pero ese supuesto imaginario responde a un modelo específico de sociedad, concebida como un conjunto de individuos capaces de decidir en soledad, prescindiendo de su situación concreta y de sus relaciones sociales, sobre lo que sea conveniente para cualquiera. Se supone que todos los individuos son iguales, libres y se guían por cálculos racionales para decidir lo benéfico para cualquier sujeto, "intercambiable" por otro. Se trata de la imagen de una sociedad considerada como agregado de individuos separados, que en realidad no forman una asociación, puesto que prescinden de toda relación que pudiera ligarlos. La posición del individuo que ignora su situación real (Rawls) o la del que renuncia a sus características personales (Nagel) se coloca, en realidad, fuera de toda asociación existente, para llegar a construirla a partir de un "contrato" entre individuos iguales. Es una posición pre-social, semejante al "estado de naturaleza" de los jusnaturalistas.

Una asociación comprende una estructura de relaciones entre elementos con posiciones y roles distintos. Si todas las situaciones se consideran iguales y todos los sujetos intercambiables, se ha roto la estructura de relaciones que constituye las sociedades reales. El individuo de Rawls y el de Nagel es un sujeto que se coloca voluntariamente fuera de cualquier asociación.

Las sociedades reales están constituidas por una multiplicidad de grupos de todo tipo. El sujeto político no es un individuo aislado, es inseparable de su situación. Habrá que distinguir, por lo tanto, entre los procedimientos reales en que los sujetos situados en su sociedad llegan a una postura ética y el recurso teórico que considera las opciones racionales de individuos abstractos, anteriores a la asociación misma.

Las teorías tanto de Rawls como de Nagel describen ese recurso teórico, pero no toman en cuenta las situaciones sociales reales en que se lleva al cabo. De considerarlas, el recurso teórico presentará características que no excluyen sino suponen la situación y personalidad social del agente.

En la realidad, para considerar el bien social, el individuo tiene que partir de sus intereses personales y de los grupos a que pertenece. Esta pertenencia condiciona la preferencia de unos valores sobre otros. El punto de vista por el que llegaría a comprender lo deseable para cualquiera, no puede prescindir de la identidad de cada quien, labrada en su pertenencia a diversas clases sociales y comunidades diferentes. En el proceso de socialización a que está sometido, el individuo sigue las "valoraciones derivadas" de la moralidad social existente. Es en su pertenencia a entidades sociales, y no aislado de ellas, como aprende a distinguir entre sus intereses individuales y los colectivos.

Cierto: mientras reitere los valores aceptados en las colectividades a que pertenece, sin someterlos a crítica, no accede a una postura ética racional. Para ello, tiene que tener una conciencia clara de que el interés colectivo coincide con el propio y, a la vez, corresponde al bien de toda la sociedad.

La universalización de los intereses y valores de un grupo puede seguir dos vías encontradas. La primera es la ideológica: disfrazar los intereses particulares del grupo de necesidades universales, sin razones sólidas que justifiquen ese paso. La segunda es la ética: dar razones que demuestren que el interés del grupo plantea valores que satisfacen necesidades de toda sociedad. Para ello no requiere hacer de lado los intereses individuales y de grupo, sino demostrar que no son excluyentes, que conciernen a cualquier miembro de la asociación.

Tomemos algún ejemplo. Al pertenecer a una universidad comprendo el interés de ese cuerpo por la libertad de expresión, eso me conduce a poner en cuestión otras ideas recibidas y a dar razones que demuestren el valor universal de la libertad para la realización de cualquier persona. El valor objetivo es captado por una "valoración originaria" que no abandona mi situación sino, por el contrario, la supone. Un miembro de la clase trabajadora, en cambio, por su pertenencia a otro grupo social, está en mejor posición para percibir por sí mismo otros valores: la igualdad social, por ejemplo, o la liberación del trabajo enajenado. Al dar razones de sus preferencias demuestra la vigencia general de esos valores. En ninguno de los dos casos, los valores objetivos (o, si se quiere, los "principios de justicia" que los expresan) son conocidos haciendo abstracción de la situación social, sino justificando sus enunciados de valor para demostrar su universalidad. Por lo tanto adoptar un punto de vista imparcial no consiste en abandonar la propia situación, que nos abre a la percepción personal de ciertos valores, ni en vernos como "un cualquiera" o un "don nadie"; consiste en someter las valoraciones recibidas a una crítica, haciendo a un lado los deseos excluyentes que nos impiden ver valores objetivos.

En un recurso teórico, podemos considerar cuáles serían los valores comunes a una asociación, cubriéndonos del "velo de la ignorancia", pero en la realidad, ese "velo" no es más que la depuración de nuestros intereses de todo aquello que responda a deseos y actitudes excluyentes de los intereses ajenos.

Esa operación tendrá un carácter diferente según la situación social que ocupe cada quien. Quienes se encuentren en una posición favorecida por el sistema de poder, percibirán con mayor intensidad, los valores del orden y la seguridad públicos: en cambio, no estarán en posibilidad de vivir por sí mismos otras necesidades básicas propias de una situación de pobreza. El obstáculo para acceder a un punto de vista imparcial es justamente su posición excluyente, miope ante carencias vitales ajenas. El acceso a una postura desprendida pasará entonces por el cobro de conciencia de su situación privilegiada y la disposición a compartir las necesidades de otros.

En la situación de las clases medias, otros valores pueden ser más perceptibles, los de las libertades personales, por ejemplo. Su proyecto elevará a requisito universal su preferencia. Para ello tendrá que demostrar que no contradice otros valores igualmente generales, tales como el orden o la igualdad social, perceptibles con mayor fuerza para sujetos en otra situación.

Los obstáculos para asumir un punto de vista imparcial, de quienes se encuentran en situación menos favorecida, serán de otra índole. Están, desde luego, en mejores condiciones de adoptar un punto de vista equitativo. Quienes viven la injusticia son más sensibles a la equidad social y las penurias vividas en carne propia permiten proyectar, con voluntad mayor, los valores que aliviarían necesidades básicas de todo hombre. Su interés particular coincidiría con el general si no se viera perturbado por deseos excluyentes de otro género: resentimiento, odio o placer de la venganza, inclinación a oprimir al opresor de antaño. El punto de vista imparcial coincidiría así con el que tendrían los sujetos en las situaciones menos favorecidas si lograran desprenderse de sus deseos excluyentes de los demás.

En suma, el procedimiento real para acceder a un punto de vista imparcial, desde el cual se hicieran presentes valores objetivos, parte de la situación de cada quien y de las valoraciones morales recibidas: desde esa situación toma una actitud disruptiva ante las valoraciones aceptadas socialmente, pone en cuestión los intereses excluyentes particulares del grupo, e intenta aducir razones aceptables para todos. Sólo entonces puede hacer coincidir su interés particular con el general; sólo entonces se eleva a una postura ética.

LA REALIZACIÓN DE LOS VALORES

La voluntad ética no se cumple con sólo elegir los valores objetivos, requiere su realización en bienes sociales concretos. Y es aquí donde se toca con la utopía. Una ética crítica rechaza los valores consensuales para oponerles valores objetivos. Cuando esa oposición es radical, en el campo de la política, parece confundirse con la utopía.

La utopía marca la máxima tensión entre la realidad social aceptada y los valores que habrían de remediar sus penurias. No está motivada por un interés particular, sino por el anhelo de lograr el bien para todo un pueblo o aun para la humanidad entera. A lo opuesto de las ideologías, las utopías proyectan un mundo valioso para todos.

En las utopías socio-religiosas esa actitud es patente. Claman por el Reino de Dios y por el retorno del hombre a lo Sagrado. En las utopías intelectuales, la proyección hacia el bien común, por encima de las inclinaciones individuales, no se acompaña del mismo fervor, pero está igualmente presente. Ahora se reviste de un ropaje ético. Y también el punto de vista ético puede estar motivado por el entusiasmo.

Tanto la utopía como la ética disruptiva están constituidas por enunciados que proyectan valores y fines últimos; ambas promulgan normas que ordenan nuestras acciones. En estos puntos, la utopía coincide con la ética disruptiva, *es* una postura ética disruptiva. Así, la utopía tiene una función contraria a la de las ideologías "reiterativas". Mientras éstas tienen por efecto afianzar las creencias vigentes que aseguran un estado de dominación, el pensamiento utópico rompe las creencias usuales para proponer un orden nuevo. Las utopías religiosas expresan un anhelo colectivo de transfiguración, las intelectuales, una propuesta racional de una sociedad superior. En uno y otro caso, la utopía puede servir de orientación a un comportamiento político que, rompiendo el engaño ideológico, intente acercarse a la realización de valores objetivos. Frente a la hipocresía de las ideologías, las utopías proponen sin embozo los verdaderos valores.

De hecho muchas utopías sirvieron de ideal a amplios movimientos de renovación moral en la sociedad. Pensemos en la influencia de la espera escatológica sobre la formación de comunidades más puras y más apegadas al ideal evangélico, en el cristianismo primitivo. Recordemos la presencia de la *Ciudad de Dios* en algunas órdenes religiosas medievales, o la enseñanza de Joaquim de Fiore en la revolución espiritual franciscana. Y apenas es necesario evocar, en la época moderna, la lucha por una sociedad más justa, que hubiera sido imposible sin las utopías racionales del anarquismo y del socialismo.

En algunos momentos, frágiles y pasajeros, la utopía logró incluso realizarse parcialmente. Pagó entonces un precio: tuvo que reducirse a un espacio restringido y aceptar coexistir con un sistema más amplio donde subsistía la dominación, la desigualdad y la injusticia. Por un breve instante, en el siglo XV, bajo los auspicios de Hus, la utopía cristiana tuvo su sede en Tabor, en Bohemia; con Vasco de Quiroga, la Utopía de Moro se fincó en Pátzcuaro, un siglo más tarde, los jesuitas bordearon también la utopía en sus misiones en Paraguay y los cuáqueros en Nueva Inglaterra. Por desgracia, el pensamiento utópico no puede evitar una paradoja. Al tratar de realizarse, puede dar lugar a lo opuesto del orden querido. Lo contrario absoluto del orden del valor es la "ideología utópica" a la que conduce la pretensión de verlo realizado en una situación concreta; aquél es el reino de la salvación, éste el de la condenación a la opresión y a la violencia. La utopía deja de ser una postura ética en el momento en que cree identificar la sociedad ideal con una sociedad histórica inminente; en el instante en que renuncia a la diferencia. Si la sociedad proyectada tiene que realizarse en un momento particular, el entusiasmo cede su lugar a la impaciencia. A la esperanza por eliminar la carencia sucede la exasperación por su persistencia, que invoca la violencia.

La postura ética sólo puede mantenerse si el orden de valores proyectado opera como una idea regulativa de la acción política, que nunca puede cumplirse cabalmente, que no se agota en ninguna situación. La diferencia siempre se mantiene. Ninguna sociedad histórica puede identificarse con la comunidad más alta, término de nuestro anhelo; sólo puede dirigirse por ella, acercársele continuamente sin alcanzarla. Porque ninguna sociedad histórica puede dejar de ser limitada y, por ende, imperfecta. Ninguna puede prescindir por completo del poder, que se opone al valor. La actitud ética supone orientación hacia el valor objetivo y, a la vez, aceptación de una realidad carente.

Frente a la ideología, la ética postula una sociedad *otra;* frente a la utopía, pretende realizar la sociedad postulada *en ésta* sociedad carente. Parte de la moralidad social existente, la pone en cuestión, proyecta una sociedad justa. Pero, para realizarla parcialmente tiene que volver sobre la moralidad social, procurar que los valores éticos encarnen en ella. Tiene que transformar las instituciones y reglas que configuran la moralidad social y sostienen las relaciones de poder. Trata de construir un ámbito nuevo de relaciones sociales, de incorporar en una nueva moralidad social los valores proyectados, de manera que se conviertan en nuevo hábito común. Las revoluciones y las reformas políticas sólo se cumplen cuando dan lugar a nuevas instituciones y reglas de conducta aceptadas comúnmente. Así, la postura ética parte de la moralidad social existente, para ponerla en cuestión, y vuelve sobre ella para realizarse.

PRINCIPIOS DE UNA ÉTICA POLÍTICA

De las reflexiones anteriores podemos derivar una máxima que podría condensar el comportamiento ético en el campo de la política: *Obra de manera que tu acción esté orientada en cada caso por la realización en bienes sociales de valores objetivos.*

Frente a las ideologías, el pensamiento y el comportamiento éticos se orientan por la *diferencia* entre la realidad proyectada del valor objetivo y los valores subjetivos de cada grupo social. Frente a las utopías, postula la *mediación* entre el orden del valor y la realidad social asequible en cada caso.

La máxima podría glosarse en varios principios de acción:

1) Una voluntad ética, en política, postula *valores objetivos* cuya realización constituiría un bien común, más allá de los bienes específicos de cada grupo. Proyecta así una sociedad otra, que debe ser construida. Prescribe normas generales que responden a esos valores y rebasan, por ende, las reglas de la moralidad social existente. No puede conformarse con lo que es, puesto que ninguna realidad social cumple cabalmente con el valor. Se funda en una racionalidad valorativa, siempre incierta, que justifica un conocimiento personal de lo realmente valioso.

La voluntad ética supone en el agente hacer suyo el interés general al subordinarle sus deseos exclusivos y excluyentes.

2) Una voluntad ética, en política, está *orientada* por la sociedad proyectada. Lo que orienta trasciende siempre lo orientado. La esfera de los valores objetivos no puede nunca identificarse con una situación histórica o un ordenamiento social existente. Las normas generales no pueden jamás cumplirse íntegramente en reglas vigentes.

Al realizarse, los valores se manifiestan parcialmente en bienes sociales, pero no se limitan a ninguno en particular. Los valores objetivos trascienden los hechos históricos, no por estar situados en algún trasmundo, sino por ser figuraciones de la imaginación impulsada por el deseo, que nunca se cumplen cabalmente.

El orden del valor proyectado es, por lo tanto, una *idea regulativa*, nunca realizable plenamente. Es lo que aún no existe, pertenece a la otra realidad.

La elección de realizar la sociedad más valiosa puede expresarse en un programa que guía el comportamiento colectivo. Es entonces una opción ética que rechaza la situación existente e invita a realizar lo que no es.

3) Una voluntad ética, en política, quiere la *realización de bienes sociales*. No se satisface con acariciar, en la fantasía, los valores proyectados. Lo que decide es realizarlos. No le bastan las buenas intenciones y los elevados pensamientos, lo que quiere es transformar el mundo y nosotros en él.

El impulso por transformar el mundo sólo puede ser personal. Nadie es capaz de actuar si no está motivado por su propio interés. La voluntad ética no opone un interés general al propio, sino intenta hacer coincidir ambos. Si la sociedad ética ha de realizarse, debe responder al interés real de sus constructores y satisfacer sus necesidades.

Por otra parte, una voluntad ética, en política, tiene que considerar la eficacia de las acciones colectivas para transformar la realidad. Como vimos (cap. 5), la ética política juzga por el valor del "acto total", esto es, del acto considerado en la multiplicidad de sus significaciones contextuales y de sus consecuencias inmediatas y previsibles. Implica, por ende, el conocimiento de la situación y de los efectos de las acciones en ella.

4) Una voluntad ética considera los valores objetivos por realizar *en cada caso*. Sus elecciones y decisiones son concretas. En cada circunstancia debe ponderar los valores distintos que entran en conflicto, las posibilidades de su realización y sus consecuencias previsibles. Esa reflexión no puede regirse por leyes generales, es obra de un conocimiento personal guiado por la prudencia. Responde a una racionalidad de juicio contextual.

Ponderar los valores realizables en cada situación, quiere decir también medir el tiempo necesario a todo cambio y acompañarlo. Ninguna transformación importante puede darse de inmediato. La historia no procede por tajos. Cada cambio requiere de su propio ritmo. A la concepción de la sociedad deseable como una idea regulativa, que nunca se cumple cabalmente, corresponde la de la sociedad real en cambio gradual, que nunca se transfigura plenamente. La sabiduría política consiste en preceder con la voluntad esos cambios, de manera de evitar a la vez la inercia y el desgarramiento.

En todo contexto político se mezclan el poder y el valor. No existe una situación social buena en pureza frente a otra en absoluto mala. Nada más contrario a la voluntad política recta que la pretensión de zanjar entre bienes y males totales. El político justo no es el justiciero ni el cruzado. Aunque orientado por valores superiores, sabe que no son plenamente realizables. Elige, en cada caso, el mal menor o el bien parcial adecuado a la situación. El hombre moral, en política, acepta la existencia del mal a la vez que intenta reducirlo.

El pensamiento reiterativo confirma las relaciones sociales existentes, mantiene la continuidad y el orden. El pensamiento disruptivo establece la diferencia, postula un ordenamiento racional. La postura ética es una expresión del pensamiento disruptivo. Pero no intenta destruir lo existente para quedarse en el vacío de lo imaginario; su tarea es labrar en la realidad existente, otra. Podríamos llamar a esa forma de pensamiento "constructiva". Quien construye con la materia una nueva realidad no repite su forma, tampoco aniquila el material que utiliza, lo conserva, potencia sus cualidades, para transfigurar su estructura conforme a un nuevo proyecto. El buen arquitecto no es el que, prendado de pureza, para edificar su ciudad tiene que arrasar un mundo, sino el que, a semejanza del humilde artesano, recoge la impura tierra para darle una forma nueva.

CUARTA PARTE
LA ASOCIACIÓN POLÍTICA

11. ROUSSEAU: LOS DOS CONVENIOS

REINTERPRETAR EL CONTRACTUALISMO

¿Cuál es la asociación política deseable? Para averiguarlo recurriremos a un viejo expediente. El pensamiento moderno tuvo preferencia por presentar la asociación política como el resultado de un contrato voluntario entre individuos. Antes, reinaría un "estado de naturaleza", ausente de todo poder político. Sobre él se constituiría el Estado. El contractualismo responde a un rasgo de la modernidad: la racionalización de la sociedad, su concepción como una entidad colectiva homogénea, reducible a un conjunto de relaciones entre individuos iguales.

La realidad es diferente. La sociedad no está constituida por individuos aislados, sino por una multiplicidad de comunidades y agrupaciones en que se integran los individuos; la asociación política no se basa en un contrato consciente entre sujetos libres, sino en la aceptación tácita que se impone a los individuos al socializarlos desde su nacimiento; el poder es resultado de un hecho bruto antes que de un contrato: una imposición por la fuerza.

No obstante, la concepción de la asociación política como un contrato puede servir de imagen simbólica de una realidad. La relación contractual entre individuos sería una analogía de la relación consensual entre grupos sociales. La diferencia entre tipos de "contratos" nos haría comprender, por analogía, la de distintos tipos de asociación política. La imagen es explicativa en la medida de traducir sus términos a los correspondientes de su analogado. El llamado "estado de naturaleza" corresponde a lo que sería la sociedad en ausencia de un poder político, "sociedad civil" sin Estado; el acto de "contratar" corresponde al asentimiento de los miembros de la asociación a un sistema de poder que se puede manifestar por la simple ausencia de rebeldía frente al poder; "contratantes" no son los individuos aislados sino los grupos sociales; la cesión de derechos en el "contrato", corresponde, por último, a la limitación de las libertades, al formar parte del sistema de poder. La palabra "convenio" se adecua mejor que "contrato" a esta imagen simbólica.[1] Comprendido así, el concepto de "convenio" nos será útil para determinar, por analogía, las características y modalidades de una asociación política.

Algunas ideas de Rousseau, reinterpretadas, serán nuestro mejor guía.

EL CONVENIO CONFORME AL PODER

En los escritos políticos de Rousseau encontramos dos modelos de convenio. *El Discurso sobre el origen y los fundamentos de la desigualdad entre los hombres* parte de la realidad histórica del poder político y se pregunta cómo llegamos a ella. Trata de explicar el hecho de la desigualdad y la dominación. Siete años más tarde, el *Contrato social* plantea otra cuestión: ¿Cuáles son las características de una asociación política libre de dominación? Ahora el intento es diferente: legitimar una sociedad emancipada. A una y otra cuestión corresponden sendos modelos de "contrato". En el *Discurso* se trata de un convenio que funda la sociedad existente y justifica el poder dominante. El *Contrato social*, en cambio, expone el pacto que daría fundamento a una sociedad conforme a la razón ética.

Hobbes ya lo había visto: es necesario un convenio para poner fin a un estado de conflicto permanente.[2] Pero, para Rousseau, la situación de "guerra de todos contra todos" no corresponde al estado de naturaleza, es resultado de una evolución de la sociedad. Aparece al abandonar el estado salvaje, cuando se establece la propiedad individual y se refuerza la división del trabajo, ligada al desarrollo de la agricultura y de la metalurgia.

---

[1] "Contrato" incluye la voluntad consciente de los contratantes y supone una regulación legal previa, que estatuye sus condiciones; "convenio", en cambio, puede tomarse en un sentido laxo: con-venir es simplemente llegar a coincidir en un camino, sin especificar cómo se ha recorrido.

[2] Sobre el tipo de convenio que describe Hobbes, puede verse J. Fernández Santillán (1988) y L. Villoro (1993a).

Entonces la desigualdad se vuelve un rasgo preponderante de la sociedad y se establece la competencia entre todos sus miembros. "Concurrencia y rivalidad, por una parte, aparición de intereses, por la otra, y siempre el deseo oculto de lograr su provecho a costa del otro: todos estos males son el primer efecto de la propiedad y el cortejo inseparable de la desigualdad naciente". Es sólo en ese momento cuando "la sociedad naciente dejó su lugar al más horrible estado de guerra" (1964, 175-176). La naturaleza no conoce la guerra; es la sociedad regida por intereses particulares en competencia la que introduce el conflicto universal. La guerra no es pues consecuencia de la naturaleza egoísta del hombre, sino de su desnaturalización por la propiedad y por la desigualdad que se sigue de ella.

Pero Hobbes, después de todo, acertó a ver la salida. La solución racional al conflicto universal es un convenio en que todos se comprometan a guardar la paz, en defensa de su propio interés. Ése es el pacto político en el que se basa la sociedad existente... y el que consagra también su desigualdad. Rousseau lo describe en una especie de parodia que revela sus verdaderos designios.

El rico es quien concibe el contrato para lograr mantener su propiedad y su poder. "Después de haber expuesto a sus vecinos el horror de una situación que los armaba a todos los unos contra los otros, que volvía sus posesiones tan onerosas como sus necesidades, y en la que nadie encontraba seguridad, ni en la pobreza ni en la riqueza, inventó fácilmente razones especiosas para traerlos a su designio: 'Unámonos', les dijo, 'para garantizar contra la opresión a los débiles, contener a los ambiciosos, y asegurar a cada quien la posesión de lo que le pertenece. Instituyamos reglamentos de justicia y de paz que a todos obliguen a conformarse, que no hagan acepción de nadie y que reparen de algún modo los caprichos de la fortuna al someter por igual al poderoso y al débil a deberes recíprocos. En una palabra, en lugar de volver nuestras fuerzas contra nosotros mismos, reunámoslas en un poder supremo que nos gobierne según sabias leyes, que proteja y defienda a todos los miembros de la asociación, rechace los enemigos comunes y nos mantenga en eterna concordia". Y, termina Rousseau: entonces, "todos corrieron a sus cadenas, creyendo asegurar su libertad". (1964, 177).

Bajo la forma de una narración histórica, Rousseau dibuja un cuadro: los adversarios detienen el combate, llegan a un acuerdo, cada quien cede parte de sus derechos, fundan una asociación bajo reglas comunes, el poder político queda establecido. No es la reseña de un acontecimiento singular que hubiera tenido lugar, sino una imagen simbólica de una estructura de actos y relaciones que constituyen un tipo de asociación política.

La narración traza los rasgos de un modelo de asociación que podría concretarse en muchas modalidades distintas. Analicemos sus características generales:

1) Su punto de partida es una situación de conflicto. Se oponen los intereses de dos grupos sociales. El duelo puede ser a muerte; puede ser también una oposición sorda, con grados de violencia variables de la lucha de clases. La situación de conflicto consiste justamente en la oposición de intereses excluyentes entre partes condenadas a coexistir.

2) La asociación política se constituye cuando entre los oponentes se establece un acuerdo, expreso en la narración simbólica, tácito las más de las veces en la realidad. Cada quien tiene que aceptar limitar su libertad ("ceder sus derechos") para lograrlo. El convenio tiene por fin remplazar el enfrentamiento violento por una competencia conforme a reglas. Cumple una necesidad de todos: instaura la paz y el orden.

3) Cada quien persigue en el convenio su interés particular. Se trata de un compromiso que salva de lo peor a ambos contendientes. Tiene que resultar, por lo tanto, de una negociación en que cada parte intenta lograr para sí el mayor beneficio. Es obra de un cálculo racional interesado; algo tenemos que ceder, dice la razón, si queremos obtener un beneficio. Hoy tenderíamos a decir que la razón se rige, en el convenio, por el principio de maximizar el propio beneficio y minimizar el costo personal.

4) El convenio se logra al obtener un acuerdo sobre el soberano y la sujeción de todos a las leyes que él promulgue. De ellos se derivan el orden y la paz. Éste es un bien común que resulta de la coincidencia, de hecho, de los intereses particulares. Cada quien lo acepta en la medida en que sea conforme a su bien particular. Así, lo deseable para todos se reduce a lo efectivamente deseado por todos. De muchas posiciones egoístas surge un bien

general. Éste no es querido por sí mismo, sino sólo como medio para lograr una ventaja personal.

5) Como resultado del convenio se instaura un orden de poder. El Estado es garante del cumplimiento de ese orden. Como cada quien acepta el convenio como medio para satisfacer su interés, podría faltar a él si no lo satisface. Conviene en respetar a los otros porque ello es necesario para cumplir, aunque sea parcialmente, sus deseos exclusivos. Si pudiera hacerlo sin perjuicio propio, no tendría razón para no suprimir a la otra parte. Por ello es necesario que el Estado imponga por la fuerza lo convenido. El Estado tiene por función principal el ejercicio de la coacción para mantener el orden pactado.

Las notas anteriores definen un modelo general de convenio que admite múltiples variantes. La cesión de derechos de los pactantes puede ser total o parcial. En la versión de Hobbes el soberano sólo puede asegurar la paz y preservar la vida de los asociados si es depositario de todos sus derechos; la cesión es total. Los pactantes no tienen más derecho y, por ende, más libertad, que los que la ley promulgada por el soberano les conceda. Pero podemos concebir otra situación dentro del modelo general. Con el mismo fin (la realización de su interés exclusivo) los pactantes ceden sus derechos sólo en la medida necesaria para mantener la paz, asegurar un orden eficaz y una situación en que puedan satisfacer sus deseos. El soberano, entonces, está revestido del derecho necesario para lograr ese fin, pero no interviene en ninguna actividad que no afecte ese propósito. Las partes conservan el derecho de realizar todas las acciones que no prohíbe la ley. Su libertad se extiende hasta donde llega el "silencio de la ley". Ciertas actividades están reguladas por el convenio, pero otras muchas son libres, el convenio no las considera, quedan sujetas a la competencia.

Correlativamente, el beneficio obtenido por las partes y preservado por el convenio variará en los distintos casos. En la versión de Hobbes el bien logrado se restringe a la preservación de la vida y al mantenimiento de la paz. Pero los bienes garantizados por el convenio, pueden ser más complejos. Podrían consistir en la libertad individual para disfrutar de sus propiedades o inclusive para perseguir cada quien su felicidad personal. Así como la forma de gobierno que mejor se aviene con la cesión total de derechos hobbesiana, es la monarquía absoluta, la que conviene mejor a la cesión mínima de derechos es una forma de la democracia liberal moderna. A una y otra variante corresponderán maneras diferentes de ejercer la coacción del Estado. Si la cesión es total, el ámbito en que el poder público puede ejercer la coacción es el máximo. Si la cesión es mínima, también lo es el espacio de coacción del Estado. El "Estado autoritario" y el "Estado mínimo" son las dos variantes extremas del mismo modelo de convenio. Porque esencial al modelo es ser un instrumento para realizar los intereses particulares y no el grado de coacción requerido para lograrlo.

El acuerdo recíproco permite la convivencia, sin un enfrentamiento a muerte, de individuos y grupos con intereses contrarios. En su versión autoritaria asegura la coexistencia de todos bajo la misma coacción; en su versión liberal va mucho más lejos: abre un espacio en que la multiplicidad de intereses, de por sí excluyentes, individuales o de grupo, pueden competir entre ellos sin destruirse. En ninguna de las versiones elimina, por lo tanto, el conflicto. Es sólo una operación táctica para remplazar la violencia abierta por la competencia regulada. En el conjunto de actividades que caen bajo la coacción del poder público, los conflictos entre intereses particulares están regulados por la ley, en los campos que no le conciernen, en cambio, permanece la lucha en una arena común. La sociedad civil es presa de la competencia entre particulares, lucha de empresas, de partidos, de grupos, de clases. Puesto que cada quien ve en su relación con los otros, medios para realizar su exclusivo interés, cada quien intentará aventajar a los demás en beneficio propio.

Los intereses particulares tienen por sujetos grupos con distinta fuerza real dentro de la sociedad. El desequilibrio de fuerzas se reflejará pues necesariamente en el compromiso que desemboca en el convenio. Las relaciones de poder responderán, en cada momento histórico a la fuerza relativa de los grupos que han pactado. Expresarán lo que, en esa situación, resulta asequible según las posibilidades reales que tenga cada quien de hacer prevalecer sus intereses. La constitución del Estado, los grupos o personas que lo gobiernen, el orden legal que emane del convenio, corresponderán a las relaciones de fuerza reales entre los contratantes. El bien común resultante consagrará la dominación del más fuerte. Pero ahora será una dominación aceptada voluntariamente. Con tal de reservar para sí una fracción limitada de libertad, los más débiles tuvieron que aceptar el compromiso que favorece el poder de los más fuertes. Entonces, "todos corrieron a sus cadenas..." El convenio obtuvo un resultado: mantener, por consenso general, un sistema de poder.

En cualquiera de sus variantes, éste es el modelo de convenio en que descansan las relaciones de poder en las sociedades reales.

EL CONVENIO CONFORME AL VALOR

Pero podemos imaginar otro modelo de convenio. Ya no para explicar la asociación por las relaciones efectivas de poder, sino para justificarla por la realización de valores. El segundo *Discurso* se refiere a una asociación política tal como de hecho se ha dado, el *Contrato Social*, a una asociación ideal, tal como debería darse. Se trata de una forma de sociedad válida universalmente, exista o no de hecho. "Busco el derecho y la razón, no trato de los hechos", decía Rousseau en la primera versión del *Contrato Social* (1964, 297).

Partiendo de la situación de conflicto, es posible pensar en un acuerdo que, en lugar de consagrar el estado de dominación, asegurara la libertad de todos. Un convenio semejante tendría que solucionar un acertijo en apariencia insoluble: "Encontrar una forma de asociación que defienda y proteja con toda la fuerza común la persona y los bienes de cada asociado y por la cual al unirse cada quien a todos no obedezca sin embargo más que a él mismo y quede tan libre como antes" (1964, 360).

El fin del convenio es ahora la libertad de cada quien en su relación con todos. La libertad es el derecho de todo hombre: "renunciar a su libertad, es renunciar a su calidad de hombre, a los derechos de la humanidad, incluso a sus deberes" (1964, 356). La asociación debe ser "el acto más voluntario del mundo", porque "habiendo todo hombre nacido libre y señor de sí mismo, nadie puede, bajo ningún pretexto, dominarlo sin su consentimiento". (1964, 440). En el "contrato social" el individuo consiente en enajenar su libertad pero la enajena... a sí mismo. El pacto no consiste en someternos a un poder ajeno, sino en garantizar que sólo nos sometemos a nuestra propia voluntad. Expresa una paradoja: tiene que ser tal que, a la vez que cree un poder común, garantice la libertad de cada quien frente a ese poder; en otras palabras, que al obedecer todos a un poder común, no quede nadie sujeto a un poder particular.

Pero el poder político es siempre imposición de la voluntad de una persona o de un grupo sobre los demás. Si la tomamos en todo su rigor, la paradoja de Rousseau significa que el "contrato social" instaura una comunidad libre de todo poder político. Si es así, el contrato tiene que cumplir, al menos, con dos condiciones:

1) *Condición de igualdad*. Puesto que no admite un dominio de una parte sobre las demás, los contratantes tienen que estar en igualdad de condiciones. La igualdad indispensable para el convenio no es la de talentos naturales, ni siquiera la de bienes materiales, sino la que vuelve imposible que un interés particular prevalezca sobre los demás, de manera que "siendo la condición igual para todos, nadie tiene interés en imponérsela a los otros" (1964, 361). La igualdad en la condición de todos implica que el punto de vista de cualquiera valga tanto como el de cualquier otro; así, el valor común será lo deseable objetivamente. La igualdad de todos en la determinación de lo valioso es condición de posibilidad de la asociación que nace del convenio; de lo contrario, no se acordaría lo deseable para todos, sino lo deseado por el más fuerte, como en el caso del convenio criticado en el segundo *Discurso*.

2) *Condición de generalidad*. La asociación se constituye al poner la voluntad de cada quien bajo la dirección de una voluntad general. Pero, si ha de garantizar la libertad individual, esa voluntad debe identificarse, de algún modo, con la voluntad personal de cualquiera de los asociados. Sólo así, cada quien permanecerá libre en su obediencia, pues estará obedeciendo a sí mismo.

La solución a la paradoja está en el concepto de "voluntad general". El contrato se resume en los siguientes términos: "Cada uno de nosotros pone en común su persona y todo su poder bajo la suprema dirección de la voluntad general; y nosotros recibimos a cada miembro como parte indivisible del todo". Pero en este acto, "al darse cada quien a todos no se da a nadie y como no hay un asociado sobre el que no se adquiera el mismo derecho que uno le cede sobre sí, se gana el equivalente de todo lo que se pierde y mayor fuerza para conservar lo que se tiene" (1964, 361).

El asociado renuncia a sus derechos particulares, en cuanto individuo interesado en su bien exclusivo; no los entrega a ninguna otra persona, sino a sí mismo, en cuanto guiado por la voluntad de realizar un bien incluyente de cualquiera. La fórmula supone la distinción, en cada individuo, de dos voluntades. La primera tiene por fin el cumplimiento de deseos excluyentes de los ajenos; está dirigida por el egoísmo; la segunda busca la realización del bien de todos y cada uno, está dirigida por la razón. No tiene por fin la satisfacción de lo *deseado* sino de lo *deseable*. Por "razón" no podría entenderse, en este contexto, el cálculo interesado. Frente a la "razón" del convenio anterior, que determina los medios más eficaces, habría otra forma de "razón": la que establece cuáles son los valores objetivos. El "contrato social" consiste en la sumisión de la primera voluntad a la segunda. Supone pues una conversión radical.

Conversión de la voluntad, en primer lugar. Para acceder a la voluntad general no basta con sumar las voluntades particulares. No resulta de su agregado. Tampoco del consenso entre ellas. La coincidencia casual de muchas voluntades egoístas no cambia su carácter. La "voluntad de todos" es diferente a la "voluntad general". "Ésta sólo mira al interés común, la otra mira al interés privado y no es más que la suma de las voluntades particulares" (1964, 371). Pero la "voluntad general" no es una abstracción. En cada individuo existe una voluntad particular, que puede oponerse a la de los demás, postula valores subjetivos y persigue su propia ventaja, y una voluntad que proyecta valores objetivos y se dirige por intereses comunes. En cada sujeto pueden oponerse o coincidir ambas voluntades.

Conversión, en segundo lugar, de la mirada. Para saber cuál sea la voluntad general no puedo atender a mis deseos, tengo que intentar conocer lo que sea valioso para el todo al que pertenezco.

El contrato social es el abandono del estado de naturaleza para acceder a otro que antes no existía. No es el *reconocimien-*

to sino la *construcción* de un orden moral. "Este paso del estado de naturaleza al estado civil produce en el hombre un cambio muy notable, sustituyendo en su conducta la justicia al instinto, y dando a sus acciones la moralidad que antes les faltaba. Es sólo entonces que, al suceder la voz del deber al impulso físico y el derecho al apetito, el hombre que hasta entonces sólo se había fijado en él mismo, se ve forzado a actuar conforme a otros principios y consultar su razón antes que escuchar sus inclinaciones" (1964, 364). Se crea así una nueva realidad, producto de las voluntades concertadas, dirigidas por principios racionales. La nueva realidad está formada por la asociación de individuos que acceden a la categoría de agentes morales. La moralidad consiste justamente en la sumisión de los intereses particulares a lo válido universalmente. En el *Discurso sobre la economía política*, incluido en la *Enciclopedia*, Rousseau define la virtud como "la conformidad de la voluntad particular a la general" (1964, 252). Fórmula que antecede al imperativo de Kant ("Obra de tal manera que la máxima de tu acción pueda elevarse a regla de universal observancia"). En efecto, quien somete su interés particular a la voluntad general sigue una norma universal.

El contrato social crea pues un orden moral al que debe someterse cualquier sujeto. Pero ese sometimiento no puede interpretarse como coacción a la libertad individual por un poder colectivo que le fuera ajeno. El contrato tiene como fin, por el contrario, garantizar la libertad. El interés general no es contrario a la libertad de la persona sino sólo a sus inclinaciones excluyentes. Luego, no existe un interés propio del todo que fuera ajeno al de sus miembros. "Puesto que el soberano no está formado más que de los particulares que lo componen, no tiene ni puede tener un interés contrario al suyo" (1964, p. 363). La voluntad general es la del individuo, en cuanto mira al beneficio de todos.

Este segundo modelo de convenio, como el primero, admite variantes, pero cualquiera de ellas se adscribirá a una u otra modalidad de convenio, según pretenda dar razón de la asociación política por la coincidencia de intereses particulares o por la realización de valores objetivos. A riesgo de simplificar, podríamos resumir en algunos rasgos las características en que difieren uno y otro modelo. Sea "M_1" el modelo de convenio conforme al poder y "M_2" el expuesto en el *Contrato Social.*

1) En M_1, la acción política de cada sujeto o grupo de sujetos está movida por su interés exclusivo y guiada por una razón instrumental, al servicio de ese interés. En M_2, está motivada por la voluntad general y guiada por una razón valorativa, que determina cuáles son los valores objetivos.

2) En M_1 el bien común, en el sentido de aceptado por todos, es resultado de la coincidencia efectiva de los intereses particulares. En M_2, corresponde a la realización de valores objetivos.

3) En M_1 la asociación política es, para cada sujeto, un medio para satisfacer su interés; luego, los otros sujetos que intervienen en el convenio son vistos como medios. En M_2 la asociación política es un fin deseable por sí mismo para todos; luego, cada miembro de la asociación es visto por los demás también como fin y no sólo como medio.

4) En M_1, en el ámbito no sujeto al poder del soberano, no se elimina la competencia de todos contra todos. En M_2 la supremacía de una voluntad general remplaza la competencia por la cooperación.

5) En M_1 una autoridad externa a los pactantes garantiza que se realice el fin común y nadie lo obstruya en ventaja propia. En M_2, puesto que todos asumen el bien común como su propio fin, todos se constituyen en garantes de su cumplimiento.

El poder del pueblo

La voluntad general se expresa en la ley. La ley no es pues dictada por un poder ajeno a los asociados. El soberano que la promulga es el "pueblo", constituido por el conjunto de los ciudadanos libres. "El pueblo sometido a las leyes debe ser su autor" (1964, 380). Por lo tanto, cada quien, en cuanto miembro del pueblo, es auto-legislador, nadie obedece a una ley en cuya promulgación no haya tenido parte como miembro del cuerpo soberano. Nadie obedece a otro, todos se obedecen a sí mismos. Al hacerlo, sujetan sus intereses divergentes a la voluntad dirigida por la razón o, más bien, hacen de esa voluntad su voluntad particular.

En esta conversión de la voluntad todos pierden una forma de libertad: la que intenta realizar sus deseos excluyendo a los demás; pero ganan otra: la libertad de autogobernarse. "¿Cómo puede hacerse —pregunta Rousseau en la *Economía política*— que obedezcan y nadie mande, que sean sujetos y carezcan de amo, tanto más libres, en efecto, que, bajo una aparente sujeción, nadie pierde de su libertad más que lo que puede dañar a la de otro? Estos prodigios son obra de la ley. Sólo a la ley deben los hombres la justicia y la libertad" (1964, 248).

La constitución de la asociación es creación de una realidad moral y, a la vez, "humanización" del hombre. El hombre tiene que abandonar el estado en donde cada quien sigue sus propias inclinaciones para regirse por el deber moral. La asociación supone esta conversión. A la vez, da fin al declive de la sociedad hacia la desigualdad y la sujeción; recupera así la igualdad en que estaban los hombres en el "estado de naturaleza", pero en un nivel superior. "En lugar de destruir la igualdad natural, el pacto fundamental substituye por el contrario una igualdad moral y legítima a las desigualdades que la naturaleza pudo introducir entre los hombres; de manera que, aunque puedan ser desiguales en fuerza o en genio, todos lleguen a ser iguales por convención y por derecho" (1964, 367).

Así como en el "estado de naturaleza" no existía el poder de un hombre sobre otros, así en la sociedad surgida del contrato se eliminaría todo poder semejante. En la medida en que el pueblo se autolegisle, suprimirá el dominio de una persona o grupo de personas sobre otros. El ejercicio cabal del poder del pueblo llevará a la eliminación de todo poder particular. Ya no hay amo a quien obedecer. "Si el pueblo simplemente promete obedecer, por ese mismo acto se disuelve y pierde su calidad de pueblo; desde el momento en que hay un amo ya no hay soberano y, por tanto, el cuerpo político se destruye" (1964, 369).

Entonces hay que distinguir claramente entre el sujeto que promulga la ley y ordena obedecerla, y el encargado de hacer cumplir el orden legal, entre soberano y gobierno. El gobierno no es más que un mandatario del soberano, su función es trasmitir las órdenes recibidas y ejecutarlas fielmente. No hay convenio alguno con los "oficiales" o "representantes" del pueblo, sólo mandato. Recordando un término de las comunidades indias, diríamos que, para Rousseau como para ellas, los funcionarios del gobierno deben "mandar obedeciendo". El gobierno no tiene poder por sí mismo, es un intermediario entre el soberano, al que obedece, y los súbditos, a los que manda. Obliga a cada ciudadano a cumplir lo que él mismo, en cuanto miembro del soberano, quiere. Por lo tanto, sólo debe guiarse por la voluntad general e impedir que se le oponga cualquier interés particular. Si el príncipe tuviera una voluntad individual opuesta a la del pueblo tendría la pretensión de sustituir a éste por la fuerza: entonces, "la unión social se disiparía y el cuerpo político se disolvería" (1964, 399).

"La soberanía no puede ser representada por la misma razón y que no puede ser enajenada" (1964, 429). Así, los diputados electos por el pueblo no son sus representantes sino sólo comisionarios que ejecutan su voluntad. No pueden tener una voluntad que se oponga a la del soberano.

El rechazo del sistema representativo ha sido visto a menudo como un sueño. Sin embargo, está lógicamente incluido en el concepto del poder real del pueblo. El poder de todos, guiados por un bien común, equivale a la anulación de cualquier poder particular.

Bajo una democracia representativa, en cambio, puede colarse de nuevo el conflicto. ¿Qué tal si los gobernantes, o los diputados del pueblo, so capa de la voluntad general, buscan su beneficio personal, poniendo el poder a su servicio? ¿No está en la naturaleza misma del gobierno estar dividido entre su interés de ejercer y mantener un poder y el de servir al soberano? En la realidad —advierte Rousseau— el gobierno puede caer en un conflicto entre tres voluntades: 1) "la voluntad propia del individuo que sólo tiende a su ventaja particular"; 2) la voluntad de los gobernantes como grupo que busca mantener sus privilegios; 3) la voluntad del pueblo soberano (1964, 400). Las dos primeras pueden de hecho prevalecer sobre la tercera o aun presentarse como si fueran expresión de la voluntad general. Entonces, el interés individual, de grupo o de clase, se disfrazará de interés común. Volveríamos así a una nueva versión del convenio de poder que criticaba el segundo *Discurso*.

Para evitar ese peligro, sólo cabe una posibilidad: que la voluntad del soberano se imponga directa y continuamente al cuerpo de gobernantes. Ésta es la democracia directa. Supone que el pueblo se reúna de manera permanente para decidir los asuntos del bien común ("El soberano sólo actúa cuando está en asamblea" (1964, 425)), que sea consultado periódicamente sobre todo asunto de importancia, o bien, cuando esto fuera imposible, que tenga los medios de revocar a sus mandatarios.

Pero la democracia directa sólo es posible, en la práctica, en comunidades pequeñas, donde los ciudadanos se conocen entre sí y pueden reunirse con regularidad para tomar decisiones, en un Estado de medianas o grandes dimensiones, sólo sería realizable si cada ciudadano dejara a un lado sus deseos excluyentes y se rigiera por la virtud: Estado propio de dioses. "Si hubiera un pueblo de dioses se gobernaría democráticamente. Un gobierno tan perfecto no está adecuado a los hombres" (1964, 406).

Tocamos así, de nuevo, el dilema entre valor y poder, que nos preocupó en el capítulo 3. Una asociación conforme al valor entraña la eliminación de todo poder impositivo. Pero, para garantizar su ejercicio, requiere de un poder. En un Estado amplio la comunidad tiene que delegar ese poder. Pero esta vez debe considerarlo como un simple medio para lograr un fin común. El poder debe estar al servicio de su contrario: el valor.

Es así como aparece, en Rousseau, la extraña figura del "legislador". ¿Cómo conocer, en cada caso, la voluntad general? ¿Cómo saber qué es lo conveniente para todo miembro de la comunidad y para ésta como un todo? Sólo estará en condiciones de conocerlo quien no confunda sus deseos subjetivos con necesidades reales. Tal es la persona que actúa moralmente. Sólo el hombre que asume un punto de vista y una actitud ética puede conocer cuál es el bien común. "De suerte que basta ser justo para estar seguro de seguir la voluntad general" sentencia Rousseau en la *Economía política* (1964, 251). Entonces, para dar leyes justas a los hombres sería menester "una inteligencia superior que viviera todas las pasiones de los hombres sin padecer ninguna" (1964, 381).

El "legislador" es ese hombre virtuoso y desinteresado, capaz de conocer cuál es la voluntad general y expresarla en leyes que propondrá al pueblo. La hipótesis del legislador parece ir en contra del modelo de asociación política originado en el contrato social. En efecto, aunque siga siendo el pueblo quien promulgue las leyes, el conocimiento de lo que quiere se atribuye a un individuo y no a la totalidad de los asociados. En realidad, se trata de un recurso para salvar el problema de la realización del convenio. Nace de una necesidad teórica. En efecto, "la voluntad general siempre es recta, pero el juicio que la guía no siempre es lúcido" (1964, 380). El pueblo quiere el bien pero no siempre ve dónde se encuentra. Tiene necesidad de un guía que le haga ver las cosas tal como son objetivamente y lo aparte de la seducción de los deseos subjetivos; ha de ser un hombre virtuoso, capaz de colocarse más allá de los intereses particulares y de ver el bien común en todo momento; tal es el papel del "legislador". Rousseau recuerda figuras míticas del mundo antiguo: Licurgo, Rómulo, Sesostris. Pero también piensa en estados de excepción, donde el pueblo no acierta con el camino justo y es menester otorgar poderes a un solo hombre. Es la vieja institución romana, del "dictador" temporal, que tiene por misión salvar al Estado de un peligro cierto, aunque no, de promulgar leyes (Cfr. 1964, 456).

Desde el momento en que la voluntad general no se conoce por la expresión de la mayoría de las voluntades particulares, sino es la exclusiva de hombres capaces de querer como propio el bien común, ellos solos pueden saber cuál es éste, ellos solos pueden indicarnos el camino que conviene a todos. El pueblo debe seguirlos para encontrar su propio bien. El ideal de la sociedad emancipada, al tratar de convertirse en realidad, arriesga caer en su contrario: la sumisión de todos a un grupo detentador de la verdad. La dictadura de la virtud, proclamada por los jacobinos, está en puerta.

La sociedad "propia de dioses", inalcanzable en pureza, sería aquella en que todos tendrían el papel del "legislador". La imagen de esa asociación, la más cercana al ideal, es la "comunidad".

LA COMUNIDAD

La idea de "comunidad" en Rousseau ha dado lugar a interpretaciones encontradas. Una de ellas cree leer en los textos la sujeción del individuo a una colectividad. La nueva realidad que surge del "contrato social" sería una entidad colectiva, el Estado, bajo cuya dominación quedarían los individuos. La comunidad no es un agregado, establece una organización nueva, constituida por la comunicación e interrelación de las partes. "El cuerpo político, tomado como un individuo, puede ser considerado como un cuerpo organizado, viviente, semejante al del hombre", se lee en la *Economía política*. Y más adelante: "Es un ser moral que tiene una voluntad" (1964, 244-5). Algunos comentaristas han señalado cómo, siguiendo los enunciados de Rousseau, la comunidad podría llegar a absorber al individuo, poniéndolo a su servicio. No ha faltado quien descubra un lejano precursor del totalismo moderno. (Cfr. Chevallier, 1972, II, cap. 3). En el contrato social, el individuo hace entrega de su persona, incluso de su vida, según la versión del Emilio (1969, 840), lo cual puede interpretarse como una cesión de toda libertad personal a la colectividad, cuyo poder es absoluto. La insistencia en la comunidad es tan fuerte que parece a menudo que la persona debería estar al arbitrio de un poder colectivo. La famosa paradoja: si alguien no se rige por la voluntad general "habría que obligarlo a ser libre" (1964, 364) resumiría esa tendencia. Sobre todo, el uso posterior de su doctrina por los jacobinos favoreció la idea de que un grupo podía establecer su dictadura sobre los individuos, a nombre del pueblo. El bien de la comunidad (la "patria") se invocaba entonces para aplastar las libertades individuales. El aprecio de los bolcheviques por los jacobinos, un siglo más tarde, su justificación de la dictadura del partido en el interés general de la emancipación social, invitó también a una lectura de Rousseau en ese sentido. Había que buscar en él, antecedentes de una línea de pensamiento que conduciría a la supresión de la libertad individual en aras de un pretendido bien del todo.

Sin embargo, lo menos que podemos decir es que los textos de Rousseau dejan en la ambigüedad este punto. La lectura "totalitaria" entra en contradicción con su insistencia en subrayar el valor supremo de la libertad individual. No puede olvidarse que ésta es, para él, el mayor bien del hombre ("renunciar a su libertad es renunciar a su calidad de hombre") y que el contrato social tiene como fin liberar al individuo de toda sujeción ajena.

Habría que entender pues la "comunidad", en la mente de Rousseau, de manera compatible con la exaltación de la libertad. Sería un llamado a recobrar la comunicación real entre las personas, donde la fraternidad y la amistad universales pudieran renacer y contrarrestar el aislamiento egoísta de la sociedad fragmentada en una suma de individuos aislados.

Frente al individualismo moderno, Rousseau no sería el precursor de un totalitarismo de Estado, sino de una sociedad comunitaria, donde la piedad y el *amour propre* (que comprende la empatía hacia los demás) remplazarían la soledad y el egoísmo. En la comunidad, la persona, al ligarse libremente a una totalidad, otorga un sentido superior a su vida. Se entendería así la paradoja, señalada por Fernández Santillán (1988, 146): en la dependencia absoluta a la comunidad, Rousseau encuentra la afirmación de la libertad personal. Starobinski ve en la fiesta de la vendimia, narrada en la *Nouvelle Héloise*, la expresión de una comunidad realizada. En la fiesta, se anulan las diferencias sociales, todos se ven como iguales, unidos por el mismo sentimiento de pertenencia colectiva. Comunión de todos con todos, en una emoción de alegría y exaltación generales; entrega, don de sí a un todo que rebasa a cada quien. "Cada quien está enajenado en la mirada de los demás y cada quien es devuelto a sí mismo por un reconocimiento universal". Es la "participación [de cada quien] a un todo sin límites, a un mundo infinitamente abierto" (1971, 121, 127). Si esto es así, la constitución del nuevo orden moral por las voluntades autónomas y la vivencia de una comunidad en que cada quien se integraría en un todo, podrían verse como dos facetas de una misma postura para crear una realidad otra que la regida por los deseos encontrados de los individuos.

Esa realidad, querida por la voluntad moral, difiere de la situación de las sociedades históricas, tal como se han dado hasta ahora. El *Contrato social* dibuja una sociedad ideal cuya realización más aproximada sería la comunidad. Hay que distinguir, por lo tanto, entre la asociación política conforme a una exigencia ética y las que refleja un sistema real de poder. La primera nunca podría realizarse cabalmente, sólo puede fungir como una idea regulativa del cambio social.[3]

Los dos modelos de convenio son extremos teóricos que nunca se dan en pureza. El primero describiría la asociación real desprendida de toda dimensión ética, el segundo dibujaría un ideal al que tiende la voluntad moral. Entre ambos modelos de convenio se sitúan todas las sociedades reales.

La acción política dirigida por una voluntad ética tendría por fin transformar lo más posible el convenio del poder en un acuerdo conforme al valor. Lo que es lo mismo: crear, hasta donde la situación lo permita, una realidad segunda, de carácter moral, sobre la realidad histórica. Las sociedades pueden acercarse en mayor o menor medida a ese fin. Según su proximidad a él, pertenecerán a distintos niveles de eticidad. Invito a recorrerlos en los capítulos siguientes.

[3] Desde un punto de vista marxista, Della Volpe (1974) interpretó el "contrato social" de Rousseau como una descripción de la "sociedad sin clases" que abole el Estado.

12. LA ASOCIACIÓN PARA EL ORDEN

El bien común de cualquier asociación política debe cumplir valores de la asociación como tal y de todos y cada uno de sus miembros. ¿Cuáles serían éstos? Se han mencionado varios; los más frecuentes: seguridad, paz, orden, libertad, igualdad, solidaridad. Pocos han advertido, sin embargo, que uno de ellos pertenece a una categoría aparte: la igualdad. Norberto Bobbio ha sido uno de esos pocos. Bobbio compara "libertad" con "igualdad". Mientras el primer concepto —como, por otra parte, los demás valores— se refiere a una propiedad que puede o no tener un sujeto, la igualdad menciona una relación entre dos o más términos. "La igualdad es pura y simplemente un tipo de relación formal, que se puede colmar de los más diversos contenidos. Tanto es así que, mientras 'X es libre' es una proposición dotada de sentido, 'X es igual' es una proposición sin sentido, antes bien remite, para adquirir sentido, a la respuesta a la pregunta '¿igual a quién?' De allí el efecto irresistiblemente cómico y, en la intención del autor, satírico, del célebre dicho orwelliano: 'Todos somos iguales pero unos más iguales que otros', mientras que sería perfectamente legítimo decir que en una sociedad todos somos libres pero algunos lo son más" (1993, 54). La proposición "X es igual" sólo tiene sentido como relación entre dos o más sujetos, en algún respecto. Si la igualdad es un bien común a toda la asociación, indicará entonces que cualquiera de los otros valores serán bienes para todos: todos son iguales en libertades, por ejemplo, o en oportunidades políticas, o en bienes materiales. Libertad, oportunidades y bienes pueden atribuirse a uno o varios sujetos en exclusión de otros, o bien a la totalidad. Mientras los otros valores se refieren a propiedades de una clase de personas, la igualdad menciona una manera de atribuir esas propiedades: pertenecen a todos los miembros de la clase.

Conectemos esas observaciones con la condición que establecimos antes para considerar objetivo un valor. El signo de que un valor es deseable y no meramente deseado, es que todos por igual tengan una actitud positiva hacia él, después de descartar sus intereses excluyentes. Sólo así satisfará una necesidad general y será querible por todos (sólo así responderá a una "voluntad general", diría Rousseau). Adoptar un punto de vista imparcial permite conocer el bien común, justamente porque éste se presenta con igual valor desde cualquier situación particular. Es *por igual*, benéfico para cualquier sujeto, cualquiera sea su posición. La igualdad desde cualquier situación no es un valor objetivo entre otros, sino la condición para conocer el carácter objetivo de cualquier valor. "Si la seguridad, o la paz, o la libertad, son valores comunes, deben serlo por igual para todos los miembros de una clase: los sujetos de la asociación en cuestión" es una proposición analítica. Valores que respondan a necesidades e intereses particulares, excluyentes de las necesidades e intereses ajenos, no pueden considerarse, por definición, deseables para todos. Cualquier bien, si es común, incluye la igualdad de todos los sujetos respecto de ese bien.

Claro está que podemos usar "igualdad" en otros sentidos: para referirnos a alguna relación entre sujetos, que no incluya la totalidad de los miembros de una clase, o bien que no haga referencia a ningún valor objetivo. Que Pedro tenga igual estatura que Juan, que vistan de igual manera, que todos los miembros de un equipo usen la misma camiseta, que todos los financieros sean ricos y todos los políticos taimados, no implica igualdad en el sentido anterior. Hay que distinguir, por lo tanto, entre este concepto de "igualdad" aplicable a la relación entre cualesquiera sujetos respecto de cualquier propiedad, y la "igualdad" como condición de objetividad. Para evitar confusiones, llamemos "igualdad sustantiva" a la primera y "equidad" a la segunda. La igualdad sustantiva se refiere a la atribución de ciertas propiedades a varios sujetos; la equidad a un criterio de igualdad en esa atribución. En el enunciado: "En el país de Utopía, todos gozan de iguales oportunidades", "igualdad" se emplea en el primer sentido. En cambio, en: "La ley de igualdad de oportunidades se aplica a todos por igual", "igualdad" al comienzo de la frase sigue teniendo el mismo sentido, pero "por igual" al fin de la frase, significa "equidad". "Igualdad sustantiva" está relacionada con "semejanza", "identidad"; "equidad", con "imparcialidad", "ecuanimidad". Imparcialidad en el trato: todos merecen la misma atención, ecuanimidad en la apreciación: tanto vale el punto de vista del uno como del otro, equidad en la aplicación de una regla: todos están sujetos a la misma medida.

Puede haber equidad sin igualdad sustantiva entre las partes y viceversa. En muchos casos, lo equitativo es establecer una desigualdad sustancial. La regla "Quienes obtengan más de cinco en el examen aprobarán, los otros, no" puede aplicarse a todos los alumnos con equidad, pese a estatuir una relación de desigualdad. Una lotería es equitativa si todos los participantes tienen iguales oportunidades y se someten al resultado que sólo favorece a uno de ellos; su equidad consiste justamente en señalar las condiciones válidas de una diferencia. A la inversa: hay igualdades que no responden a un criterio de equidad. Que todos los hombres astutos sean igualmente exitosos no es forzosamente equitativo, ni que todos los favoritos del presidente tengan acceso igual a su cámara.

JUSTICIA

En el lenguaje ordinario, usamos a menudo "justicia" como sinónimo de "igualdad": igualdad de trato, de medida, de retribución, de exigencias.[1] "Igualdad" se toma entonces en el sentido de "equidad". Justicia es la equidad referida a las conductas y relaciones morales.

Por eso podemos considerar la justicia como condición del carácter objetivo de cualquier valor moral. Es digno de ser deseado por todos lo que forma parte de la justicia. Ésta es, me parece, la razón del paralelo que a menudo se establece entre "justicia" y "verdad". En el dominio de la razón teórica, una proposición es verdadera cuando es conforme (adecuada) a la realidad; garantía de esa adecuación es que se funde en razones válidas para todo sujeto de una comunidad epistémica y que no

---

[1] Aristóteles ya definía "justicia" como una forma de igualdad (*Et. Nic.*, 129a, 34).

puedan aducirse razones que la controviertan. En el dominio de la razón práctica, una valoración es justa cuando es conforme a la realidad segunda del valor; garantía de esa conformidad es que valga por igual para todo sujeto de una asociación y que no responda a intereses excluyentes que se le opongan. Los hechos verifican las proposiciones del saber teórico, los valores justifican las evaluaciones del conocimiento moral.

La justicia establece una relación entre la totalidad de la asociación y sus partes. Presenta, por lo tanto, dos caras inseparables: la misma relación puede verse como bien del todo y como bien de todas y cada una de las partes.

Desde el pensamiento griego, la justicia fue concebida como característica de un todo bien ordenado. La justicia retributiva repara el orden transgredido por la falta, restablece el equilibrio. La justicia distributiva otorga a cada elemento del todo lo que le corresponde según un orden dado. *Diké* es la guardiana del ordenamiento social y de la armonía cósmica, mantiene a cada cosa en su sitio, sin permitirle rebasar los límites asignados. Conserva también el orden en el tiempo, al otorgar castigos y recompensas para reparar los daños cometidos. Antonio Gómez Robledo escribe: los presocráticos tienen en común "el acatamiento o reverencia de la 'medida', de ese límite asignado a cada uno de los entes según su condición y jerarquía, a los astros, a los hombres, a los dioses mismos, y cuya transgresión suscita la furia y la venganza de las potencias superiores" (1982, 21).[2] Platón vio en la justicia la virtud del orden entre todas las partes que compondrían una república conforme a la razón; no es un valor entre otros (al lado de la sabiduría, la valentía y la continencia) sino una característica que corresponde a todos ellos. Aristóteles, por su parte, definió la justicia como "el orden de la comunidad política" (*Pol.*, 1253, 37).

Si, vista desde el todo, la justicia se presenta como afirmación de un orden, desde cada una de las partes, la justicia es reconocimiento, por el todo, del valor (el "mérito") de cada miembro del todo. La justicia retributiva, en efecto, consiste en reconocer el daño sufrido por un sujeto y repararlo por un bien equiva-

---

[2] Quisiera dejar constancia de mi deuda, en este tema, con ese hermoso libro.

lente; la justicia distributiva, en dar a cada quien los bienes que le corresponden. Aristóteles la define como una relación proporcional entre bienes y méritos (*Et. Nic.*, 1130, 10, 30). La clásica sentencia de Ulpiano, base de todo el derecho romano, responde también a la idea de la justicia como proporción entre lo que se recibe y lo que se merece: "justicia es la constante y perpetua voluntad de dar a cada quien lo suyo" (*cit.* por A. Gómez Robledo, 1982, 114). En esas versiones, la justicia implica un trato equitativo a lo que es "de cada quien".

La relación de justicia puede expresarse también en términos de leyes válidas para todos. Una norma es justa si prescribe acciones en que se realice la equidad, y ese valor es objetivo si puede expresarse en una norma que obligue por igual a todos. Así, las dos caras que presenta la justicia pueden verse también en la relación del acto individual a la norma. En la dirección del individuo hacia el todo, la norma establece a obligación de contribuir al bien común, esto es, prescribe deberes de cada sujeto respecto de la colectividad y de los demás sujetos. En la dirección del todo hacia los individuos, la norma justa reconoce derechos de todos. La ley puede presentarse así como exigencia de un conjunto de obligaciones del sujeto para con la colectividad a que pertenece, o como una serie de derechos de los sujetos frente a esa colectividad.

Hay culturas que subrayan el primer aspecto. Las obligaciones del individuo para con la comunidad son lo primero que se concibe cuando se habla de una sociedad bien ordenada. Es el caso de las civilizaciones orientales tradicionales y de las antiguas sociedades de la América precolombina. Este rasgo puede explicar que en la cultura tradicional japonesa, en la china, o en la india, no se encuentre la noción de "derechos humanos individuales", entendidos como fundamento de una sociedad justa. La civilización occidental moderna, en cambio, dará preminencia a los derechos sobre los deberes. Pero ni siquiera en ella cabe olvidar que los derechos individuales frente a la colectividad no son sino una cara de sus deberes hacia ella.

La justicia no implica necesariamente que el todo reciba de cada parte una contribución igual, ni que distribuya a cada una la misma cantidad de bienes. Equitativa es una distribución si otorga a cada parte lo equivalente a su contribución. La justicia establece así una pauta entre lo que se da y lo que se recibe. Por eso se expresa en una proporcionalidad. "A cada quien según su mérito" quiere decir: cada quien debe recibir de la colectividad lo que corresponda al valor de su contribución posible a ella.

La igualdad que exige la justicia no consiste en la posesión por todos de los mismos bienes, sino en la aplicación a todos de la misma pauta. No sería equitativo, por ejemplo, que en un examen todos los estudiantes recibieran la misma calificación, con independencia de su resultado; sí lo es, en cambio, que a todos se aplique el mismo criterio de calificación. Ni es justa una empresa en que el esfuerzo y el trabajo de algunos, es decir, su contribución al todo, reciba el mismo trato que la desidia o la inercia de otros. Justa es siempre la relación en que cada quien se beneficia en proporción a lo que puede beneficiar a los otros.

Pero las concepciones del bien común son diversas y cada sociedad puede dar prioridad a unos valores sobre otros. Por consiguiente, el criterio de justicia variará según la clase de valores que una sociedad considere prioritarios. El mismo Aristóteles hace notar que la noción de "mérito" será distinta en una sociedad aristocrática que, según él, aprecia sobre todo la virtud, en una oligárquica, que preferiría la riqueza, y en una democrática, que privilegia la libertad. (*Et. Nic.*, 1131a, 25). Depende de los valores que se consideren superiores en una sociedad, su criterio de justicia.

Puesto que la justicia consiste en una relación entre las partes y el todo, los distintos criterios de justicia podrían clasificarse según pongan énfasis en los valores del todo como una unidad o en los valores de las partes que lo componen. Cabrían entonces tres formas correspondientes de asociación política. Se trata naturalmente de formas abstractas, que nunca se dan en pureza y admiten múltiples variantes intermedias:

1) Se concede prioridad a la familia de valores propios del todo de la asociación y a la manera como cada miembro contribuye a su realización. Llamaré a la sociedad correspondiente: "asociación para el orden".

2) Se concede prioridad a la familia de valores propios de los individuos y a la manera como el todo favorece su realización. Se da lugar entonces a una "asociación para la libertad".

3) Se otorga prioridad a la familia de valores que vinculan el todo a los individuos y los individuos al todo y a la manera como orden y libertad se realizan sin oponerse. Tenemos entonces una "asociación para la comunidad".

A cada forma de asociación corresponderá un criterio de justicia.

LA ASOCIACIÓN PARA EL ORDEN

Los valores objetivos satisfacen necesidades comunes. A las necesidades básicas corresponderán, por lo tanto, valores básicos (cfr. *supra* cap. 2).

Antes incluso de que se constituya ninguna sociedad política, la primera necesidad de todo hombre es mantener su vida. Requiere para ello de bienes primarios; alimentación, protección contra las inclemencias naturales, posibilidad de relacionarse sexualmente, defensa contra la agresión de otras especies. La vida y los requisitos de sobrevivencia son el valor objetivo primordial, sin el cual no existiría ningún otro. Su realización es un bien anterior a toda estructura de poder.

Una segunda necesidad común a todo hombre es la convivencia con otros hombres. Ésta es condición de toda asociación. La convivencia se logra al mantener ciertas relaciones con los otros que constituyen una unidad social: la familia, la tribu, la ciudad, el pueblo, la nación. La convivencia tiene dos componentes: seguridad y pertenencia. En primer lugar, implica superar la soledad de un hombre asocial (si tal cosa existe) o bien remplazar la agresión recíproca por la seguridad en la coexistencia.[3] Es menester que todos convengan, para ello, en no romper la asociación, por huida o por muerte de una de las partes. La convivencia requiere acabar tanto con el aislamiento como con la amenaza de muerte. Puede revestir la forma del dominio de una de las partes sobre las otras (el amo sobre el esclavo) pero no de la eliminación física de una de las partes (el amo cesa de ser amo

---

[3] En el "estado de naturaleza" el hombre es un solitario, según Rousseau, una fiera en lucha contra todos los demás, según Hobbes; son las dos situaciones posibles que contradicen toda asociación.

si deja huir al esclavo o lo mata). La lucha a muerte entre los adversarios debe ser remplazada por alguna forma de interlocución que dé lugar a un acuerdo —tácito o expreso— entre las partes, cuyo resultado será la seguridad de mantener la vida en relación con los otros (Hobbes *dixit*). La seguridad es así un valor objetivo para la permanencia de cualquier asociación entre individuos o grupos.

La convivencia supone, en segundo lugar, la pertenencia de todos los miembros de la asociación a una entidad social común. Al lado de la seguridad, la pertenencia es una necesidad básica. Todos necesitamos ser aceptados por otros hombres, reconocidos por ellos. Precisamos vincularnos con una sociedad para llegar a ser nosotros mismos. Sólo en comunicación con los demás podemos ver nuestro auténtico rostro; sólo entonces aprendemos a vivir como hombres y a recorrer nuestro propio sendero. Se pertenece a una comunidad menos por los lazos biológicos que por la participación en una comprensión común del mundo, en una forma de vida, en acciones concertadas, esto es, en una cultura. Sin la participación común en una cultura, por rudimentaria que fuera, no podría darse ninguna especie de sociedad. La satisfacción de ese valor es pues otra condición primaria de toda asociación, incluyendo la política.

Podemos considerar que la sobrevivencia y la convivencia constituyen los valores comunes básicos. Todos los demás los suponen. La asociación política se justifica en la medida en que sea necesaria para la realización de esos valores. Necesaria para establecer un orden de poder que garantice el respeto a la vida, la seguridad frente a la agresión, tanto interior como exterior, y la pertenencia a un orden social. El fin primero de toda asociación política es pues la realización de un orden en que puedan sobrevivir y convivir todos. El establecimiento de un poder político permite promulgar e imponer un conjunto de reglas para mantener ese orden. Podemos llamar "derecho" al reconocimiento por ese sistema de reglas de un valor objetivo. Los primeros derechos de todo hombre en cuanto miembro de una asociación política serían entonces:

1) El derecho a la vida y, por consiguiente, a tener la posibilidad de satisfacer sus necesidades biológicas (alimentación, vestido, vivienda, relación sexual).

2) El derecho a la seguridad frente a la agresión de otros hombres de la misma sociedad o de sociedades extranjeras.

3) El derecho a la pertenencia, es decir, a tener un lugar en el orden social, desempeñar una función en él y participar en la vida común.

El Estado se justifica en la medida en que ofrezca la posibilidad de que se cumplan esos derechos.

La asociación política es la primera respuesta colectiva al mal radical. Porque el mal radical es para la sociedad su destrucción. Y la sociedad se aniquila de dos maneras: una, por el aislamiento, la disgregación de sus miembros, otra, por el caos, la lucha a muerte, la violencia de todos contra todos. La asociación política es resultado de una primera operación de la racionalidad: la que establece orden y estructura en el caos. Pues las operaciones de la razón son múltiples. La más elemental es dar forma a la disgregación de lo informe, dibujar una estructura en la diversidad indeterminada, tanto en la naturaleza como en la sociedad. La asociación política, al establecer un poder que tiene por fin ordenar lo informe, es una expresión de esa forma de racionalidad.

Tenemos así una primera clase de asociación política, cuyos valores prioritarios son de la familia del orden. Lo cual no quiere decir que estén ausentes otros valores comunes, sino sólo que estarán subordinados al mantenimiento de la armonía del todo. Para mantener la vida, colaborar a la propia seguridad y comunicar con los demás, se requiere de un mínimo de libertad de expresión y de movimientos; aun los esclavos la requieren. Todo ordenamiento social determina también cierta igualdad entre los miembros de cada clase o grupo social para realizar una función determinada; y aun estipula un grado mínimo de colaboración entre todos para mantener el orden. Pero esos valores no son prioritarios. Se aceptan en la medida de su necesidad para constituir una sociedad ordenada.

Es claro que esas necesidades básicas podrían, en principio, ser satisfechas en cualquier forma de régimen político, en las sociedades jerárquicas tanto como en las igualitarias, en las autoritarias como en las democráticas. No están ligadas al tamaño de la asociación, pues son propias de los grupos tribales así como de los Estados modernos. Se presentan en sociedades que consideramos relativamente justas pero también en donde priva la injusticia. Porque no todo orden es justo.

La asociación para el orden puede tener muchas variantes. Pero en todas, su característica es la prioridad que, en cualquier decisión importante que afecte a la colectividad, dará a los valores de la familia del orden frente a los demás. Pero nunca es pura. Diferirá según incorpore en sus fines la realización de otros valores, como la libertad, la igualdad o la solidaridad. Éstos pueden tener un lugar mínimo casi inexistente, en las preferencias del Estado, como en el despotismo oriental, en los totalirismos modernos y en toda clase de tiranías; pueden, en cambio ocupar un lugar más amplio, aunque sobordinado al mantenimiento del orden, como en las monarquías ilustradas del siglo XVIII en Europa, o en el imperio de los Antoninos en Roma; en algunos casos pueden incluir los derechos individuales, propios de la democracia moderna, como en las corrientes conservadoras de países republicanos; pero siempre concederán preferencia a la realización de los valores y a la satisfacción de los intereses que competen al ordenamiento de la sociedad.

EL ORDEN CONFORME AL PODER

Volvamos ahora a nuestra distinción del capítulo anterior entre dos tipos de convenio: la asociación para el orden, como toda colectividad política, puede verse como el resultado de un acuerdo entre los intereses particulares para mantener un poder que los resguarde, o como un contrato libre para cumplir con un interés común. En el primer caso, el poder es obra de un cálculo interesado, en el segundo, de una "voluntad general".

El orden y la seguridad, en una sociedad de alguna complejidad, sólo pueden mantenerse mediante la dominación de una persona o un grupo de personas que tengan a su cargo el monopolio legítimo de la fuerza y la impongan a los demás.[4] La

---

[4] Es posible que en algunas sociedades pequeñas, de escasa complejidad y sin amenazas de grupos externos, pudieran mantenerse los valores del orden sin ningún poder político (cfr. Clastres, 1974); pero eso parece imposible en sociedades amplias, complejas y en conflicto con enemigos externos.

asociación para el orden cumple una doble función: una es el mantenimiento de un régimen de dominación; se expresa en un discurso del poder; la otra es la realización de valores que otorgan sentido a la colectividad: se manifiesta en un discurso del bien común.

Aunque el poder se justifique por el mantenimiento de la seguridad y el orden, no puede reducirse a esa función, para ser aceptado voluntariamente por todos. Porque el hombre necesita resguardarse de la inseguridad, pero también del sin sentido. Para aceptar de buena gana un orden de dominación, requiere que le muestre cómo su pertenencia a él dota a su vida de un sentido. Una pregunta inquieta al poder: ¿Cómo dar un sentido superior a la pertenencia a un orden político, sin romper con la estructura de dominación?

La vía más simple y llana es la empleada por todo poder absoluto, la sustentadora de imperios, apoyo de privilegios, razón de todo dominio sobre los hombres. Es la presentación de una concepción particular sobre el bien común como si fuera universal y objetiva. Imposición de una versión de los valores colectivos y de los fines últimos —la que satisface al poder vigente— sobre todas las demás, eliminación de la pluralidad, establecimiento de una unidad de creencias.

Es la proclamación de una religión de Estado en todos los imperios, la imposición de una fe única en los integrismos; es también la proclamación de la verdad objetiva de una doctrina sobre los fines de la sociedad, en los totalitarismos modernos, y la aceptación de un pensamiento depositario de las "esencias nacionales", en los tradicionalismos conservadores.

En todos los casos, una visión particular, propia de un grupo tiene que presentarse como si fuera la única válida para todo miembro de la sociedad. La concepción de bien común se convierte en ideología. El grupo gobernante tiene entonces que compartir un espacio de poder con los creadores y difusores de la ideología: sacerdocio en las sociedades antiguas, intelectuales "orgánicos" y medios de comunicación, en las modernas.

Este proceso es descarado en los regímenes autoritarios, pero, de manera más velada, puede manifestarse en todo sistema de gobierno, aun en el democrático. Entre la pluralidad de concepciones sobre los valores colectivos, el poder en curso tiene que promover una de ellas entre los ciudadanos. Su versión debe corresponder con cierto consenso social posible y a la vez coincidir, parcial o totalmente, con la de los grupos dominantes. Cuando no puede imponerse por la fuerza y tiene que aceptar reglas democráticas, una ideología del orden se vuelve lo suficientemente general y vaga para que todos los grupos de interés importantes puedan aceptarla. Pero, de hecho, hace a un lado cualquier otra interpretación de los valores colectivos, que pudiera contravenirla. Se convierte así en una ideología de fondo, adaptable a intereses variables, que pretende validez general y justifica un dominio.

Las ideologías del orden cumplen una función: permiten la aceptación general de un convenio conforme al poder, semejante al criticado por Rousseau en el segundo *Discurso*. Ponen el orden al servicio del más fuerte, consagran la desigualdad y la dominación.

El establecimiento de un orden político fue la primera respuesta racional contra el mal radical: la disgregación y la violencia generalizada. Pero la asociación para el orden crea un mal segundo: la dominación. La dominación es una segunda forma de disgregación y de violencia. Aísla a las personas y a los grupos, al oponerlos entre sí; la violencia que ejerce ya no es desordenada, consiste en la opresión misma del orden político.

EL ORDEN CONFORME AL VALOR

En una asociación para el orden, la moralidad social sigue las reglas colectivas que mantienen el sistema de poder, sin ponerlas en cuestión. Pero puede suceder que una persona o un grupo de personas pretenda fundarlas en razones válidas, sin por ello rechazar el orden establecido. Llegaría entonces a aceptar de nuevo las mismas reglas, pero ya no fundadas en la convención, sino en razones que considera objetivas; seguiría la moralidad vigente no sólo por imitación o por temor a los otros, sino por convicción libre. Puede haber otros casos: una persona o grupo se convencen de que la sociedad existente, pese a las ʳeclaraciones del poder, no cumple en realidad con los requisitos de una sociedad bien ordenada, ya sea porque la clase dominante persiga sus propios fines o porque el orden esté amenazado por tendencias disolventes. Eligirá entonces una sociedad que responda efectivamente a un orden y remplace la disgregación existente; o bien será partidario de la restauración de un orden anterior que considera resquebrajado; todo ello convencido libremente de actuar en favor de un bien común, el más importante. Entonces dará lugar a una primera forma de ética política, la que considera como valor colectivo superior la realización de una sociedad bien ordenada.

A esa forma de ética corresponde un criterio de justicia: La justicia se cumple en la contribución de cada quien, en el puesto que le corresponde, al ordenamiento del todo social. Ahora bien, cada quien contribuye al todo, de acuerdo con las virtudes propias de la situación que ocupa en el orden. Porque en una sociedad bien ordenada cada individuo, cada grupo, se sitúa en un lugar, superior o inferior, según la función que desempeña. El "mérito" debe interpretarse entonces como el valor de cada quien dependiente del rango en que se encuentra y la posición que ocupa. Una sociedad bien ordenada procura constituir una totalidad armónica poniendo en relación las múltiples desigualdades que alberga; no le son extrañas las jerarquías, ni la separación entre grupos con diferentes condiciones y tareas, porque de esa diversidad nace un orden global. Con fuertes lazos mantiene la justicia ese orden.

Esta concepción de la justicia racionaliza así el aspecto ético del mantenimiento del poder, sin poner en cuestión una estructura de dominación. El sistema de poder se justifica en una interpretación del bien del todo. La ética del orden incita a asumir actitudes favorables a ese bien. Pide a cada individuo y a cada grupo social que haga suyos comportamientos de beneficio colectivo. Al adecuarse al orden social, el individuo internaliza lo que de hecho se considera bueno. Pone entonces su conducta en armonía con el bien del todo. Por lo tanto, propicia actitudes colectivas de deferencia, y aun de entrega, a la totalidad, una de las formas de la actitud moral.

Al mismo tiempo, al seguir los dictados de una ética del orden, el individuo obedece al sistema vigente, enajena su autonomía y acepta someterse a los dictados de un ordenamiento social que responde a intereses de poder. La búsqueda del bien común es también, en este caso, aceptación de una forma de dominación.

Sin poner en cuestión el sistema de dominación puede desarrollarse un comportamiento moral, socialmente orientado. La ética del orden sirve de guía a la vez para la realización de auténticos valores y para el mantenimiento de la dominación.

El ordenamiento social, en la seguridad y la paz, ofrece un ámbito para el desarrollo de virtudes morales conformes. Puesto que el orden resulta del concierto de la diversidad, una ética del orden admite códigos de conducta diferentes, adecuados a las diversas posiciones sociales. Cada estamento, cada clase y rol sociales tiene sus propias virtudes y deberes. Las virtudes y deberes del funcionario, del intelectual o del empresario son distintas a las del labriego, el obrero, el militar o el clérigo. En cada caso el individuo puede actuar virtuosamente, al orientar su comportamiento a la realización de valores específicos, comunes a los miembros de su grupo y adecuados a la función que desempeña en la sociedad.

Una ética política señala también a cualquier individuo cómo actuar en tanto súbdito o ciudadano, en la esfera pública. Su comportamiento virtuoso como miembro de un grupo o estamento no se opone, sino colabora al mantenimiento del ordenamiento imperante, confirma así las relaciones de dominación, resultantes justamente de la separación de clases y del desempeño de roles diferentes. El cumplimiento de virtudes propias de cada grupo, a la vez que vela por el interés general de ese grupo, mantiene en estabilidad y armonía el todo social.

Así, una ética de las virtudes, como la aristotélica o las derivadas de ella, es perfectamente compatible con una ideología de dominio. Al prescribir la adecuación de los comportamientos a la diversidad de las situaciones sociales sin poner en cuestión esa misma diversidad, al comprender la moral como una vida virtuosa en el ámbito de la situación social existente, a la vez que orienta un comportamiento moral, reitera las posiciones sociales resultantes del orden de dominación. La realización de virtudes propias de cada grupo y rol sociales es, sin duda, una tarea moral, pues exige vencer el interés exclusivo del individuo y dirigirse por actitudes de beneficio colectivo. Al mismo tiempo sirve al interés particular de un grupo y a la permanencia de la estruc-

tura de dominio establecida. Una teoría de las virtudes, a la vez
que descubre una moral concreta, es incapaz de superar la función ideológica de una política del orden.[5]

Los valores del orden privaban en las normas de comportamiento político de las sociedades antiguas. La norma básica es
el servicio del individuo o del grupo al todo del que forman parte. Se concreta en la subordinación y entrega personal al orden,
simbolizado por su cabeza. Servicio del individuo al príncipe, al
rey o a la ciudad, cumplimiento de los deberes que pide de cada
quien una relación jerárquica. Porque la única manera de servir
bien, en una sociedad ordenada, es cumplir con responsabilidad
la tarea que a cada quien corresponde. En una sociedad estamentaria, más aún en una de castas, cada estamento, cada clase
social tiene sus valores propios: sabiduría y enseñanza para
unos, honor y valentía para otros, trabajo y mesura para los
más. La armonía de esos valores distintos se cumple en la justicia. Así, al seguir los códigos propios a su situación, cada grupo
contribuye eficazmente a un bien superior.

Esa concepción de la ética política común en las sociedades
antiguas, no desaparece en las modernas. Forma parte de algunas ideologías políticas que generalmente corresponden a grupos sociales cuyos intereses están más ligados al mantenimiento de la seguridad y el orden que a su transformación. Es características de los movimientos conservadores. Su justificación
principal es la protección de la seguridad y la paz sociales, valores para todo miembro de la sociedad; su idea del bien común,
la fidelidad a los valores espirituales que han dado sentido a la
comunidad y ayudan a mantener el orden colectivo. Un conjunto de otros valores derivan de esa adhesión a una asociación
ordenada en el tiempo y en el espacio: los de la familia, célula
del orden social, el apego a la tierra, o mejor al terruño, elemento de cohesión, el respeto por el trabajo responsable, que permite la marcha sin tropiezos de la actividad económica, la subordinación al sistema de autoridad establecido, garante de la
seguridad, el cuidado de que cada quien "se mantenga en su
lugar". Su otra cara es el desprecio —y el miedo— por todo lo

[5] La ética de las virtudes, desarrollada en nuestros tiempos por Alsdair MacIntyre (1987), entre otros, puede leerse en ese doble sentido.

que rompe el orden; lo desusado, lo marginal, lo "inconveniente", lo que se sale de la regla. El orden implica también continuidad en el tiempo. De ahí que esa posición ética conceda
especial mérito al respeto a las tradiciones, a la herencia familiar y cultural, a la calidad de los linajes, a las glorias pasadas.

Ambas concreciones del orden colectivo, el mantenimiento
de la estructura social y su continuidad en la historia, se expresan a menudo en el nacionalismo. Las éticas conservadoras se
deslizan frecuentemente por la pendiente del culto a la nación,
porque en la nación se simbolizan tanto la unión de un todo,
como su continuidad ordenada. En otras ocasiones, el apego a
una región o a una nacionalidad dentro del Estado hace las
veces del nacionalismo. La reivindicación de las costumbres y
tradiciones regionales puede remplazar el culto a la nación con
un sentido semejante.

En las sociedades actuales, una ética del orden suele presentarse en otra versión en apariencia más "moderna" y "civiliza-
da". Es la ideología política que coloca la paz y la seguridad
sociales como fin supremo del poder político. *Law and order*, la
ley y el orden, es su lema. Ya no se predican valores tradicionales, sino los que competen a todo ciudadano respetuoso del
ordenamiento jurídico. La ética política subraya entonces el
carácter coactivo de la ley. Si difiere de otras concepciones éticas que luego veremos, es porque da preferencia exclusiva a la
satisfacción de las necesidades básicas sobre otros valores que
pudieran considerarse superiores. La moral de "la ley y el orden"
forma parte de una actitud que privilegia también otros valores
ligados al mantenimiento del orden: respeto a la autoridad y a la
propiedad privada, responsabilidad en el cumplimiento de la
función social de cada quien, rechazo del libertinaje, productividad, eficiencia administrativa.

La ética del orden presenta así varias figuras en momentos
históricos y en culturas diferentes. En todas tiene una ambivalencia: a la vez que orienta un comportamiento moral, sirve a la
conservación de la dominación política. No elimina la opresión,
sólo puede intentar dar un sentido moral a la vida colectiva en
su seno.

Subsiste así la tensión permanente entre poder y valor. En
una ética del orden, el poder sólo es aceptable si es un medio

para la realización de valores pertenecientes a la familia del orden. Está justificado en la estricta medida en que se ponga a su servicio. La limitación de las libertades personales, las desigualdades y aun la imposición doctrinaria pueden justificarse —para esa concepción— si garantizan la protección de la vida, la seguridad, y la pertenencia de todos a una entidad social unida. Pero son injustificables en la medida en que esos valores básicos se utilicen como un simple medio para el mantenimiento de un poder particular. La ética del orden no puede justificar que la vida dependa del arbitrio del poder dominante, que la seguridad se reduzca a la opresión, y la pertenencia a la sociedad conduzca a la marginación de unos en provecho de otros. Si lo hiciera, dejaría de ser una doctrina ética y cedería su lugar a una descarada ideología política de dominio.

La moralidad del orden sólo puede realizarse parcialmente. Mientras la sociedad esté sometida al interés del más fuerte, el cumplimiento de una moralidad conforme al orden tendrá varios grados de posibilidad. En una sociedad sometida a un poder absoluto y arbitrario los valores que podrían justificar el orden (vida, seguridad, pertenencia) están sometidos a los intereses de poder de una persona o un grupo reducido. En esa sociedad, la ética pública del orden no puede realizarse; la vida moral tiene que retraerse a la esfera privada. En sociedades jerárquicas (de castas, estamentarias o aristocráticas) la ética del orden desempeña un papel. Por una parte, puede restringirse a normar la vida pública de los miembros del estamento o clase privilegiado (moral de los hombres libres en Grecia, de los letrados en China, de la aristocracia en las monarquías europeas). Por otra parte, suele defender instituciones intermedias entre el poder supremo y los individuos, sujetas a sus propias reglas que permitan preservar el orden y al mismo tiempo lo protejan contra acciones arbitrarias del poder superior. Por fin, la ética del orden puede llevar también a procurar la aplicación de la justicia por la ley impersonal. El ordenamiento legal, a la vez que convalida la situación de desigualdad, no deja de someterla a reglas equitativas para cada grupo. Una ética del orden puede crear así, en distintas circunstancias, limitaciones a la sumisión del orden a los designios del poder. Mantiene la diversidad ordenada sin suprimir el estado de dominación.

Una ética del orden tiene mucho más juego en las sociedades democráticas modernas, puesto que éstas aceptan la pluralidad de concepciones sobre valores. Si el régimen es conservador, suele asumir la defensa del sistema jurídico existente, de la moralidad social aceptada y de la tradición, tanto contra los abusos del propio poder como contra los intentos de subvertirlo. Sostiene que el poder —por autoritario que fuere— debe someterse al servicio de la probidad y la eficacia y mantener la estabilidad social, pero, por principio, no pone en cuestión la desigualdad ni la dominación.

Si la ética del orden pretende justificar el poder en la medida en que sea un instrumento para realizar los valores del todo, tenderá a un límite ideal. Su cumplimiento cabal se daría en una sociedad en que la vida, la seguridad, la paz y unidad sociales pudieran garantizarse con un mínimo de poder particular. En esa situación ideal, el orden estaría mantenido por la totalidad de los ciudadanos, sin necesidad de una dominación de unos sobre otros. Pero tal situación es imposible sin conceder, al lado del orden, un valor semejante a la libertad de los ciudadanos frente al poder y a su igualdad en el ordenamiento social. Lo cual rebasa una ética del orden para alcanzar una forma de ética superior. Así, la ética del orden no puede realizarse más que parcialmente en una asociación en que los valores del orden sean prioritarios. Para cumplirse cabalmente tiene que afirmar otros valores. Su realización cabal sería su superación.

13. LA ASOCIACIÓN PARA LA LIBERTAD

Toda asociación política puede acudir a una primera justificación: garantiza la satisfacción de las necesidades básicas de sobrevivencia y de pertenencia a una comunidad. Pero hay una necesidad superior, exclusiva del hombre, que lo constituye como tal: la de vivir una vida personal con sentido. La capacidad de reconocer y de realizar una vida significativa implica poderla ver como un transcurso en el que se realizan valores conforme a ciertos fines, cada persona es la única que puede decidir, por sí misma, del sentido que puede tener su vida. Elegir fines para nuestras acciones, trazar un "plan de vida" es descubrirnos como individuos con un "destino" propio. Mientras las necesidades de sobrevivencia y convivencia nos llevan a considerar en cada hombre características que comparten con otros en una colectividad, la necesidad de dar sentido conduce a ver en cada quien lo que lo identifica como persona. La satisfacción de aquellas necesidades conduce al orden, la de ésta última, a la libertad.

En la asociación política que consideramos en el capítulo anterior, tenían prioridad los valores pertenecientes a la familia del orden; a ellos estaban subordinados los demás. En otro nivel podemos colocar a una asociación que, además de velar por la seguridad y la pertenencia, intentara justificarse por asegurar a sus miembros la capacidad de dar un sentido a su vida personal. "Capacidad de dar sentido" es un modo de hablar de "libertad". Llamaré, por lo tanto, a este segundo tipo de asociación, "asociación para la libertad".

La asociación para el orden era una primera reacción contra el mal radical: la desintegración de la asociación por la violencia del caos; pero engendraba un mal segundo: la dominación, otra forma de violencia. Ambas formas de mal entrañan una carencia de sentido: el primero es el absurdo de la lucha a muerte de todos contra todos; el segundo, es la sujeción de la propia vida al sentido que otros otorguen. La asociación para la libertad nace de la rebelión contra esa forma de sin sentido. Resulta de un movimiento disruptivo contra la reiteración de un orden. Por ello, en el centro de su proyecto está la negación de un orden dado y la recuperación de la capacidad propia de dar sentido. La asociación se justifica ahora en la abolición de la situación que impedía que cada quien pudiera reconocer sus propios fines y realizarlos. Considera ése el valor más alto, que debe tener prioridad sobre los demás; la seguridad, la paz, el orden se justifican si aseguran la libertad.

La asociación para el orden respondía a la función más elemental de la razón: establecer forma en lo informe. La asociación para la libertad obedece a una función racional distinta: encontrar el valor y el sentido personales para poder realizarlos en la vida. La guía una racionalidad valorativa. Esa forma de la razón no puede servir de fundamento a un saber objetivo, semejante al de la ciencia, sino sólo a un conocimiento personal.

La asociación para el orden veía principalmente en el individuo un miembro situado en un lugar de la colectividad. Los valores prioritarios eran entonces aquellos en que cada elemento contribuía a la totalidad. La asociación para la libertad ve en el individuo, antes que nada, una persona singular que debe realizar sus propios fines. Concede prioridad, por lo tanto, a los valores con que la totalidad contribuye a la realización de la persona.

La asociación para la libertad propone una ética política distinta a la ética del orden. Niega y cumple a la vez la que era posible en el tipo de asociación anterior. La niega, por cuanto se opone a la dominación, la cumple por cuanto propone una sociedad en que el orden no responde ya a una voluntad particular sino a la voluntad de todos.

LIBERTAD NATURAL

"Libertad" tiene varios sentidos. En el lenguaje ordinario solemos entender por "libertad" simplemente la capacidad de realizar lo que queremos. Dado que hemos entendido por "valor" el objeto de un querer, la "libertad" puede entenderse como la capacidad de convertir un valor proyectado en un bien real. Pero la libertad es ella misma un valor deseable, puesto que es una condición para que podamos introducir en el mundo los valores que elegimos.

El uso más importante de este sentido general de "libertad" pertenece a los lenguajes de la moral y de la política. No obstante solemos emplear también el término, en el lenguaje ordinario, para referirnos a nuestras relaciones con la naturaleza. La libertad frente a la naturaleza puede servirnos para empezar a comprender el tema de nuestro actual interés.

El hombre natural —hasta el punto en que podamos hacer abstracción de su relación a una sociedad— es libre en la medida en que pueda desarrollar sus capacidades físicas, dentro de las posibilidades de su especie, sin la oposición de fuerzas naturales. No diremos que carece de libertad si no puede volar como un ave o saltar como un gamo, porque tal cosa rebasa sus posibilidades como ser humano, pero sí lo afirmaremos, si está sujeto a elementos naturales que un miembro de su especie estaría en situación de dominar. La naturaleza puede oponerse a la libre acción del hombre activamente, impidiéndola con la fuerza del viento, por ejemplo, o la erupción de un volcán; puede también presentarle una resistencia pasiva, difícil de vencer, como la impetuosidad de un río o la sequedad de la tierra.

De cualquier modo, podríamos considerar tres niveles en la libertad natural, según sea el género de los obstáculos que se le oponen:

1.- *Libertad de actuar*. Sólo podemos actuar en una esfera limitada: la que está libre de obstáculos externos que nos lo impiden. Fuera de ella, fuerzas naturales pueden aplastar toda acción. El río es demasiado ancho e impide nuestro paso; el jaguar penetra en el cueva y nos inmoviliza: no podemos actuar como queremos, la presencia del río detiene nuestro viaje, el ataque de la fiera nos obliga a defendernos. No somos libres de actuar como desearíamos si la naturaleza nos lo prohíbe. En un primer nivel, la libertad natural consiste pues en la ausencia de obstáculos físicos —activos o pasivos— a nuestra acción. Está delimitada a un territorio en el que pueden ejercerse distintas opciones, protegidas contra las ingerencias externas de una naturaleza hostil.

2.- *Libertad de decidir.* Aun si somos libres de actuar, podemos hacerlo sometiendo nuestra voluntad a entidades ajenas. Nuestra acción es obediente a la decisión de otros, no somos libres en nuestro querer, aunque lo fuéramos en nuestra acción. El río ha estrechado su curso, podemos vadearlo; hemos matado al jaguar, salimos de la cueva; pero lo hacemos porque mueve nuestros pies el espíritu de las aguas y guía nuestra mano el tótem de la tribu. Otro actúa en nosotros. Ya no estamos sujetos a las fuerzas externas, sino a la voluntad de las entidades que gobiernan la naturaleza. El obstáculo ahora es interno. La libertad, en este segundo nivel, consistiría en removerlo. Para ello se requeriría ahuyentar de nuestro espíritu los demonios de la naturaleza y remplazarlos por el conocimiento de las verdaderas fuerzas que la mueven. El saber sobre la naturaleza libera nuestro querer.

3.- *Libertad de realizar.* Por fin: podemos actuar siguiendo nuestro querer, sin obedecer a otro mandato que el de nuestra voluntad y, sin embargo, no poder realizar lo que queremos porque no tenemos control sobre la situación en que tendría que realizarse la acción deseada. Decidimos atravesar el río, pero nuestras canoas son frágiles y se vuelcan, queremos cubrirnos con la piel del jaguar, pero carecemos de los medios de curtirla. El obstáculo ya no consiste en nuestra sumisión a fuerzas ajenas, reales o imaginadas, sino en nuestra imposibilidad de ejecutar nuestra decisión en una situación concreta. Aquí también el conocimiento permite orientar una acción para que tenga éxito; el saber objetivo dirige la técnica capaz de dominar la situación. La razón teórica e instrumental, la ciencia y la técnica, permiten liberarnos de la sujeción a la naturaleza.

LIBERTAD NEGATIVA

La distinción entre los tres niveles de libertad vuelve a encontrarse en la vida civil, en una sociedad. Los obstáculos ya no son naturales sino sociales; esto quiere decir que en ellos intervienen otros hombres. Frente a la libertad natural, cualquier definición de la libertad civil tiene que referirse a la capacidad de realizar la acción que queremos, sin obstáculos, ya no naturales, sino originados por las acciones de otros hombres que forman parte de una asociación. Sería aceptable, por lo sencilla y general, esta definición de E.F. Carrit (1967, 133): la libertad es "el poder de hacer lo que elijamos, sin interferencia de la acción de otras personas".

Es habitual distinguir, en la libertad social y política, entre una "libertad negativa" y una "positiva". Escojo las formulaciones de N. Bobbio (1993, 97 y 100), recomendables por su claridad: "Por 'libertad negativa' se entiende, en el lenguaje político, la situación en la cual un sujeto tiene la posibilidad de obrar o de no obrar, sin ser obligado a ello o sin que se lo impidan otros sujetos". En cambio, "Por 'libertad positiva' se entiende, en el lenguaje político, la situación en la que un sujeto tiene la posibilidad de orientar su voluntad hacia un objetivo, de tomar decisiones, sin verse determinado por la voluntad de otros. Esta forma de libertad se llama también 'autodeterminación' o, de manera más apropiada, 'autonomía' ".

La libertad negativa implica la ausencia de coacción o impedimento por parte de las instancias que pueden obligar a un sujeto a actuar de determinada manera: el poder político, en primer lugar, pero también la sociedad civil.

El poder político puede poner trabas a la libertad mediante la represión arbitraria: es el privilegio del déspota; pero también puede hacerlo mediante la coacción del orden jurídico. La ley limita los comportamientos permitidos, individuales y sociales, puesto que establece normas de obligación general. En un estado de derecho, el individuo no puede hacer todo lo que desea, su libertad está circunscrita. La ley se opone a la libertad natural y la sujeta. Pero lo hace para evitar una sujeción mayor. En un conjunto de hombres no sometidos a reglas de conducta, entregados a una libertad total, se provocaría la agresión constante entre todos. Contra la opresión mortal de la violencia generalizada y sin cauce, también contra la represión arbitraria del déspota, la ley, al prohibir ciertos actos asegura la libertad de otros. La ley limita la libertad natural para preservarla de la imposición arbitraria de otros hombres. Sólo normada por la ley, la libertad natural da lugar a la libertad civil. La ausencia de un orden normativo eliminaría también la sanción, pero en lugar de lograr la libertad, dejaría abierto el camino a una consecuen-

cia peor: la disolución de la sociedad en el desorden o su esclavitud a la tiranía del más fuerte.

El orden jurídico, al delimitar el ámbito de lo permitido,
establece un territorio social libre de la interferencia del poder.
Toda acción no prohibida expresamente por una norma, tiene la
posibilidad de elegirse u omitirse. Muchos autores clásicos li-
garon la libertad a esa operación de la ley. Para Hobbes la libertad civil se da "en el silencio de la ley" y es conocida la definición
de Montesquieu (1964, XII, 2): "La libertad es el derecho de
hacer aquello que las leyes permiten".

Tenemos así una primera concepción de este tipo de asociación política, que podríamos llamar "liberal": el fin más valioso
de la asociación política es asegurar la libertad de sus miembros,
por la vigencia de la ley. En consecuencia, la asociación política
preferible es aquella que extienda lo más posible las libertades,
protegidas de toda interferencia del poder, hasta donde lo permita el orden y la seguridad públicos. Se aseguran así las libertades individuales frente al poder político. El Estado debería,
por lo tanto, ser neutral frente a toda decisión permitida por la
ley y asumida por los individuos. No intervendría en su vida personal y social. En su límite, su papel tendería a un mínimo: asegurar el cumplimiento de las normas que circunscriben y garantizan la libertad de individuos y grupos sociales. La sociedad
civil quedaría liberada de toda intromisión del poder público.

Sin embargo, los escollos a la libertad individual no provienen sólo de la esfera estatal, ni se reducen al orden jurídico. Al
lado de las normas legales existen reglas no escritas que nos
coartan a menudo: las que constituyen la moralidad social
vigente, sus usos y costumbres. Aun en el "silencio de la ley"
muchos hombres no son libres porque sufren la sanción de su
medio social. La discriminación racial, los comportamientos
sexistas, el autoritarismo en el seno de la familia, la intolerancia
religiosa, la moralina convencional, en muchas sociedades modernas, pueden no ser contrarios a la ley; su vigencia depende de
las prácticas y creencias sociales, de las reglas de comportamiento tácitas que orientan una forma de vida en común. El
área en que el hombre puede elegir su comportamiento sin
interferencia de otras personas no está sólo delimitada por la ley
positiva, sino también por las reglas y prácticas que sigue la

moralidad social efectiva. Por lo tanto, la libertad negativa no se pone al abrigo solamente por la neutralidad del Estado sino también por la no imposición de una moralidad social vigente.

En este punto la concepción "liberal" tiene que plantearse una pregunta: Si queremos asegurar las libertades individuales ¿debe el Estado dejar en total libertad a la sociedad civil o intervenir en ella para corregir los comportamientos sociales que oprimen la libertad? En el primer caso, la omisión en la acción del Estado podría no conducir a la libertad sino al mantenimiento de una sociedad opresiva, en el segundo caso, tendríamos que admitir que el papel del Estado como garante de la libertad lo obliga a intervenir en la sociedad civil. Las preguntas quedan en el aire para su posterior examen.

LIBERTAD POSITIVA

Hasta aquí hemos hablado de la libertad en cuanto remoción de obstáculos que impiden actuar. Al descartarlos, la libertad "negativa" permite que la voluntad de cada quien elija los fines que considera válidos y trate de realizarlos. Ése es el aspecto "positivo" de la libertad. A él se refería John Stuart Mill cuando escribía: "La única libertad que merece ese nombre es la de perseguir nuestro propio bien por nuestro propio camino". La libertad positiva es la capacidad de proyectar nuestro plan de vida y de seguirlo, sin tener que adoptar proyectos ajenos. Isaias Berlin la describe con términos vívidos: "El sentido 'positivo' de la palabra 'libertad' deriva del deseo del individuo de ser amo de sí mismo. Deseo que mi vida y mis decisiones dependan de mí, no de fuerzas externas, cualesquiera que sean. Deseo ser el instrumento de mis propios actos de voluntad, no de los de otros hombres. Deseo ser un sujeto, no un objeto; deseo moverme por razones, por propósitos conscientes que son míos, no por causas que me afectan, por así decirlo, desde fuera. Deseo ser alguien, no un 'don nadie'; un agente, que decide y no deciden por él, auto-dirigido y no manejado por la naturaleza exterior o por otros hombres, como si fuera una cosa, o un animal, o un esclavo incapaz de desempeñar un papel humano, es decir, incapaz de concebir por mí mismo fines y procedimientos para alcanzarlos" (1967, 149).

En la esfera individual, la libertad positiva es el fundamento de la vida moral. Podemos carecer de impedimentos para actuar y no obedecer a nuestra voluntad sino a la ajena. Decidimos entonces lo que otros quieren, por miedo, incuria o deseo de obtener su recompensa; seguimos reglas en cuya promulgación no hemos intervenido. La libertad negativa es compatible con la heteronomía. Somos autónomos, en cambio, si decidimos por nosotros mismos, conforme a normas que asumimos siguiendo nuestra propia razón. Los obstáculos a la libertad negativa son exteriores, a la libertad positiva, interiores: radican en nuestras propias pasiones. Porque el amo puede estar fuera, pero también dentro de nosotros. La libertad de actuar nos libera del amo exterior, la de decidir, del interno. Sólo una voluntad que sigue la propia voz y no las voces ajenas es verdaderamente libre.

En la esfera colectiva, la libertad negativa es la capacidad de obrar o no obrar en un área, sin obstáculos, la libertad positiva, la de establecer esa área en que puede obrar la libertad negativa. En el orden jurídico, quien goza de libertad negativa puede actuar dentro de los límites que permite la ley, pero no necesariamente establecer esos límites. La libertad negativa responde a la pregunta ¿qué me está permitido? La libertad positiva, a la cuestión ¿quién decide lo que me está permitido? La definición de libertad de Montesquieu ("el derecho de hacer lo que las leyes permiten") corresponde a la libertad negativa, la de Rousseau ("la obediencia a las leyes que uno mismo ha prescrito"), a la libertad positiva. Por eso la libertad positiva implica que quienes obedecen a la ley la formulen.

En el orden de la sociedad civil, la diferencia entre una y otra forma de libertad es análoga: Si nuestras acciones no son coartadas por las reglas de comportamiento vigentes en una moralidad consensual, hablamos de libertad negativa; si seguimos nuestra propia moral, conforme a la razón e independientemente de la convención nos referimos a la libertad positiva. Aquélla es una libertad de actuar, ésta una libertad del decidir. El esclavo puede haberse emancipado por la ley, y aun por la costumbre, pero puede desear seguir siendo esclavo, al obedecer a los dictados ajenos. No ha llegado a ser entonces un sujeto autónomo.

En el campo de la política, la libertad positiva consiste en la participación de los gobernados en su propio gobierno. Nadie debe estar sujeto al poder de otros; todos deben compartir el poder. Éste es el sentido de la democracia, tal como la presenta Rousseau. Equivale pues al gobierno de todos los miembros de la asociación (el "pueblo") sobre sí mismos.

Cuanto mayor sea el ámbito de la libertad negativa, en una sociedad, mayores serán las posibilidades de acceso a la libertad positiva. En efecto, la remoción de los obstáculos al ejercicio de las opciones personales, abre la posibilidad de que, en esa área, individuos y grupos elijan con autonomía sus planes de vida y la manera de llevarlos al cabo. Pero, por permisivo que sea el poder, no implica necesariamente su control por los ciudadanos. Tradicionalmente se ha llamado "liberalismo" a la doctrina que sostiene la no interferencia del poder político en la libertad de individuos y grupos en la sociedad. Así entendido, el liberalismo no comprende necesariamente la democracia. Un gobierno puede garantizar un amplio margen de libertades a los ciudadanos y no concederles participación en sus decisiones políticas. Las libertades se ejercerían entonces en un espacio privado, mientras que la democracia implica la libertad de participar en la escena pública. Benjamin Constant, en su famoso escrito *De la libertad de los antiguos comparada con la de los modernos*, estableció claramente esa diferencia: "El objetivo de los antiguos —afirmó— era la distribución del poder social entre todos los ciudadanos de una misma patria: a eso lo llamaban libertad. El objetivo de los modernos es la seguridad en el disfrute privado; ellos denominan libertad a las garantías concedidas por las instituciones para esos goces" (1978, VII, 253). Constant no acertó al atribuir el primer tipo de libertad a "los antiguos" y el segundo a los "modernos", pero sí al distinguir entre dos formas de concebir la libertad civil; la primera corresponde a un temple democrático, la segunda, a uno liberal.

No obstante, la concepción liberal encontró de hecho en las instituciones democráticas el mejor sistema para asegurar su programa. Históricamente, el liberalismo condujo, después de las revoluciones de los siglos XVIII y XIX, a un género de democracia en que la participación de un sector del pueblo en el poder tenía por fin principal lograr el máximo de amplitud al área de las libertades individuales. Al principio la democracia que bastaba para ese objeto era muy reducida. Sólo comprendía a los varones con propiedad y recursos económicos. No fue el proyecto liberal sino las luchas sociales lo que condujo al sufragio universal. Porque la afirmación de la libertad positiva rebasaba el programa liberal estricto y podía dar lugar, por lo tanto —como veremos de inmediato—, a un modelo alternativo de democracia.

LIBERTAD DE REALIZACIÓN

La libertad positiva presenta un segundo nivel. No se reduce a la libertad de decidir, también es la capacidad de realizar lo que se decide. Podemos no tener trabas para optar por una acción, quererla con voluntad propia y, sin embargo, no estar en situación de poder ejecutarla. Los impedimentos para realizar lo que queremos pueden ser las disposiciones externas del poder político o las convenciones sociales, pueden derivarse de la sujeción interna a una voluntad ajena, pero hay aún un tercer género de obstáculos: los que atañen a la falta de oportunidades que la situación social en que nos encontramos ofrece para poder realizar nuestra voluntad.

La libertad positiva consiste en la capacidad de cada quien de elegir y perseguir su propio plan de vida. Pero ¿cómo hacerlo en una situación que impide todas las posibilidades de llevarlo al cabo? Sólo tienen la capacidad de seguir sus propios fines quienes están en una posición en la que las circunstancias en que transcurre su vida no se lo impiden. Una persona puede tener la opción de ejecutar cierta conducta que la ley permite, puede también elegir esa conducta en forma autónoma y, no obstante, estar impedido de realizarla, por encontrarse en una situación social que no le ofrece oportunidades para ello. Las leyes de un Estado liberal reconocen, por ejemplo, el derecho de todos a desplazarse libremente; las instituciones democráticas de ese Estado promueven la participación de los ciudadanos en las decisiones comunes; Pedro y Juan lo saben y han participado indirectamente, con su voto, en la elección de gobernantes y legisladores. No tienen impedimentos políticos ni jurídicos para buscar trabajo fuera de su pueblo y deciden abandonarlo. Sin embargo, les es imposible realizar su propósito: el ferrocarril no está en servicio, por malos manejos de la administración pública, los caminos no ofrecen seguridades y ellos carecen de recursos para viajar por otros medios. Antes definimos la libertad como "el poder de hacer lo que queremos sin interferencia de la acción de otras personas". ¿Están el Pedro y el Juan de nuestro ejemplo en esa situación? La respuesta es afirmativa si los obstáculos a la realización de su proyecto fueran naturales; si, por ejemplo, el ferrocarril y los caminos fueran inutilizables a causa de la tormenta pasada. Tampoco podemos decir que carezcan de libertad si los obstáculos, aunque de carácter social, son debidos a causas que "las acciones de otras personas" no podrían evitar, si, digamos, hay una situación tal de escasez en el país que el Estado carece de recursos para hacer marchar los trenes o proteger los caminos. En esos casos, no podríamos estar seguros de que los impedimentos a la acción de nuestros personajes se deban a la interferencia voluntaria de otros hombres. Pero la imposibilidad del viaje puede originarse, no en catástrofes naturales o en una escasez general de medios, sino en circunstancias políticas y sociales perfectamente detectables: la mala gestión, la corrupción del gobierno, la indiferencia del poder estatal hacia necesidades básicas del sector más desposeído, o aun la estructura del sector de producción que no ofrece a Pedro ni a Juan oportunidades de trabajo en su pueblo ni posibilidades de obtenerlo fuera. En la medida en que los obstáculos a la realización de los propósitos de Pedro y de Juan sean la escasez o la falta de recursos —económicos, técnicos— en la sociedad, no tenemos elementos suficientes para afirmar que carezcan de libertad política y social. Si, en cambio, los impedimentos son el resultado de la acción concertada de otros hombres, en un sistema social y político que la propicia, estamos justificados en afirmar que Pedro y Juan, aunque gocen de libertades legales y aún de participación en el sistema político, carecen de libertad en lo que más les importa: la realización de sus proyectos de vida.[1]

---

[1] I. Berlín (1967, 142) pretende que, en casos semejantes, la falta de recursos de una persona sólo puede considerarse una ausencia de liber-

En suma, podemos considerar tres niveles de la libertad civil. A cada uno corresponderá un proyecto diferente de la asociación política, según conceda prioridad a la libertad negativa o a las dos formas de libertad positiva: libertad de decidir y libertad de realizar lo que se decide.

1.- La asociación política tiene por fin primordial asegurar un área de libertad de acción a todos los ciudadanos, a cubierto de la interferencia del poder político y de la sanción social. La sociedad es concebida como una asociación de individuos que gozan de derechos frente al poder público. Es un modelo de asociación para la libertad que podríamos llamar "liberal".

2.- La asociación tiene por fin primordial la liberación de la dominación de un poder particular y la instauración del poder de todos (del "pueblo"). La sociedad es concebida como obra de voluntades autónomas que sólo obedecen a sí mismas. El Estado es el producto de esas voluntades concertadas. Es la asociación que llamamos "democracia". La democracia puede ser una vía para lograr la forma de asociación anterior, pero también para realizar el modelo de asociación siguiente.

3.- La asociación tiene por fin primordial crear las condiciones para que la libertad de todos pueda efectivamente realizarse. La sociedad se concibe como el lugar donde todos tienen iguales oportunidades para llevar al cabo sus planes de vida. El

---

tad si aceptamos una teoría sobre las causas humanas de esa falta. Habría que distinguir, en efecto, por una parte, los casos en que es discutible la liga causal entre la falta de oportunidades para actuar de unos y las acciones de otros; por otra parte, las situaciones en que esa liga no depende de ninguna teoría, sino que es un hecho comprobable de manera empírica. Así sucede en el caso de Pedro y de Juan y en la gran mayoría de las situaciones en que sectores de la población carecen de las oportunidades que la sociedad está en posibilidades de ofrecerles. Por su parte, J. Rawls distingue entre la "libertad", que incluiría las dos primeras formas de libertad y la "valía (*worth*) de la libertad" que correspondería a esta "libertad de realización" (1971, 204 y 1990, 71), restringiendo así las "libertades básicas" a las primeras. Por mi parte, no veo cómo pueda desligarse del concepto mismo de "libertad", entendido como "capacidad de realizar lo que se elige", la posibilidad de su realización; en todo caso, es el aspecto que más importa a la persona. Para emplear los términos de Rawls: sin poderse realizar, la libertad no tiene ninguna "valía".

Estado está al servicio del cumplimiento de ese fin. Es un segundo modelo de democracia que podemos llamar "igualitaria".

IGUALDAD Y DIFERENCIA

La búsqueda de un bien común ¿no será una ilusión? Bien común es el que valdría para todos los miembros de una asociación, lo que todos podrían desear; pero si preguntáramos a cada quien lo que considera bueno, obtendríamos las más diversas respuestas. Cada persona tiene una idea diferente de su bien, porque cada una sigue fines distintos conforme a sus deseos. Pueden tal vez coincidir en sus preferencias miembros de un grupo o de una clase, por estar condicionados por una situación social semejante, pero la elección diferirá entre distintos grupos de la misma sociedad y, desde luego, entre sociedades distintas. Tanto entre individuos como entre colectividades las preferencias sobre lo que debería contar como bien común varían. Para unos el bien superior de una sociedad es la gloria, para otros, la felicidad, o la unión con lo Sagrado, o la virtud, o la prosperidad. Cualquiera de esas concepciones puede ser controvertida por otras. ¿Cómo descubrir entonces un valor que no pudiera ser rechazado por ninguna? Entre todas las diferencias ¿cuál sería el bien común a todas ellas? Sólo uno: el que fuera condición necesaria para que hubiera cualquier diferencia. Y ése es la libertad.

La libertad hace posible que una persona proyecte los fines que orientan su vida y trate de realizarlos. Así podrá ser fiel a la identidad que haya elegido para sí. La libertad de los distintos grupos que componen la sociedad permite la diversidad de programas que responden a sus preferencias. En una asociación en que la libertad llega a ser de interés común, el fin que cada quien persigue puede diferir entre unos y otros, la libertad, en cambio, es un valor para todos, puesto que consiste en la capacidad de elegir y realizar el bien que cada quien prefiere, sin más obstáculos que la no interferencia en el bien de los demás. Nadie podría rechazarla, sin negar para sí la posibilidad de acceder a lo que considera su bien.

La libertad no es, por otra parte, un valor puramente instrumental. Condición de la realización de otros valores, es también un fin querible por sí mismo. Porque es la expresión paladina de un valor exclusivo de la persona humana: la dignidad.

El concepto moderno de la dignidad del hombre empieza a aflorar en el Renacimiento. Manetti, Gelli, Pico della Mirandola, Vives ven la dignidad del hombre, ante todo, en su capacidad de elegir para sí el modo de ser que él quiera. Entre todas las creaturas es la única en dar sentido a su vida, labrando con sus actos la figura con que decide identificarse. Mientras los entes no humanos están obligados a seguir las leyes trazadas por su naturaleza, el hombre puede diseñar sus propios fines conforme a sus preferencias. Su dignidad reside pues en su libertad, y ésta se entiende como el poder de forjar su propio ser. Cada quien debe llegar a ser "él mismo"; y el logro de la identidad no es posible sin la libertad.[2]

El concepto de "autonomía" de Kant y su consecuencia, la constitución de un "mundo de los fines", podría verse como la formulación rigurosa de la idea de "dignidad" del hombre vislumbrada en el Renacimiento. La asociación para la libertad pretende ser resultado del acceso a la autonomía de todos los sujetos que la componen. Es, por lo tanto, el género de asociación que corresponde a un convenio racional entre agentes morales. Porque "agente moral" es sólo la persona que tiene la capacidad de elegir y dirigir su vida conforme a sus propios fines y valores, en los límites de su situación efectiva. Por eso pudo pretender Rousseau que el "contrato social", garante de la libertad de todos, marca el tránsito del orden natural al orden moral.

Pero la pretensión de la libertad como bien común responde a dos principios que, a primera vista, parecen oponerse. Por un lado, la exigencia de *igual* libertad para todos; por el otro, la aceptación de las *diferentes* opciones personales, obra de esa libertad. La primera conduce a la aplicación general de los principios éticos, la segunda, al reconocimiento de la singularidad de cada persona.

En un ensayo reciente Fernando Salmerón ha señalado este punto. La reivindicación de igualdad se funda en una noción ética: la igual dignidad de toda persona; la demanda de reco-

---

[2] Sobre la idea de la dignidad del hombre en el pensamiento renacentista, puede verse mi libro: 1992, cap. II.

nocimiento de las diferencias se basa en otro principio: la construcción de una identidad propia. Cada quien está moralmente
obligado, a la vez, a que sus acciones se rijan por principios válidos para todos y a que conduzcan a la mayor perfección singular. Ambas exigencias valen tanto para los individuos como para
las colectividades. "De la misma manera que la idea de dignidad
hizo surgir una política de la igualdad, la de la identidad dio origen a una política de la diferencia, que obliga al reconocimiento de identidades únicas, no solamente de individuos sino de
entidades colectivas" (1996, 75).

Salmerón sugiere una vía para solucionar el dilema. Si lo he
entendido bien, se trata de una interpretación del concepto de
"dignidad" en Kant, que permitiría conciliar ambas nociones éticas. La dignidad de la persona estriba fundamentalmente en la
capacidad para elegir sus propios fines y determinar su plan de
vida, lo que constituye justamente la identidad personal. Así, el
principio de *autodeterminación* podría conciliar el imperativo de
universalidad con el de respeto a las diferencias. Entonces, la
igualdad no consistiría en el carácter universal de los fines elegidos, sino en la capacidad de cada sujeto para elegir sus propios
fines, aunque éstos difieran entre sí; igualdad, por lo tanto, en el
reconocimiento de la diversidad.

Ahora bien, una sociedad puede otorgar libertad solamente a
un sector de ciudadanos; la considera entonces como un bien no
compartible universalmente. Si, en cambio, ve en ella un bien
común, la atribuirá por igual a todos. Sólo entonces será una
sociedad *justa*. Porque la justicia —hemos visto— no es un bien
particular al lado de otros (como la felicidad, la gloria o la prosperidad) sino que consiste en atribuir a todos una capacidad
igual para perseguir su bien. "Igualdad" tiene, en este contexto,
el sentido de "equidad" tal como lo expuse en el capítulo 12.

Por otra parte, si, en una asociación, todos gozan de la misma
libertad, éstas pueden entrar en conflicto, incluso resultar
incompatibles. Un trato equitativo exige, por lo tanto, establecer
reglas que permitan la coexistencia de las libertades de todos,
dando a todos un tratamiento similar.

La justicia atañe a la relación de los elementos con un todo.
Cualquier plan de vida deberá pues ser compatible con el bien
del todo. Las normas que rigen la vida de la asociación serán jus-

tas si conceden a cada quien la misma libertad para determinar y realizar sus fines e impiden, a la vez, que la libertad de unos interfiera en la de otros. Ésa es la función de la ley. Ella establece los límites en que debe darse la acción de cada sujeto (libertad negativa), en que cada uno puede participar en la "voluntad general" (libertad positiva de decidir) y la manera de propiciar que todos tengan las mismas oportunidades para realizar lo que quieren (libertad de realización). La justicia, por medio de la ley, ejerce su función de asegurar un trato equitativo a todos los sujetos que componen la asociación, al especificar los deberes y derechos de cada uno en relación con los demás y con el todo.

En una asociación para el orden, el criterio de justicia era "a cada quien según su mérito", donde "mérito" se entendía en el sentido de su posición en la sociedad. En una asociación que conceda prioridad a la libertad, el criterio de justicia podría expresarse, en cambio, en la fórmula: "a cada quien según sus derechos, de cada quien según sus obligaciones". El criterio de justicia nos invita así a detenernos en la noción de "derechos humanos".

DERECHOS HUMANOS

La literatura sobre derechos humanos es muy abundante. Es particularmente rica en español. No puedo entrar aquí en un tema que exige una amplia discusión. Me limitaré a mencionar algunos puntos que no puedo pasar por alto, en la estricta medida en que toquen el asunto de que estamos tratando.

En una asociación para la libertad, los derechos humanos tienen que estar consignados, como exigencias normativas, en el sistema jurídico. De hecho, su declaración forma parte del derecho positivo en los Estados democráticos y, en la mayoría, suele estar incluida en su Constitución. Pero su justificación no puede encontrarse en el derecho positivo mismo, sino en el orden de la justicia. La formulación de los derechos humanos en la jurisprudencia existente en un Estado, puede verse como el reconocimiento de una razón que justifica esos derechos. Esa razón no puede ser sino la aceptación de un valor que, por ser común, debe ser asumido por todos; los principios de justicia se reducen a proclamar la vigencia, igual para todos, de ciertos valores; de lo que se sigue el derecho de todos de reivindicarlos para sí. Como indica Francisco Laporta (1987, 31): la formulación de un derecho humano, en el único orden jurídico existente, es la afirmación de un valor previo a ese orden; es la adscripción, a "todos y cada uno de los miembros individuales de una clase,... de una situación... que se considera... un *bien* tal que constituye una razón fuerte... para articular una protección normativa a su favor". La aceptación de los derechos humanos supone entonces la de un orden ético del que se deriven los principios de justicia que debe cumplir el orden jurídico. Una persona tiene derecho a ser tratada como fin y no sólo como medio porque se reconoce en ella un valor tal que los otros deben aceptar si quieren, a su vez, comportarse como agentes morales: ése es el valor de la dignidad de que antes hablamos.

Para justificar la inclusión de los derechos humanos en el derecho positivo no se requiere la postulación de un "derecho natural", cuya verosimilitud es, por decir lo menos, discutible; basta acudir a los principios que debería seguir una asociación para la libertad, conforme a la justicia. Un orden justo no es identificable, sin más con un orden jurídico existente; es el que permitiría la realización de valores que se revelan de interés general, aunque, de hecho, no se tradujeran en las normas de un derecho positivo determinado.

La plena realización de los derechos humanos forma parte del ideal de la asociación para la libertad. Los derechos humanos pueden verse a la vez de dos maneras: como el reconocimiento, en la legislación positiva, de valores comunes, y como fines a los que tiende una sociedad. Expresan, al mismo tiempo, las garantías a la libertad, que debe consignar el derecho existente, y los valores por alcanzar en una sociedad plenamente justa por construirse.

Comprendemos entre los derechos humanos básicos los que cumplen las siguientes condiciones:

1.- Son el reconocimiento de los valores fundamentales cuya realización justifica una asociación para la libertad.

2.- Son adscribibles a todos los hombres, en ese tipo de asociación, con independencia de la situación que ocupen en ella.

3.- No se derivan de otros derechos, pero de ellos pueden derivarse otros.

4.- Se distinguen de las regulaciones específicas, necesarias para aplicarlos a diferentes circunstancias y a personas en relaciones distintas.

Los derechos humanos son aceptados, con distintas formulaciones, en la gran mayoría de los Estados actuales. Fueron consignados en muchas declaraciones, desde el *Bill of Rights* norteamericano y la *Declaración de los derechos del hombre y del ciudadano* de la Revolución Francesa, hasta la *Declaración Universal de los Derechos Humanos* de las Naciones Unidas de 1948. Cualquier clasificación debe tomarlas en cuenta.[3]

Podemos ordenar los derechos humanos según distintos criterios, que corresponderían a diferentes intereses teóricos. Aquí seguiré la clasificación que convendría a los distintos tipos de valores que hemos estado siguiendo, sin pretender que ese orden sea mejor que otros posibles. Habría que notar cómo a cada derecho corresponde una obligación que debe también ser consignada.

1.- *Derecho a la vida.* Ninguna atribución de derechos a un sujeto sería posible sin el previo reconocimiento de su derecho a la vida. El derecho a la vida implica el de contar con los medios indispensables a la subsistencia (alimentación, habitación, vestido), en el marco de las posibilidades de la sociedad, de acuerdo con su nivel de escasez. No es un derecho de cómo vivir, sino simplemente de vivir.

Obligación correlativa es contribuir, según las posibilidades que se ofrecen a cada quien, a la subsistencia de los demás.

2.- *Derecho a la seguridad.* La vida, en una asociación, no puede preservarse sin la seguridad contra la agresión, tanto de miembros de otras sociedades como de individuos o grupos dentro de la misma sociedad. El derecho a la seguridad se deriva inmediatamente del derecho a la vida y es condición del siguiente.

---

[3] Prescindo, por lo pronto, de un problema importante: la formulación de los derechos humanos ¿es producto exclusivo de una cultura, la occidental moderna, o es aplicable a cualquiera? Este tema exige una discusión mucho más amplia que la que cabría en estas páginas. Espero abordarla en un trabajo posterior sobre universalidad y relativismo culturales.

Obligación correlativa es la contribución de cada quien a la defensa común contra la posible agresión externa y al mantenimiento de la paz interna.

3.- *Derecho a la pertenencia.* Condición de toda asociación, cualquiera que sea su género, es el derecho de sus miembros a pertenecer a ella. Lo cual implica la no exclusión de ninguno, la aceptación de todos los sujetos como parte de la asociación, aunque la posición que les sea acordada pueda ser diferente. Los derechos a la sobrevivencia y a la pertenencia se fundan en el reconocimiento de necesidades comunes a los miembros, de cualquier asociación, no sólo de la asociación para la libertad. Son previos a ésta.

El derecho a la pertenencia tiene —según vimos— una dimensión colectiva. Sólo su integración en una cultura determinada hace posible para un individuo la elección de un plan de vida y la proyección de un sentido. Por consiguiente, el reconocimiento por la asociación política del derecho a la autodeterminación de las distintas comunidades culturales que la integran es una condición del derecho individual de pertenencia.

De manera correspondiente, los individuos tienen la obligación de contribuir al bien común de las comunidades culturales y de la asociación política que les reconocen su pertenencia.

4.- *Derecho a la libertad de actuar.* Su formulación puede desglosarse en la lista de libertades individuales reconocidas en las concepciones liberales, como las libertades de conciencia, de opinión, de expresión, de asociación, de desplazamiento, de propiedad sobre los bienes de uso. Son las que puede ejercer cualquier individuo sin obstaculizar la libertad de los demás. Implican, por lo tanto, el derecho a un trato equitativo por parte de quienes tienen a su cargo la aplicación de la ley.

Obligación correspondiente es el respeto a las libertades de los demás, la no interferencia en ellas y la admisión de la igualdad de derechos de todas las opiniones y puntos de vista ajenos, en una palabra, la obligación de tolerancia.

5.- *Derecho a la libertad de decidir en el ámbito privado.* Si los derechos precedentes consisten en el reconocimiento de la libertad en el área que la ley lo permite, éste es el reconocimiento de la autonomía de la voluntad, en el campo de la vida personal. Concierne a las decisiones que afectan la vida individual y familiar, las libertades "privadas", preocupación de los "modernos", según Constant. Ser autónomo en ese campo no implica necesariamente participar en las decisiones de la vida pública. Es una libertad moral civil, no forzosamente política. Podría darse, por lo tanto, en un tipo de sociedad en que el Estado restringiera la participación política de los ciudadanos, con tal de que respetara su capacidad de decisión en sus vidas privadas. Junto a los cuatro niveles anteriores de derechos, el reconocimiento de esta libertad completa un núcleo mínimo de libertades, necesario para considerar a alguien un agente moral, es decir, una persona capaz de decidir de su propia vida, dentro de las situaciones sociales y políticas variables en que se encuentre. Aunque esté sometida, en alguna medida, a un poder social o político que limite sus demás libertades, ese núcleo mínimo le confiere la posibilidad de elegir obrar o no obrar, siguiendo su propia voluntad, dentro de los límites de su situación.

6.- *Derecho a la libertad de decidir en el ámbito público.* Reconocimiento de la capacidad de autodeterminación, no sólo en los asuntos que conciernen a la propia persona, sino en los de la vida colectiva; derecho, por lo tanto, a contribuir a las decisiones importantes para la vida en común. Se reconoce en los derechos a participar en el poder de las comunidades a que el individuo pertenezca, particularmente en el poder político: derecho a elegir y a ser elegido para cargos de gobierno, a contribuir a las decisiones que afectan a la asociación, conforme a reglas apropiadas, a estar informado de las decisiones del poder, etc. Incluyen el derecho a formar parte de las asociaciones no gubernamentales: sindicatos, gremios, iglesias, agrupaciones civiles diversas. De modo muy general podríamos resumir esos derechos en dos: elegir los propios fines en la sociedad y seguirlos sin interferencia ajena y contribuir a la elección y prosecución de fines comunes a las asociaciones a que pertenezcamos.

Obligaciones correspondientes de estos dos últimos niveles de derechos es querer para todo miembro de la sociedad la misma autonomía que una persona quiere para sí, reconocer, por lo tanto, en las otras personas, agentes morales con la capacidad de decidir sobre su vida y de participar libremente en la vida en común. Lo que implica no imponerles nuestra voluntad ni utilizarlas para nuestros fines. Son justamente estos derechos y obligaciones los que podrían resumirse en el imperativo kantiano de considerar a toda persona como fin y no sólo como medio.

7.- *Derecho a la libertad de realización*. Nadie es verdaderamente libre si los otros levantan obstáculos para que pueda llevar al cabo lo que decide. Una sociedad justa debe ofrecer las mismas oportunidades, en el marco de sus posibilidades efectivas, a todos, para realizar sus planes. No puede, naturalmente, ofrecer más de lo que su nivel de producción, la cuantía de sus recursos materiales y el adelanto de sus conocimientos y de sus prácticas técnicas se lo permitan. Dentro de esas condiciones, cada quien tiene el derecho de no ver dañadas las oportunidades que su sociedad puede ofrecerle, por las acciones de otros hombres mejor situados que él.

Esta categoría de derechos comprende los llamados "derechos sociales" o de "segunda" y "tercera generación", tales como: el derecho al trabajo, a la educación, a la atención a la salud, a la participación de los beneficios de la producción, a la vida en un ambiente natural sano, etc. Se trata, en este caso, de derechos cuyo grado de cumplimiento depende del contexto, es decir, del nivel de desarrollo, económico, social, técnico y científico, de cada sociedad. En sociedades sujetas a la escasez, las posibilidades de realizar los fines elegidos serán estrechas. Entonces, los derechos exigibles deberán restringirse a ciertos campos. En sociedades más desarrolladas se irán ampliando conforme a su capacidad de cumplirlos. Pero en todos los casos, deberá aplicarse la misma pauta para lograr la equidad en la oferta de oportunidades. (Volveré sobre este asunto en el capítulo siguiente).

La justificación de esta categoría de derechos es coherente con la de las categorías precedentes. Como aquéllas, derivan del mismo reconocimiento al valor de la dignidad del hombre, manifiesta en su libertad. Su aceptación no forma parte, por lo tanto, de una forma de asociación diferente a la asociación para la libertad, sino de su pleno cumplimiento.

A los derechos sociales corresponde la obligación de no perjudicar al bien de la totalidad. De esa manera, la igualdad de oportunidades debe darse en la medida en que no afecte el bien general de la sociedad. Por otra parte, cada quien tiene la obligación de contribuir, según sus capacidades, en la situación en que se encuentra, al bien del todo social; obligación no sólo de tolerancia sino de cooperación. Así, su exigencia de iguales oportunidades no pueden rebasar las capacidades de cumplirlas de que dispone la sociedad.

14. MODELOS DE LA ASOCIACIÓN PARA LA LIBERTAD

EL MODELO "LIBERAL"

La asociación para la libertad presenta variantes, cuyos extremos serían dos modelos alternativos. En ambos se considera la asociación política como resultado de un convenio entre personas libres y racionales, que tiene por principal objeto preservar su libertad. En ambos, por lo tanto, se acepta la pluralidad de concepciones sobre el bien común y se trata a todos por igual. Difieren, sin embargo, en tres puntos importantes:

1) El alcance de las libertades personales que deben ser garantizadas. 2) La relación entre libertades e igualdad. 3) Las características del bien común.

Para mayor simplicidad, llamaré "liberal" al primer modelo, por su énfasis en la protección de las libertades individuales, e "igualitario" al segundo, por su insistencia en el valor de la igualdad en las libertades. Pero esos términos se prestan a ambigüedades y engaños. *Grosso modo* corresponden a las dos concepciones del "liberalismo" que distinguió R. Dworkin (1985, 205, véase también 1993): "liberalismo basado en la neutralidad" y "liberalismo basado en la igualdad". Al restringir el término "liberal" al primer modelo, aludo naturalmente a la concepción tradicional, centrada en la defensa de los derechos individuales y no a posteriores interpretaciones del liberalismo con mayor preocupación por los derechos sociales. Por otra parte, al retener la palabra "igualitario" para el segundo modelo, me refiero tanto a las concepciones liberales que incluyen la aceptación de derechos sociales, como a concepciones políticas que no pertenecen a la corriente liberal, como el socialismo democrático, pero que incluyen el respeto a las libertades individuales.

Los dos modelos recibirían denominaciones distintas en las diferentes culturas políticas. En Estados Unidos e Inglaterra el primer modelo correspondería al programa de una concepción "conservadora" aunque democrática, como el de una corriente del partido republicano en los Estados Unidos o el del *tory* en Gran Bretaña que se distingue, sin embargo, de los conservadores tradicionales, partidarios de la supremacía del orden sobre la libertad; el segundo modelo se denominaría "liberal", "progresista", o incluso "radical" en ambos países. En América Latina y en la Europa continental, en cambio, se aplicaría el nombre de "neoliberal" o "liberal" a secas, al primer modelo, y de "socialdemócrata" o "socialista" (con tal de restringir "socialismo" a su versión democrática) al segundo.

Un modelo que llamamos "liberal" se caracteriza por los siguientes rasgos:

1.- El fin principal de la asociación política es la protección y mantenimiento de las libertades individuales. Éstas abarcan el área de las llamadas "libertades negativas", que protegen a los individuos de la intromisión del Estado o de otros individuos, la libertad "positiva" en el ámbito privado, y la de participación en los puestos públicos, necesaria para asegurar aquellas libertades individuales. Según la fórmula de Benjamin Constant, su interés principal es el mantenimiento de las libertades privadas.

2.- La igualdad se entiende como reconocimiento en todo ciudadano de la capacidad de autodeterminación. Admite todas las diferencias resultantes de esa capacidad. No puede aceptar, en cambio, que un individuo o grupo juzgue sus caracteres singulares los únicos válidos y trate, en consecuencia, de imponerlos a los demás. Son inadmisibles, por lo tanto, las singularidades excluyentes de los otros. El respeto a la libertad de cada quien y el rechazo de toda singularidad excluyente quedan expresados en la vigencia de los "derechos humanos individuales". Éstos tienen una función, por así decirlo, negativa: señalan como condición de la asociación política la ausencia de coacción contra la libertad de determinar su vida de cualquier individuo o grupo de individuos.

3.- No existe un "bien común" superior al que cada individuo decida perseguir. El Estado no sólo debe conceder igual valor a cualquier elección de vida, sino también evitar proponer alguno. En consecuencia mantiene una postura neutral frente a cualquier proyecto y a cualquier concepción del bien. Él mismo no adopta ni impone ninguna posición sobre lo que debe entenderse por "vida buena" o "bien común". No tiene, por ende, un ideal ético propio, aparte del de respetar el que tenga cada persona o grupo de la sociedad. El ideal del modelo es tratar a todos con igual consideración; su proyecto propio es no abrazar ningún proyecto común. Acepta todas las diferencias de raza, de género, de preferencias sexuales o de particularidades "anormales"; respeta por igual a todas las culturas, por diferentes que sean, y les concede los mismos derechos. Su virtud pública suprema es la *tolerancia*.

Sin embargo, la tolerancia a las diferencias tiene un límite. No se puede tolerar la intolerancia. Si lo hiciera, la sociedad se destruiría a sí misma. Al no aceptar la intolerancia, el modelo impide que la diferencia se convierta en singularidad excluyente de los otros. Cualquier grupo que se arrogue a sí mismo cualidades superiores, distintivas, ya sea para imponerse a los demás, o por el contrario para protegerse, rechazará a los demás y saldrá fuera del modelo. Porque la condición de posibilidad de una sociedad semejante es justamente la igualdad de todos en su capacidad de autodeterminación. Cualquier coacción a esa libertad por parte de un grupo o del Estado, cualquier discriminación individual o colectiva queda excluida, por principio.

¿Cuáles serían las consecuencias concretas de la aplicación de ese modelo ideal a una sociedad? Comprometería a una política de pleno respeto a todas las diferencias, en la que la única intervención del Estado sería justamente la de garantizar a todos ese respeto, es decir, impedir cualquier discriminación o actitud intolerante. No podría imponer, en cambio, ninguna preferencia de valores comunes. Tendría que aceptar por igual todas las creencias y prácticas religiosas, cuidando de que ninguna conduzca a su imposición sobre otras, en el espacio público. (Espacio público laico es el que permanece neutral ante cualquier fe religiosa e impide que cualquiera lo haga suyo.) Tendría también que aceptar la legitimidad de todas las costumbres y las preferencias sexuales, evitando toda legislación que privilegie a una de ellas, así sea mayoritaria, como la heterosexualidad o el matrimonio monogámico. Respecto a la lucha feminista por la igualdad de derechos y condiciones con los varones, debería respetar todas las opciones individuales; no podría, por lo tanto, penalizar la interrupción voluntaria del embarazo; por otra parte, el Estado tendría la obligación de impedir toda forma de discriminación y de violencia contra las mujeres y garantizar el pleno respeto a su dignidad y la igualdad de trato social y político.

La capacidad de elección de vida por cada individuo sólo puede darse en la pertenencia a una cultura determinada. Garantizar su libertad de elección es pues también asegurar la libertad del ámbito cultural en que se efectúa. En el caso de las naciones que albergan una multiplicidad de culturas (como México, Canadá, España o Rusia) o en el de países que comprenden inmigrantes que conservan rasgos importantes de sus culturas de origen (como los Estados Unidos), la política liberal obliga a un reconocimiento del valor de toda forma cultural y de su derecho a mantenerse y desarrollarse. No puede pretender a la asimilación a una cultura hegemónica, sino a la convivencia entre las diferentes culturas en igualdad de condiciones. Lo primero buscaría la homogeneidad cultural, lo segundo, la aceptación de la pluralidad en el seno del mismo Estado. El multiculturalismo, si es coherente, obliga a aceptar la heterogeneidad de usos y costumbres, de instituciones sociales y reglas de convivencia de cada cultura. No puede imponerles sistemas jurídicos, administrativos o educativos que las coarten. El reconocimiento de las culturas tiene un sólo límite: la vigencia de los derechos humanos individuales. La intolerancia o la imposición forzada de una cultura sobre otras no es compatible con los derechos de todas. Un Estado liberal no puede aceptar en su seno formas de cultura intolerantes que discriminen a las demás.

FALLAS DEL MODELO "LIBERAL"

Asomémonos ahora a la faz oscura de ese modelo. Al lado de las virtudes que he señalado, enfrenta dificultades insalvables para conciliar libertad e igualdad. Me contentaré con indicar las dos más importantes.

1.- El modelo concibe ante todo la sociedad como una suma de individuos que regulan sus decisiones por sus concepciones personales del bien y sus intereses particulares. Al juntarse no pueden menos que entrar en competencia. El Estado no interviene en ella más que en un sentido negativo: hace respetar los derechos individuales comunes a todos, mantiene el orden legal e impide las actitudes intolerantes. Ése es el marco en el que se enfrentan los adversarios. El espacio público es un tablero donde cada uno mueve sus piezas para obtener los mayores beneficios. Vencen los más emprendedores, pero sobre todo, los que inician el juego con las mayores ventajas: los provistos de más recursos y los mejor situados en posiciones de influencia. Quedan excluidos los vencidos. Al terminar un juego, la posición de los jugadores no es la misma que en su comienzo: unos han adquirido ventajas permanentes sobre los otros. Son seguros vencedores en la siguiente partida.

El modelo liberal proclama la "igualdad de oportunidades"; entiende por ella la imparcialidad en el juego competitivo del mercado. Pero en esas lides no tienen las mismas posibilidades quienes parten con enormes diferencias en las condiciones sociales y en los recursos económicos. El respeto a las diferencias en los planes de vida individuales ha conducido así a otro género de diferencias: las desigualdades en los recursos para competir, la cual impide, a su vez, una igualdad en las libertades.

El Estado neutral no puede menos que consagrar, e incluso acrecentar, las desigualdades existentes. De hecho, las políticas liberales estrictas, en su empeño de no intervenir activamente en la corrección de las desigualdades económicas y sociales, las han aumentado considerablemente.

Debajo de las desigualdades subsiste, más sorda que nunca, la lucha. En su modelo liberal, la asociación para la libertad cubre apenas la caldera en ebullición que podría destruirla.

2.- A mayor competencia, mayor desigualdad, a mayor desigualdad, mayor desintegración de la sociedad. El Estado neutral es el simple testigo de esa desintegración. Al no inclinarse por ninguna formulación de un bien común, no propone ningún valor superior a la aceptación tolerante del que cada individuo o grupo determine. La pertenencia a una asociación política no implica entonces un proyecto sustantivo común, salvo el de respetar un trato igual para todos. De allí el peligro de que la multiplicidad conduzca a la pérdida de conciencia del valor de la colectividad, a la fragmentación de la sociedad y a la reducción de la vida éticamente valiosa a la esfera privada o a la de comunidades separadas entre sí. Estos males (la desigualdad social, la lucha socavada, la desintegración) no son resultado de circunstancias eventuales evitables por tanto; derivan de las características inherentes al modelo. Evitarlas, invita a la proyección de un modelo distinto.

La asociación para el orden reaccionaba contra el mal radical: el caos pre-social. Podía conducir entonces a un mal segundo: la represión sobre los individuos. El modelo liberal, al intentar liberarlos de la violencia del Estado, abre las puertas de nuevo a otra manifestación de aquel mal inicial: la desintegración del tejido social, el aislamiento de los individuos, la soledad sin sentido. En algunos países —pienso en los Estados Unidos principalmente— se observan ya las primicias de ese nuevo caos, en el que cada individuo se afirma sólo frente a todos los demás. En unos, el retorno de la violencia desesperada, contra los demás, contra cualquiera, del individuo perdido en la multitud; en otros, el desamparo del solitario sin una mirada que responda a la suya; en algunos por fin, la retracción egoísta en su pequeño refugio familiar. Hombres y mujeres, conscientes de sus derechos individuales, eligen su derecho al rechazo de la sociedad.

EL MODELO "IGUALITARIO"

Un modelo "igualitario", alternativo al anterior, podría caracterizarse por los siguientes rasgos:

1.- El fin de la asociación política rebasa la protección de las libertades "negativas"; consiste en ofrecer a todas las personas posibilidades para hacer efectivas sus libertades. Comprende, por lo tanto, las libertades de participar en las decisiones públicas y las que he llamado "de realización".

2.- La igualdad no concierne sólo a los derechos individuales, sino también a las oportunidades y los recursos. Los "derechos humanos" comprenden derechos sociales. En consecuencia, se plantea una nueva relación entre libertad e igualdad, de manera de hacerlas compatibles.

3.- La asociación reconoce —al igual que en el modelo anterior— la multiplicidad de concepciones particulares del bien, pero persigue un bien común superior, compatible con aquéllas: la realización de una sociedad donde todos cooperen para lograr una unidad a partir de sus diferencias. Libertad, igualdad y cooperación no son solamente medios para realizar fines individuales, sino metas comunes de la colectividad en cuanto tal.

El modelo igualitario no contraviene los fines que perseguía el modelo anterior, pretende llevarlos a su término. Para poderlos cumplir, el Estado tiene que proponerse como fin justamente forjar las condiciones reales que permitirían su vigencia universal. Esas condiciones incluyen la transformación de la sociedad existente, de manera que pueda otorgar las mismas oportunidades de autorrealización a todos sus miembros.

La realización plena de la asociación para la libertad es pues un proyecto por cumplir, una idea regulativa de transformación social. Si esto es así, la política del Estado tiene que asumir como bien común aquel ideal y poner en obra los medios para acercarse progresivamente a él. Frente al Estado neutral surge entonces un Estado comprometido con un valor común. Conduce así a una línea política distinta.

Si pretendemos extender a todos por igual la posibilidad de obrar de manera autónoma, se plantea el problema de la relación entre esa igualdad y las distintas libertades individuales.

¿Cuál es la igualdad a que una sociedad justa podría pretender? No, sin duda, la de talentos y disposiciones naturales. Siempre habrá, en cualquier conglomerado humano, personas de uno u otro sexo y, entre ellas, individuos más o menos fuertes, inteligentes o emprendedores; las diferencias de género y de aptitudes naturales no pueden borrarse. Tampoco puede tratarse de la función que cada sujeto desempeña en una acción colectiva. Para cumplir un objetivo que dependa de los esfuerzos concertados de varias personas, es indispensable que cada quien ejecute una tarea distinta. Sería absurdo no admitir en un ejército la desigualdad de rango entre oficiales y soldados; si, a nombre de la igualdad, se suprimiera, sería incapaz de cumplir con sus funciones. Igual sucede en cualquier empresa o institución que requiera del esfuerzo combinado de varias personas. La desigualdad, inherente a la función, es indispensable en una escuela, o en una fábrica, o en un equipo deportivo. La diversidad de funciones puede implicar una desigualdad en la autoridad para decidir y ordenar y una posición preferente en el todo, necesarias para el funcionamiento de una acción colectiva. El mando del oficial en el batallón, del director en la escuela, del ingeniero en la fábrica o del entrenador en el equipo de futbol entraña una desigualdad inherente a las relaciones en que consiste un cuerpo colectivo. No pueden borrarse sin suprimir, al mismo tiempo, ese cuerpo.

Tampoco se trata de suprimir las diferencias debidas a la pertenecia a culturas y formas de vida colectivas diferentes, que pueden estar ligadas a una región, a una etnia o a una comunidad específica. Éstas forman parte de la identidad personal que cualquier asociación para la libertad pretende preservar.

El modelo igualitario no busca la igualdad en las características que puedan atribuirse a una persona, sean éstas naturales, funcionales o culturales; tampoco intenta igualar las preferencias de cada quien. Una igualdad en las propiedades atribuibles a todos conduciría a una sociedad *homogénea*, en que todos sus miembros serían semejantes, lo opuesto exactamente a una asociación respetuosa de la libertad personal. Por el contrario, el fin que se propone es una relación igual respecto de todas las diferencias. Igualdad en el trato, pero también en las posibilidades de realización de las distintas preferencias. "Igualdad" tiene entonces, como vimos antes, el sentido de "equidad". Y la equidad es el rasgo distintivo de la justicia.

La justicia no exige que todos seamos semejantes, sino que todos podamos gozar de las mismas ventajas para realizar las desemejanzas derivadas de nuestra igual libertad. Pero si todos son libres y no sólo unos cuantos ¿no se genera un conflicto entre todos? Extender a todos la misma libertad parece imposible sin restringir la que de hecho gozan algunos. Hay que instaurar reglas para que la libertad de algunos no impida la de todos.

Hemos definido la libertad, en su acepción más general como "el poder de hacer lo que elegimos sin la interferencia de otras personas". Se sigue que no pueden admitirse aquellas libertades que atenten contra la igual libertad de otros; o, en un sentido positivo, que pueden admitirse desigualdades en la libertad sólo si promueven la libertad de otros.

¿Cuáles son entonces las libertades que deben restringirse? En ningún caso las libertades individuales que hacen posible la existencia misma de una asociación para la libertad. Hay un límite preciso en la restricción de libertades, más allá del cual se suprime la autonomía de las personas. Está constituido por las que condicionan la posibilidad de una voluntad autónoma: libertad de sobrevivencia, de pertenencia, de conciencia, de expresión, de asociación, de desplazamiento, de decisión en el ámbito privado. Ellas constituyen ese *núcleo mínimo* de que hablé en el capítulo anterior, sin el cual se destruye la posibilidad de una asociación entre agentes morales. Su ejercicio no puede dañar las libertades de cualquier otro miembro de la asociación. Por lo tanto, ningún programa para lograr la igualdad permite restringirlas.

Pero cabe una objeción, frecuente en los regímenes autoritarios, de regla, en los totalitarios. Parte del supuesto de que dicho régimen persigue un bien común que comprende una mayor igualdad en las posibilidades reales de libertad para todos. Los "contrarrevolucionarios" en un régimen comunista, los "comunistas" en un gobierno fascista, se dice, van contra las decisiones del "pueblo" o de la "nación"; se oponen, por lo tanto, a la libertad de la mayoría. Hay que eliminar o, al menos, restringir, sus derechos de expresión y de asociación.

El argumento es falaz. Las libertades de expresión y de asociación sólo coartan las de otros si se imponen a su voluntad por la fuerza. Son los actos de violencia que pudieran cometer los oponentes los que obstaculizan las libertades de la mayoría. Es justamente la intolerancia frente a la búsqueda de emancipación de los demás la que no puede admitirse, no el ejercicio de la propia libertad. El Estado está en su derecho de no permitir en los oponentes esas acciones contra los demás, pero no en restringir su libertad de actuar como sujetos autónomos.

El problema se plantea, en cambio, respecto de las libertades de participación en el ámbito público y de la tercera categoría de libertades, las requeridas para realizar efectivamente lo que se decide. En una asociación política pueden respetarse las libertades básicas de todos y, sin embargo, ver cómo solamente un sector de la población tiene la capacidad efectiva de realizar lo que haya elegido. Consideramos ahora otro nivel de libertades, ya no las que constituyen a un sujeto como agente moral, sino las que dependen de la posesión de ciertos bienes y facultades indispensables para realizar cualquier plan de vida. Tratar por igual a todos es ahora garantizar que todos tengan acceso a esos bienes. ¿De cuáles se trata? No, desde luego, de aquellos que la sociedad, en su situación específica, sea incapaz de suministrar, sino de la parte de los recursos globales que correspondería a cada quien en una distribución equitativa.

En las sociedades existentes, los individuos parten de posiciones sociales muy diferentes. Según sea la situación en que nacen, será la amplitud de las oportunidades con que cuenten para realizar sus planes de vida. La suerte del nacimiento más que las facultades naturales, desempeña el papel preponderante en las posibilidades de acceso a posiciones de responsabilidad social y económica. La desigualdad de situaciones suele ir de par con las diferencias en las facilidades para obtener la educación adecuada para abrirse paso en la sociedad y hacer fructificar las aptitudes personales. Obligación primordial en una sociedad justa sería ofrecer una igualdad de oportunidades para todos en el acceso a los puestos de responsabilidad y creatividad, y en la educación que permite alcanzarlos, con independencia de la proveniencia social.

En una sociedad industrializada, el bien más importante, del que dependen las libertades de realización, es la propiedad y manejo de bienes materiales. Una sociedad justa requiere, por un lado, productividad, por el otro, equidad. Por la primera aumenta el campo en el que pueden ejercerse las libertades, por la segunda, asegura que ese campo esté abierto a todos. El mercado libre parece indispensable para la productividad, el control de sus resultados, para la equidad. La sociedad puede entonces permitir el manejo de recursos mayores a quienes pueden producir más para el mercado, con tal de que la mayor productividad redunde en un aumento de beneficios para todos. Son indispensables, por lo tanto, principios que regulen la relación entre uno y otro requisito.

LOS PRINCIPIOS RAWLSIANOS DE JUSTICIA

Los principios de justicia en una asociación para la libertad han sido formulados, de manera inmejorable en mi opinión, por John Rawls: (1971, 302):

"Primer principio: Cada persona ha de tener un derecho igual al sistema total más amplio de iguales libertades básicas, compatible con un sistema similar de libertad para todos.

Segundo principio: Las desigualdades sociales y económicas han de ser tratadas de manera que: a) sean para el mayor beneficio de los menos favorecidos... y b) estén adscritas a cargos y posiciones abiertos a todos, bajo condiciones de una equitativa igualdad de oportunidades."

A estos principios, Rawls añade dos reglas de prioridad. La primera establece la prioridad de la libertad, de manera que ésta sólo puede ser restringida en favor de una mayor amplitud de las libertades compartidas por todos y las restricciones deben ser aceptables para quienes tengan menos libertades. La segunda decreta la prioridad de la justicia sobre la eficiencia.

Me parece que esta formulación se presta a interpretaciones que conviene despejar.

1.- La equidad en la distribución de bienes se deduce inmediatamente de la noción de justicia. Es un principio racional que no requiere justificación; lo que sí la requiere es la admisión de cualquier desigualdad. Tratar a todos por igual implica que nadie tenga, para realizar sus planes, una cantidad mayor de bienes que otra persona; de manera que los bienes totales de una sociedad, limitados por la escasez, se distribuyan de manera de ofrecer a todos oportunidades semejantes para su realización. Lo que requiere justificación es el desvío de ese criterio. En la fórmula de Rawls las desigualdades se justifican si redundan en beneficio de todos. Permitirlas, puede traer un incremento en los bienes totales de la sociedad y, por lo tanto, en las posibilidades de una mayor libertad de realización para todos. En efecto, para obtener una mayor productividad, en una sociedad de escasez de recursos, y aumentar así el caudal de bienes distribuibles, parece necesario admitir una desigualdad limitada, que conceda mayores ventajas a quienes tienen mayores capacidades de producir para el mercado. Habría que interpretar entonces el segundo principio de Rawls de modo de justificar las desigualdades si y sólo si son necesarias para lograr mayores posibilidades de realización para todos. Si hubiera otros medios para obtener el mismo resultado, serían injustificables.

Esto implica que, para admitir una desigualdad, se requiere demostrar que su consecuencia necesaria y previsible es un aumento en los bienes susceptibles de una distribución equitativa. Las desigualdades que tenemos que aceptar son las que ayuden a vencer la escasez y lograr mayor prosperidad. Por lo tanto, sólo son admisibles en la medida en que produzcan esa consecuencia. La demostración corresponde a quien se beneficie de una desigualdad. Cualquier desigualdad en oportunidades y recursos que no pueda aducir esa demostración es injusta.

2.- El beneficio que pudiera justificar una desigualdad no puede medirse por el aumento total de los bienes de la sociedad, pues éste podría incrementarse sin redundar en una mejora en las libertades de realización para todos. Lo que las justifica es su contribución a esa mejora y ésta se mide por el aumento de los bienes de que pueden disponer quienes aún padecen una carencia de oportunidades y recursos. Por eso Rawls entiende que el beneficio obtenido por una desigualdad económica o social debe ser juzgado desde el punto de vista de los menos favorecidos. En efecto, sólo si ellos mejoran, mejorará el sistema general de equidad.

La formulación de Rawls no permite, por lo tanto, justificar la desigualdad por su contribución al aumento de la productividad global de la sociedad. No justifica, por ejemplo, la disminución de salarios y de empleos, la baja de impuestos a las fortunas, la desregulación de capitales fluctuantes o la disminución de los servicios sociales a nombre del incremento del producto global. Esas medidas podrían redundar, en efecto, en una mayor competividad económica del país y en una creciente capacidad de inversiones productivas de las empresas, pero al empeorar la situación de los menos favorecidos, agravan la falta de libertades de realización en el sistema total.

"Las desigualdades son permitidas —escribe Rawls— cuando maximizan o, al menos, contribuyen a hacerlo, las espectativas a largo plazo del grupo menos favorecido de la sociedad" (1971, 151). Me parece que esa proposición sólo puede aceptarse, para ser coherente con el principio de equidad, si esa "contribución" puede razonablemente demostrarse y si el "largo plazo" es efectivamente previsible.

3.- La regla sobre la prioridad del principio de libertad implica que una reducción de las libertades "no se justifica ni se compensa por ventajas sociales y económicas mayores", de acuerdo con el segundo principio (1971, 61). Éste es quizás el punto más discutible de la propuesta de Rawls. Quisiera adelantar algunas consideraciones para limitar su alcance.

Es claro que en una asociación basada en la libertad de todos, pueden ser objeto de negociación y de convenio todos los intereses particulares, menos los que afecten a los derechos a la libertad. Las distintas concepciones del bien común pueden enfrentarse y competir en todos los terrenos, salvo en el campo que permite justamente el enfrentamiento y acuerdo de los diferentes puntos de vista. Todo puede ser objeto de discusión, de aceptación, limitación o rechazo, excepto los valores que hacen posible esa discusión y fundan los derechos humanos de los interlocutores. Ellos constituyen, según la expresión de Ernesto Garzón Valdés (1989, 156) un "coto vedado" a la discusión. Son pues inviolables. La aceptación por todos de ese campo común de derechos es condición de una democracia de contenido ético. "La exclusión de algunos temas básicos de la negociación parlamentaria o del ámbito del mercado —escribe Garzón Valdés— parece estar éticamente impuesta. Con respecto a cuáles deben ser esos temas, y cuál es el criterio de exclusión, mi propuesta es la siguiente: deben ser excluidos de la negociación y el compromiso parlamentario todos aquellos bienes que son considerados como básicos para la realización de todo plan de vida". Ahora bien, la mayor o menor amplitud de esos "bienes básicos", que comprende el "coto vedado", dependerá del tipo de democracia que consideremos. "Si se admite... la tendencia a la expansión de la ética, no es aventurado afirmar que el coto vedado de los bienes básicos tiene también una tendencia a la expansión". Ella puede estar determinada por un doble tipo de factores: 1) los que pueden inferirse de las premisas de un sistema ético; 2) los que dependen de factores materiales, es decir de la disposición de recursos que permitan extender el ámbito de los derechos exigibles (*Ibid.*, 157-158).

Las "libertades básicas" de que habla el primer principio de Rawls y cuyo mantenimiento sería prioritario o cualquier medi-

da en favor de la igualdad, deberían corresponder al "coto vedado" a toda intervención. Su alcance dependería, por lo tanto, del
modelo de asociación proyectado.

En cualesquiera de los modelos y circunstancias de una asociación para la libertad, tendrían que ser inviolables las libertades que definen a un sujeto de esa asociación como agente
moral. Corresponden al "núcleo nínimo" de libertades que antes
mencioné. Parece claro que *esas* libertades deben tener prioridad sobre cualquier medida de distribución de bienes, puesto
que son condiciones indispensables para cualquier uso de
bienes y disfrute de oportunidades. Si el fin del segundo principio de justicia es aumentar las libertades de realización de todos,
su aplicación, en cualquier caso, requiere de la existencia de
aquel núcleo mínimo. Esto quiere decir que la regla de prioridad
de la libertad sobre las medidas de igualdad es aplicable en las
sociedades donde ya existen las condiciones para que la gran
mayoría de sujetos puedan efectivamente comportarse como
agentes morales. Tal sucede en los países democráticos industrializados de Occidente. Pero ¿qué pasa en aquellos países
donde no se dan esas condiciones?

Creo que podríamos distinguir dos casos:

a) La satisfacción de las necesidades elementales de sobrevivencia (alimentación, habitación, vestido), de seguridad y de
pertenencia (no exclusión social) son condiciones previas a
cualquier asociación política. Si no son satisfechas, no puede
haber personas susceptibles de elegir un proyecto para sus
vidas. En muchos países, amplios sectores de la población son
esclavos de esas necesidades elementales o, al menos, están sujetos en gran medida a ellas, al grado de impedirles perseguir
cualquier otro valor. No pueden ser sujetos, por lo tanto, de una
asociación para la libertad. En ese caso, la justicia exige la atención prioritaria a aquellas necesidades vitales, dentro de los límites que la escasez impone a la sociedad. La distribución
equitativa de los bienes mínimos que permitan sobrevivir a una
población indigente, no elimina el núcleo mínimo de libertades,
pero sí puede obligar a reducir otras libertades, por ejemplo las
de participación política y las de propiedad sobre los bienes de
producción y distribución. El mismo Rawls parece aceptar esa
posibilidad, aunque sea de pasada y aunque la presente como

una excepción a la regla. "Es sólo cuando las condiciones sociales no permiten el establecimiento de esos derechos [a las libertades básicas] que se puede conceder su limitación; y esas restricciones pueden ser acordadas sólo en la medida en que sean necesarias para preparar la vía a una sociedad libre" (1971, 152).

b) Un segundo caso sería el de sociedades en que las libertades básicas están consignadas en el orden jurídico e incluso forman parte de las prácticas de un sector de la población, pero otro sector, aunque goce formalmente de las mismas libertades, se encuentra en una situación de dependencia tal que no puede obedecer a su propia voluntad y está obligado a plegarse a la ajena. Los sujetos de ese sector son libres según la ley pero carecen de libertad para decidir por sí mismos, por estar materialmente sujetos a otros hombres, por carecer de información sobre sus derechos o simplemente porque ejercerlos los coloca en el riesgo de perder su trabajo o incluso su vida. También en este caso se justifica la necesidad de reducir las libertades del sector dominante con el objeto de que los dominados lleguen a una situación en que sean agentes autónomos.

Una u otra de esas situaciones no es la excepción en la mayoría del planeta; son las más frecuentes en los países del Tercer Mundo. En muchos de ellos, mientras un sector de la población participa de hecho en una asociación que garantiza —aunque sea ineficiente y parcialmente— las libertades, otro sector subsiste fuera de ese tipo de asociación, pues no está en condiciones de gozar de esas libertades.

c) Hay aún un tercer caso, común éste a los países industrializados y a los que están en vida de desarrollo: la existencia de grupos y de personas cuya igualdad es reconocida por la ley y aceptada por las prácticas democráticas, pero que de hecho carecen de igualdad de oportunidades por obstáculos debidos a su situación peculiar o bien, en la mayoría de los casos, enraizados en prejuicios y hábitos de la mentalidad social vigente. Me referiré a este caso en el parágrafo siguiente.

En estos tres casos, sólo puede subsistir, a mi juicio, la regla de la prioridad de la libertad sobre la igualdad con las salvaguardas siguientes:

1.- Las libertades que tienen prioridad sobre el principio de equidad, es decir, aquellas que ninguna medida en favor de una mayor igualdad puede reducirlas, son las que constituyen el "núcleo mínimo" que define a un sujeto como un agente susceptible de elección autónoma dentro de los límites de su situación.

2.- La reducción de las demás libertades puede efectuarse en la medida en que tenga por efecto que quienes carecen de libertad accedan a ella.

3.- La reducción de las libertades sólo puede durar el lapso necesario para remediar una carencia de libertad en los desposeídos. Ese lapso puede ser relativamente breve en situaciones excepcionales de emergencia, por ejemplo, por causa de guerra, hambruna o catástrofes naturales. En situaciones de penuria permanente, en cambio, podría durar hasta lograr un avance material en la gran mayoría de la población, suficiente para liberarla de su esclavitud a sus necesidades elementales y de su sujeción a la voluntad ajena.

De la tolerancia a la cooperación

Al contrario de la doctrina liberal clásica, el modelo igualitario no concibe un Estado neutral. Plantea una paradoja: para asegurar la libertad de las personas frente al poder es menester emplear el poder.

En una sociedad competitiva, tienen que restringirse las libertades de algunos en favor de la de todos. Pero entonces, sobre la tolerancia de las diferencias, el Estado tiene que proponer, como fin común, la cooperación.

Las consecuencias prácticas de la sustitución de la tolerancia por la cooperación son importantes. El Estado tendría como tarea primordial la disminución y la eliminación, en lo posible, de toda situación de marginalidad o discriminación, que impida alcanzar la igualdad de oportunidades. Esa tarea tendría que ejercerse en diversos campos.

En primer lugar está el derecho de todos a satisfacer sus necesidades biológicas elementales, sin lo cual no pueden ejercer ninguna clase de libertad. La acción cooperativa de la sociedad para ayudar, dentro de los límites de sus recursos materiales, a que sobrevivan los más necesitados cumple al mismo tiempo con el derecho que éstos tienen a la pertenencia. Es claro que esos derechos debe preceder a cualquier otro y el Estado tiene la obligación de limitar las libertades de quienes se negaran a cooperar, en la medida en que fuere necesario para asistir a salvar la vida de ciudadanos en peligro.

En una sociedad cuya economía se rige por el mercado, el Estado es el único que puede rectificar las desigualdades que origina; sin eliminar su funcionamiento, posee instrumentos variados para mitigar considerablemente sus injusticias: política impositiva, regulación de salarios, inversiones públicas, estímulos selectivos a la inversión, control de recursos financieros, etc. Por otra parte, puede intervenir activamente en la implementación de servicios sociales, la planeación de programas de desarrollo y la limitación de concesiones no productivas. Puede regular las formas de propiedad privada de los medios de producción y las modalidades de participación de los trabajadores en los beneficios de las empresas. Aun en un régimen de mercado relativamente libre (libre del todo no lo es ninguno), el Estado cuenta con muchos recursos para rectificar sus efectos en la sociedad, con tal de estar guiado por una voluntad política y contar con la cooperación ciudadana.

En el caso de las personas o las comunidades que no están aún en situación de acceder a las condiciones que permiten la autodeterminación, obliga a una política voluntariamente dirigida a igualar oportunidades, manteniendo en lo esencial las libertades, pero limitándolas temporalmente, si fuere necesario, para crear las condiciones en que puedan efectivamente ejercer su libertad esas personas o comunidades. Se llegaría así a una política de acciones preferentes en favor de los desfavorecidos y en perjuicio de los intolerantes, como medio para terminar con las discriminaciones existentes. El Estado adoptaría entonces medidas voluntaristas en favor de la igualdad de trato a los que son diferentes y, por serlo, son víctimas de discriminación. En las naciones multiculturales, por ejemplo, esa política incitaría, no sólo a otorgar facultades autónomas, en ciertas esferas de competencia, a los pueblos con culturas minoritarias, sino a promover medidas compensatorias de asistencia económica y social a las comunidades con menores recursos y en riesgo de perder su identidad. Las discriminaciones que de hecho se ejercen contra los pueblos con culturas diversas a la hegemónica, sólo puede eliminarse mediante programas nacionales de revalorización de esas culturas, de cooperación en su desarrollo y de abandono de una política de homogeneidad cultural.

Cuando las desigualdades no se deben a la legislación sino a las prácticas políticas y sociales, la "acción afirmativa" o "discriminación positiva" puede ayudar a cambiar las prácticas y las mentalidades que dan lugar al trato discriminatorio. Consiste en el establecimieto de cuotas de representación de los grupos discriminados, en las instituciones en que están subrepresentados. Es claro que esa medida restringe el derecho a una igualdad en la ocupación de cargos a los sectores favorecidos en pro de los desfavorecidos. Deben restringirse al caso concreto que pretenden modificar y adoptarse con carácter transitorio, hasta establecer la equidad en las prácticas que intentan corregir.

Un caso importante que requiere una discriminación positiva es el de la desigualdad de oportunidades para ocupar puestos de responsabilidad de las mujeres. Ellas constituyen la mitad de la humanidad y están en situación de desventaja. En algunos países, no se aplica la igualdad de salarios ni de condiciones de empleo entre hombres y mujeres, en otros muchos, el orden jurídico contiene aún residuos de desigualdad de derechos entre los dos sexos. Aún en los países que proclaman su igualdad ante la ley, las mujeres están sometidas a peores condiciones de trabajo que los varones. Si obtienen un empleo, laboran una doble jornada, en la empresa y en el hogar; si no lo obtienen, quedan sujetas a la dependencia del familiar más cercano. Su participación en la educación varía de un país a otro, pero en la mayoría es inferior a la de los hombres. En todas las sociedades, las mujeres no tienen, de hecho, las mismas oportunidades para ocupar puestos de responsabilidad y cargos de dirección, tanto en las organizaciones civiles como en las instituciones políticas, por atavismos culturales, por miedo al cambio o por prejuicios. En los países democráticos, la mentalidad social vigente, antes que la legislación, es la responsable de esas desigualdades.

El establecimiento de cuotas obligatorias en favor de las mujeres, en todos los procesos de votación, en los partidos políticos, en las organizaciones cívicas y aun en los puestos de elección popular contribuiría a rectificar la subrepresentación de las mujeres en los puestos de decisión. A su vez, la mayor representación femenina en esos cargos tendría una influencia enorme para modificar las mentalidades y detener las prácticas discriminatorias.

Las cuotas en favor de las mujeres deberían tener como fin último alcanzar la paridad, es decir, el 50 por ciento para cada sexo, puesto que las mujeres ocupan la mitad de la humanidad. En la práctica, deberían adaptarse, en cada caso, a las condiciones reales que permitirían su adopción y establecer niveles de cuotas acrecentables según las circunstancias.

Notemos que la situación desigual de las mujeres constituye un caso especial entre todas las discriminaciones sociales. En efecto, a diferencia de todos los otros casos, no constituyen una clase social, ni un grupo específico; no son una comunidad, ni una niminoría social o racial, atraviesan todos los grupos y todas las clases, forman parte de todas las comunidades y pueblos y, en todos ellos, son una inseparable mitad. Acabar con las condiciones que han permitido su desigualdad social y política sería, después de la liberación de los esclavos, la mayor revolución emancipadora.[1]

En algunos países se justifica, por razones parecidas, la discriminación positiva en favor de minorías raciales. En los Estados Unidos, por ejemplo, pese a ser objeto de amplias discusiones, ha ayudado considerablemente a elevar el respeto hacia sí mismos y las capacidades de muchos miembros de las minorías; ha contribuido también a disminuir las actitudes intolerantes hacia ellos.

En todos esos casos, la intervención positiva para limitar algunas libertades de los intolerantes en la representación en el ámbito público y la ocupación de cargos, está justificada en las consecuencias que pueden preverse con razonable seguridad: el aumento de la equidad en las libertades de todos.

En suma, mientras las políticas basadas en el modelo liberal de la sociedad no se comprometen con ninguna diferencia,

---

[1] En Europa, especialmente en Francia, el movimiento en favor de la paridad entre hombres y mujeres ha cobrado impulso, en últimas fechas. Dio lugar a un debate en la Asamblea francesa, basado en el informe de una comisión mixta auspiciada por el gobierno (cfr. G. Halimi, 1997).

tolerando por igual todas sus formas, una política igualitaria buscaría alcanzar la igualdad en las diferencias, asumiendo ese fin como justificación de un tratamiento preferente a los sectores que sufren una discriminación real. Según la acertada fórmula de Charles Taylor, "la política de la diferencia a menudo redefine la no discriminación exigiendo que hagamos de esas distinciones la base de un tratamiento diferencial" (1933, 62).

Quienes favorecen esa política se comprometen a una posición ante el bien común distinta a la del modelo anterior. Puesto que aceptan la legitimidad de reducir sus propias libertades en vistas a una mayor libertad para los otros, tienen que colocarse en el punto de vista ajeno, sobre todo en el de los desfavorecidos, y compartir parcialmente sus intereses. Si bien la principal virtud del modelo liberal frente a las diferencias era la tolerancia, la del modelo igualitario no puede quedarse en ella.

La aceptación de las diferencias puede variar desde una simple condescendencia hasta un reconocimiento activo del valor de la posición ajena. La persona o la cultura tolerante no se siente necesariamente concernida por las posiciones del otro. El modelo igualitario de sociedad iría más allá de la tolerancia: no sólo condescendería a la existencia del punto de vista del otro, sino intentaría comprender su valor y compartirlo, lo cual abriría a cada quien la posibilidad de verse a sí mismo y a la sociedad con ojos ajenos, identificando parcialmente su posición con la del otro. Sólo así se puede pasar de la aceptación de la existencia del otro, al diálogo y la colaboración activa con él en un propósito común. El reconocimiento del valor insustituible del punto de vista ajeno lleva a considerar la multiplicidad de elecciones de vida como un enriquecimiento de la sociedad, por los valores específicos que cada quien puede aportarle. El diálogo entre agentes igualmente libres, otorga un valor nuevo a la vida en común. Puede así pasar de la *tolerancia* a la *cooperación* en la obtención de un bien común.

Una política liberal "neutral" tiene la ventaja y a la vez el inconveniente de no hacer suyo ningún valor común a los que cada sujeto elija. Permite así la manifestación de los múltiples valores de una sociedad compleja, sin tomar partido por ninguno.

Una política igualitaria, en cambio, propone un valor común a todos los miembros de la sociedad. No puede, por lo tanto,

considerar la justicia como un simple procedimiento para la
convivencia de puntos de vista distintos. Apela a una voluntad
común para la realización de un orden ético que no deriva de las
elecciones particulares o de grupo. Su ideal es el de una sociedad en la que fuera posible la realización plena de toda opción
libre de vida, personal y colectiva, en la cooperación recíproca.

ASOCIACIÓN PARA LA LIBERTAD Y DEMOCRACIA

El pensamiento liberal tradicional no incluía necesariamente la
democracia. Las libertades de "los modernos" implicaban los derechos de los individuos a no estar sometidos más que a las leyes
y, por consiguiente, a no permitir la intervención del Estado en
sus asuntos privados. La asociación política se justificaba por la
preservación de ese "núcleo mínimo" de libertades que constituyen a la persona como un agente moral, capaz de decidir
sobre su propia vida. No implicaban la capacidad de concurrir a
las decisiones públicas, característica fundamental de la democracia. Esto explica la actitud ambivalente de muchos liberales
ante la democracia. Muchos vieron en la ampliación de los derechos democráticos a toda la población, un peligro para las libertades individuales. Sin embargo, pronto el pensamiento liberal se percató de que la democracia podría ser la mejor forma de
proteger las libertades privadas frente a la intervención del Estado. Desde entonces, la democracia se ha convertido en la forma
de gobierno preferida del liberalismo. Se trata, en su opinión, de
un instrumento para oponer los mayores límites posibles al
poder del Estado sobre los individuos.[2]
El modelo igualitario, en cambio, tiene como antecedente
histórico tanto el pensamiento democratizante (influido o no por
liberalismo) que estuvo a la base de las revoluciones de fines del
siglo XVIII y principios de XIX, como su versión socialista posterior.
Como vimos en el capítulo 11, el convenio democrático —en su
fórmula rousoniana— tiene por condiciones la igualdad y la

---

[2] Para las relaciones complejas entre liberalismo y democracia,
puede verse: J. Fernández Santillán (1994, cap. V).

generalidad. El punto de vista de cualquier miembro de la asociación debe valer tanto como el de cualquier otro, de manera que todos participen por igual en las decisiones comunes.

No obstante, al implementarse en un programa político, el modelo igualitario parece proponer una posición paradójica. Por una parte, pide al Estado su intervención en la sociedad para corregir las desigualdades existentes. Mientras el modelo "liberal" restringe el poder estatal en todas sus actividades frente a la sociedad civil, el modelo "igualitario" quiere utilizar ese poder para: 1) compensar las desigualdades generadas por la libre competencia en el mercado; 2) restringir las libertades individuales de quienes no contribuyen a la mayor libertad de todos; 3) favorecer con acciones de "discriminación positiva" a los menos favorecidos; 4) terminar con toda forma de intolerancia y 5) fomentar la cooperación, más allá de la simple tolerancia, entre todos los miembros de la asociación.

Por otra parte, el intervencionismo estatal sólo se justifica en la medida en que sea al mismo tiempo una vía para lograr la mayor libertad de todos frente a cualquier poder, incluido el del Estado. Por consiguiente, el modelo igualitario no puede propugnar por cualquier intervencionismo de Estado sino sólo por aquel que, en todas y cada una de sus intervenciones: 1) garantice la vigencia del núcleo mínimo de libertades inviolables por el Estado; y 2) contribuya activamente a una mayor participación de los ciudadanos en los asuntos públicos que les afectan. La intervención estatal es necesaria en la medida en que constituya una vía para disminuir las desigualdades y construir así una democracia más acabada. Cumplirá su fin en el momento en que resulte prescindible. Tiene pues una función limitada: establecer las condiciones de su propia eliminación. Forma parte, por consiguiente, de un programa político transitorio.

Pero todo estado que se concibe como transitorio corre el riesgo de convertirse de hecho en permanente. Justamente las críticas del pensamiento conservador frente a toda medida intervencionista del Estado se alimentan de ese temor; ésa es su parte de verdad. No son legítimas por cuanto desautorizan políticas estatales necesarias para lograr una mayor equidad, pero sí lo son en la medida en que ponen en guardia contra el peligro de otorgar al Estado poderes permanentes, susceptibles de mantenerse aun después de lograr una igualdad mayor. En otra situación histórica, el gobierno concebido como transitorio (la "dictadura del proletariado"), cuyo único propósito era crear las condiciones de una democracia real, se volvió permanente. Porque la intervención del Estado, lejos de propiciar las instituciones participativas, las fue destruyendo sucesivamente.

En lo que debería haber sido una transición a mayor libertad, atentó contra las libertades mínimas de los ciudadanos y abolió sus instancias de representación. El Estado que tenía por fin preparar su propia disolución, se encargó de destruir todo lo que podía remplazarlo. Al dar fin a la democracia, dio fin a toda posibilidad de limitar su poder.

El modelo igualitario de asociación para la libertad plantea, en cambio, el acceso a una igualdad real de oportunidades mediante la abolición de los obstáculos que se oponen a una democracia real. Por ello, cada una de las acciones en que intervenga el Estado en la sociedad, debe significar a la vez una lucha contra las desigualdades existentes y un refuerzo de las instancias en que los ciudadanos pueden participar en las decisiones sobre los asuntos que les convienen. El progreso en una mayor igualdad sólo se lograría en la lucha por una democracia cada vez más participativa.

15. ALTERNATIVAS DE LA DEMOCRACIA

Dos sentidos de democracia

La asociación para el orden podía tomar forma en diferentes sistemas de gobierno, la asociación para la libertad, en cambio, en cualquiera de sus modelos, ha encontrado su régimen propio en la democracia.

Pero "democracia" es usada en varios sentidos. Distingamos, por lo menos, entre la democracia como un ideal de asociación política y la democracia como un sistema de gobierno. La primera es un fin de la acción colectiva, tiene valor por sí misma; la segunda, un medio para lograr ciertos fines comunes, tiene valor en la medida en que contribuya a realizarlos.

En el primer sentido, "democracia" es "poder del pueblo". "Pueblo" es la totalidad de los miembros de una asociación. "Democracia" designa una asociación en donde todos sus miembros controlarían las decisiones colectivas y su ejecución, y no obedecerían más que a sí mismos. En esa forma de comunidad quedaría suprimido cualquier género de dominación de unos hombres sobre otros: si todos tienen el poder, nadie está sujeto a nadie. Democracia es la realización de la libertad de todos. Pero en las sociedades reales la libertad puede ser privilegio de un número más o menos amplio de ciudadanos y cada sujeto puede gozar de libertades más o menos extensas, desde las libertades "negativas" hasta la posibilidad de realizar efectivamente lo que quiera. La democracia no es pues un concepto unívoco; está sujeta a grados. Se trata de una idea regulativa; orientada por ella, la acción política puede acercar progresivamente la sociedad a ese ideal, pero nunca puede pretender que se encuentre realizado.

En el segundo sentido, "democracia" designa un conjunto de reglas e instituciones que sostienen un sistema de poder, tales como: igualdad de los ciudadanos ante la ley, derechos civiles, elección de los gobernantes por los ciudadanos, principio de la mayoría para tomar decisiones, división de poderes. No se trata de un ideal sino de una forma de gobierno, conforme a ciertos procedimientos, realizable según diferentes modalidades de acuerdo con las circunstancias. No es un proyecto de asociación conforme a valores, sino un modo de vida en común en un sistema de poder.

Podemos reducir "democracia" a este segundo significado; tomarla por un hecho, tal como funciona en muchas naciones, abandonando a la utopía la democracia como ideal; considerarla como un procedimiento en que varios individuos o grupos se ponen de acuerdo para coexistir, en una asociación común, sin destruirse. No tiene sentido entonces preguntarnos por su justificación moral, sino sólo aceptarla o rechazarla por razones de conveniencia.

Recordemos la distinción del capítulo 11: la asociación política puede ser resultado de un tipo de convenio que llamé "conforme al valor" o de otro "conforme al poder". Los dos sentidos de "democracia" corresponden a esas distintas maneras de concebir el contrato social. Considerarla como un ideal ético por realizar, implica que todos los que intervienen en el acuerdo que da lugar a la asociación convienen en el valor superior de la libertad. Identificarla, en cambio, con las instituciones y prácticas realmente existentes, equivale a verla como el resultado de determinadas relaciones de poder. Resultaría del acuerdo entre partes en que cada una se rige por su interés particular. Por el convenio entre ellas se plantearía un bien común a todas: la coexistencia sin violencia excesiva de los intereses opuestos. La democracia sería simplemente un sistema de gobierno en el que una multiplicidad de grupos con intereses encontrados aceptan reglas de convivencia. Subsiste la competencia entre todos, pero ésta se somete a un acuerdo negociado. Todos aceptan las reglas democráticas en la medida en que convengan a su propósito de derrotar al oponente sin exponerse al riesgo de una lucha a muerte. El perdedor acepta entonces su derrota sin rebelarse, el vencedor se abstiene de destruirlo. En cada caso, el contenido de lo acordado será el desenlace de una negociación en la que tendrá más peso la parte que en ese momento posea mayor fuerza. El convenio permite, por lo tanto, mantener con la aceptación mutua una situación de dominio. Entendida así, la democracia es un procedimiento pragmático para regular la competencia entre la multiplicidad de grupos con intereses distintos que componen la sociedad en un sistema de poder, en el cual los sectores más poderosos mantienen su dominio con el acuerdo tácito de los menos exitosos.

Desde la crítica de Joseph Schumpeter al concepto tradicional de democracia, es frecuente identificarla con las instituciones y prácticas realmente existentes en los países industrializados de Occidente. Schumpeter advirtió la imposibilidad de determinar en la sociedad un bien común a todos sus miembros, pues todos difieren, tanto en los fines elegidos como en los medios que consideran adecuados. Por lo tanto, concluyó, la "voluntad general" es un mito irrealizable. En la realidad, la democracia es el escenario de una competencia generalizada entre voluntades opuestas. Además, lo que en cada caso quiere la mayoría del pueblo no suele lograrse por decisiones del pueblo mismo sino, con mayor frecuencia, por decisiones de un gobernante que comprende lo que el pueblo desea en un momento dado y actúa en consecuencia. El interés general se cumple entonces con decisiones para el pueblo, no del pueblo. La democracia real, no corresponde así a los caracteres que le atribuye la teoría en sus formulaciones clásicas, la rousoniana, por ejemplo.

Schumpeter propuso entonces otra definición de "democracia", considerada como un *modus procedendi* para construir un tipo de gobierno. "El método democrático es el arreglo institucional para llegar a decisiones políticas, en el que ciertos individuos adquieren el poder de decidir mediante una lucha competitiva por el voto del pueblo" (1967, 173; cfr. también 1950). La democracia no consistiría pues en el gobierno del pueblo, sino en un procedimiento para decidir quién gobierna para el pueblo. La característica de este procedimiento es la competencia regulada por medio de elecciones.

Notemos que Schumpeter no hace más que describir la manera como que de hecho funciona la democracia. Su definición corresponde a un lenguaje de hechos, no de valores. Él mismo observa cómo el concepto tradicional de democracia, en tanto poder del pueblo liberado, corresponde a la postulación de una sociedad otra: forma parte del lenguaje de la religión o de la ética. Cuando la democracia se considera un ideal —escribe— "Deja de ser un método que puede ser objeto de discusión racional, como un motor a vapor o un desinfectante. Se convierte en un ideal o, más bien, en parte de un esquema ideal de cosas. La palabra misma puede llegar a ser una bandera, un símbolo de lo que es caro a un hombre o de lo que quiere para su nación, sea o no racionalmente adecuado a ella". (1967, 170). Así, el concepto de democracia que Schumpeter propone respondería a una racionalidad instrumental (como la de una "máquina de vapor"), la democracia como ideal expresaría en cambio una actitud valorativa ("lo que un hombre quiere para su nación"). La primera noción de democracia resulta de la visión de un convenio que se realiza, según los intereses en competencia de cada quien, "conforme a su poder", la segunda, de un convenio "conforme al valor".

La democracia tomada en el primer sentido, o bien no requiere justificación, o bien tiene que justificarse en la democracia como ideal valorativo. Si no aducimos justificación, el procedimiento democrático sería equivalente a cualquier otro y careceríamos de razones para preferirlo. En realidad, Schumpeter lo justifica en valores que corresponden a la democracia como ideal. En efecto, ¿por qué sería preferible un régimen basado en la competencia por el voto popular si no es porque admite ciertos valores comunes superiores: la equidad en la pluralidad de los puntos de vista, el derecho a la decisión libre de todos, la igualdad de todos en la decisión de gobierno, la dependencia del gobernante del pueblo que lo eligió? Y todos esos son valores derivados de la noción ética de democracia. La democracia como *modus operandi* no puede tener otra vía de justificación. Queda por juzgar, sin duda, en qué medida el funcionamiento real de las instituciones democráticas cumple o no con aquellos valores. El análisis de Schumpeter tuvo el mérito de hacer ver con claridad el alejamiento entre la democracia realmente existente y el convenio ético que pueda justificarla.

En estos años, Richard Rorty, desde otro punto de vista, ha vuelto a poner en duda la pertinencia de acudir a una doctrina filosófica para justificar los procedimientos democráticos reales. Rorty pretende defender la democracia sin recurrir a un discurso fundamentador racional. La democracia que defiende es la única realmente existente, la que se manifiesta en las instituciones y prácticas de las sociedades avanzadas de Occidente, particularmente en Norteamérica (1991, 198). De hecho, en esas sociedades existen creencias y actitudes sociales, objeto de un consenso mayoritario, que han incorporado pretensiones éticas, como el respeto a los derechos humanos y la tolerancia. Las personas que pertenecen a esas sociedades siguen esas reglas morales, al participar en una cultura histórica que se acepta por hábito y tradición colectiva, sin necesidad de remontar a una doctrina filosófica que las justifique. La inserción en una sociedad en que son vigentes las actitudes y prácticas democráticas bastaría para aceptarlas.

Rorty, en mi opinión, tiene razón en sostener que una parte importante de los principios de una ética de la libertad están ya incorporados en las reglas y prácticas de convivencia de las sociedades democráticas, es decir, forman parte de su moralidad social efectiva (la *Sittlichkeit* hegeliana de que hablamos en el capítulo 8). Pero esos principios no están conscientes en todas sus implicaciones; en la práctica se mezclan con prejuicios e intereses excluyentes de grupos sociales. En la moralidad social efectiva se recogen ideas éticas, pero se reinterpretan y adaptan a los intereses particulares tejidos en las relaciones concretas de poder. Al seguir sus reglas, se obedece en parte a las normas éticas que las inspiraron pero también a sus interpretaciones y usos deformados. El hábito ha remplazado a la decisión autónoma, la inercia del consenso pasivo a la crítica racional.

Si preguntamos por la validez de las prácticas e instituciones tal como existen queda una alternativa. O bien recuperamos en su pureza los principios éticos incorporados en esas prácticas y vemos en qué medida subsisten en ellas, en cuyo caso acudimos de nuevo a una justificación ética; o bien, si queremos a todo precio evitar ésta, pretendemos que la moralidad social efectiva se justifica por su sola existencia. Pero esta última postura es insostenible: equivale a establecer como criterio de validez todas las prácticas sociales que existan realmente. Si ésa es la posición de Rorty, sería una pobre "defensa" de la democracia, pues el mismo argumento serviría para defender cualquier moralidad social, aun la menos democrática.

Por otra parte ¿cómo implementar una defensa de la democracia sin utilizar razones aceptables por los otros? "Defender" una creencia implica dar razones ante los demás, y "dar razones" ¿no implica acaso acudir a esas doctrinas racionales, más allá de las "narrativas", que tanto disgustan a los "posmodernos"?

Se dirá que para justificar la democracia basta su resultado práctico: la coexistencia sin violencia abierta. Pero la coexistencia mantiene también, de hecho, una situación en que unos dominan a otros en la competencia entre todos. Entonces se consideraría justificada la práctica democrática, en cualquier forma, por sostener sin violencias mortales un sistema de poder determinado. Ésa es la justificación que admite el modelo de convenio "conforme al poder".[1]

Si se comprende la democracia como expresión de un convenio conforme al poder, podemos explicar su existencia por las fuerzas que llevaron a construirla, pero no damos una justificación moral de ella. Si se la considera, en cambio, como el resultado de un convenio conforme al valor, consideramos las reglas y las instituciones democráticas como un medio para aproximarnos a la sociedad en que se realice la autonomía de todos mediante el poder del pueblo. Su valor se medirá por su mayor o menor eficacia para lograr ese fin. Entonces cabe plantearse la pregunta: ¿en qué medida las prácticas democráticas existentes contribuyen a la realización del poder del pueblo? Ésa es la cuestión que plantearé en el resto del capítulo.

La homogeneización de la sociedad

En teoría, democracia es gobierno del pueblo por sí mismo, en la práctica, su camino fue diferente. Los procedimientos democráticos se idearon con aquel fin, pero fueron desviándose de la meta hasta llegar a un sistema político distinto. Algunas causas de su desvío fueron debidas a circunstancias históricas variables o a situaciones que ofrecían resistencia al proyecto democrático, pero otras obedecían a características intrínsecas a las reglas e instituciones mismas con que se quería asegurar el gobierno del pueblo. Sólo éstas últimas nos detendrán.

---

[1] Un lúcido artículo de Eric Herrán (1996) presenta una crítica a Rorty mejor que la mía, con la que coincido plenamente.

Históricamente la democracia nace ligada a la constitución de los Estados nacionales modernos, en la revolución norteamericana de independencia, en la revolución francesa y en el nacimiento de Estados independientes en otras partes del mundo. Ahora bien, el Estado-nación se concibe como una unidad homogénea, constituida a partir de la decisión de una suma de individuos iguales entre sí. Ignora o destruye la multiplicidad de grupos, comunidades, pueblos y formas de vida que integran las sociedades reales. Los instrumentos de la homogeneización de la sociedad son varios: mercado económico uniforme, orden jurídico único, administración central, lenguaje común, educación nacional, todo ello sublimado en la adhesión a símbolos distintivos: íconos y banderas, ceremonias patrias, héroes y gestas pasadas. El Estado-nación moderno iguala a todos los ciudadanos al tratarlos como elementos semejantes de un agregado común.

Esta operación obedece a la vez a una razón de poder y a una exigencia ética. Por una parte, forma parte de la ideología de los grupos que se benefician con la abolición de trabas económicas, privilegios sociales y fueros. La homogeneidad que se impone a la sociedad es la que sirve mejor a sus intereses. Después de las revoluciones democráticas liberales, la nivelación de los ciudadanos ante un mercado unificado, una ley única y una educación semejante consagra la imposición a la sociedad en su conjunto de la visión que tiene de ella la clase media del régimen antiguo. En las naciones que albergan culturas diferentes, la homogeneización de la sociedad traduce, en realidad, la imposición de una cultura hegemónica sobre las demás. El proyecto del Estado-nación moderno es la asimilación de todas las comunidades y culturas diversas a una forma de vida dominante.

Pero la interpretación de la igualdad como homogeneidad también se justifica en razones éticas. En efecto, las revoluciones democráticas se generan en la lucha contra los privilegios. Cualquier diversidad entre grupos puede dar lugar a nuevas situaciones de privilegio o bien a la discriminación de un grupo por otros. Toda discriminación suele alegar en su favor la existencia, en una raza o en un sector social, de propiedades que no comparte con los demás. Para evitar privilegios y discriminaciones se decide, por lo tanto, que todas las personas tienen un estatuto común que las vuelve semejantes: la ciudadanía. En cuanto todos son ciudadanos, todos son homogéneos, todos tienen una propiedad semejante que les da los mismos derechos. Son intercambiables.

El "pueblo" en el que el Estado-nación hace recaer la soberanía es el conjunto de "ciudadanos". Pero el "ciudadano" no es el hombre concreto, condicionado por su situación social, perteneciente a diferentes grupos y comunidades específicas, diferente a los demás en sus particularidades, sino un puro sujeto de derechos civiles y políticos, iguales para todos. En cuanto ciudadanos todos los individuos se miden por el mismo rasero y hacen abstracción de sus diferencias.

El pueblo de los ciudadanos es concebido como una entidad uniforme, compuesta de elementos indiferenciados, que se sobrepone a todas las diversidades que constituyen el pueblo real. Las instituciones democráticas existentes suponen esa sustitución del pueblo real por una nación de ciudadanos. Y es entonces cuando la realidad social les juega una mala pasada: al ponerse en obra, conducen a una nueva forma de dominación sobre el pueblo a nombre del pueblo. A fines del siglo XX es claro el desvío de las democracias a un nuevo sistema de dominio.

LA DEMOCRACIA REALMENTE EXISTENTE

Trataré de resumir en algunos rasgos el desvío del poder del pueblo a una nueva forma de dominio. Para ello me servirán de guía algunas observaciones de Norberto Bobbio (1977 y 1985).

1.- *Representación*. Sólo en comunidades pequeñas, donde todos pueden encontrarse y dialogar, el pueblo puede decidir directamente de los asuntos colectivos; en la nación, tiene que delegar su poder. La representación es inevitable. Pero también lo es la tendencia a substituir la voluntad de los representados por sus representantes. Los diputados del pueblo no pueden obedecer un mandato imperativo, porque ni los electores están en posibilidad de conocer los asuntos generales de la nación, ni los diputados podrían concebir las leyes generales si estuvieran obligados a seguir los intereses particulares de sus electores. No pueden ser por lo tanto, simples transmisores de los deseos de sus electores, sino intérpretes del interés general. El poder del elector se reduce a depositar un voto favorable a determinadas personas. Una vez elegidas, ellas acaparan todo el poder de decisión. Las elecciones democráticas, antes de ser un procedimiento por el que se expresa el poder del pueblo, son un medio por el que el pueblo establece un poder sobre sí mismo.

Los partidos, en una democracia moderna, son organizaciones de profesionales de la política. Poseen sus propias reglas internas, sus procedimientos de selección y formación de cuadros, sus jerarquías y clientelas propias, sus métodos de financiamiento. Son lo más parecido a una empresa dedicada exclusivamente a la conquista y mantenimiento del poder.

Si los partidos son múltiples, ninguno puede gobernar por sí solo. La composición del gobierno es entonces resultado de las transacciones en la cúpula, entre los dirigentes de los partidos. Ellos negocian entre sí los programas a seguir. Pueden olvidarse de las preferencias de sus electores: el compromiso resultará de sus cabildeos, no de la opinión de sus seguidores.

Si, por lo contrario, el sistema sólo ofrece posibilidades de triunfo a dos o tres partidos, se produce una deriva inevitable en sus programas. Para lograr una mayoría electoral tienen que limar de sus propuestas todo lo que dificulte un consenso, vaciar sus programas de alternativas tajantes y ganar el centro del electorado que, por lo general, mira con prevención los cambios. Las posiciones opuestas se disfuminan y los partidos converjen en un mismo centro. Así se reducen las alternativas políticas: los partidos más opuestos acaban presentando, en las cuestiones fundamentales, propuestas que sólo difieren en matices. Las opciones para los electores se reducen, en la práctica, a designar el equipo de personas que habrán de implementar una política consensuada. Es lo que está sucediendo en la mayoría de las democracias occidentales.

Por otra parte, para lograr éxito, las campañas electorales, en las sociedades modernas, requieren medios de propaganda y recursos financieros considerables. Su victoria depende cada vez menos de la decisión reflexiva de los votantes y cada vez más del apoyo de los medios de comunicación y de los grupos que financian las campañas. La parte que desempeñan en la contienda electoral los argumentos racionales sobre cuestiones importantes se reduce al mínimo, frente a las necesidades de presentar una imagen atractiva en los medios de comunicación y dar seguridades a los grupos susceptibles de aportar recursos. En los países en vías de desarrollo, a esa situación se añade aún la ignorancia y pobreza de gran parte de la población, presa fácil de la compra de votos y sujeta a la manipulación de demagogos y publicistas.

En suma, el sistema de partidos presenta una ambivalencia. Es el único medio realista que ofrecen las instituciones democráticas para representar la voluntad de los distintos sectores de ciudadanos; a la vez, es un poder que obedece a sus propias reglas y escapa, en gran medida, al control del pueblo. En esa medida lo suplanta.

2.- *Burocracia.* Al estamento de poder constituido por los cuadros de los partidos se añade, confundiéndose parcialmente con ellos, el de la burocracia.

La burocracia desempeña una función indispensable en cualquier Estado. El Estado moderno exige una administración centralizada eficaz y requiere de una información confiable de todos los recursos con que puede contar. Ambas necesidades han dado lugar a una enorme maquinaria burocrática, monstruo privilegiado de las sociedades actuales. La burocracia constituye un grupo en el poder, inseparable del Estado-nación homogéneo. En los regímenes comunistas, la absorción de la sociedad civil por un Estado altamente centralizado convirtió a la burocracia ligada al partido en una verdadera clase dominante. En los regímenes "populistas" y en los socialdemócratas, la ampliación de los servicios sociales a la mayoría de la población condujo inevitablemente a la del aparato burocrático. Octavio Paz vio con claridad esta liga entre el Estado-nación moderno y la burocracia. "La gran realidad del siglo XX es el Estado —escribe—. Su sombra cubre todo el planeta. Si un fantasma recorre el mundo, ese fantasma no es el del comunismo sino el de la nueva clase universal: la burocracia. Aunque quizá el término burocracia no sea enteramente aplicable a ese grupo social. La antigua burocracia no era una clase sino una casta de funcionarios unidos por el secreto de Estado, mientras que la burocracia contemporánea es realmente una clase, caracterizada no sólo por el monopolio del saber administrativo, como la antigua, sino del saber técnico. Y hay algo más y más decisivo: tiene el control de las armas y, en los países comunistas, el de la economía y el de los medios de comunicación y publicidad" (1979, 9).

Por su función misma, la acción de la burocracia se ejerce en dirección opuesta a la democracia. En la burocracia las decisiones se toman en la cima y se realizan en la base, en la democracia, la base de los ciudadanos decide, la cima ejecuta. El aparato burocrático exige jerarquía, mando autoritario, disciplina entre sus funcionarios; la democracia propicia igualdad, autonomía, ausencia de sujeción entre los ciudadanos. La tarea de la burocracia es mantener el sistema desde arriba; la de la democracia, ponerlo en cuestión, desde abajo.

3.- *Tecnocracia*. Al desarrollo administrativo, las sociedades modernas añaden el técnico. Los avances de la tecnología marcan el paso a nuestras sociedades. Están a la base de la producción industrial y de la explotación agrícola, del adelanto en las comunicaciones y de la expansión de las ciudades. Pero la tecnología empieza a invadir campos hasta ahora reservados a los científicos sociales o a los políticos. La administración pública descansa crecientemente en técnicas de planificación y distribución y en cálculos de costo-beneficio; la economía se vuelve asunto de expertos, fascinados por los modelos formales, las variables monetarias y el comportamiento de los mercados financieros. Una y otra basan sus propuestas en consideraciones de rendimiento y eficacia, ajenas a valores sociales.

En el proceso actual de globalización, las decisiones de los expertos dependen cada vez más de factores externos a la nación: situación del mercado internacional, políticas económicas acordadas en el Fondo Monetario Internacional y en el Banco Mundial, caudal de las inversiones extranjeras, movimientos de capitales fluctuantes. Los avances tecnológicos mundiales imponen también decisiones fundamentales en el desarrollo industrial del país. La tecnocracia tiene que atender a menudo a las voces ajenas antes que a las propias.

Así, las sociedades actuales plantean un número creciente de problemas que exigen soluciones fuera de la competencia de los ciudadanos; sólo los expertos están en posición de proponerlas. La tecnificación de la sociedad estrecha considerablemente el abanico de las decisiones que puede tomar el hombre común.

Ideal de la democracia es conceder a cualquier miembro de la sociedad la capacidad de decidir libremente sobre todos los asuntos que conciernen a su vida. La técnica lo obliga, en cambio, a atenerse a las decisiones de los especialistas. Y los dominios en que éstas se llevan al cabo son cada vez más amplios. Los ciudadanos acaban reduciendo su actividad a la de obedientes consumidores de ideas y productos, incapaces de decidir por sí mismos de la mayoría de los asuntos comunes.

Cuadros de los partidos, burócratas y técnicos constituyen un cuerpo profesional dominante, sobre el que recaen las decisiones de los asuntos colectivos. En su seno, son frecuentes las tensiones y conflictos. Es un lugar común la oposición, en el gobierno, entre "políticos" y "tecnócratas". En efecto, los intereses del hombre de partido desoyen a menudo las recomendaciones de técnicos y burócratas, y las soluciones que propician los tecnócratas pueden ignorar los proyectos políticos. Pero esas diferencias son menores que su dependencia recíproca y, en todo caso, se dan en el interior del estamento que detenta el poder de decisión. Porque ahora son ellos quienes han de decidir sobre las opciones que la democracia aseguraba a los hombres y mujeres del pueblo.

Si por democracia entendemos el poder del pueblo real, asistimos a una reducción decisiva de la democracia, confiscada —con la anuencia del pueblo— por un estamento que toma por él las decisiones y depende parcialmente, a su vez, de decisiones ajenas. Esta confiscación del poder del pueblo no es consecuencia de fuerzas contrarias a la democracia, no es el resultado de algún golpe de Estado o de una revolución populista; es obra del desarrollo de las instituciones y prácticas que constituyen la democracia realmente existente.

LA DEMOCRACIA RADICAL

Las instituciones democráticas fueron concebidas para realizar el ideal del autogobierno del pueblo. Al cabo de los años podemos juzgar hasta qué punto han sido capaces de lograrlo. El balance arroja resultados contrarios. La democracia real se ha mostrado efectivamente un procedimiento indispensable para oponerse al poder arbitrario; alternativa necesaria a totalitarismos, dictaduras militares y regímenes autoritarios disfrazados. Es un proceso imprescindible en todo proyecto de liberación de los sistemas opresivos. Sin embargo, las mismas instituciones destinadas a asegurar la democracia han llegado a restringirla, hasta confiscarla. No se trata, por lo tanto, de destruirlas, sino de hacerlas cumplir la función para la que fueron ideadas. Superar la restricción de la democracia es recuperar su raíz, es decir, avanzar hacia una democracia radical.[2]

Democracia radical sería la que devolvería al pueblo la capacidad de participar activamente en la decisión de todos los aspectos colectivos que afectan su vida, la que lograría por fin que el pueblo no obedeciera a otro amo que a sí mismo. Pero el pueblo real no es la suma de individuos indistintos que se supone constituye un Estado-nación homogéneo. El pueblo real es heterogéneo, está formado por una multiplicidad de comunidades, villas, organizaciones sociales, grupos, etnias y nacionalidades, regiones, estamentos, gremios, confesiones, sectas, federaciones, distintas, a veces opuestas, otras entremezcladas. El hombre del pueblo no es un ciudadano abstracto, "alguien" igual a cualquier otro. Es una persona afiliada a varias entidades sociales, perteneciente a varios grupos y culturas específicas, con características propias y una identidad que lo distingue. Es un hombre en situación, ligado a sistemas locales. Ejercer su autonomía significa para él decidir sobre su propia vida, en un entorno concreto, participar, por lo tanto, en las decisiones colectivas en la medida en que efecten a su situación personal. Y su situación comprende sus raíces en lugares singulares, donde vive, donde trabaja. "La democracia —escribe C. D. Lummis— depende del localismo: las áreas locales son donde vive el pueblo. La democracia no significa poner el poder en un lugar distinto a donde está el pueblo" (1996, 18).

Una democracia radical sería la que descansara en el poder de ese pueblo real. Supondría, por lo tanto, una inversión de las relaciones de poder existentes. Porque si todo poder se ha ejercido hasta ahora desde un grupo situado en la cima de la

[2] Tomo el término de C. D. Lummis (1996). Ver también G. Esteva (1997).

sociedad, una democracia radical ejercería el poder desde la base de la sociedad hacia la cima. En su límite, implicaría la abolición de toda dominación desde arriba. Respecto de la democracia existente, la democracia radical plantearía el control del estrato político-económico y burocrático-técnico por el conjunto de las personas, situadas en centros de poder locales.

Así entendida, una democracia radical es un ideal lejano. Intentar realizarla aquí y ahora, sin tomar en cuenta los múltiples obstáculos que la realidad le opone, sería caer en la utopía, con todas sus deletéreas consecuencias. Pero la conciencia de su irrealidad nos invita jaustamente a tomarla como un ideal ético que puede orientar en todo momento la práctica política. A su luz, podemos proponer medidas concretas, adecuadas a cada circunstancia y momento histórico, que permitan corregir las fallas de las prácticas democráticas existentes e irlas acercando gradualmente a la meta proyectada.

CORRECCIONES A LA DEMOCRACIA EXISTENTE

Las vías que podrían efectivamente conducir a corregir las fallas de la democracia realmente existente son varias. Veamos las más importantes.

1. *Difusión de poderes.* La democracia ideal se realizaría al abolir todo dominio particular desde un centro. El poder debería estar allí donde puede ejercerlo el pueblo real, donde desarrolla su vida: difusión del poder, de la cima a los múltiples lugares donde trabajan los hombres. El estamento político-burocrático-técnico acapara un poder que intenta poner en orden las múltiples fuerzas locales; en una democracia real, los poderes locales podrían a su servicio los instrumentos centrales de gobierno.

El desarrollo de un Estado moderno impide que los poderes locales remplacen al nacional, pero no es obstáculo para su equilibrio. Sin suprimir un poder central, los diversos poderes locales pueden participar en sus decisiones, conocerlas con oportunidad y mantener un control parcial sobre ellas.

En los países que no acceden aún plenamente a la modernidad, existe una rica vida colectiva en las comunidades y pueblos pequeños. En Asia, África y América Latina, la vida comunitaria, propia de las culturas no occidentales, mantiene la vigencia de valores tradicionales de servicio del individuo a la comunidad; en muchos casos, subsisten en ellas formas de participación colectiva en las decisiones y de control directo de los dirigentes por la comunidad. En lugar de seguir ciegamente el plan de modernización según modelos occidentales, aún es posible preservar y reforzar, en esos países, las formas de vida comunitarias, como sustento de una democracia real.

Muchos Estados nacionales comprenden varias etnias o nacionalidades. Producto a menudo de la colonización, se constituyeron bajo la hegemonía de una nacionalidad o etnia dominante. El proceso de democratización iría en el sentido de reconocer el máximo poder de decisión, compatible con la unidad del país, a los distintos pueblos que lo componen. Cada uno tendría derecho a determinar todo lo referente a sus formas de vida, su cultura, sus instituciones y costumbres, al uso de su territorio. Estatutos de autonomía, negociados con el poder central, establecerían el alcance de sus competencias. El Estado pasaría de ser una unidad homogénea a una asociación plural, en la que las diferentes comunidades reales participan en el poder.

Aun en los países donde ha desaparecido todo vestigio de vida comunitaria, ésta puede renovarse. Habría que otorgar el mayor poder de decisión sobre todos los asuntos que les afectan, a los poblados, municipios, regiones. Incluso en las grandes ciudades, los comités de barrio pueden representar la voluntad común mucho mejor que cualquier funcionario electo.

A partir de los múltiples poderes locales se erigirían los regionales, que deberían gozar de la mayor autonomía posible frente al gobierno central, cuyas funciones quedarían reducidas a los asuntos nacionales comunes. Localismo y federalismo radical van en la misma dirección: la difusión de un poder unitario en múltiples poderes. Toda vía hacia el reconocimiento del pueblo real es un camino de descentralización del gobierno; tiende a invertir la pirámide: mayor poder abajo, menor arriba.

Cierto: la descentralización radical del poder suscita fuertes problemas. Su solución no admite recetas globales, depende de cada situación específica. En primer lugar, ambas clases de poder no pueden menos de coexistir, mientras subsista el Estado-nación. Tienen que desmarcarse entonces claramente las competencias de uno y otro poder. En su límite, una democracia realmente participativa reduciría las competencias de un gobierno central a los siguientes rubros: relaciones internacionales, defensa, diseño de la política económica a nivel nacional, promulgación de las leyes constitucionales de un Estado múltiple, arbitraje de conflictos de poder.

Tendría la responsabilidad, sobre todo, de la realización de los bienes públicos que ningún interés local acertaría a promover, por ejemplo: la investigación científica básica, el uso racional de los recursos naturales del país, la utilización de nuevas fuentes de energía, el cuidado del medio ambiente y la protección contra el deterioro ecológico. Éstos son valores que responden al interés general de todo hombre y no serán objeto del cálculo interesado de ningún "polizón". El Estado nacional, en coordinación con otros Estados, está en mejor posibilidad que los poderes descentralizados de realizar esos bienes.

La descentralización supondría una transferencia de recursos considerables a las instancias locales y regionales. La recaudación y distribución de los recursos seguiría una dirección contraria a la prevaleciente hasta ahora; en la base se decidiría su empleo y la proporción que habría de otorgarse a las instancias superiores. En cada caso se tendería a establecer un equilibrio, ajustable según las circunstancias, entre las necesidades locales y las nacionales.

En segundo lugar, el tránsito a formas de gobierno radicalmente descentralizado, tendría que ser paulatino y cuidadoso de no progresar, hasta que se dieran garantías sólidas de la implantación de prácticas democráticas en las localidades. La transición debería llevarse al cabo de manera de evitar dos escollos mayores: otorgar poder a caciques locales so capa de descentralización de funciones, y dar pábulo a conflictos entre grupos políticos del lugar, en disputa por el nuevo poder y los recursos que le serán atribuidos. La misión del Estado, en ese proceso de transición, sería justamente evitar esos escollos, manteniendo el poder, para irlo traspasando a medida que las condiciones fueren propicias para la democracia.

2. *Democracia directa.* Son conocidas las dificultades de la democracia directa. No voy aquí a recordarlas. En los espacios

de una nación, donde el pueblo no puede reunirse para tomar decisiones, las formas directas de democracia son incapaces de remplazar la representación. Con todo, hay campos donde pueden complementarla. Una y otra forma de democracia tienen espacios distintos. En el nivel de comunidades, comités de barrio, escuelas, consejos de producción, asociaciones de ciudadanos, pueden someterse a discusión y decisión colectivas, alternativas concretas, sobre asuntos limitados. Quedan excluidas de una democracia real, por supuesto, las decisiones por aclamación en asambleas multitudinarias. No es la masa manipulable sino las personas autónomas quienes pueden dialogar, argumentar y sopesar razones, hasta llegar a la mejor decisión para el bien común.

En los asuntos más complejos y generales, que afectan a una región o a la nación, ese procedimiento no es posible. Pero la mayoría de las constituciones admite una medida de consulta directa a todos los ciudadanos: el *referendum*. La práctica del *referendum* debe ser limitada; no puede versar sobre problemas de gobierno complejos, que inciden en puntos que el ciudadano común no está en situación de conocer ni evaluar, tampoco puede referirse a asuntos de resolución técnica, que requieren la contribución de especialistas, pero puede someter a la opinión pública alternativas concretas en asuntos graves, cuya resolución entrañe una preferencia por los valores colectivos que deberían prevalecer. Regulada con precisión, la práctica de la consulta general al pueblo debería ser una medida frecuente; podría llevarse al cabo, además, en distintos niveles: local, regional, nacional.

El mandato de los representantes del pueblo no puede ser imperativo. Sin embargo puede estar sujeto a reglas de control por parte de los ciudadanos. Estas reglas determinarían procedimientos de presentación de propuestas por parte de un número importante de electores y exigencia de respuestas por parte del diputado o senador. También podrían establecer condiciones de revocación del mandato si el representante no cumple con ciertos requisitos precisos. En la medida en que un mandato no imperativo es, sin embargo, revocable, se acerca a la democracia directa. Aunque la democracia indirecta sea insubstituible a nivel de un Estado nacional, hay formas de corregirla mediante procedimientos que la acerquen al control de los ciudadanos. Como señala Bobbio: "Entre democracia directa... y democracia representativa no existe una separación clara, más aún, hay un *continuum*, en el sentido de que se pasa gradualmente de la una a la otra. En el fondo ¿qué es la participación fundada en la delegación y en la revocación del mandato, sino una forma de democracia que ya no es representativa y aún no llega a ser democracia directa?" (1977, 218).

3.- *Sociedad civil.* Una asociación es democrática en la medida en que la sociedad civil controla al Estado. En ese control se manifiesta el poder del pueblo real.

Pero hay, al menos, dos ideas de "sociedad civil". Podríamos remontarnos a la distinción, en el pensamiento medieval, entre el convenio tácito que da lugar a la sociedad y el que origina el dominio del Estado sobre ella. La idea clásica del pacto social (en Santo Tomás, por ejemplo, o en sus seguidores, Hooker, Suárez, etc.) partía de una sociedad ya existente, producto de una larga evolución histórica. El individuo nacía ya en el seno de esa sociedad; la sumisión a un poder soberano se realizaba sobre el supuesto de esa previa asociación. De allí la necesidad de distinguir entre el *pactum conjunctionis*, que establece la asociación, y el *pactum subjectionis*, por el que se someten los individuos ya asociados al poder de un soberano. El segundo sólo se establece sobre una sociedad ya constituida por las relaciones históricas reales; podemos llamarla "sociedad civil".

La idea de una sociedad civil anterior al Estado pasa a Locke y marca desde entonces las ideas liberales. Más tarde, se identifica como el escenario de la oposición entre intereses particulares, lucha permanente entre individuos o grupos, que el Estado estaría encargado de resolver. La sociedad civil corresponde entonces al nivel de la competencia económica; es el mercado quien determina los grupos hegemónicos en ella; es la lucha de clases su sino. Ésta es la noción de sociedad civil que predomina en Marx, el cual la hereda de Hegel.

Pero en este siglo, el concepto de "sociedad civil" es utilizado también en un segundo sentido. Gramsci lo separó, por primera vez, no sólo del aparato del Estado sino también de la estructura económica. Lo volvió así más operativo para comprender ciertos fenómenos tanto de las sociedades "socialistas", en las que el Estado había absorbido la sociedad civil, como de las sociedades capitalistas, en que la esfera económica dominaba la social y la política. Es esta noción de "sociedad civil" la que se ha convertido hoy, de hecho, en preponderante. Ella ha servido para interpretar muchos movimientos en las transiciones actuales hacia la democracia (Cfr. Cohen J. y Arato A. 1992). "Ninguna de [las] teorías centradas-en-el-Estado —señala A. Arato en otro escrito (1996, 45)— es hoy compatible con la teoría de la sociedad civil propiamente dicha. De hecho, lo que inspira la actual reivindicación de la sociedad civil es precisamente la necesidad de evitar reconocer al Estado toda centralidad en la organización e impulsión de la vida buena, desbancarle de todo protagonismo y otorgar éste a la sociedad. Todas ellas comparten pues un impulso de 'descentralización' del Estado, al que se contrapone la correspondiente sensibilización por las formas de organización y auto-organización no estatales". La sociedad civil comprende, en esta noción, el conjunto de asociaciones, comunidades y grupos de todo tipo, que se organizan y ejercen sus funciones con independencia del Estado. Ese concepto recupera así la pluralidad y heterogeneidad de las formas de vida que constituyen la sociedad real. Se trata de un espacio público no mediatizado por las estructuras de control del Estado, incluso por los partidos políticos. Está formado por un conjunto de redes sociales de todo tipo cuyos intereses son diversos. Esas redes no tienen en realidad más coincidencia que su interés en conservar un espacio de libertad frente al Estado y de convivencia, sin violencia, entre ellas. De allí su interés objetivo en la democracia. La sociedad civil subsiste, en efecto, en la medida en que existan múltiples lugares en la red social en que las personas puedan actuar con autonomía, sin estar totalmente sujetas al poder central. Así, las correcciones a la "democracia realmente existente" implicarían el control del estamento político-burocrático-técnico por la sociedad civil.

Pero el control creciente de la sociedad civil sobre el Estado puede tener dos sentidos, según el concepto de "sociedad civil" que se utilice. Según la idea "hegeliana" de la sociedad civil, podría significar la supeditación del Estado a la estructura económica y, por lo tanto, su sujeción a los intereses de los grupos que dominan el mercado en el capitalismo. El modelo "liberal" de asociación podría hacer suya la idea del control del Estado por una sociedad civil dominada a su vez por los intereses del capital. La teoría de un "Estado mínimo", que dejaría libre curso a la competencia universal de las fuerzas del mercado, sería una expresión de esa idea.

Sólo si la sociedad civil se concibe "gramscianamente" como un conjunto de redes sociales que no están subordinadas exclusivamente a las acciones del mercado, puede verse en ella una fuerza social opuesta al control de la sociedad por la maquinaria político-burocrática del Estado. En este sentido, el control creciente de la sociedad civil conduciría a lo que Bobbio ha llamado una "democracia ampliada" (1977, 69-71).

La democracia ampliada tiene varios aspectos. Ante todo es el desarrollo de asociaciones de todo tipo, distintas al Estado, en las que reine una democracia real entre sus miembros y no estén sujetas a controles autoritarios. La democracia se amplía al establecer prácticas de participación colectiva en organizaciones no gubernamentales de toda clase, en empresas, universidades, sindicatos, gremios profesionales, sociedades de distribución y consumo, asociaciones de opinión, iglesias, etc.

La democracia ampliada tiene también otro aspecto: el control por las asociaciones civiles del aparato político y su participación en el gobierno. Una democracia participativa debe asegurar la posibilidad de representación política de las asociaciones civiles, con candidatos independientes de los partidos o en coalición con ellos. Tiene también que abrir vías para el control directo de algunas actividades del Estado por parte de asociaciones civiles independientes, por ejemplo: el control de los procesos electorales, la defensa de los derechos humanos por organismos independientes con facultades ejecutivas, la participación activa de los sectores de la producción en el diseño de políticas económicas, y del sector académico en las científicas y educativas, los procedimientos de auscultación de la opinión política sobre cuestiones importantes, etc.

La sociedad civil no puede remplazar al Estado, más bien se puede plantear frente a él como una fuerza independiente que controle sus actividades. No tiene pues la misma función que los partidos políticos; respecto de ellos puede ejercer la misma función de control que frente al gobierno. Tampoco es asimilable a una masa indistinta que actuara multitudinariamente. "A diferencia de una sociedad de masas, la sociedad civil no es un rebaño sino una multiplicidad de grupos y organizaciones, formales e informales, de gentes que actúan juntas con una variedad de propósitos, algunos políticos, otros culturales, otros económicos. A diferencia de un partido de masas, la sociedad civil no padece una ley de la oligarquía, o si así sucediera, esa oligarquía toma, en el peor de los casos, la forma relativamente inocua del liderazgo natural que tiende a emerger en las organizaciones pequeñas" (C.D. Lummis, 1996, 31). Si llegan a coordinar sus esfuerzos, las diferentes organizaciones de una sociedad civil independiente del gobierno pueden desempeñar un papel de presión irresistible para la reforma del Estado. Su actuación se ha mostrado decisiva en los procesos de transición a la democracia a partir de regímenes autoritarios. Fue la sociedad civil la que terminó con el dominio de las burocracias en varios países de Europa del Este, en Polonia, Hungría y Checoslovaquia principalmente, la que terminó con la dictadura de Marcos en Filipinas. Aun manifiesta su fuerza creciente en plaíses confrontados a un proceso de transición a la democracia, como en México.

4. *Democracia en el trabajo.* Un lugar especial en la ampliación de la democracia lo ocupa el control por los trabajadores de los procesos de producción y distribución de mercancías.

Los "consejos obreros" fueron, en las revoluciones socialistas, los agentes de la autogestión en la producción. Ellos intentaron realizar una democracia radical en sus lugares de trabajo. Pero la evolución y acomodo posterior de los gobiernos "revolucionarios" expropió su poder en beneficio de un poder estatal controlado por un partido único. En verdad, la autogestión obrera se demostró incapaz de hacer frente al reto de una producción industrial competitiva, en gran escala. Una democracia ampliada en un mundo capitalista, no podría poner la dirección de la producción industrial en manos de los obreros, so pena de no poder hacer frente a las exigencias de un mercado global, pero podría renovar los consejos obreros, sin ponerlos al servicio de ningún poder partidario o estatal. Tendría por fin aumentar progresivamente la participación de los trabajadores en las decisiones que los afectan y en los beneficios obtenidos, sin interferir en la solución de los problemas técnicos ni en los retos del mercado. Su operación constituiría la base para la democratización de los sindicatos. Un socialismo democrático no consiste, en efecto, en la expropiación de los medios de producción por el Estado sino en un proceso de signo contrario: es la meta final de una democracia en la que el pueblo, en los lugares en que trabaja, participa activamente en las decisiones que le afectan y en los beneficios de su labor.

LA NUEVA REVOLUCIÓN DEMOCRÁTICA

He mencionado algunas vías posibles para superar las limitaciones de las prácticas democráticas existentes y acercarnos a una democracia radical, tránsito paralelo de un Estado-nación homogéneo a un Estado heterogéneo, constituido por la coordinación de múltiples centros de poder, ¿Cuáles pueden ser los agentes de ese cambio? Sólo los sectores de la sociedad cuyos intereses particulares coincidan con aquel fin de interés general.

La concepción de la sociedad como una entidad indiferenciada y la tendencia a restringir la democracia a un estrato dominante nacieron de la estrecha liga entre dos concepciones: la idea del nuevo Estado-nación y la doctrina liberal. La unión de esas dos concepciones fue decisiva en las revoluciones liberales y democráticas de los siglos pasados. En todas ellas la fundación de una nueva nación se acompañó de la instauración de un modelo de asociación política basado en la protección de las libertades individuales.

El pensamiento liberal admite todas las diferencias individuales. Por sí mismo no tenía por qué conducir a una sociedad uniforme. Sin embargo, en su interpretación individualista, daba lugar, por la competencia universal, al predominio del grupo económica y políticamente más fuerte. El Estado-nación unificado se convierte en un instrumento de sus intereses. Logra mantener las diferencias en la esfera privada y forjar, en la esfera pública, una sociedad que se uniformice conforme a su interpretación de la asociación política: abolición de los privilegios y también de los particularismos que traban su expansión económica y social.

A la inversa, la vía hacia un Estado nacional plural y a una democracia controlada desde abajo corresponde a un pensamiento disruptivo. En los movimientos revolucionarios del siglo XIX muchos vieron esta liga estrecha entre la abolición del Estado centralizado y la instauración de una democracia real (pese a sus diferencias, el anarquismo y la corriente socialdemócrata del marxismo coincidían en ese punto). Pero no triunfó esa corriente; quienes dirigieron las revoluciones socialistas triunfantes, bolcheviques y maoistas, tuvieron la tendencia a confundir la democracia, calificada de "formal", con su modelo liberal individualista. Aunque en teoría, hacían coincidir el socialismo con una democracia "real", en la lucha por la obtención y mantenimiento del poder eliminaron las prácticas democráticas identificadas con el individualismo "burgués". El proyecto de lograr la igualdad y abolir la dominación de clase, en lugar de realizarse al través de un modelo nuevo de democracia, fue impuesto por el partido y, a su imagen, por el nuevo Estado. Pero entonces tuvo una consecuencia contraria: la hipertrofia de un Estado opresivo condujo al monstruoso crecimiento paralelo del estrato burocrático-técnico al servicio del poder. Así, el rechazo del modelo "liberal" de democracia y el proyecto de mayor igualdad real, en lugar de conducir a un nuevo modelo de una democracia más profunda, terminó en la abolición de todo poder del pueblo.

El fracaso de los "socialismos realmente existentes" muestra que la vía de la emancipación no consiste en la ruptura de la asociación para la libertad, sino en su realización cabal; no pasa, por lo tanto, por la abolición de la democracia sino por su contrario: su radicalización. Ésta sólo puede ser obra de los sectores desfavorecidos de la sociedad.

El modelo que llamé "igualitario" y la profundización en la democracia se fundan en una concepción ética, pero coinciden con el interés de los grupos que sufren la desigualdad de oportunidades y bienes en la sociedad actual. Sólo ellos pueden tener una actitud espontánea favorable a la instauración de una mayor igualdad y, al mismo tiempo, a la participación en un poder público que les ha sido parcialmente confiscado. La aspiración al poder del pueblo real y el proyecto de una sociedad igualitaria son dos caras de un mismo proyecto.

Pero los grupos desfavorecidos, en las sociedades actuales, no forman una unidad compacta, no pueden verse representados en un partido de clase, ni dirigidos por alguna "vanguardia", porque pertenecen a muy diferentes tipos sociales, tienen intereses diversos y siguen luchas específicas para lograr sus objetivos. Las nacionalidades y comunidades étnicas tendrían interés en el reconocimiento de sus facultades autónomas y en el término de su situación marginada; los resentimientos de regiones y provincias frente al poder central, impulsarían a una mayor difusión y descentralización de los poderes públicos; los obreros aspirarían a mejores condiciones de trabajo y participación en la gestión y los beneficios de las empresas; los campesinos, al fin de su marginalización y al alivio de su miseria; los pequeños industriales y comerciantes, a la protección contra la competencia salvaje de la "globalización"; los movimientos feministas, al respeto y la igualdad de condiciones con los varones; los grupos minoritarios... y así sucesivamente. En todos los casos, se trata de movimientos con objetivos distintos e intereses heterogéneos. Sin embargo todos coinciden en un fin: la instauración de una mayor equidad social y una creciente igualdad de oportunidades, el término de la marginación y la participación en el poder de todos los grupos para decidir de los asuntos colectivos. Cobrar conciencia de esa convergencia de propósitos podría dar lugar a una acción coordinada entre todas las tendencias, en un movimiento cívico. Su unión no la daría una concepción ideológica, sino actitudes compartidas en acciones prácticas. En el momento en que la sociedad civil hiciera suya —aunque fuera parcialmente— reivindicaciones de uno u otro grupo desfavorecido, podría ponerse en marcha un movimiento general de exigencias populares y de resistencia al Estado homogeneizante. La aglutinación de variados intereses reivindicativos en un movimiento común, podría ser desencadenada por una de las crisis económicas y políticas que periódicamente amenazan a las sociedades modernas, tanto en los países industrializados como en vías de desarrollo. La indignación contra el deterioro de las condiciones de vida, contra el aumento de la miseria y el desempleo, la condena de la corrupción del Estado, y de las imposiciones de las fuerzas que dominan la economía global, el temor a la desintegración social, la desconfianza hacia los partidos, hacia el gobierno, pueden extenderse a la mayoría de la sociedad y ser un factor decisivo en su cobro de conciencia y su decisión de cambio.

Un movimiento semejante requeriría de una *intelligentsia* de un nuevo género. Ya no esgrimiría, al modo de los intelectuales revolucionarios del pasado, una doctrina filosófica y política determinada, tampoco abogaría por un proyecto partidario de clase; en su seno, cabrían las posiciones religiosas, filosóficas diversas y programas políticos variables, que reflejaran las reivindicaciones de los distintos grupos; lo que la caracterizaría sería la coincidencia en una posición crítica ante una situación injusta, la adhesión a ciertos principios éticos de renovación y el intento de comprender y expresar el punto de vista de distintos sectores desfavorecidos de la población. Antes que a un partido determinado, esa *intelligentsia* estaría ligada a los movimientos de la sociedad civil favorables al cambio.[3]

El movimiento hacia una sociedad más igualitaria y hacia una democracia radical sería una revolución de nueva traza. No tendría el sentido de una ruptura con la asociación para la libertad; por lo contrario, utilizaría las prácticas e instituciones democráticas para abrir la vía a un Estado heterogéneo, múltiple, basado en el poder del pueblo real y en la cooperación en la búsqueda de la igualdad. Sería una nueva revolución democrática.

El triunfo de un movimiento semejante avanzaría hacia un nuevo tipo de asociación política, donde ya no serían privativos solamente los valores del orden y los de la libertad, sino tendrían también su lugar los de la comunidad.

[3] Confieso que estas breves observaciones sobre el cambio político, que reconozco someras e incompletas, se basan en dos experiencias limitadas. La primera es la creciente presencia política de una sociedad civil independiente en México. El llamado del Ejército Zapatista de Liberación Nacional y de los dirigentes del Congreso de Pueblos Indígenas a la sociedad civil apuesta por una línea de cambio como la que me he limitado a exponer. Un amplio movimiento cívico, que recoja aspiraciones de grupos desfavorecidos, abarque partidos de diferentes ideologías y coordine la resistencia de asociaciones diversas se anuncia como una fuerza que pudiera, en este caso, impulsar el paso de un régimen autoritario disfrazado a una democracia. La segunda experiencia concierne a un país más desarrollado. En Francia, la oposición

a una política económica neo-liberal y a una Europa dominada por el gran capital no pasa por la alternanza en el poder de los partidos políticos, empieza a dibujarse, en cambio, en manifestaciones coordinadas de varios actores sociales de muy distinto origen que atraviesan todas las capas sociales. Analogías a estos tipos de movimientos podrían detectarse últimamente (1997) en otros países europeos y asiáticos.

16. LA COMUNIDAD

Una democracia radical conduciría al poder de las personas situadas, sujetos de redes sociales concretas, en los lugares donde viven y donde trabajan. Un conjunto de personas situadas, ligadas por vínculos de pertenencia común a una totalidad, pueden formar una comunidad. La democracia radical es una vía hacia la comunidad.

La distinción entre sociedad *(Gesellschaft)* y comunidad *(Gemeinschaft)* proviene de F. Tönies pero, para nuestros propósitos, nos resulta más útil partir de la definición de Max Weber: "Llamamos *comunidad* de una relación social cuando y en la medida en que... se inspira en el sentimiento subjetivo (afectivo o tradicional) de los participantes de *constituir un todo*" (1944, I, 40).

La comunidad puede considerarse un límite al que tiende toda asociación que se justifica en un vínculo ético. En efecto, si un individuo se considera a sí mismo un elemento de una totalidad, al buscar su propio bien, busca el del todo. Ahora bien, el signo de que un valor es objetivo y no exclusivo de un sujeto, es su manifestación como un bien deseable para todos los miembros de una asociación. Podemos considerar ese bien en dos respectos: como lo bueno para todos y cada uno de los sujetos de la asociación o para el todo en cuanto tal, considerado como una unidad limitada (cap. 10). En este segundo caso la relación del individuo al todo es el de una comunidad. Una asociación es conforme al valor cuando hace coincidir los intereses particulares de sus miembros con el interés general. Cuando esa coincidencia es cabal y cada quien vela por el bien del todo de la misma manera que por su bien personal, cuando todos los sujetos de una colectividad incluyen en su deseo lo deseable para el todo, entonces no hay distinción entre el bien común y el bien individual: la asociación se ha convertido en una comunidad.

En una asociación, por más que intentemos desprendernos de nuestros intereses excluyentes, siempre subsistirá una distancia, y por lo tanto la posibilidad de un conflicto, entre aquéllos y los intereses del todo: en la comunidad, en cambio, se eliminaría el conflicto, puesto que todos incluirían en su propio interés el de la totalidad. Al sujeto de la comunidad, la coincidencia entre lo que él desea y lo deseable para la colelctividad le está dada; no tiene dificultad en justificarla; por lo contrario, requiere de un esfuerzo racional para oponer al interés colectivo el propio. En la comunidad, nadie se plantea, por lo tanto, la posibilidad de sacar beneficio de un bien común sin haber contribuido a él. En ella no puede haber "polizones". En las comunidades tradicionales la identificación entre el interés personal y el colectivo suele estar basada en razones incorporadas en la moralidad social colectiva, transmitidas por la tradición y la costumbre; no es difícil hacerlas expresas, la adhesión a ellas es fundamentalmente emotiva. (Por eso Weber señala que el sentimiento comunitario es "afectivo o tradicional"). El bien común es término espontáneo de las actitudes positivas de los individuos. El individuo no necesita preguntarse si el interés de la comunidad a que pertenece choca o no con el suyo, porque su deseo incluye también el bien del todo. "Yo soy parte del todo, piensa, lo que le perjudique me perjudica, su bien es el mío". El *eros* triunfa. Porque lo otro está en lo uno.

La comunidad es, por lo tanto, el horizonte de toda asociación cuyos miembros son capaces de negarse a sí mismos, en lo que tienen de individualidades excluyentes de los otros, e identificarse con una realidad que los abarca; admite pues grados, es más o menos acabada según la medida en que sus integrantes realizan su propio bien en el bien de la comunidad y viceversa. Es también más o menos amplia, según se identifiquen con ella una parte o todos los miembros que la componen. La comunidad está presente como límite posible en toda asociación conforme al valor. Una asociación puede en determinados momentos acercarse de ese límite, alejarse de él en otros, conforme resurja la oposición —siempre posible— entre los intereses particulares y el del todo.

DE LA LIBERTAD A LA FRATERNIDAD

La comunidad, si se realiza cabalmente, supera los valores de la asociación para la libertad. Porque la comunidad no está constituida solamente por una trama de derechos y obligaciones compartidos. Para que una asociación constituya una comunidad es menester algo más: que cada individuo asuma la prestación de un servicio a la colectividad. Es el conjunto de relaciones serviciales, en que cada quien da algo de sí, y no la sola sumisión a la ley común, lo que constituye una comunidad. En una comunidad, cada individuo se considera al servicio de una totalidad que lo rebasa y en ella su vida alcanza una nueva dimensión de sentido.

Pero la comunidad puede justificarse en la repetición de una costumbre, o en la libertad. Un servicio puede ser impuesto, pero también elegido libremente; puede ser unilateral o recíproco; puede consistir en una afirmación de una voluntad ajena o en una realización de sí mismo. Cuando es libremente asumido y aceptado en reciprocidad, supera la asociación y forma parte de una relación de comunidad libre. En su concepto no entra entonces la noción de sujeción. Servicio no es entonces servidumbre a una voluntad ajena, sino a la propia. Su rasgo definitorio sería una relación tripartita: un sujeto, un don y un receptor del don. Entre el sujeto que da y el receptor se establece una liga, que integra a ambos en una nueva unidad; la liga de uno y otro es el don libremente asumido. El don puede ser recíproco. La relación que se establece es entonces un servicio compartido. La base de la comunidad libre es la reciprocidad de dones.

El servicio no implica necesariamente pérdida de autonomía. Puede incluso asumirse como una manera de realizarse plenamente a sí mismo; tal, en la servidumbre de amor, en la entrega a una institución, en el sacrificio cotidiano por una causa social, o en el trabajo desinteresado por la colectividad. En esos casos, "autonomía" cobra un sentido específico. No equivale a autarquía individual; el servidor asume su libertad personal en un compromiso estrecho con otras libertades, elige la consecución de un fin común, al que sólo pueden contribuir varios arbitrios libres. La cooperación entre libertades se presenta como valor común.

La servidumbre, sin embargo, sí implica dominación cuando el fin común le es impuesto al sujeto, cuando su servicio, arrancado, es dictado por el otro, cuando ya no es don sino coacción. El compromiso que constituye el servicio puede, por lo tanto, ser o no sujeción. En el primer caso es una relación de dominación, en el segundo, da lugar a la comunidad en la cooperación.

Cuando la relación de servicio es libremente decidida constituye una elección de vida en que la persona se realiza. El don de todos a una totalidad colectiva, el servicio recíproco, crea un ámbito para el comportamiento donde pueden desarrollarse virtudes que no hubieran aparecido sin esa triple relación entre el sujeto, el receptor de su servicio y el servicio mismo. Las virtudes inherentes a esta relación forman una constelación que deriva de una actitud germinal en todas ellas: el don de sí, figura del amor. La constelación la forman virtudes tales como: generosidad, entrega, desprendimiento, abnegación, sacrificio, fidelidad, solidaridad, humildad, fraternidad.

Pero la relación de servicio puede dar lugar también a los antivalores contrarios. Entonces se convierte en servidumbre. Esto puede suceder en varios casos. El más obvio es cuando el servicio no es libre sino impuesto, ya sea por la fuerza o por la necesidad. El sujeto acepta su servidumbre, no por don de sí, sino por miedo o por necesidad de sobrevivencia. Otro caso es cuando la aceptación del servicio obedece a una forma diferente de coacción: la sujeción a las convenciones sociales, la inercia o la ignorancia. En ambos casos el sentido de las relaciones de servicio está determinado por el otro, el don no es tal sino yugo, y la comunidad se transforma en dominación. En lugar de florecer las virtudes del don, aparecen los vicios que las remedan: deyección, humillación, servilismo, resentimiento, envidia. Así, la condición de una auténtica comunidad es la libertad en el don.

La comunidad libre constituye un nivel de relación que supera la asociación. En la comunidad se cumplen tanto los valores de la familia del orden como los de la libertad. En efecto, puesto que cada individuo quiere y actúa en vistas al beneficio del todo, le es ajena la ruptura del orden por los intereses particulares en pugna; por otra parte, puesto que su servicio es don, su acción con vistas al todo responde a su libertad y otorga a su vida individual un nuevo sentido.

Pero la comunidad es inestable y arriesga continuamente caer en dos escollos antagónicos. El primero es el individualismo: el valor de las libertades individuales se pone por encima de cualquier servicio a la colectividad: celoso de sus prerrogativas, el individuo se opone a toda limitación en favor de una mayor igualdad. El modelo "liberal" de asociación resulta así incompatible con la comunidad. El escollo opuesto es la absorción de la libertad individual por las exigencias colectivas. Al convertirse el servicio en coacción y el don en imposición, se destruye el movimiento libre que da lugar a la comunidad; el individuo es aplastado por un todo que debería dar sentido a su vida. Porque la comunidad sólo existe allí donde cada servicio del individuo es a la vez un refuerzo de su identidad y una realización más plena de su vida personal.

La asociación para la libertad pretende regirse por los principios de la justicia. La justicia establece la igualdad de derechos y obligaciones de todos. La comunidad supone dicha igualdad, pero añade algo más a la justicia. A nadie puede *obligar* el don de sí mismo. El servicio libremente asumido no es asunto de justicia, responde a actitudes y sentimientos que la rebasan: la entrega solidaria, la ayuda desinteresada a los otros son actitudes "supererogatorias"; por dimanar de la graciosa voluntad de cada quien, no pueden *exigirse* a nadie. La comunidad no es obra de la ley sino de la gracia. Por eso su valor supremo es la fraternidad.

En la comunidad no rige solamente el criterio de justicia de la asociación para la libertad ("De cada quien según sus obligaciones, a cada quien según sus derechos"); la permea también la atención a las necesidades particulares de cada sujeto, que pueden diferir de las de cualquier otro; porque cada persona es objeto de cuidado. La famosa fórmula de justicia, propuesta por Marx para el programa de Gota, no responde, a mi parecer, a un requisito de justicia sino a una relación de comunidad: "De cada quien según sus capacidades, a cada quien según sus necesidades". El primer enunciado supone la disposición de cada quien de dar lo mejor de sí, sin exigir que su contribución se mida por algún derecho. Es la fórmula del don que no espera

retribución. "A cada quien según sus necesidades" no señala
más criterio para recibir los beneficios de la comunidad que las
carencias. Y éstas pueden variar en los distintos sujetos. Sólo
quien se identifica con el otro, sólo quien es impulsado por un
sentimiento de fraternidad hacia él, puede cumplirlo.

COMUNIDAD Y PODER

El vínculo comunitario, tal como lo he descrito, puede darse en
ciertas relaciones interpersonales, previas a la constitución de
un poder político.

La relación de pareja puede ya estar orientada a la realización
de una comunidad fundada en el amor recíproco. Puede tender
a la construcción de una comunidad afectiva en la que cada individuo se realiza en su unión con el otro; cada quien se ve en los
ojos ajenos. El bien del otro o la otra no se distingue del propio,
ni el de ambos, del todo. En la auténtica relación amorosa no
hay oposición entre el bien común y el bien individual; cada elemento considera que se realiza a sí mismo mejor cuando la
pareja se realiza.

La comunidad de la pareja puede ampliarse en la familia. La
familia constituye otra comunidad limitada, con valores comunes. Sólo cuando hace plenamente suyo el todo familiar, el individuo la vive como una comunidad capaz de integrar sus propios fines. Pero tanto la pareja como la comunidad familiar son
frágiles y siempre están en peligro de romperse. Las estructuras
de poder autoritarias y las relaciones de dependencia suelen
impedir que se realice una auténtica comunidad y replantear la
oposición entre intereses particulares y comunes. Por lo general,
la pareja y la familia permanecen en tensión constante entre la
relación de comunidad, a la que pueden advenir, y la asociación
voluntaria de intereses contrapuestos.

Otro tipo de comunidad, previa al poder político, ya no está
basada en el afecto mutuo sino en el consenso en los valores
superiores que dan un sentido a la vida. En todas las épocas ha
habido comunidades morales y religiosas, más o menos cerra-
das, en las cuales una fe y una decisión de vida une a todos los
miembros. No se trata de una simple asociación, porque cada
individuo hace suyo el bien colectivo, lo considera conducente a
su salvación personal y está dispuesto a sacrificarse por él.

Pero, para nuestro propósito, me interesa ahora una forma distinta de comunidad: la que tiene relación con el poder político. Se refiere a sociedades más extensas que la familia o las comunidades religiosas; sin embargo, tienen con la primera la analogía de estar basadas en sentimientos de afecto y en lazos de cercanía, y con la segunda, guardan como semejanza la participación en ciertas creencias que dan sentido a la vida en común. Pero de ambas se diferencian en que tienen relación con una estructura política.

La comunidad sería el antídoto del poder particular. Si poder es la capacidad de imponer la propia voluntad sobre los demás (cap. 3), la noción de comunidad implica que ninguna voluntad particular se imponga sobre la del todo, luego, si se realiza cabalmente nadie puede imponer su voluntad sobre los demás. A cualquier poder particular se opondría así el "contrapoder" constituido por las voluntades concertadas de todos los miembros de la comunidad. Pero entonces, una comunidad perfecta no admitiría el Estado.

Investigaciones recientes han demostrado que el poder político no es esencial a la sociedad. Puede haber comunidades sin Estado. J.W. Lapierre (1968) estableció un orden en las culturas primitivas, basado en el estudio de las sociedades africanas, hasta llegar a un tipo de culturas que no presentan un poder político. Algunas sociedades humanas, en efecto, pueden subsistir, en ciertas condiciones, como "sociedades clausas", sin enemigos exteriores. Esto les permite mantenerse sin un poder político interno. Pero es sobre todo Pierre Clastres quien describe la "sociedad sin Estado", que sería la comunidad en su pureza. Desde el siglo XVI, los primeros descubridores europeos del Brasil describían a los indios Tupinamba como "gentes sin fe, sin ley, sin rey"; cuyos jefes carecían de todo poder (1974, 14). En esos y otros pueblos semejantes, la función del jefe, en tiempos de paz, es del todo contraria a la del dirigente en tiempos de guerra. A menudo se trata de dos individuos distintos.

En una expedición guerrera, el jefe designado para dirigir a los contendientes goza de un poder casi absoluto; lo pierde totalmente al regresar la paz. Entonces queda sometido al control del consejo de ancianos, el cual puede designar a otro jefe para tiempos normales. Éste tiene una función distinta: mantener la paz y la armonía del grupo. Debe apaciguar los conflictos, arregalar las diferencias, sin utilizar una fuerza que no posee, sino su prestigio y su palabra. Es un árbitro más que un juez.

El jefe está al servicio de la comunidad. Debe dar lo más que tiene; su prestigio está justamente en relación con su capacidad de dar. La persona designada para gobernar tiene que desprenderse de todo, en beneficio de los demás; nada guarda para sí, se convierte en el más desvalido de los miembros de la tribu. Su poder se mantiene mientras dure su actividad al servicio de la comunidad, sin obtener ningún otro beneficio. Clastres descubre así un rasgo característico de la jefatura indígena: "la generosidad, que parece ser más que un deber una servidumbre" (1974, 28).

El jefe no basa su éxito en el poder sino en el prestigio. En vez de la coacción, utiliza el convencimiento y el don. El talento oratorio y la generosidad son las virtudes más apreciadas por el pueblo, ellas mantienen el prestigio del jefe que le permite cumplir su función. Pero el prestigio pende de la voluntad del grupo. Quien tiene un cargo no tiene poder de imponerse, no está nunca seguro de que sus recomendaciones serán seguidas; de allí su interés en mantener la paz y la concordia del grupo, pues su autoridad depende de la buena voluntad de todos. Los jefes son elegidos por su capacidad para realizar una tarea concreta: en tiempo de caza, el mejor cazador, en tiempo de guerra, el más valiente, en la paz, quien posee los dones de elocuencia y generosidad, quien sabe organizar las fiestas y mantener la concordia. Así, concluye Clastres "el jefe está al servicio de la sociedad —lugar verdadero del poder— la que ejerce, como tal, su autoridad sobre el jefe" (p. 176).

Clastres se enfrenta a dos nociones de "poder": coactivo o no coactivo. Pero no acierta a concebir esta última forma, basada en el prestigio y no en la coacción. "El poder, en su esencia, es coacción" escribe (p. 40). De allí que, cuando hay poder sin coacción, sólo puede expresarlo por una paradoja: se trataría de un "poder sin autoridad" (p. 26) o de un "poder impotente" (p. 20). La solución está en la distinción que avancé en el capítulo 3 entre un "poder *impositivo*", que utiliza la coacción, y un "poder *expositivo*" que se ejerce como un servicio hacia la comunidad.

Al poder impositivo de una persona o un grupo sobre el todo, se opone el contrapoder del todo sobre cualquier poder particular.

Queda, naturalmente, por explicar el origen del poder particular, el paso de la comunidad sin Estado al Estado. ¿Por qué se origina un poder coactivo sobre la comunidad? Las hipótesis varían. Puede originarse en la prolongación de una situación de guerra o en un proceso de conquista; o bien en catástrofes naturales, sequía, penuria radical. En uno u otro caso se requiere la concentración del poder, ya sea en el guerrero o en el sacerdote, para hacer frente a la situación. El jefe designado conserva entonces su poder, aun cuando la emergencia desaparezca. El origen del poder particular puede estar también en conflictos internos: el jefe tradicional fracasa en alcanzar acuerdos, amenaza entonces la lucha entre todos; tiene que imponerse, por la fuerza, una autoridad. A esas causas pueden añadirse otras: la expansión demográfica, que vuelve imposible el control de los jefes por la comunidad; la necesidad de planificar una producción económica creciente que rebasa las necesidades de subsistencia, etc. Cualquiera que sea el origen del Estado (y puede ser múltiple) el poder particular nace del conflicto, de la lucha abierta que rompe el consenso de la comunidad: Marx ya lo había visto, y Hobbes antes que él.

COMUNIDADES INDIAS

En muchos casos, en África, Asia y América Latina, los Estados nacionales conservan en su seno estructuras locales donde aún rige la comunidad. Esto es patente en la América india. En toda América los antiguos pueblos indígenas han mantenido, pese a los cambios que introdujo la colonia, el sentido tradicional de la comunidad, en coexistencia con las asociaciones políticas derivadas del pensamiento occidental. La estructura comunitaria forma parte de la matriz civilizatoria americana; se mantuvo, en su base, aun en la formación de los grandes Estados teocráticos de la América precolombina. Los imperios precolombinos ejercían en efecto, un dominio puramente tributario y no remplazaron a las comunidades locales. Fue la conquista europea la que constituyó una amenaza de su desintegración. Pero aun bajo las nuevas leyes, lucharon por permanecer y ahora, cinco siglos más tarde, reivindican de nuevo sus derechos.

Las civilizaciones que se remontan a la época precolombina estaban basadas en una idea de la comunidad, del todo diferente a la asociación por contrato entre individuos que prevaleció en la modernidad occidental. Con mayor o menor pureza, esa idea permanece como un ideal por alcanzar. A menudo se encuentra adulterada por nociones derivadas de la colonización. La comunidad originaria se corrompe a veces por las ambiciones de poder ligadas a las estructuras propias del Estado nacional: otras, coexisten sin mezclarse las autoridades representativas del orden comunitario tradicional y las del nuevo poder dimanado del Estado moderno. Pero la comunidad permanece como un ideal de convivencia que orienta y da sentido a los usos y costumbres de los pueblos.

En ellos, persiste la preminencia de la totalidad sobre los intereses individuales. El individuo adquiere sentido por su pertenencia a un todo: la comunidad humana en que vive, la totalidad de la naturaleza misma también. La relación con los otros entes no está basada en el dominio sino en la reciprocidad de servicios. Nadie tiene un poder particular, la autoridad siempre es delegada; la asamblea o el consejo de ancianos expresan el poder decisorio último. Las decisiones se toman por consenso del pueblo reunido. Por otra parte, las autoridades ocupan un cargo por tiempos definidos y no perciben remuneración alguna por su función. En todos los pueblos, se mantiene, en efecto, un "sistema de cargos" por el que la autoridad está ligada a un servicio prestado. Como gustan decir los indígenas: toda autoridad debe seguir el principio de "mandar obedeciendo". Una frase de Jaime Martínez Luna (1992) podría resumir la idea de comunidad: "La comunidad, como denominamos nuestro comportamiento, descansa en el trabajo, nunca en el discurso. El trabajo para la decisión (la asamblea), el trabajo para la coordinación (el cargo), el trabajo para la construcción (el tequio) y el trabajo para el goce (la fiesta)".

La comunidad indígena tiene una base económica. Marcel Mauss había señalado cómo el don constituye, en muchos pueblos, una alternativa al intercambio basado en la adquisición de bienes.

Quien da sin pedir nada a cambio, pone en deuda al otro; el otro debe, a su vez, dar en reciprocidad. Pueden considerarse las ideas de Dominique Temple como un desarrollo de esa idea seminal, aplicada a las comunidades indígenas americanas.

El vínculo de la comunidad sería una economía de la "reciprocidad". "Las economías del Tercer Mundo —escribe R. Vachon comentando las ideas de Temple (1989, 13)— si bien no ignoran el intercambio, están casi todas organizadas por el sistema de valor de la reciprocidad y no del intercambio... La reciprocidad se define como la reproducción del don, y el don ya no puede ser considerado como una forma primitiva del intercambio, sino como su contrario". La reciprocidad de bienes o servicios no tiene por fin, como el intercambio, satisfacer el deseo de cada una de las partes de poseer y acumular; "la economía de reciprocidad, al contrario, está motivada por la necesidad del otro, por el bien común, entendido no como la suma de los bienes individuales (la colectividad) sino como el ser comunitario, ese tercero incluido e indivisible que no es reductible a la suma de las partes y que no puede ser propiedad de nadie" (p. 14). Citando a Marx, sentencia D. Temple (1989, 46): "El intercambio empieza cuando la comunidad se termina"; nosotros decimos "la comunidad empieza donde el intercambio se termina".

En una economía de la reciprocidad, tiene más prestigio quien sirve más. El poder no corresponde a quien más posee. Cuando la economía de intercambio remplaza a la de reciprocidad, se instaura a la vez la propiedad privada y el poder impositivo. Ésa es la historia de la colonización. El choque de civilizaciones se basa en un enorme equívoco: mientras los indios daban, en espera de reciprocidad, los conquistadores utilizaban, para adquirir bienes y poderes, el intercambio.

Los testimonios de las características de la vida comunitaria indígena, en otros campos de las relaciones económicas, son numerosos. No puedo hacer su reseña. Me detendré sólo en un ejemplo. La descripción que hace C. Lenkersdorf (1996) de la vida y el pensamiento de los tojolabales, un pueblo maya de Chiapas, en México, puede servirnos para comprender los rasgos esenciales de una comunidad.

La comunidad tojolabal parte de la idea de igualdad entre todos sus miembros. "Todos son parejos". No los nivela la homogeneidad entre todos, pues cada quien cumple una función y tiene características distintas; son iguales en sus diferencias (p. 78). Sus relaciones son semejantes a las de los miembros de una familia extensa: si bien todos están vinculados con todos, desde su nacimiento, cada quien lo está en una relación diferente.

La vida política se basa en las decisioness tomadas en común. En la asamblea todos toman la palabra y discuten; al final de la discusión un anciano interpreta y resume la decisión a que se ha llegado. Anuncia: "nosotros pensamos y decidimos...". "Es decir —escribe Lenkersdorf (1996, 80)— 'nosotros somos iguales y el anciano, gracias al hecho de tener corazón ya, intuye nuestro pensar comunitario y lo anuncia'. Se ha logrado un consenso expresado por la palabra 'nosotros'. Esta clase de asambleas nos demuestran la intersubjetividad en acto. Es la comunidad que vive gracias a la participación de todos y cada uno". El dirigente auténtico no impone su voluntad, sabe captar y verbalizar el consenso. "Los dirigentes verdaderos reciben todo el respeto porque saben articular el pensamiento de la comunidad y, en ese sentido, obedecen a la comunidad. Como algunos dicen, *"mandan obedeciendo y no mandan mandando"*. (p. 81). Hay que distinguir *esa* autoridad, de la que imponen los caciques o los funcionarios de gobierno y que corresponde a una estructura de poder ajena a la comunidad. La vida en la comunidad no es concebida como sujeción a ningún poder particular ajeno a ella; por eso se percibe como libertad. "La condición de posibilidad de la libertad... es la existencia de la comunidad libre en la cual estamos integrados" (p. 85).

PÉRDIDA Y RECUPERACIÓN DE LA COMUNIDAD

La comunidad tradicional correspondía a un tipo de sociedad basada en la necesidad del trabajo colectivo; primero, en la recolección, la pesca o la caza, luego, en el cultivo de la tierra o en la ganadería. Las formas de vida comunitaria que han llegado hasta nosotros pertenecen a sociedades fundamentalmente agrarias. El trabajo colectivo exige en ellas igualdad y cooperación. Para ello se requiere que todos tengan contacto personal con todos, en un ámbito común. La comunidad tradicional está ligada a un espacio local, a un suelo.

Esas condiciones se rompen al pasar a una forma de vida "moderna". Podemos intentar sintetizar en algunos rasgos la oposición del pensamiento y la forma de vida modernos, a las condiciones que hacen posible la comunidad tradicional.

En primer lugar, la transformación del territorio. Ya no es concebido como el ámbito común de relación al que pertenecen todos los individuos y que establece un vínculo entre ellos. No es ya la liga con el presente común, el lugar donde están enterrados los antepasados y que frecuentan los espíritus de la tribu, la parte del mundo que nos ha sido asignada para nuestro cuidado o en la que todos, plantas, animales, hombres, nos integramos. El "territorio" sagrado se convierte en "tierra". La tierra es susceptible de ser poseída, vendida al mejor postor, expoliada, dominada para disfrute personal. La compra y venta de los territorios para convertirlos en tierras de propiedad privada es la primera amenaza contra la subsistencia de la comunidad. Cuando la "madre tierra" se convierte en objeto, la liga más profunda entre todos los entes que estaban a su cuidado se rompe.

La destrucción de la comunidad tradicional se completa con la desaparición del arraigo estrecho del individuo a un espacio local. La comunidad agraria está indisolublemente enraizada en un suelo, restringida a un territorio limitado. La transformación de la sociedad antigua en la moderna empieza con el traslado de los hombres de las localidades agrarias a los burgos. Los habitantes de las ciudades ya no tienen un contacto directo y permanente con los otros miembros de su ciudad: carecen ya de la pertenencia a un ámbito local en el que los individuos reunidos puedan llegar a consensos. La vida comunitaria se vuelve imposible.

Con la desaparición del ámbito comunitario aparece también el individuo aislado, sin un lugar fijo en la sociedad distinto al que él mismo se trace. El hombre nuevo, que inicia la modernidad, no tiene un lugar fijo donde radicar. Hoy puede vivir en una localidad, mañana en otra; para él poca es una tierra.

En la comunidad antigua, el individuo se atiene a las reglas heredadas, a los "usos y costumbres" de siempre; sólo en ellos se descubre a sí mismo. Sin embargo, no accede a la vida ética quien siga ciegamente, por simple miedo o inercia, las creencias convencionales. Debe justificarlas en razones; discutir su pertinencia para mantener la armonía colectiva; fundar su validez en valoraciones personales. En las comunidades tradicionales las decisiones se toman generalmente después de una discusión y argumentación entre todos, en la asamblea pública. Por otra parte, cada quien puede justificar por sí mismo, en la práctica, el valor de la cooperación en el trabajo y de las actitudes comunitarias. Mientras la adhesión a los usos tradicionales sea impuesta, mientras no pase la prueba de esa justificación racional, no ha surgido aún la ética. Cuando, en cambio, el individuo se percata de su valor objetivo y asume su adhesión a ellos, fundado en razones personales, alcanza un primer nivel de ética: una ética del orden. Concibe entonces su libertad como servicio dentro de la vida comunitaria.

En el mundo moderno, en cambio, el individualismo remplaza a la noción de integración en la sociedad. El individuo ya no adquiere sentido por su pertenencia a una totalidad, es él mismo la fuente de sentido y valor de esa totalidad. Tiene, por lo tanto, que descubrir su propia identidad en un proceso de crítica y oposición a las ideas heredadas (cap. 9). El individuo se pone a sí mismo como instancia de decisión sobre su plan de vida y pone en cuestión las formas de decisión comunitarias. Su libertad implica negarse a servir por decisión ajena.

La aparición del Estado-nación moderno, concebido como una asociación voluntaria de individuos libres e iguales, marca la oposición a la idea comunitaria tradicional. En el Estado homogéneo, todos los individuos son semejantes: no puede admitir, por lo tanto, en su seno comunidades distintas. Las comunidades deben ceder su poder a la burocracia estatal, impersonal, desgajada de sus ámbitos locales.

Pero en el ocaso del pensamiento moderno, revive la nostalgia por la comunidad perdida. El debilitamiento del Estado-nación tiene otra cara: el resurgimiento de pueblos, etnias, nacionalidades, guardianas aún de un sentimiento de comunidad. La falta de sentido en que desemboca el individualismo moderno nos hace volver la cara a la comunidad antigua como una forma de recuperar el sentido. Sin embargo, no hay regreso posible. Después de haberse transformado por la modernidad, la sociedad no puede volver, sin más, a formas de vida anteriores. ¿Podríamos renunciar a los valores de la igualdad y la libertad personales, en aras de la adhesión a la colectividad? ¿Seríamos capaces de prescindir del pensamiento crítico frente a la tradición, para volver a seguirla? No. Sólo podemos recuperar los valores de la comunidad, levantándolos al nivel del pensamiento moderno.

Frente a la destrucción de ese pensamiento, cabe su renovación. Renovar la modernidad quiere decir superarla en una traza nueva: recuperar el momento de verdad del pensamiento y la vida pre-modernos, sin renunciar a los valores fundamentales de una asociación para la libertad.

Podemos imaginar un nuevo modelo de comunidad. Mientras la comunidad tradicional se justificaba en la obediencia a los usos y costumbres heredados, la comunidad nueva tendría por condición la posibilidad de rechazarlos libremente. La colectividad no podría *exigir*, como requisito de pertenencia, la práctica del servicio ni la vivencia de la fraternidad; sólo podría *promover* la libre adhesión a esos valores. La comunidad no sería algo dado, con lo que se encuentra al nacer el individuo, sino un fin libremente asumido para dar un sentido superior a su vida: la comunidad sería la construcción de un mundo otro, por la voluntad concertada de todos.

Esa forma de comunidad implica una nueva manera de concebir el sentido. El sentido de algo ya no está dado por su pertenencia a una totalidad (como en las comunidades tradicionales), tampoco por la decisión individual de la propia libertad (como en las sociedades modernas), sino por la integración de cada individuo en una totalidad, tal que en esa integración se realiza plenamente como persona. La fuente del sentido no es el todo, ni el elemento individual, sino la integración de cada elemento en un todo en el que descubre su propia realidad. Esto es válido en cualquiera de las manifestaciones del *eros*. En la relación amorosa interpersonal, en la que cada persona se realiza plenamente en la pareja; en la comunidad, en la que cada quien se descubre a sí mismo al vincularse con los otros; en la unión con el todo cósmico, en la que el yo puede descubrir su verdadero ser en lo Otro.

La rebelión de las comunidades indígenas de Chiapas, en México, puede interpretarse, en mi opinión, como un llamado a la recuperación de los valores de la comunidad en el seno de la sociedad moderna.

No es una guerrilla revolucionaria de viejo cuño. Hunde sus raíces en el viejo universo indígena y, a la vez, asume los valores de libertad e igualdad individuales de la sociedad moderna. Por eso llama a la sociedad civil para la realización de una democracia participativa. No quiere el poder para sí sino para todos. "Todo para todos, nada para nosotros" es su lema. Propone adelantar hacia una sociedad nueva, donde los valores de la comunidad sean asumidos libremente. Sería una asociación donde la cooperación fraterna, basada en el servicio recíproco, sería el fin común; una asociación donde el poder estaría controlado por la comunidad; donde toda autoridad "mandara obedeciendo".

DEMOCRACIA Y COMUNIDAD

La realización de los valores comunitarios en la sociedad moderna supone un movimiento inverso al que condujo al Estado-nación actual.

El Estado-nación tiene la tendencia a disminuir los poderes locales en favor de un poder central, la diversidad en beneficio de la homogeneidad; se trataría ahora, en cambio, de difundir los poderes hacia las organizaciones de base, de respetar las heterogeneidades. En el Estado, el poder desciende desde arriba; en la unión de comunidades, fluye desde abajo. El reencuentro con las comunidades va en el mismo sentido que la "democracia radical". En palabras de Gustavo Esteva (1997, 35): "El proyecto popular parte del reconocimiento de la diferencia y reivindica el poder del pueblo. Somos diferentes y queremos seguirlo siendo: para coexistir en armonía exigimos respeto a todos los pueblos y culturas que somos, que han de asumir como premisa en su trato su diversidad y la no superioridad de ninguna de ellas sobre las demás. Al mismo tiempo queremos gobernarnos a nosotros mismos: que el pueblo puede ejercer en todo momento su poder, para resolver los predicamentos colectivos. En vez de transferir al Estado ese poder, para que gobierne al través de representantes que inevitablemente se corrompen, queremos reconstituirnos desde la base social, en cuerpos políticos en que el pueblo pueda ejercer su poder".

En los Estados multiculturales, constituidos por una diversidad de nacionalidades y etnias (la mayoría), ese movimiento supone el reconocimiento de la diversidad de culturas y de la capacidad de autogobierno de cada una de ellas. Muy a menudo, las nacionalidades que componen un Estado fueron anteriores a la constitución de la nueva nación; es el caso de los Estados nacionales que surgen de la descolonización. Sus derechos son previos al Estado nacional y no derivan de sus constituciones. Por el contrario, la constitución del Estado no puede reflejar un convenio libremente asumido, si no respeta la decisión autónoma de los pueblos que lo componen. En todos los países independientes que sufrieron la colonización europea, las constituciones nacionales fueron obra de un grupo dominante; se aprobaron sin consultar con los pueblos que habitaban el territorio recién independizado. La ley suprema del Estado-nación debe pasar de ser una norma impuesta por un grupo a ser el resultado del convenio libre entre pueblos. Para ello debe reconocer el derecho a autodeterminarse de dichos pueblos, en estatutos de autonomía que determinen sus competencias de autogobierno y consagren su adhesión autónoma al Estado nacional.

El reconocimiento de las autonomías de los pueblos diversos que componen un Estado no es más que una manifestación de un movimiento más general que favorece la creación de espacios sociales en que todos los grupos y comunidades puedan elegir sus formas de vida, en el interior del espacio unitario de la nación-Estado. Esto lo ha visto el movimiento zapatista de México al proclamar que su reivindicación de autonomía para los indígenas "puede igualmente aplicarse a los pueblos, a los sindicatos, a los grupos sociales, a los grupos campesinos, a los gobiernos de los estados, que son nominalmente libres y soberanos dentro de la Federación". La lucha por la autonomía es una forma de la lucha por una democracia participativa en todos los ámbitos sociales.

En el llamado Tercer Mundo, se conservan aún muchas formas de comunidades tradicionales. La política de la "modernización" las ha visto como una rémora y ha tratado de remplazarlas por las estructuras de un Estado uniforme, burocrático, copiado de los países occidentales. Pero apenas ahora empezamos a percatarnos de la cara oscura de la modernidad.

¿Estamos dispuestos a repetir los errores a que condujo en otros países? No. Cabe apostar por otra alternativa: la modernización de nuestros países evitando sus resultados nefastos. Para ello contamos con el caudal de las comunidades que contrarresten el individualismo y el desamparo a que conduce la modernización de la sociedad. Nuestra política podría ser la de recuperar los valores de la comunidad; en lugar de combatirlos, fomentarlos, aprender de ellos en los pueblos en que aún existen. Pero a la vez, procurar la transformación de las comunidades tradicionales para que incorporen libremente a sus antiguos valores, los de la asociación para la libertad: respeto a los derechos individuales, igualdad y libertad para todos en el marco de la fraternidad antigua. Los pactos de autonomía serían la garantía de incorporar a los usos y costumbres de las comunidades existentes, la plena realización de la igualdad y la libertad de los individuos.

Pero en los países en vías de desarrollo, la vida comunitaria ya se ha perdido en la mayoría de su territorio. La política democrática se dirigiría entonces a reproducir espacios locales de encuentro, donde una comunidad pudiera surgir de nuevo: comités de barrio, secciones sindicales, gremios profesionales, asociaciones múltiples, consejos obreros en los lugares de trabajo.

El fin último, alcanzable en el largo plazo, sería la reducción del Estado-nación a un lugar de comunicación y de coordinación de los espacios de poder locales. Las fórmulas concretas, las instituciones que lo integrarían, habría que inventarlas. Pero sus funciones se reducirían a la promulgación del sistema normativo que permitiera la convivencia de los poderes locales, a la coordinación armónica de sus actividades y a la relación con los Estados-nación exteriores que aún subsistieran.

El movimiento de difusión del poder hacia la base de la sociedad puede aprovechar las estructuras de las instituciones democráticas de los Estados existentes. En muchas naciones, el federalismo va en un sentido semejante. La descentralización de recursos y poderes, la disminución del control de la burocracia federal, acerca las decisiones colectivas a los lugares donde puede ejercerse una participación real del pueblo. Pero sobre todo son los municipios la estructura política encargada de convertirese en la correa de trasmisión del poder del Estado a las comunidades. Una política democrática tendría que propugnar por el acrecentamiento de los recursos del ámbito municipal. En los países de lengua castellana, tanto en América como en la Península, los cabildos tienen una importante tradición histórica como sede de un poder popular. Fueron vistos siempre como el centro de las libertades ciudadanas; el absolutismo nace, en España, de la derrota del movimiento comunero; en América, los movimientos de independencia tienen su sede en los cabildos de las ciudades coloniales; y en todas partes la tradición del municipio libre siempre se opuso a un Estado autoritario. El municipio podría ser la estructura política del Estado existente, para la transferencia del poder a las comunidades locales. "El municipio sería simultáneamente —escribe Esteva (1997, 49)— un espacio de coordinación y concertación entre todas las comunidades que lo integrasen, incluyendo la o las de las cabeceras, y el gozne en que se pondrían en relación dos estilos radicalmente diferentes de gobierno: el local y el estatal o nacional; el de la democracia radical (como gobierno *por* la gente) y el de la democracia de representación (como gobierno *para* la gente)".

El fin sería el tránsito del Estado homogéneo a una nueva forma de Estado múltiple, respetuoso de su diversidad interna. El nuevo Estado no nacería de la destrucción repentina del Estado-nación, actual, sino de un lento proceso de reforma de las correspondientes instituciones. La democracia radical no es una utopía; no es una sociedad nueva que brotara de la destrucción de la actual; es una idea general, destinada a servir de norte para la acción paulatina de redistribución del poder. Por eso, el tránsito a la nueva concepción del Estado variará en cada sociedad según sus circunstancias específicas y sólo se consolidará cuando se convierta en práctica social corriente. En todo el período de transición, el Estado-nación, destinado a disolverse, tendrá que guardar su fuerza, si está regido por la voluntad política de cambio. Deberá fincar su poder en las fuerzas sociales que tengan por fin la democracia participativa. Su lucha por una mayor igualdad en la libertad y una aceptación mayor de las diferencias, conducirá paulatinamente a la recuperación de una comunidad en la libertad.

Los tres estadios de la vida ética

Llegamos al final del recorrido. Hemos hallado tres géneros diferentes de asociación política, según la familia de valores que consideran superiores: el orden, la libertad, la fraternidad. Corresponden a estadios distintos de la vida ética, tanto en el individuo como en la sociedad. No se refieren sólo a las formas que puede revestir el orden político; cada persona, cualquiera que sea el tipo de sociedad a la que pertenezca, puede recorrer los tres estadios. De hecho, la vida moral o religiosa de muchos individuos ha alcanzado el estadio más elevado, aun en el seno de sociedades represivas que no rebasaban el primero. Ni el Buda, ni Francisco de Asís tuvieron que esperar el advenimiento de una sociedad fraterna para practicar ellos mismos la fraternidad hacia todo ser viviente.

No obstante, podemos preguntarnos por los valores que pretenden justificar éticamente, ya no el curso de una vida personal, sino un orden político. Entonces, volvemos a encontrar los tres estadios al nivel de la asociación. Tal parece que la historia repitiera a escala colectiva las etapas morales que puede recorrer una vida individual. El primer estadio correspondería a las sociedades antiguas, después del nacimiento y consolidación del Estado; el segundo, a la modernidad, tal como empieza a aflorar en el Renacimiento europeo y se realiza en las sociedades resultantes de las revoluciones democráticas; el tercer estadio estaría apenas anunciado en la actual crisis de esa modernidad. Sin embargo, la progresión no es lineal ni irreversible. Tampoco se lleva al cabo en todos los sectores de una sociedad. Varios estadios pueden coexistir en una etapa y lugar. Podemos encontrar comunidades fraternas enclavadas en sociedades impositivas y, a la inversa, sectores autoritarios y dogmáticos en sociedades donde, en general, predomina la libertad y la tolerancia. Se trata sólo de tres posibilidades de la asociación, que conocen muchas variantes intermedias. Lo que caracteriza a una sociedad, en ese respecto, es sólo el tipo de valores superiores que rigen a la vida en común de la mayoría de sus miembros y que da la tónica a la sociedad entera.

Los tres estadios pueden verse como intentos progresivos de dar sentido a la vida individual y colectiva, impulsada por el deseo y justificada por la razón.

El primero, parte de la percepción del sin-sentido de la existencia aislada. Ése es el mal radical. Allí está el puro existir de algo, irreferente, imponiendo su presencia, sin relación con ninguna otra cosa. No sabemos por qué está allí, cuál es su función ni su destino; sólo sabemos que existe, aislado, encerrado en sí. Así percibe el individuo la reiteración de su existencia centrada en sí mismo, sin formar parte de nada que lo rebase. Aislamiento, deyección, abandono; o bien, terror ante la agresión del otro, defensa ante un mundo ajeno al que no pertenece. Nuestras acciones se disuelven entonces en la arena, no tienen asidero, se pierden al reiterarse en gestos que nadie mira; o bien, se aferran a su existencia, al rechazar la agresión ciega que irrumpe desde fuera; sólo saben decir "no" a cualquier otra existencia. El aislamiento y la agresión son las dos caras de una existencia sin sentido.

Pero el deseo objetal impulsa a romper el aislamiento y a parar la agresión al otro. Una primera forma de razón consiste en referir, vincular la propia existencia a su relación a un todo. Dar a cada ente su lugar y su función. Ninguna cosa está aislada, ninguna niega a la otra; toda cosa existe en referencia; todo está en relación con todo en una estructura. La razón vence al caos estableciendo la forma. El aislamiento se abre al orden de un todo; la acción individual forma parte de una narración; toda existencia cobra sentido al ser un elemento en una totalidad que la comprende. La vida individual es vista ahora en su pertenencia a una realidad más amplia. Adquiere identidad y peso por su situación en ella. La vida colectiva es comprendida ahora como un todo ordenado; ofrece una morada y un destino a quienes se creían abandonados, paz y armonía a quienes luchaban por su existencia. Los valores superiores que vencen el sin-sentido son variaciones de la pertenencia: paz, armonía, seguridad, orden.

Pero la pertenencia a un orden puede engendrar una segunda forma de mal. Puede ser que el lugar que ocupamos en el todo no corresponda a nuestros deseos y frustre nuestras necesidades. Puede suceder que la pertenencia deje fuera lo que consideramos auténtico en nosotros y en lugar de acoger nuestra existencia, la oprima. Entonces, el sujeto se percata de que su situación en un orden no es más que una máscara. El mal segundo es la falsía, la separación entre el hombre real y el papel que juega en la farsa. Es también la opresión que el todo ejerce sobre el individuo, el aplastamiento del individuo real por el orden al cual se supone pertenecer. El deseo de autenticidad es el impulso por liberarse de la opresión y de la farsa.

La razón que responde a ese deseo tiene otra función: descubrir los verdaderos valores, los que corresponden al hombre real, detrás de los valores proclamados por la sociedad. Lleva así al descubrimiento de la inagotable riqueza de la individualidad, reprimida y oculta por la pertenencia a un orden. Los valores que toman primacía son los que integran la dignidad irremplazable de la persona: libertad, autenticidad, responsabilidad, igualdad. El sentido de la vida ya no está dado por la pertenencia a un todo, sino por la decisión autónoma. El individuo es fuente de todo sentido.

Pero si todo adquiere sentido por el hombre ¿cuál es el sentido de ese donador de sentido? La pertenencia a un orden había vencido la deyección de la existencia, pero ahora el individualismo puede dar lugar a una nueva versión del mal radical: el sin sentido de una suma de existencias aisladas, o en perpetua pugna con el mundo ajeno. La búsqueda del yo puede conducir de nuevo al encierro en sí mismo, la autonomía personal a la desintegración del todo. Pero la fuerza del eros persiste. Impulsa ahora a la reintegración en el todo-otro. Pero ya no puede ser una reintegración que ignore el momento en que la libertad individual se descubrió a sí misma. El tercer estadio tiene que integrar, en una síntesis, los dos anteriores: el orden y la armonía, como resultado de una libertad plena. Los valores supremos por realizar son ahora los derivados del don libre de sí mismo. Pero no de un don que destruya al donante sino de aquel en que cada quien se realiza plenamente al ponerse libremente al servicio de lo otro. El individuo adquiere valor y sentido al formar parte de una totalidad, que no está dada previamente, sino que se construye al negarse cada quien por mor del todo.

El modelo que llamé "igualitario" intenta ya acceder a una asociación, basada en la igualdad y la cooperación, afirmando la diversidad de todos; es el tránsito necesario al tercer estadio, porque sus valores sólo podrán cumplirse cabalmente en una nueva comunidad. En la comunidad cada sujeto adquiere su sentido al realizarse en el seno de una totalidad. Sólo entonces descubre su ser verdadero. Porque el ser real de cada persona está en la liberación del apego a sí mismo y en su unión liberada con lo otro, como en la relación afectiva interpersonal, cuando cada quien llega a ser realmente al hacer suyo el destino del otro, como en la armonía del universo, donde cada ente adquiere su verdadero sentido en su vínculo con el todo, como en la vida espiritual, en fin, donde cada quien descubre su verdadero yo en la negación del apego a sí mismo.

Atravesar los tres estadios es, tanto para el individuo como para la colectividad, cumplir con el designio del amor: realizarse a sí mismo por la afirmación de lo otro.

REFERENCIAS BIBLIOGRÁFICAS

Aguilar M. (1993) "Ideología: entre dos dialécticas", en *Epistemología y cultura (En torno a la obra de L. Villoro),* E. Garzón Valdés y F. Salmerón eds., UNAM, México.

-------- (1994) "Ideología: creencia, verdad y consenso", en *Revista Latinoamericana de Filosofía,* B. Aires, vol. XX, núm. 1.

Agustín de Hipona (1947) *De libero arbitrio,* en Obras, B.A.C., Madrid, vol. III.

Allport Gordon W. (1935) "Attitudes", en *A Handbook of Social Psycology,* C. Murchison comp., Russell a. Russell, N. Y.

Altusser L. (1967) *Pour lire le Capital,* F. Maspero, Paris.

Anscombe G. E. M. (1991) *Intención,* Paidos, Univ. Autónoma de Barcelona.

Arato A. (1996) "Emergencia, declive y reconstrucción del concepto de sociedad civil. Pautas para cualquier futuro", en *Isegoría,* Madrid, núm. 13, abril.

Aristóteles: *Ética a Nicómaco* (varias ediciones).

--------- *Política* (varias ediciones).

Ashley Montegu M. F. (1950) "The Origin and Nature of social Life and the biological Basis of Cooperation", en *Explorations in altruistic Love and Behavior* P. A. Sorokin ed., The Bacon Press, Boston.

Barabas A. (1987) *Utopías indias,* Grijalbo, México-Barcelona-B. Aires.

Bell D. (1962) *The End of Ideology,* Collier, N. York.

Berlin I. (1967) "Two Concepts of Liberty", en A. Quinton ed., *Political Philosophy,* Oxford Univ. Press.

Bloch E. (1959) *Das Prinzip Hoffnung,* Suhrkamp, Frankfurt.

Bobbio N. (1977) *¿Qué socialismo?* Plaza y Janés, Barcelona.

--------- (1985) *El futuro de la democracia,* Plaza y Janés, Barcelona.

--------- (1993) *Igualdad y libertad,* Paidós, Barcelona.

Bonfil G. (1981) *Utopía y revolución. El pensamiento político contemporáneo de los indios en América Latina,* Nueva Imagen, México.

Buchanan A. (1980) "Revolutionary Motivation and Racionality", en *Marx, Justice and History*, ed. by M. Cohen, T. Nagel a. T. Scalon, Princeton Univ. Press, N. Y.

Bunge M. (1996) "Hechos y verdades morales", en *Filosofía moral, educación e historia (Homenaje a F. Salmerón)* UNAM, México.

Calvez J. Y. (1956) *La pensée de Karl Marx*, Paris.

Camps V. (1988) *Ética, retórica, política*, Alianza Universidad, Madrid.

Carrit E. F. (1967) "Liberty and Equality", en A. Quinton ed., *Political Philosophy*, Oxford Univ. Press.

Cassirer E. (1968) *El mito del Estado*, Fondo de Cultura Económica, México.

Clastres P. (1974) *La societé contre l'Etat*, Ed. Minuit, Paris.

Cohen J. y Arato A. (1992) *Civil Society and Political Theory*, Cambridge, Mass.

Cohn N. (1972) *En pos del milenio. Revolucionarios, milenaristas y anarquistas místicos de la Edad Media*, Barral, Barcelona.

Coletti L. (1972) *De Rousseau a Lénine*, L'esprit des lois, Paris.

Constant B. (1978) *La libertad de los antiguos comparada a la de los modernos*, Facultad de C. Políticas, UNAM, México.

Córdova A. (1973) *Sociedad y Estado en el mundo moderno*, UNAM, México.

Chabol F. (1984) *Escritos sobre Maquiavelo*, Fondo de Cultura Económica, México.

Chevallier J. J. (1972) *Los grandes textos políticos*, Aguilar, Madrid.

Davidson D. (1963) "Actions, Reasons and Causes", en *Essays on Actions and Events*, Clarendon Press, Oxford.

De Sanctis F. (1912) *Storia della Literatura Italiana*, Bari, Roma.

Della Volpe G. (1974) *Rousseau et Marx et autres écrits*, Grasset, Paris.

Dewey J. (1973) "Means and Ends", en Trotsky L., *Their morals and Ours*, Pathfinder Press, N. York-London.

Dieterlen P. (1988) "Racionalidad colectiva y marxismo", en *Racionalidad*, L. Olivé comp., Siglo XXI, UNAM, México.

Dworkin R. (1985) *A Matter of Principle*, Clarendon Press, Oxford.

-------- (1993) *Ética privada e igualitarismo político*, Paidós, Barcelona.

Erikson E. H. (1972) *Adolescence et crise. La quête de l'identité*, Frammarion, Paris.

Esteva G. (1997) (Manuscrito facilitado por el autor).

E.Z.L.N. (1994) *Documentos y comunicados*, 2 vols., ed. ERA, México.

-------- (1996) "Libertad, democracia y justicia, delirio del E.Z.L.N.", en *La Jornada*, México, 3 sept.

Fernández Santillán J. (1988) *Hobbes y Rousseau*, Fondo de Cultura Económica, México.

-------- (1994) *Filosofía política de la democracia*, Fontemara S. A., México.

Flores Olea V. (1969) *Ensayo sobre la soberanía del Estado*, UNAM, México.

Fromm E. (1961) *Marx's Concept of Man*, F. Ungar, N. York.

Garzón Valdés E. (1989) "Representación y democracia", en Doxa, Madrid, núm. 9.

Gómez Robledo A. (1982) *Meditación sobre la Justicia*, Fondo de Cultura Económica, México.

González Juliana (1986) *El malestar en la moral*, J. Mortiz, México.

Gramsci A. (1949) *Note sul Machiavelli*, Einaudi, Roma.

Habermas J. (1991) *Escritos sobre moralidad y eticidad*, Paidós, Barcelona.

Halimi G. (1997) *Observatoire de la parité* (Rapport de la Comision pour la parité entre les femmes et les hommes dans la vie politíque), Paris.

Hare R. M. (1952) *The Lenguage of Morals*, Clarendon Press, Oxford.

Hegel G. F. (1975) *Filosofía del derecho*, UNAM, México.

Herrán E. (1996) "Rorty y el espejo de la democracia liberal", en *Nexos*, México.

Hilferding R. (1973) *El capital financiero*, I. Cubano del libro, México.

Hobsbawn E. (1968) *Rebeldes primitivos*, Barcelona.

Hume D. (1911) *A Treatrise of human Nature*, Dent and Sons, London, 2 vols.

Husserl E. (1952) *Ideen zu einen reinen Phänomenologie und phänomenologischen Philosophie*, 2 es Buch, M. Nijhoff, Den Haag.

Kelsen H. (1982) *Socialismo y Estado*, Siglo XXI, México.

Koestler A. (1979) *Le zero et l'infini*, Rombaldi, Paris.

Kolakowsky L. (1978) *Main Currents of Marxism*, vol. 2, Oxford Univ. Press.

Krotz E. (1980) *Utopía*, Edicol, México.

Lanterneri V. (1961) *Movimientos religiosos de libertad y salvación de los pueblos oprimidos*, Seix-Barral, Barcelona.

Lapierre J. W. (1968) *Essai sur le fondement du pouvoir politique*, Faculté de Aix en Provence.

Laporta F. (1987) "Sobre el concepto de derechos humanos", en *Doxa*, Cuadernos de Filosofía del Derecho, Alicante.

Lefort C. (1972) *Le travail de l'oeuvre. Machiavel*, Gallimard, Paris.

Lenin V. I. (1946) *¿Qué hacer?*, ed. Claridad, B. Aires.

Lenkersdorf C. (1996) *Los hombres verdaderos. Voces y testimonios tojolabales*, Siglo XXI, México.

Lewis C. I. (1946) *An Analysis of Knowledge and Valuation*, La Salle, Ill.

Lowy M. (1970) *La theorie de la revolution chez le jeune Marx*, Maspero, Paris.

Lukas G. (1969) *Historia y conciencia de clase*, Grijalbo, México.

Lukes S. (1985) *Marxism and Morality*, Clarendon Press, Oxford.

Lummis C. D. (1996) *Radical Democrary*, Cornell Univ. Press. Ithaca and London.

Machiavelli N. (1950) *Il Principe*, Mondadori ed., Roma.

--------- (1968) *Discorsi supra la Prima Decada di Tito Livio*, in *Opere*, G. Salerno ed., Milano.

MacIntyre A. (1987) *Tras la virtud*, ed. Crítica, Grijalbo, Barcelona.

Mannheim K. (1973) *Ideología y Utopía*, Aguilar, Madrid.

Martínez Luna J. (1992) "Es la comunalidad nuestra identidad", en *Opciones* de *El Nacional*, enero, núm. 1.

Marx C. y Engels F. (1961) *Marx Engels Werke*, Dietz Verlag, Berlin, 39 vols.

Merleau-Ponty M. (1972) *Humanisme et terreur*, Gallimard, Paris.

Miranda J. P. (1978) *El cristianismo de Marx*, México.

Montesquieu (1964) *L'esprit des lois,* en *Oeuvres complètes,* ed. du Seuil, Paris.

Mosterín J. (1978) *Racionalidad y acción humana,* Alianza Universidad, Madrid.

Nagel T. (1970) *The Possibility of Altruism,* Princeton Univ. Press, N. Y.

Paz O. (1979) *El ogro filantrópico,* J. Mortiz, México.

Pereda C. (1994) *Razón e incertidumbre,* Siglo XXI, México.

Phelan J. (1972) *El reino milenario de los franciscanos en el Nuevo Mundo,* UNAM, México.

Platon. *La república* (varias ediciones).

Platts M. (1991) *Moral Realities,* Routledge, London and N. York.

Polin R. (1977) *Politique et philosophie chez Tomas Hobbes,* Vrin, Paris.

Ramonet I. (1995) "La pensée unique", en *Le Monde Diplomatique,* enero.

Raphael D. D. (1977) *Hobbes, Morals and Politics,* G. Allen and Unwin, London.

Rawls J. (1971) *A Theory of Justice,* Harvard Univ. Press, Cambridge, Mass.

--------- (1990) *Sobre las libertades,* Paidós, Barcelona.

Rorty R. (1991) "The Priority of Democracy to Philosophy", en *Objectivity, Relativism and Truth,* vol. 1, Cambridge Univ. Press.

Rousseau J. J. (1964) *Du Contrat Social, Ecrits Politiques,* en *Oeuvres complètes,* t. III, La Pléiade, Gallimard, Paris.

--------- (1969) *Emile,* en *Oeuvres complètes,* t. IV, La Pléiade, Gallimard, Paris.

Salazar Bondy A. (1971) *Para una filosofía del valor,* ed. Universitaria, Santiago de Chile.

Salmerón F. (1996) "Ética y diversidad cultural", en *Cuestiones morales,* Enciclopedia Iberoamericana de Filosofía, ed. Trota, Madrid.

Sánchez Vázquez A. (1975) *Del socialismo científico al socialismo utópico,* E.R.A., México.

--------- (1983a) *Ensayos marxistas sobre filosofía e ideología,* Océano, Barcelona.

--------- (1983b) *Ciencia y revolución (El marxismo de Altusser),* Grijalbo, México.

--------- (1993) "La crítica de la ideología en Luis Villoro", en *Epistemología y cultura*, UNAM, México.

Sandel M. (1982) *Liberalism and the Limits of Justice*, Cambridge Univ. Press.

Sartre J. P. (1971) *Les mains sales*, Gallimard, Paris.

Schaff A. (1969) *Sociología e ideologia*, ed. Anthropos, Barcelona.

Schumpeter J. (1950) *Capitalism, Socialism and Democracy*, Harper, N. Y.

--------- (1967) "Two Concepts of Democracy", en A. Quinton ed., *Political Philosophy*, Oxford Univ. Press.

Shils E. (1968) "Ideology", en *International Encyclopedia of the Social Sciences*, vol. 7, Macmillan and the Free Press.

Starobinski J. (1971) *Jean Jacques Rousseau; la transparence et l'obstacle*, Gallimard, Paris.

Strauss L. (1958) *Thoughts on Machiavelli*, The Free Press of Glencoe.

--------- (1963) *The political Philosophy of Hobbes*, Univ. of Chicago.

Tap P. (1986) *Identités collectives et changements sociaux*, Privat, Paris.

Taylor C. (1989) *Sources of the Self. The making of the modern Identity*. Harvard Univ. Press, Cambridge, Mass.

--------- (1993) *El multiculturalismo y la política del reconocimiento*, Fondo de Cultura Económica, México.

--------- (1994) *La ética de la autenticidad*, Paidós, Barcelona.

Temple D. (1989) *Estructura comunitaria y reciprocidad*, Hisbol, Chitacolla, La Paz, Bolivia.

Trotsky L. (1973) *Their Morals and Ours*, Pathfinder Press, N. York-London.

Vachon R. (1989) "Prólogo" a D. Temple, *Estructura comunitaria y reciprocidad*, Hisbol, Chitacolla, La Paz, Bolivia.

Villoro L. (1975) *Estudios sobre Husserl*, F. Filosofía y Letras, UNAM, México.

--------- (1982) *Creer, saber, conocer*, Siglo XXI, México.

--------- (1983) *El proceso ideológico de la revolución de Independencia*, UNAM, México.

--------- (1985a) "El concepto de ideología", en *El concepto de ideología y otros ensayos*, Fondo de Cultura Económica, México.

-------- (1985b) "El concepto de ideología en Sánchez Vázquez", en *Praxis y Filosofía (Ensayos en homenaje a A. Sánchez Vázquez)*, Grijalbo, México.

-------- (1987) *Los grandes momentos del indigenismo en México*, Fondo de Cultura Económica, México.

-------- (1988) "Ciencia política, filosofía e ideología", en *Vuelta*, México, núm. 137.

-------- (1990) "Sobre justificación y verdad. Respuesta a León Olivé", en *Crítica*, México, vol. XXII, núm. 65.

-------- (1991) "Los dos discursos de Maquiavelo", en *Diánoia*, México.

-------- (1992) *El pensamiento moderno*, Fondo de Cultura Económica, México.

-------- (1993a) "Hobbes y el modelo de convenio utilitario", en *Diánoia*, México,

-------- (1993b) "Respuesta a discrepancias y objeciones", en *Epistemología y cultura*, UNAM, México.

-------- (1994a) "Respuesta a Mariflor Aguilar", en Revista *Latinoamericana de Filosofía*, B. Aires, vol. XX, núm. 1.

-------- (1994b) "Sobre la identidad de los pueblos", en *La identidad personal y la colectiva*, ed. F. Salmerón y L. Olivé, UNAM, México.

-------- (1996) "Igualdad y diferencia: un dilema político", en *Filosofía moral, educación e historia*, UNAM, México.

Von Wright G. H. (1950) *Explicación y comprensión*, Alianza Universidad, Madrid.

Weber M. (1949) *The Metodology of the Social Sciences*, The Free Press, N. York.

-------- (1981) *Economía y sociedad*, Fondo de Cultura Económica, México.

Wood A. (1980) "The marxian Critique of Justice", en Marx, *Justice and History*, ed. M. Cohen, T. Nagel and T. Scanlon, Princeton Univ. Press, N. J.

ÍNDICE DE NOMBRES Y CONCEPTOS

ÍNDICE GENERAL

Este libro se terminó de imprimir en diciembre de 1997 en los talleres de Impresora y Encuadernadora Progreso, S. A. de C. V. (IEPSA), Calz. de San Lorenzo, 244; 09830 México, D. F. La composición se hizo en El Colegio Nacional, donde se cuidó la edición, que consta de 2 000 ejemplares.

Colecciones del FCE

Economía
Sociología
Historia
Filosofía
Antropología
Política y Derecho
Tierra Firme
Psicología, Psiquiatría y Psicoanálisis
Ciencia y Tecnología
Lengua y Estudios Literarios
La Gaceta del FCE
Letras Mexicanas
Breviarios
Colección Popular
Arte Universal
Tezontle
Clásicos de la Historia de México
La Industria Paraestatal en México
Colección Puebla
Educación
Administración Pública
Cuadernos de La Gaceta
Río de Luz

La Ciencia desde México
Biblioteca de la Salud
Entre la Guerra y la Paz
Lecturas de El Trimestre Económico
Coediciones
Archivo del Fondo
Monografías Especializadas
Claves
A la Orilla del Viento
Diánoia
Biblioteca Americana
Vida y Pensamiento de México
Biblioteca Joven
Revistas Literarias Mexicanas Modernas
El Trimestre Económico
Nueva Cultura Económica